陕西省普通高等学校优势学科建设项目经费资助
国家社科基金重大项目"中东部落社会通史研究"中期成果

This edition is an authorized translation from the English Language edition edited by Uzi Rabi. All rights reserved.

中东经典名著译丛

总主编：韩志斌

变化的中东部落与国家

TRIBES AND STATES IN
A CHANGING MIDDLE EAST

〔以〕乌兹·拉比（Uzi Rabi）主编

王方　王铁铮　译

社会科学文献出版社
SOCIAL SCIENCES ACADEMIC PRESS (CHINA)

译丛总序

韩志斌

"中东经典名著译丛"是以西北大学中东研究所韩志斌教授为首席专家主持的国家社科基金重大项目"中东部落社会通史研究"（项目号：15ZDB062）的中期成果，计划翻译英文、阿拉伯文、波斯文、土耳其文等经典名著若干，每年2~3部，本着宁缺毋滥的原则，确保精品出版。

中东地区整体性形态与结构的发展使其呈现一区多样、同区异国、常区时变的基本特征。这种一与多、同与异和常与变的文明互动是构成该地区历史面貌的基本因素。凡属中东古今之大事，都要依据历史连续性原则，进行梳理、连缀和扩展，使之呈现点、线、面相结合的历史演进轨迹，将之汇总于这一地区历史和现实中持续不断的文明创造，把看似孤立的历史事件放置于地区的整体历史中，在文明交往中确定历史事件的坐标，客观反映中东历史发展的原貌。

中东地区对于我国的对外战略和对外开放具有重要价值，特别是在"一带一路"倡议的背景下，中国与中东国家关系近年来得到全面发展，合作涉及能源、基础设施、工业、科技、卫生、农业等多个领域。可以说，中东是与中国国家利益密切相关的地区之一。另外，中东地区的国际热点问题频发，如巴以问题、叙利亚问题等都对地区和国际局势产生了重要影响。中国需要对相关事件做出及时和准确的反应。因此，中国学者亟须对中东的历史与现状进行全面系统的深入研究，以便为中国的中东政策和中国与中东国家的合作服务。近年来，我国在对外交往中强调不同文明的对话和交流互鉴。中东是人类文明的重要发祥地之一，同时也是不同宗教、不同文明的交融之地。因此，对于国外中东经典名著的系统译介有助于把握中东文明的发展脉络，为进一步深入研究中东文明和构建中国中东史研究的话语体系提供文献支持。

　　这里重点强调一下中东部落的重要性。人类学家卡尔·萨尔兹曼指出，历史上曾经有两种方式统治着中东：部落的自治和君王的中央集权制。前者是这个地区的特色，也是理解该地区社会深层结构的关键锁钥。虽然现在中东各国均有各自的社会组织形式和政治制度，但绝大多数中东国家起源于部落社会，它们有一个共同特征是：这些国家长期存在着部落组织。可以说，部落是中东社会的典型特征，不了解中东部落社会就难以解读中东的深层社会结构。因此，对中东部落社会的深入剖析是理解中东所有问题的基础和关键。2010年以来，阿拉伯国家经历了几十年未有之大变局，维系这些国家多年的统治模式面临前所未有的挑战。此次变局引起阿拉伯强权体制国家（突尼斯、埃及、利比亚、也门、叙利亚）的"连锁崩溃"，阿拉伯国家陷入剧烈动荡之中。阿拉伯大变局引发国内外学术界的高度关注，学者们从各个视角深刻反思这场政治变局发生的原委。大多数学者认为，阿拉伯大变局的发生是内外因综合作用的结果：内因是这些国家政治发展的衰朽（特别是威权主义、家族政治以及老人政治）、经济发展停滞不前，以及网络新媒体的传导等；外因则是欧美国家的干预尤其是美国"大中东民主化"余波的冲击，甚至是气候变迁的影响等。应当说，学者们的上述探讨从不同层面揭示了这场大变局的诱发因素，但"冰冻三尺，非一日之寒"，国内外学术界忽视了引发阿拉伯大变局的一个深层次原因，那就是困扰阿拉伯国家至今的部落问题。在2010年肇始的阿拉伯大变局中，部落问题成为推动变局产生、发展与高潮的重要因素之一，至今仍在产生着影响，如利比亚、也门等国。目前的利比亚乱局是部落武装混战的结果，也门的胡塞武装也是从部落起义发展起来的，至今搅得中东周天寒彻的"伊斯兰国"也与部落有着千丝万缕的联系。这也是本译丛较多关涉与部落相关的著作的深层原因。

策划"中东经典名著译丛"的初衷有三点：一是从世界史领域来说，中东史是世界史研究的薄弱领域，需要深入理解国外经典名著；二是中东史研究虽然取得了一些进展，但对国外学者的经典名著的了解仍然不足；三是中东主要国家均在"丝绸之路经济带"沿线，了解中东经典名著对我国推进"一带一路"建设有镜鉴作用。

西北大学中东研究所长期致力于中东和阿拉伯国家历史与国际关系的研究。陆续完成《二十世纪中东史》和《阿拉伯国家史》两部全国研究生教学用书，以及13卷本《中东国家通史》和独卷本《中东史》，涉及断代史、地区史、国别史和通史，并出版有其他专题史著作。这些著作在国内学术界赢得好评，先后获教育部和陕西省人文社会科学优秀成果一、二等奖多项。8卷本的《非洲阿拉伯国家通史研究》是国家社科基金重大项目结项成果，即将在商务印书馆出版，也将完成"大中东通史"学术体系、话语体系的构建。本套译丛是西北大学中东研究所中东研究系列的拓展和补充。

如果说，目前已有的中东通史、中东地区史、中东国别史、中东断代史、中东专题史是宏论中东帝国王朝、民族国家、政治精英、宗教民族、思想文化、军事外交的兴衰史，那么"中东经典名著译丛"则是看国外学者如何细说中东底层大众生活状况的流变史，描述中东社会基层组织与结构的跃迁史，剖析中东部落与国家交相影响的互动史，其目的是全面反映国外学者如何讲述中东社会历史发展的原貌,体现国外学者对该地区历史研究的独特观点、研究水准及其学术价值。

是为"中东经典名著译丛"总序。

目 录

致　谢……………………………………………………… / 1
关于作者…………………………………………………… / 1
序　回归部落：约瑟夫·科斯蒂纳的现代中东研究方法，学生、同事与朋友的追思
　　…………… 约书亚·泰特尔鲍姆（Joshua Teitelbaum）/ 1
导　言………………………… 乌兹·拉比（Uzi Rabi）/ 1
第一章　从阿卜杜拉一世到阿卜杜拉二世：约旦的君主制、部落与谢赫家族（1920~2012）
　　……………………… 约阿夫·阿隆（Yoav Alon）/ 13
第二章　卡塔尔的部落与恩庇网络
　　……………………… 吉尔·克里斯特尔（Jill Crystal）/ 45
第三章　双陆棋还是国际象棋？阿拉伯联合酋长国的部落主义与部落领导…… 安德烈·B.鲁（Andrea B. Rugh）/ 70
第四章　阿曼苏丹国：部落主义和国家统一之间
　　……………………… 乌兹·拉比（Uzi Rabi）/ 97
第五章　沙特家族：对部落主义的矛盾态度
　　……………… 萨拉·伊兹雷利（Sarah Yizraeli）/ 117
第六章　也门：部落、国家和瓦解
　　……………………… J.E.彼得森（J.E.Peterson）/ 137

1

第七章 当代叙利亚的贝都因部落：对权威、管理和控制的
另一种视角 …………… 道恩·查蒂（Dawn Chatty）/ 178
第八章 伊拉克的部落：国家形成中不可忽视的因素
…………………… 罗恩·赛德尔（Ronen Zeidel）/ 214
第九章 巴林：酋长国体系对抗"阿拉伯之春"的血腥堡垒
…………… 安东尼·B. 托斯（Anthony B. Toth）/ 233
第十章 部落与现代国家：另一种研究方法
…… 菲利普·卡尔·萨尔兹曼（Philip Carl Salzman）/ 256
第十一章 部落社会中的国家：对 K. H. 纳吉布海湾研究
的思考
…………… 约瑟夫·科斯蒂纳（Joseph Kostiner）/ 272
参考书目 ……………………………………………… / 287
索　　引 ……………………………………………… / 294
译后记 ………………………………………………… / 320

致　谢

在许多朋友和同事的帮助与支持下，这本文集终于圆满完成。我非常感谢人文学院院长艾尔·齐瑟（Eyal Zisser）教授给予我的勇气、帮助和良好建议，同时也要感谢摩西·达扬中东与非洲研究中心的行政人员们。

编撰本书的念头来自我与同事约书亚·泰特尔鲍姆（Joshua Teitelbaum）的交谈。当我们亲爱的同事约瑟夫·科斯蒂纳（Joseph Kostiner）去世时，我们都深感悲痛。约西[①]（Jossei）在他的中东部落和国家这一研究领域是世界领先的学者之一，也是一位有才华的老师。他还是一位真正的绅士，一个热情洋溢的人和一个令人钦佩的学者，深受同事和学生的喜爱。我要感谢他曾为我讲授"中东部落和国家动态"，以及他通过著作和文稿留下的精神遗产。

我要感谢约书亚·泰特尔鲍姆发起这个项目，并在此过程中给予我的指导和支持；感谢特蕾莎·哈林斯（Teresa Harings）对文集编撰提供的帮助及其在文本上的专业眼光。我也非常感谢我的研究助手乔伊斯·范·德·布伊特（Joyce van de Buldt）为该项目做出的重要贡献，并感谢切尔西·穆勒（Chelsi Mueller）为文集的出版付出的努力。

另外，我非常感谢约瑟夫·科斯蒂纳亲密的家人，尤其是他的妻子里克（Rikki），自始至终给予我的支持和鼓励。我还

[①] 约西即约瑟夫·科斯蒂纳的简称。——译者注

要感谢保罗·马库斯（Paul Marcus）的慷慨捐助，使我们能够完成此项目。

最后，我真诚感谢所有撰稿人，他们的专业知识和共同努力确保了这本文集的顺利完成。

关于作者

约阿夫·阿隆（Yoav Alon）特拉维夫大学中东现代历史高级讲师，著有《约旦的形成：部落、殖民主义和现代国家》（*The Making of Jordan: Tribes, Colonialism and the Modern State*, I.B.Tauris, 2007）。他目前正在完成一本关于约旦谢赫的社会传记。

道恩·查蒂（Dawn Chatty）人类学及被迫移民研究领域的大学教授，英国牛津大学国际发展系难民研究中心主任。她的研究兴趣包括游牧业及其保护、性别与发展、健康、疾病和文化以及难民青年的应对策略。她最新出版的书籍有《巴勒斯坦的儿童：在中东体验被迫移民》（ed. With Gillian Lewando-Hundt, *Children of Palestine: Experiencing Forced Migration in the Middle East*, Berghahn Press, 2005）、《中东和北非游牧民族手册》（*Handbook on Nomads in the Middle East and North Africa*, Brill, 2006）、《现代中东的剥夺和流散》（*Dispossession and Displacement in the Modern Middle East*, Cambridge University Press, 2010）。

吉尔·克里斯特尔（Jill Crystal）奥本大学政治科学系教授。她在康奈尔大学获得学士学位后，赴哈佛大学学习并获得硕士和博士学位。她曾发表若干关于海湾地区的文章并出版了两部著作：《海湾地区的石油和政治：科威特和卡塔尔的统治者和商人》（*Oil and Politics in the Gulf: Rulers and Merchants in Kuwait and Qatar*, Cambridge University Press, 1995）、《科威特：一个石油国的转型》（*Kuwait: The Transformation of an Oil*

State, Westview, 1992)。她的研究领域包括海湾政治，威权主义，民主化，政治和法律以及政治经济。

约瑟夫·科斯蒂纳（Joseph Kostiner）生前担任特拉维夫大学中东和非洲历史系副教授，兼任摩西·达扬中东与非洲研究中心高级研究员。他的研究领域包括阿拉伯半岛国家历史和当代事务，也包括中东地区部落，国家和民族的形成等问题。他曾发表大量论文和出版若干著作，包括《也门：曲折的统一诉求，1990~1994》(*Yemen: The Tortuous Quest for Unity, 1990–1994*, Pinter Publishers, 1996)、《从酋长国到君主国：沙特阿拉伯的形成（1916~1936）》(*From Chieftaincy to Monarchical State: The Making of Saudi Arabia, 1916–1936*, Oxford University Press, 1993)、《南也门的斗争》(*The struggle for South Yemen*, Palgrave Macmillan, 1984)。此外，他还主编了一些文集，包括《中东的君主》(*Middle East Monarchies*, Lynne Rienner Publishers, 2000)、《中东部落与国家的形成》(*Tribes and State Formation in the Middle East*, co-edited with Philip S. khoury, University of California Press, 1990)。

J.E. 彼得森（J.E. Peterson）专攻海湾历史和政治，并出版了十多本有关阿曼、沙特阿拉伯、也门、政治参与和海湾安全的著作；他近期的论文和著作的一些章节涉及巴林政治、阿曼和也门的最新发展、海湾的后石油态势、海湾的边界问题和海湾的俾路支人。他最新出版的著作是《阿曼的叛乱：苏丹国的霸权斗争》(*Oman's Insurgencies: The Sultanate's Struggle for Supremacy*, Saqi Books, 2008)。

乌兹·拉比（Uzi Rabi）特拉维夫大学副教授，摩西·达扬中东与非洲研究中心主任，特拉维夫大学中东与非洲史系主任。他的学术研究涉及多个领域，包括波斯湾国家和社会近现代史、中东地区石油与政治、伊朗与阿拉伯国家的关系，以及逊尼派和什叶派的关系等。拉比教授出版了多部著作，发表了大量学术论文，其中著作主要包括《部落社会的国家诞生：赛义德·本·泰穆尔统治下的阿曼（1932~1970）》（*The Emergence of States in a Tribal Society: Oman Under Sa'id bin Taymur, 1932–1970*, Sussex Academic Press, 2006）、《沙特阿拉伯：宗教与政治错综的石油君主国》（*Saudi Arabia, An Oil Kingdom in the Labyrinth of Religion and Politics*, Open University，2007，希伯来语版）、《伊朗时代》（*Iran's Time*，HaKibbutz HaMeuchad, 2008，希伯来语版）。他最新出版的文集是《地区冲突中的国际干预》（*International Intervention in Local Conflicts*, I.B. Tauris，2010）。

安德烈·鲁（Andrea B. Rugh）华盛顿特区中东研究所学者。她有多本有关中东的著作，其中包括《阿拉伯联合酋长国领袖的政治文化特点》（*The Political Culture of Leadership in the United Arab Emirates*, Palgrave Macmillan，2007）、《实践中的国际开发：埃及、巴基斯坦和阿富汗的教育援助》（*International Development in Practice: Education Assistance in Egypt, Pakistan, and Afghanistan*, Palgrave Macmillan，2012）。

菲利普·卡尔·萨尔兹曼（Philip Carl Salzman）麦吉尔大学人类学教授，从事游牧民族和部落民的研究已有50年。他的主要著作有《俾路支人的黑帐篷》（*Black Tents of Baluchistan*, 2000）、《牧民：平等、等级和国家》（*Pastoralists: Equality, Hierarchy, and the State*, 2004）、《中东的文化与冲突》（*Culture and Conflict in the Middle East*, 2008）。他最新的著作是《经典比较人类学：传统视角的研究》（*Classic Comparative Anthropology: Studies from the Tradition*, 2012）。

约书亚·泰特尔鲍姆（Joshua Teitelbaum）著名现代中东研究专家和历史学家。他在以色列拉马特甘的巴伊兰大学中东研究系讲授中东史。泰特尔鲍姆在以色列和海外拥有多个研究职位。在斯坦福大学，他是胡佛研究所赫伯特和简·德怀特伊斯兰主义与国际秩序工作组的访问学者和撰稿人，也是民主、发展和法治中心的访问学者。在以色列，他是巴伊兰大学贝京－萨达特战略研究中心（BESA）的高级研究员。他的最新著作是《沙特阿拉伯和新战略格局》(*Saudi Arabia and the New Strategic Landscape,* Hoover Institution Press，2010）。

安东尼·托斯（Anthony B. Toth）一位自由学者和作家，居住在弗吉尼亚州的阿灵顿。获得牛津大学博士学位后，他发表了多篇论文和一些著作的章节，重点研究阿拉伯和海湾地区，最近发表的文章是：《石油时代黎明时的控制与忠诚：贝都因人、扎卡特人和阿拉伯地区争取主权的斗争（1916~1955）》["Control and Allegiance at the Dawn of the Oil Age: Bedouin, Zakat and Struggles for Sovereignty in Arabia, 1916–1955," *Middle East Critique*，21.1（2012）]。

萨拉·伊兹雷利（Sarah Yizraeli）特拉维夫大学摩西·达扬中东与非洲研究中心高级研究员。她的著作有《沙特阿拉伯的重塑：沙特国王与费萨尔王储之间的斗争（1953~1962）》(*The Remaking of Saudi Arabia: The Struggle Between King Saud and Crown Prince Faysal, 1953–1962,* Moshe Sayan Center，1998）和《沙特阿拉伯的政治与社会：发展的关键年代（1960~1982）》(*Politics and Society in Saudi Arabia: The Crucial Years of Development, 1960–1982,* Columbia and Hurst，2012）。

罗恩·赛德尔（Ronen Zeidel）海法大学伊拉克研究中心研究主任。他已发表数十篇学术论文，涉及伊拉克历史、社会和文化等方面。他与人合编的文集是《不同职业间的伊拉克：从1920年至今的观点》(cop-editor with Amatzia Baram and Achim Rohde, *Iraq Between Occupations: Perspectives from 1920 to the Present,* New York: Palgrave，2010）。他最近的一些论文以阿拉伯语发表于巴格达的学术期刊。

序
回归部落：约瑟夫·科斯蒂纳的现代中东研究方法，学生、同事与朋友的追思

约书亚·泰特尔鲍姆（Joshua Teitelbaum）

2010年8月，约瑟夫·科斯蒂纳（Joseph Kostiner）教授不幸去世，我们悲痛万分。我们都称他为约西（Yossi），本书中我也这么称呼他。约西的离世，是他的朋友与同事的损失，也让我们怀念他对我们知识积累的帮助：他教我们怎样去思考现代中东。在攻读硕士与博士学位时，我是约西的学生[1]，此后他又是我在特拉维夫大学的同事。我们都有自己的老师，约西是我的老师。

对于"引用文本"的最早告诫，人们或许可在《巴比伦塔木德》中找到，它敦促我们"以说话人的名义来陈述一件事情"[2]。而与我们的诫命更相近的只有圣训（hadith），它同伊斯纳德（isnad）一样完美。因此，好的学者意识到他们该去往何方，也知道从哪里获得知识。当我们阅读和聆听时，知识得以增进；思

---

[1] 伊瑟瑞·格肖尼和约西指导了我的硕士论文，该论文对朝觐与沙特—哈希姆的关系进行了研究。马丁·克莱默博士和约西指导了我的博士论文，并对其进行扩充和修改后以我的名字出版，书名为《阿拉伯哈希姆王国的崛起与衰落》[*The Rise and Fall of the Hashemite Kingdom of Arabia* (New York: New York University Press, 2001)]。

[2] 这一讨论是在《密西拿》第六卷第六章的皮基·阿文特（*Pirkey Avot*）中，涉及48种使学生"习得"经文（*niqnayt*）的方式，其中包括引用信息来源（"*Ha-omer davar be-shem omro*"）。

想得以激活，并拓展了洞察力。尽管我们并不完全是教师们教育的成果，但在某种程度上，我们由他们所塑造。正如音乐家们骄傲甚至敬畏地承认他们所具有的"影响"，学者也应当如此。以这样的精神，本文追溯约西的学术"影响"：他是一名学者，并且开创了一条自己的中东研究路径。像所有知识分子一样，约西的思想随时间的推移而拓展。我由于并没有采访约西，在本文中会做一些必要的推测。然而作为他的学生，我在某种程度上是他塑造出来的。[1] 探讨约西的研究，也是在探讨我自己。

※ ※ ※

约西对阿拉伯半岛部落问题的兴趣，似乎是因为他最初对虚构的 T.E. 劳伦斯（T. E. Lawrence）即"阿拉伯的劳伦斯"的不满。约西最早知道劳伦斯是偶然通过雅科夫·科普勒维茨（Yaaqov Koplevitz）在 1931 年用希伯来语翻译的《沙漠中的革命》（*Revolt in the Desert*）一书。约西同样沉醉于大卫·利恩（David Lean）的史诗般的电影《阿拉伯的劳伦斯》（*Lawrence of Arabia*）之中。[2] 20 世纪 70 年代中期，约西在海法大学的政治学系开始了他的中东研究之路。在这里，他获得中东历史学科的双学位。由于来自中欧，研究中东的这些以色列人需要首先学习阿拉伯语和语言学。后来的几代人大多出身于历史学科，但那些学习了语言的政治学学者，总是极为重要并富有影响力。

在海法，约西师从政治学家加布里埃尔·本·多尔（Gabriel Ben Dor），后者从事对中东国家的研究。此时，正值社会科学家开始重新检验国家的作用，即国家是作为独立的行

---

[1] 本文还补充了与约西的遗孀里克讨论的内容。
[2] T. E. Lawrence, *Hamered ba-Midbar,* trans. Yaaqov Koplevitz (Tel Aviv: Mitzpeh, 1931); 和里克·科斯蒂纳的谈话。

为体，还是一种制度，此后数十年则以社会为中心进行政治阐释。[1]特别是从文化与社会人类学的视角来检验非西方国家。[2]而约西最终聚焦的部落，也一直是人类学家的研究领域。

约西致力于部落研究，这在他有关也门的硕士学位论文中清晰地展现出来。这篇论文经过翻译和扩充于1984年出版，书名是《为南也门奋斗》(The Struggle for South Yemen)。约西将这本书献给他的老师，加布里埃尔·本·多尔先生。约西的论文包括部落主义与革命运动问题，他对这一问题一直很感兴趣，并讲授这门课程。[3]

20世纪70年代末，约西来到伦敦政治经济学院［London School of Economics (LSE)］，在埃利·凯多里特（Elie Kedourite）的指导下撰写博士学位论文。凯多里特是《中东研究》的创刊编辑，也是一名实证主义历史学家，他强调历史中人的因素——人民是政治行为者。他相信绝大部分来自档案的"证据"，并在叙事中"将它们编织进有根有据的故事中"。凯多里特相信，他的故事不能被社会科学理论所解释，"这些理论将个案描述为广泛社会类型的样本，从而削弱了他的作用与责任"。[4]至少可以说，凯多里特不是社会历史的铁杆粉丝，他攻

---

[1] See Gabriel Ben-Dor, *State and Conflict in the Middle East* (New York: Praeger, 1983).

[2] 参见兹达·斯克波尔（Theda Skocpol）论文的导言，他在那时候的有关新的国家中心方式的研究上做出了开创性的工作："Bringing the State Back In: Strategies of Analysis in Current Research," in Peter Evans, et al., *Bringing the State Back In*, (Cambridge: Cambridge University Press, 1985), pp. 1–37。

[3] 本-多儿（Ben-Dor）曾在普林斯顿大学跟随曼弗雷德·哈珀恩（Manfred Halpern）学习，哈珀恩研究了中东地区的革命运动和社会变革。Manfred Halpern, *The Politics of Social Change in the Middle East and North Africa* (Princeton: Princeton University Press, 1963); e-mail communication from Gabriel Ben-Dor, 15 May 2012.

[4] Joseph Kostiner, "Elie Kedouries Teaching of Middle Eastern History," in Moshe Gammer with Joseph Kostiner and Moshe Shemesh eds., *Political Thought and Political History: Studies in Memory of Elie Kedourie* (London: Frank Cass, 2003), pp. 171–8 (p. 177 quoted).

击年鉴学派缺乏对政治和外交史的关注：它"作为一种纯粹叙述事件的历史学而被人摒弃和厌恶，如此之多的空洞八卦是关于克娄巴特拉的鼻子，EMS 的电报以及向芬兰车站奔驰的封闭的马车"。对于凯多里特而言，"所有好的历史……不是材料的堆砌和渴望提出某种规则，而是始于困惑意识。历史学家担当的历史是一种询问。询问的是一个问题，历史学家既是一个询问者，也是一个提问题的人"。[1]

约西当然有询问的意识。但对他而言，社会科学实际上有助于人们规划在历史研究中就社会与政治进程所要询问的问题。约西认为人类学（尤其是社会人类学）与政治学均有益于历史研究，并且有助于规划在部落社会中需要探索的国家形成问题。就此而论，这些都是极为有用的学科。这些学科产生的具有启发性的思想，有助于开发和促进约西想要创造的历史叙事。自此，约西与他的良师益友凯多里特先生渐渐疏离，凯多里特经常开玩笑地调侃约西为"部落约西"。[2] 但如同任何一位出色的学者一样，约西少了凯多里特的指导，这使他更能着力于自己的研究，这便是历史学家对原始档案资料的批判使用。[3] 约西是一名历史学家，不是社会学家。但他告诉自己的学生将社会学用于有用之处，为其指引道路，并在比较和理论中为他们寻求指导。他帮助我们认识到我们的研究论题不能拘泥一格。

---

[1] Quotations are from Kedourie's historiography of his own *In the Anglo-Arab Labyrinth: the McMahon-Husayn Correspondence and its Interpretations, 1914-1939*, Cambridge: Cambridge University Press, 1976, published several times and quoted here from Sylvia Kedourie, "Aspects of Elie Kedouries Work," in Sylvia Kedourie (ed.), *Elie Kedourie's Approaches to History and Political Theory* (Abingdon, UK: Routledge, 2006), pp. 1–14.

[2] 多年前与约西的谈话。

[3] 夏天约西去世时，我正在英国的印度图书和档案办公室（India Office Library and Records），现在这些档案收藏于大英图书馆。我借阅了一份关于科威特的资料。当我打开资料时，看到 1979 年它最后一次的借阅人是"J. 科斯蒂纳"，当时印度图书和档案办公室还位于黑修士路（Blackfriars Rood）。

从约西那里，我们懂得了一个人可以运用社会学这一研究工具，却不能深陷于社会学某些时候神秘的争论之中。例如，在人类学家当中存在的分支世系理论（segmentary lineage theory）的分歧。自己先熟悉这一理论，然后看看它是否有助于解释阿拉伯部落社会中的政治，这就足够了。而分支世系理论确实有用。

如果你是约西的学生，你需要研读历史社会学（历史学与社会学的结合）的拓荒者查尔斯·蒂利关于国家形成的著述，社会人类学家欧内斯特·盖勒纳（Ernest Gellner）关于酋长和酋长领地的学说。你还要研读伊本·赫勒敦（Ibn Khaldun）的《穆加迪玛》（*Muqaddima*），J.P.内特尔（J. P. Nettl）关于"国家特性"的研究。这些都指导了约西的研究，也在指导我们的研究。

蒂利于1980年写道："社会学家曾逃离历史，但现在又回归了。"当这两个学科融合时，约西的知识体系已趋成熟。他的研究涉及历史学、政治社会学与社会人类学。社会学家以前普遍认为社会更为重要，而国家并非独立的行为者。当约西攻读博士学位时，"让国家回归"的理念日益盛行。这一趋势力图将国家重归于社会学研究，越来越多的观点认为国家作为一个代理机构，虽然受到周围社会的影响，但是也铸就了社会和政治进程。蒂利主张国家形成的过程只是一个程序（a *process*）。它基于国家强制的演进，国家暴力甚至变为了合法的暴力。

最终，国家官员比其他组织的人员更大规模、更有效、更有效率地使用暴力，更广泛地受到臣民的认可，并得到邻国当局更积极的合作。但是，这一系列的差异经历了很长时间才得以确定。在国家形成进程的早期，许多派别享有使用暴力的权力，并且经常使用暴力来达到一个或多个目的。从强盗、海盗到国王，经由税收官员、地方权力者以及职业军人，这种连续统一体得以运转。①

在这些表述中，可以看到此后约西在研究作为部落的沙特阿拉伯的国家形成时所持的相同看法。

盖勒纳继承了伊本·赫勒敦的观点，发展了酋长的思想，部落在能够为其提供安全与收入的首领家族的领导下组成了松散的政治单位。② 由于从本－多尔与 J.P. 内特尔的"国家特性"概念中得到启发，约西证明了沙特的酋长国如何慢慢地发展出更多的现代国家属性。③

自约西研究沙特国家的形成，并揭示部落政治是其国家特性以来，他认为在国家与部落、沙漠与绿洲、游牧与定居之间的历史关系上坚持二分法是毫无根据的，伊本·赫勒敦也倾向于这一观点。实际上，约西对沙特历史的研究，证实了部落社会中的国家形成涉及对部落的"囊括"（encapsulation），而不是国家对部落的胜利。的确，从某种意义上说，部落作为政治上的重要单元逐渐丧失，但约西所言的"部落价值观"，或是人类学家劳伦斯·罗森（Lawrence Rosen）后来所说的"部落主义"④，已被整

---

① Charles Tilly, "War Making and State Making as Organized, Crime," in Evans et al. (eds.), *Bringing the State Back In,* pp. 169–91 (p. 173 quoted). 蒂利在这一章关于国家"保护"的讨论中，人们可以了解约西从阿拉伯语"兄弟"一词中对于酋长"保护"（khuwwa）的分析，在这种虚构的亲缘关系中"受到保护"的人需要给予统治者好处。Joseph Kostiner, *The Making of Saudi Arabia, 1916-1936: From Chieftaincy to Monarchical State* (New York: Oxford University Press, 1993), p. 4. 在巴勒斯坦的阿拉伯语中，khuwwa 一词实际上是犯罪含义上的"保护"。

② Ernest Gellner, *Muslim Society* (Cambridge: Cambridge University Press, 1981), pp. 1–98; Kostiner, *The Making of Saudi Arabia,* pp. 1–11.

③ Kostiner, *The Making of Saudi Arabia,* p. 6; Ben–Dor, *State and Conflict in the Middle East;* J. P. Nettl, "The State as a Conceptual Variable," *World Politics* 20 (1968), pp. 559–92.

④ Lawrence Rosen, "What is a Tribe and Why Does It Matter," in Lawrence Rosen (ed.), *The Culture of Islam: Changing Aspects of Contemporary Muslim Life* (Chicago: University of Chicago Press, 2003), pp. 39–55.

合进沙特的国家肌体之中。部落价值观促进了国家的缓慢现代化，并在20世纪60年代后期石油财富填满王室的钱包后，与分配型"食利国"密切结合。就某种意义而言，国家复制了部落制度的私人性质，亦即国家是通过沙特统治者来体现的。

约西与菲利普·库利（Philip Khoury）一起主编了具有重要影响的著作《中东部落与国家的形成》（Tribes and State Formation in the Middle East）①，他有理由为此感到自豪。在书中"导言"部分，科斯蒂纳与库利写道，他们所做的努力是为了"把国家找回来"，这里的中东国家是自主的政治行为体。将国家和部落视为"理想的类型"只是为了创造一种人为的二分法，从而无法"体现出更多的复杂现实"。实际上，像沙特这样的国家，"父子相传的部落主义价值观构建了群体认同的基础，使得一般部落成员与王室家族都能保持这种认同。例如，他们都会采用部落习俗来简化官僚程序"。②

约西的思想在与库利共同主编的这一文集中表达得最为明确。③ 在书中，约西巧妙地展示了部落对沙特国家形成的两个关键贡献：军事力量与价值观体系。同时，国家必须能够驾驭这两大因素，即约西所说的"囊括"，对它们进行限制但不是清除。当沙特国家处于扩张阶段时，部落的血亲关系、扩张、非集权化的部落价值观并未受到任何约束。伊本·沙特通过与主要部落或城市家族的女儿结亲，巩固联盟关系。但是，当沙特领导人由于英国的反对而停止了扩张并努力集中权力实现现代化时，便遭到部落领导人的强烈反对。最终，伊本·沙特不得不镇压部落。部落价值观也成为障碍，但它们对现代化的态度有所松动，因为国家的官僚体系是依据真实或虚构的血缘关系

---

① Philip Khoury and Joseph Kostiner, *Tribes and State Formation in the Middle East* (Oakland, CA: University of California Press, 1990).
② Khoury and Kostiner, "Introduction," in Khoury and Kostiner, p. 18.
③ Joseph Kostiner, "Transforming Dualities: Tribe and State Formation in Saudi Arabia," in Khoury and Kostiner, op. cit., pp. 226–51.

运行的，部落领袖是国家与部落成员之间的调停者。沙特阿拉伯国民卫队（SANG）不仅是部落价值观的载体，也是部落定居和军事化的主要工具。①

约西的结论是，国家与社会的二分法过分扭曲了沙特的案例，"部落社会与价值观……对20世纪沙特国家的形成产生了错综复杂的影响……部落特征在沙特王国的疆界勘定、政治体制、社会结构与集体认同等各个方面都展现出来了"。②

大部分阿拉伯研究者都不想涉足部落问题，他们都被部落的前现代化和原始内涵所困扰。但科威特的社会学家赫勒多恩·纳吉布（Khaldoun al-Naqib）却例外，他引发了约西的好奇心。善辩的约西在纳吉布的研究基础上提出国家的形成后，新的政治部落网络得以发展。纳吉布称其为"阿萨比亚特"（*asabiyyat*），该词对应部落的团结，但它指的是，建立在部落价值观基础上的部落式网络是在波斯湾国家发展起来的。这些群体构成了国家的支柱。然而，约西辨析，他们并不认为部落是一个真实的国家，只不过是将其作为一个必须为它的成员提供服务的世袭的超级部落或氏族。③"食利国"以其资源为臣民提供服务。

部落价值观及其与沙特国家之间的复杂关系一直被包裹着，并且良性地持续到20世纪末与21世纪初。作为国家价值观的瓦哈比主义的传播，缩小了国家与部落价值观之间的差异。面对迅猛的社会变化，具有强烈部落认同的民众将他们的部落价值观与瓦哈比主义的价值观结合在一起，共同维护传统并对社会变革踩刹车。然而这种平衡是不可持续的，这些价值观也会

---

① Joshua Teitelbaum, *The Saudi Arabian National Guard: Tribe, State Formation and National Identity in Saudi Arabia* (in preparation).
② Kostiner, "Transforming Dualities," p. 248.
③ Joseph Kostiner, "The Nation in Tribal Societies—Reflections on K. H. al-Naqib's Studies on the Gulf," in *Tel Aviver Jarbuch Jur Deutsche Geschichte* 30 (2002), pp. 212–22, reprinted in this volume.

成为反叛运动的基础。例如，著名的伊赫万组织①领导人的侄子朱海曼·欧泰比（Juhayman al-'Utabyi）在1979年率领一群部落成员攻占了麦加大清真寺。叛乱者宣称作为统治者的沙特王室是"不信道者"（takfir）。②

1990年8月，萨达姆·侯赛因入侵科威特后，伴随沙特王室邀请异教的西方军队来保卫沙特这个国家，20世纪90年代非建制派的乌莱玛一直在挑战统治集团的瓦哈比信条。他们质疑建制派乌莱玛统揽宗教权威的权力，并且更愿意由他们来决定自己的宗教领导人。在这种情况下，与酋长相关的分权与自治的部落价值观，成为沙特这个新国家抗议瓦哈比主义过于集权化的力量。③同样，2001年9月11日劫机者中的沙特人，绝大部分来自阿西尔（'Asir）部落，该部落的民众因长期的租金分配不公而沮丧。

部落价值观依旧是海湾政权控制民众的工具，同时也是民众宣泄愤懑的解脱。沙特政府的安宁运动（al-Sakina）旨在改造"基地"组织的成员，利用部落网络影响这些恐怖分子，并使他们在自我放弃中醒悟。他们一旦融入这一运动，就会领受到传统的谢赫式部落文化的慷慨。犯人的罪行将得到饶恕，有时还会获得一个妻子或一辆汽车，所有这一切都来自想象中的部落谢赫手中，他们代表着沙特王室。④沙特王室以个人的名义，对"基地"组织成员进行赦免，将他们接纳到马基里斯中（Majlis，由国王、王子及其他显赫人士召集的非正式会议，民众可在这里申诉请愿），并给予他们宽恕。2009年8月，内政部

---

① 沙特的伊赫万组织（Ikhwan）不能与穆斯林兄弟会（al-Ikhwan al-Muslimin）混淆，后者是由哈桑·班纳（Hasan al-Banna）于20世纪20年代在埃及创建的组织。
② Kostiner, "Transforming Dualities," pp. 245-7.
③ Joshua Teitelbaum, *Holier Than Thou: Saudi Arabia's Islamic Opposition* (Washington, DC: Washington Institute for Near East Policy, 2001).
④ Seethe al-Sakina website at http://en.assakina.com/; "Al-Sakina gets 'unexpected response' to recruitment drive," *Saudi Gazette,* 31 May 2012.

安全事务副大臣穆罕默德·本·纳伊夫（Muhammad bin Nayif）差点死于一起自杀性爆炸事件，袭击者显然是自暴自弃。

王子们被划分为不同部落的庇护人，即受庇护人的网络。武装部队与政府各部也在他们之间进行切割。① 根据我与沙特人谈话的经验，在合适的时候，沙特人会利用部落的归属关系。但有时候他们宁可不用，因为这么做很不现代，同时他们也不愿意谈论这个问题。在科威特，部落价值观正在"回归"。按照科威特报纸《瓦坦报》（al-Watan）的说法，越来越多的沙特人在自己的名字前加上"Al"，作为家族、宗族，或者部落分支的前缀，以此来强调他们的家族血统。这些部落分支如沙特阿拉伯的沙特家族（Al Sa'ud）、科威特的萨巴赫家族（Al Sabah）、阿联酋的纳哈扬家族（Al Nuhayan）和巴林的哈利法家族（Al Khalifa）。非部落成员也使用部落名称，尽管他们并非来自部落。部落如此众多，以至于许多人无法说清楚他属于哪个部落，谁又不属于这个部落。依据科威特美国大学的人类学家佩莱格里诺·卢西亚诺（Pellegrino Luciano）的说法，"许多第二等级的科威特人可能与第一等级的科威特人有着相同的姓氏，但没有'Al'或'Bin'，因此在他们的名字上加了'Al'或'Bin'，这就使他们日常在与更加显赫的科威特姓氏家族打交道或进行商业交易时，变得难以区分……简言之，他们可以因这个名字而获益。"②

2011年的阿拉伯起义，尚未严重触及沙特的逊尼派。当2011年2月阿卜杜拉国王从海外返回沙特，部落首领们前往利雅得向他宣誓效忠。达瓦西尔（Dawasir）部落的领导人否认他的一个儿子签署了呼吁改革的请愿书。顺便说一下，达瓦西尔

---

① Madawi Al Rasheed, "Circles of Power: Royals and Saudi Society," in Paul Aarts and G. Nonneman (eds.), Saudi Arabia in the Balance (New York: New York University Press, 2006), pp. 185–213.

② Adam Gonn, "Power of Prefix: Why Many Kuwaits Have 'Al' in Their Name," Arab News, 21 March 2010.

部落有一个网站，用于赞美其部落风俗与血统，这样做的还有乌泰巴（'Utayba）、哈布（Harb）、沙马尔（Shamar）和其他部落，同时这些网站也一直在赞颂沙特家族。[①] 阿卜杜拉国王向他的臣民提供了360亿美元的巨额补助金和公共事业拨款，利用分配型部落主义"食利国"的资源，他从焦躁不安的臣民中买来了些许的安定。

有趣的是，在2011~2012年的阿拉伯起义中，中东国家如利比亚、埃及、苏丹、伊拉克和叙利亚处于崩溃的边缘，而原始部落和族裔忠诚同国家的对抗，似乎也会将国家撕裂。具有讽刺性的是，恰恰是那些有着强大部落文化的国家却没有被逼到崩溃的边缘，它们是波斯湾的阿拉伯国家（巴林是一个令人瞩目的例外）。部落价值观有助于国家的稳定。与约西开始其研究之前人们的惯常想法相反，在这一地区，国家并没有被部落所破坏。正如约西教导我们的，国家对部落及部落价值观的囊括，抓住了两个能够完美配合并能带来稳定的要素，毫无疑问，它需要依赖石油财富的援助。一个悬而未决的问题是，当石油耗尽时，这些国家会发生什么。这一课题等待着约西的学生们去研究。

---

① Joshua Teitelbaum, "Saudi Arabia Faces a Changing Middle East," *Middle East Review of International Affairs* 15:3 (October 2011).

导　言

乌兹·拉比（Uzi Rabi）

约瑟夫·科斯蒂纳教授，也被称为约西。他的家人、朋友、同事和学生都认为他是在沙特、也门和海湾地区现代史与政治研究方面的世界顶级专家之一。科斯蒂纳是一名开创性的学者，他研究部落主义对现代中东国家的影响，并作为特拉维夫大学中东与非洲史系的教授，将这些理念介绍给一代代学生。在他的学术生涯中，他撰写和出版的许多论著都贯穿了这些理念。科斯蒂纳着眼于广泛的学科领域，熟练地将这些思想和理论观点结合在一起，进一步丰富了我们对于整个中东地区社会和政治结构与模式的理解。另外，科斯蒂纳因其富有魅力的性格而广受赞扬，他对学生和同事关怀备至，同时又幽默机智。我们都很怀念他。

出于对科斯蒂纳的怀念，以及我们全体同事对他的祝福，我们就其深感兴趣的问题编辑了这一纪念文集。摩西·达扬中心和特拉维夫大学，科斯蒂纳为学30年的家园，对这项工作给予了资助。

约瑟夫·科斯蒂纳深厚与广博的学识与旨趣，给我们留下了深刻印象，但是他对中东国家形成中部落的作用与部落主义尤为关注。这一学术旨趣的第一次应用体现于他在伦敦政治经济学院由埃利·凯多里特指导的博士论文。这篇博士论文经过修改，以《从酋长国到君主国：沙特阿拉伯的形成（1916～1936）》（*From Chieftaincy to Monarchical State: The Making of Saudi*

Arabia, 1916–1936）为名出版了（New York: Oxford University Press, 1993）。此后，科斯蒂纳愉快地与菲利普·库利合编了至今仍被奉为经典的论著：《中东部落与国家的形成》(*Tribes and State Formation in the Middle East*, Oakland, CA: University of California Press, 1990）。

库利与科斯蒂纳的《中东部落与国家的形成》一书，引入了酋长或酋长国（chieftaincies or chiefdoms）的概念作为重要研究路径，以此来理解一种功能低于国家，但却高于个体部落的政治结构。酋长国是一个相对同源性的部落联盟，构成了一种涉及权力分享的伙伴关系，包括地处农耕边缘的游牧民，半定居（尤其是农民）的部落成员，偶尔居住在城市的居民以及居住在城镇或乡村地区的统治者或首领。[1] 重要的是，酋长国的政治体系依赖于个人的效忠，部落政治关注对民众的权威，而非领土。[2] 酋长国的概念对于理解部落社会如何获得"国家"的某些特征至关重要，这里的"国家"一词是由 J.P. 内特尔提出的。这一观念为超越部落与国家之间的二分法假设，以及承认这些社会组织之间更具动力的交往提供了路径。它解决了部落与国家、部落团结与民族主义、集权政府与部落权力之间相互作用的有关问题。21 世纪伊始，这些问题仍具有关联性。在肇始于 2011 年的"阿拉伯之春"的大动乱中，长期被抑制的宗教、族群、民族和部落认同走上前台，国家认同的根本性质又受到辩驳。叙利亚、伊拉克、也门等国家的报纸头条中经常提醒人们，对次国家群体的原始依恋，并未因与国家的联盟而被取代。

在考量理想的类型时，部落与国家，特别是与民族国家之间似乎是不相容的。社会史中通常的情况是，理想的类型不能恰当

---

[1] Philip Khoury and Joseph Kostiner, *Tribes and State Formation in the Middle East* (Oakland, CA: University of California Press, 1990), p. 8.

[2] Uzi Rabi, *The Emergence of States in a Tribal Society: Oman under Sa'id bin Taymur, 1932–1970* (Brighton: Sussex Academic Press, 2006), p. 3.

地应对复杂的现实。当研究21世纪部落与国家这一课题时，我们采纳了《中东部落与国家的形成》一书中所提出的目标：

> 本书的目标在于，在一些部落依然发挥显著影响的地区，更加充分地理解国家形成的复杂与特殊形式。核心关切之一是，当代民族国家内部的部落结构与制度是否能够继续存在。它提出了一些关于为什么这些政治形态能够得以生存以及它们对现代国家有什么影响的假设和答案。①

库利与科斯蒂纳对这一领域的贡献经受住了时间的检验。然而，由于最近的理论发展与案例研究，我们认为在比较分析领域还需要推出新的学术论著。目前的文集《变化的中东部落与国家》一书表明，虽然比较研究能够为一些独特的案例提供颇具价值的见解，但在国别基础上对现代中东部落与国家的研究仍然是最合适的方法。进行广泛的归纳是必要的，但每一个国家都应考虑其自身的政治、社会与部落历史因素。中东部落与国家的关系，并不是用来指导二者之间相互作用的模板。的确，本书中对不同案例的研究，显示了部落与国家之间的相互作用是如此的多样与丰富。

这本纪念文集编撰于2012年中旬，大约一年后进入了被称为"阿拉伯之春"的纷乱时期。本书运用了人类学、历史学和政治学的方法，并且覆盖了阿拉伯东方的大部分国家。每一章都涉及历史但聚焦于当代，尤其关注当前的问题，诸如："食利国"的模式还适用吗？如果适用，如何使其能够跨地区地应用？部落对于在沙特阿拉伯、卡塔尔、巴林、科威特、伊拉克、阿曼和也门的政治与选举的自由化是怎样的反应（可进行比较）？部落是牺牲自己的利益而采纳国家叙事，还是将自身与国家结合在一起？国家与部落认同如何发展并结合在一

---

① Khoury and Kostiner, *Tribes and State Formation*, p. 19.

起？部落认同是否不再具有现代性？叙利亚这样的威权政权，同诸如约旦、沙特阿拉伯这样的君主制政权，在部落与国家的关系上具有怎样的不同表现？作为一种分离的社会单元，部落是否已经衰落，如果是这样，部落主义（即劳伦斯·罗森所说的"tribism"）[①]算作一种社会交往模式吗？对于罗伊·莫特胡德（Roy Mottahedeh）所描述的"旧式的社会认同会在新环境中持续存在"，是否有新的例证？[②]部落主义渐趋消失，抑或只是披上了新衣？

约书亚·泰特尔鲍姆为本书作的序，探讨了科斯蒂纳对该研究领域的理论贡献，特别关注于部落酋长制的理论模型。在科斯蒂纳开拓性的著作《从酋长国到君主国：沙特阿拉伯的形成（1916～1936）》中，他阐述了一个松散基础的部落联盟，如何运用酋长的概念来假定国家的属性。因此，科斯蒂纳超出了国家与社会、沙漠与绿洲、游牧与定居之间历史关系的二分法视角。泰特尔鲍姆说："约西对沙特历史的调查研究，证明了在部落社会中的国家形成涉及一种对部落的'囊括'，但并不是国家对部落的胜利。"[③]另外，沙特部落的政治重要性日趋降低，但是科斯蒂纳提及的"部落价值观"，融入了沙特的国家肌体之中，并协助国家缓慢地推进现代化进程。

库利与科斯蒂纳指出，当国家建立时，部落并未消失。在一些情况中，"部落力量对国家的构建是有贡献的……尽管国家已形成，但其仍可能维持从前的状态，或者很容易转变为一种不同的部落认同。"[④]本书的案例研究显示了部落与国家互动的两个广泛的类型：在第一种类型中，部落与国家在共同利益联

[①] Lawrence Rosen, *The Culture of Islam: Changing Aspects of Contemporary Muslim Life* (University of Chicago Press, 2004), p.54.

[②] Roy Mottahedeh, foreword to *Tribes and State Formation in the Middle East*, ed. Khoury and Kostiner (Oakland, CA: University of California Press, 1990), p.ix.

[③] See p. xvi of this volume.

[④] Khoury and Kostiner, *Tribes and State Formation*, p. 2.

盟的基础上进行互动。在第二种类型中，部落对国家形成的过程提出了一种持续的挑战。在一些特殊案例中，部落没有在国家构建进程中发挥工具性作用。例如，伊拉克和巴林便不属于以上两个广泛的类型。因此，每个案例的研究都为宽泛的概括添加了精细的色彩，而且表明当中央权威受到侵蚀时，第一种类型很容易转变为第二种类型。

在约旦、卡塔尔、阿联酋、阿曼和沙特阿拉伯，部落与国家达成了相互获利的共识。可以说，在这些国家中，部落不太可能挑战国家，前提是统治者成功地维持部落家族之间的权力平衡，并在民族精神中吸纳了部落价值观。只要这些努力取得成功，部落与国家就可以携手合作。然而，如果政府未能保持其中央权威，部落的活动则会诱发进一步的动荡。

本书中约阿夫·阿隆（Yoav Alon）提出，部落与国家的相互依赖在约旦最为显著。哈希姆王国部落支持的根基一直是它在混乱时局中维系政治秩序的重要手段，而这些骚乱则使其邻国伊拉克与叙利亚分崩离析。约阿夫·阿隆采用了库利与科斯蒂纳提出的酋长制概念，并将其作为分析约旦当局与更小的部落联盟之间关系的有效工具。阿隆以约旦政权与巴尼·萨克尔（Bani Sakhr）部落的关系为研究案例，他认为约旦所具有的弹性相对坚韧，在很大程度上要归功于王室家族与贝都因部落精英之间的联盟关系。他描述这种共生关系怎样为国家构筑了广泛的社会支持、凝聚力与稳定性，这一特征在后殖民时代的阿拉伯国家中极其少有。在约旦的案例中，国王和部落均认为联盟对它们有利，并且乐于维护约旦的完整和促进其繁荣。

在卡塔尔，尽管国家由游牧经济转变为石油经济，从殖民统治转变为独立国家，但部落认同仍然存在。吉尔·克里斯特尔（Jill Crystal）解释说，石油时代之后，卡塔尔的部落与国家关系形成了一种"和解"（accommodation），这是科斯蒂纳所定义的另一种类型的部落与国家关系，特别是在经历了迅猛变化之后。① 尽管卡塔尔的统治家族在削弱部落权力方面进行了尝试，但只取得了部分成功。萨尼家族通过政变实现了王位继承，统治家族强化了部落的权力，使其成为提供支持以战胜竞争者的工具。对于其他阿拉伯国家而言，卡塔尔的部落在面对国家时相对更为强大。政府通过培养替代的赞助网络并扩大政治参与，努力限制部落的权力，但也只取得了部分成功。虽然一些部落旧的政治和行政功能被政府所接管，但部落仍保留了广泛的社会权力，继续在政府中施展非正常的影响，并通过已获得的任命和选举岗位发挥正常的作用。部落长期的自治经历，在一定程度上妨碍着卡塔尔政府的中央集权，并使其渴望和有义务与部落达成一种和解。其结果如克里斯特尔所认为的，"中央政府与部落之间构建了新的权力平衡"。

在阿联酋，部落与国家的关系呈现不同模式。安德烈·鲁（Andrea Rugh）在她有关阿联酋部落主义与部落领导阶层的一章中认为，阿联酋是一个特殊的案例。较之其他海湾国家，阿联酋是唯一一个由主要的部落家族经过慎重考虑组成联邦的阿拉伯石油国家，每个酋长国都由各自的酋长管理。虽然这个联邦由7个较大的自治国家所组成，但随着时间的推移，民众越来越多地向阿布扎比寻求服务。与此相对应，鲁认为部落主义在治理与社会生活中作为一种有机力量在减弱，国家认同观念则在原有基础上成长。一个明显的迹象是，由于现任和前任统治者在婚姻态度上的不同，在治理方面部落主义的作用减弱了。例如，阿布扎比现在的统治者谢赫哈利法（Shaykh Khalifa）只有一位妻子，但他的父亲至少有9次婚姻。鲁认为这种迹象表明了婚姻工具作为一种稳固联盟的手段，已不再像以前那样具有战略重要性。然而，统治者之间的部落认同依然是支撑其合

---

① Khoury and kostiner, op. cit., p. 18. See also Joseph Kostiner, "The Nation in Tribal Society——Reflections on K. H. al-Naqibs Studies on the Gulf" (pp.219-29 in this volume).

法性的一种手段。就酋长国的社会生活而言，她认为部落主义已成为历史遗迹，几乎不适用于现在。社会繁荣、城市生活以及公共教育发展，都增加了非亲缘基础的酋长国的交往，削弱了他们对远亲的承诺，这些远亲他们甚至并不认识。鲁总结道，由于拥有福利体系和相对的稳定，阿联酋目前几乎不需要这些部落机制。鲁还说，阿联酋人希望继续淡化以亲缘为基础的部落认同，而乐于加强国家认同的观念。

我撰写的关于阿曼的一章，旨在深刻理解阿曼的政治文化，而部落传统则是政治结构的中心。就阿曼的现代化进程而言，部落与伊巴德教派的宗教传统相当重要。阿曼政权通过掩盖教派分歧，寻求维护国家的统一与稳定。目的在于，基于阿曼历史的不同遗产创造一个支配性的国家认同。在此过程中，阿曼见证了"一种独特的政治文化的出现，亦即在旧的和新的文化要素网络支撑下的苏丹制与伊巴德传统以及准民主机构的混合体"。[1]

萨拉·伊兹雷利（Sarah Yizraeli）认为，部落主义在当代沙特是一个特别敏感的题目——它使人对沙特的性质格外关注，沙特是一个诞生于独立的部落组织与大家族联盟的国家。长期以来，沙特王室的政治合法性基于与阿拉伯半岛显赫部落首领和瓦哈比派的政治联姻。但是，1938年发现大量石油以及50年代实现国家集权后，这种联盟出现了改变。这些改变逐渐削弱了部落领导人的政治地位。尽管沙特政府将宗教认同与国家认同置于部落认同之上，但部落认同与部落政治文化没有被扼杀。在危急之时，如1979年大清真寺被攻占时和2011年所谓"阿拉伯之春"的抗议浪潮中，沙特王室家族持续呼吁部落首领要确保部落成员的忠诚。此外，正如耶兹拉里表示，沙特国家认识到部落认同与社会凝聚力之间的关系。例如马基里斯制度这一部落机制，被用于有效管理一个存在着亲缘与部落生活方

---

[1] See p. 93 of this volume.

式的社会。婚姻风俗和刑法这一具有部落主义的文化要素也一直被安全地维护着。21世纪伊始，沙特的部落认同有增强的迹象，尤其在年轻一代人中。部落的博客与在线论坛开始激增，敌对部落与宗族之间的争执也变得更加频繁。耶兹拉里的结论指出，如果沙特的中央权威被削弱，部落则是潜在的不稳定力量，就如同发生在也门的情况一样。她还认为，沙特绝不可能免除这种威胁。

关于也门、叙利亚、伊拉克和巴林的各章，强调了当国家遭遇合法性被侵蚀或中央权威被削弱时，部落也拥有潜在的不稳定力量。库利与科斯蒂纳的观点用在这里最为恰当：

> ……在中东地区，已在20世纪获取权力的君主、军官及其他精英在建立强制性权威和控制的排他性垄断时遇到了许许多多的困难，主要是因为他们未能成功地发展支持其统治的必要的大众合法性。[①]

显然，一直作为社会与政治反对力量的那些部落是对国家的最大挑战，也门和叙利亚就是这种情况。也门和叙利亚的政权虽然受到部落的影响，其施政也受到某种程度的限制，但它们在本质上并非部落国家。2011年的"阿拉伯之春"后，部落组织利用也门起义和叙利亚内战时的权力真空，巩固了它们的部落自治并形成了国家组织无法渗透的飞地。

J.E.彼得森（J.E.Peterson）对也门的阿里·阿卜杜拉·萨利赫（Ali Abdullah Salih）政权，与伊拉克的萨达姆·侯赛因政权，进行了有趣的对比。虽然也门的部落在政治中比伊拉克的部落更强有力，但萨利赫政权如萨达姆政权一样，都依靠直系家族成员、族人和部落成员共同的信赖与支持。但他也指出，相比于萨利赫及其继任者，也门后来的国家领导人更少依靠部

---

① Khoury and Kostiner, *Tribes and State Formation*, p. 3.

落的支持。在有关也门的部落与国家的一章中，彼得森梳理了也门的演进历程，据此，他发现部落在也门政治中的影响正伴随时间的推移而减弱。虽然当前也门的军队和警察队伍中有大量的部落成员，但彼得森认为，这种现象的存在更加反映了个人职业的选择高于集体的部落利益。J.E.彼得森还指出，尽管最近几十年个人主义在一定程度上削弱了也门的部落认同，但也门持续的动乱亦将带来潜在的部落认同的复兴，尤其是作为当地社会组织形式的部落。

与也门一样，叙利亚徘徊于国家失败的边缘。在叙利亚，贝都因部落在权力、管理与控制结构内保持着相互的竞争，这使它们能够避免完全被纳入国家机制之中。道恩·查蒂（Dawn Chatty）关于叙利亚贝都因部落的一章中，描述了叙利亚部落如何在那些由真实的或想象的亲缘关系所结合成的群体中继续发挥作用，它为部落成员提供了"一种团结和凝聚力，虽然这个国家几十年来都一直努力对部落实施镇压，但仍无能为力"。在2011年开始的叙利亚血腥冲突中，贝都因部落未能作为一个团结的群体采取行动不足为奇。叙利亚的大部分贝都因部落加入反对巴沙尔政权的行列，同时也有一些与安全部队关系密切的部落始终与政府军一道重夺反叛者控制的地区；还有一些部落被模棱两可的效忠所分裂。①从本质上看，部落领导人都站在不同的阵营中，这进一步加深了叙利亚社会的分裂。然而，为了在一系列特定政治环境中将自主权最大化，一些部落改变了其忠诚。因此，可以合理地推论，如果权力平衡对巴沙尔·阿萨德（Bashar al-Asad）有利时，他仍将重新获得反叛部落的支持。

2003年美国入侵伊拉克和颠覆萨达姆·侯赛因政权，造成了巨大的权力真空，互相争夺的教派群体与伊斯兰武装都急于

---

① Dawn Chatty, "Syria's Bedouin Enter the Fray," *Foreign Affairs*, 13 November 2013.

乘机而入。可以理解的是，部落作为替代性政治结构，在填补政治真空时发挥了更显著的作用，至少在乡村地区是这样的，也门正是这种情况。但是，罗恩·赛德尔（Ronen Zeidel）在他有关伊拉克部落的一章中，认为部落是一个不可忽视的因素。他说，现代伊拉克是一个独特的案例，在这个案例中，教派与社会组织的意识形态模式，超越了作为政治变革力量的部落与基于亲缘的模式。从历史上看，部落确实对巴格达政权构成了严峻的挑战，特别是在委任统治时期。而且赛德尔确信，在2006年至2008年成功地抵抗"基地"组织的战争中，部落发挥了重要作用。但他也认为，在美国入侵之后，部落主义并没有取代教派主义、政治伊斯兰、伊拉克民族主义，乃至自由主义等主流意识形态。他认为，在伊拉克的所有主要群体中，只有逊尼派阿拉伯人认为部落组织具有重要性。库尔德人和什叶派的部落主义，被视为一种分裂因素，并威胁着种族和教派的内聚力。因此，萨达姆政权倒台后，教派主义意识形态比部落主义更能决定伊拉克政治文化的节奏。

巴林也是一个独特的案例。正如安东尼·托斯（Anthony B.Toth）所言，在历史上巴林一直被基于最大的统治家族之上的体制所统治。与哈利法统治家族不同，巴林的大部分民众不认同部落。因此，自哈利法家族统治以来，巴林定期爆发反对哈利法家族统治的民众运动，其中许多是暴力运动。巴林部落与国家的故事，主要是关于哈利法统治家族在政治与经济上的霸权怎样随时间的流逝而变化。在讨论2011年2月巴林爆发的起义时，托斯表示，即使面对民众日益高涨的改革需求，统治者仍然决定"采用谢赫阶层的古老做法，以保卫他们的政治、经济和社会特权"。[1]

本书的案例研究也告诉我们，将部落囊括在"民族精神"中，是由国家创造和推动的。在所有国家的实践中，为了民族

---

[1] See p. 189 of this volume.

团结，政府试图以某种方法削弱部落认同。然而，每一个统治者都在寻求运用不同的策略，却只取得了部分成功。在卡塔尔，政府付出极大的努力削弱部落权威和建立替代性的权力网络，但部落认同仍然继续存在。阿曼政府的精力与注意力聚焦于构建阿曼民族精神，并且吸纳了阿曼、阿拉伯、伊斯兰与现代元素。然而在这一事业上，卡布斯苏丹在部落、宗教与国家之间也只能谨慎地发挥平衡作用。

本书以科斯蒂纳独特的论文《部落社会中的国家：对K.H.纳吉布海湾研究的反思》来结束，该论文于2002年第一次发表在《特拉维夫德国历史年鉴》(*Tel Aviv Jahrbuch für deutsche Geschichte*) 杂志上。这篇关于国家形成中部落群体与价值观作用的精辟文章，是体现约西的知识与智慧的一个合适的范例，同时也很好地展示了他对部落与国家关系，特别是有关波斯湾社会关系的深刻见解与敏锐的洞察力。

这篇论文还提到约西对科威特社会学家赫勒敦·哈桑·纳吉布作品的回应。纳吉布的开创性论著，诸如《海湾与阿拉伯半岛的社会与国家：不同视角的研究》(*Society and State in the Gulf and the Arabian Peninsula, A Different View*)，以及《科威特：部落主义与民主之间的斗争》[*Kuwait, the Struggle of (between) Tribalism and Democracy*]，对现代海湾阿拉伯国家部落主义的作用进行了分析，这一问题很少被该地区的学者所探讨。纳吉布认为，部落组织是海湾阿拉伯国家社会秩序的本质，并断定它也是政府控制社会的基础。从约西的观点看，他的分析最有趣之处是对统治性的联盟集团（corporate groups）的批评，这一联盟集团的亲缘基础与部落本质，允许将它们自己转变为"适合于国家机制的可编入机构"。① 联盟集团在国家机构中占据的主导地位，有助于打造一种支配性的联盟政治体系，纳吉布将其特点描述为"政治部落主义"。然而，不同于纳

---

① See p. 221 of this volume.

吉布对海湾政治中部落主义作用的批评性观点，约西的言辞并不那么苛刻。约西指出，在整个进程中，部落与部落价值观是国家形成的核心：部落政治被现代海湾国家的统治者们所实践，这源自根深蒂固的社会价值观。同部落和大家族的和解与合作，一直是阿拉伯君主与埃米尔确保社会与政治稳定的一种手段，即使在其他阿拉伯政权土崩瓦解之时也是如此。

在"阿拉伯之春"中，稳定性是阿拉伯君主国有别于阿拉伯共和制国家的主要特点，但巴林可能是个例外。的确可以说，在所谓的"阿拉伯之春"中，所有经历了剧烈变革的政权没有一个是由国王统治的。此外，也只有利比亚拥有大量的石油财富。在利比亚、突尼斯、埃及和叙利亚，泛阿拉伯主义与阿拉伯民族主义的意识形态已落空。"威权主义稳定性"的概念也被证伪。这些领导人为了保住自己的权力而采取的那些自命不凡的策略，很容易受到群众动员浪潮的冲击。迄今为止，约旦、沙特阿拉伯、巴林、阿联酋、科威特、卡塔尔、阿曼承受了不同的经历，或许是因为这些国家的统治者更愿意使用其他方法来满足民众的需求。然而，这些政权无法免除"阿拉伯之春"及其余波的影响。但这些未知的结果表明，在不断变化的中东地区，迫切需要对部落与国家间关系的本质进行研究。本书的目的不在于要解决这些问题，而是要对这些问题进行阐释，并且鼓励对该地区部落与国家变化的动态做进一步的研究，而它又是一项充满困难的工作。现在，是时候将部落回归到中东国家的分析中了。

第一章　从阿卜杜拉一世到阿卜杜拉二世：约旦的君主制、部落与谢赫家族（1920～2012）

约阿夫·阿隆（Yoav Alon）[*]

2011年10月13日，数千名巴尼·萨克尔（Bani Sakhr）部落联盟的成员聚集在安曼的阿卜杜拉二世国王宫殿前的广场上，表达他们对国王的效忠，同时这也是他们支持国王在"阿拉伯之春"爆发不久宣布进行政治改革的象征。这一改革倡议是约旦国王试图控制事态发展，遏制潜在的公众不满，以防止对现存政权的挑战，诸如发生在突尼斯、埃及、也门、利比亚和叙利亚那样的最令人关注的事件。巴尼·萨克尔部落的上层成员都参加了集会，首先发言的是前首相（2003~2005）、时任议会议长的费萨尔·法耶兹（Faysal al-Fayiz）。[①]

自1999年阿卜杜拉二世掌权以来，费萨尔·法耶兹一直是巴尼·萨克尔部落在约旦政府中的最高级代表。他继承了父亲阿基夫·法耶兹（'Akif al-Fayiz）的职位。从20世纪50年代到1998年去世，阿基夫是约旦的资深政治家，并与前国王

---

[*] 本章的研究由以色列科学基金资助（No.264/05），同时这一章也是我在柏林休假期间撰写的，得到了格尔达·汉高基金会（Gerda Henkel Stiftung）的慷慨资助。我还要感谢柏林自由大学伊斯兰研究所所长古德鲁里·克雷默（Gudrun Krämer）教授在研究所对我的款待。

① *Al-Ra'y* (Amman), 14 October 2011.

侯赛因结为紧密的联盟。阿基夫·法耶兹在其父谢赫米斯考·法耶兹（Mithqal al-Fayiz）去世后领导巴尼·萨克尔部落，自1921年开始到1967年去世，米斯考一直是联盟中最重要的谢赫（shaykh al-mashayikh）。他与埃米尔（后来的国王）阿卜杜拉一世（Abdullah I）紧密结盟，并在1921年建立外约旦埃米尔国时发挥了关键作用，被认为是国内最显赫和具有影响力的人物。法耶兹家族的三代人，在约旦国家发展中扮演着重要角色，也与三代哈希姆国王结为紧密的联盟。

由于法耶兹家族适合于哈希姆王朝的需要，法耶兹家族在约旦历史上发挥的作用及其与君主的关系，可以作为一面十分有用的棱镜，它折射出部落在约旦历史上与当代的作用，并可探究国家与部落关系的演进历程。法耶兹家族并不是独一无二的，在这里不过是一个典型例子。本章表明法耶兹家族代表着一种广泛的现象，论述了建国以来约旦政治的特点。除法耶兹家族外，还有其他一些显赫的家族，它们都是约旦建国以来历经三代的强大部落，其政治与掌控物质的命运与哈希姆家族的命运联系在一起。为了报答他们的支持，这些家族享有特殊地位，并持续获得许多特权。这些家族及各自部落同王室之间的长期联盟，在很大程度上能够阐释约旦哈希姆政权极富韧性和国家相对稳定的原因。

在一个动荡不定的地区，考虑到建国以来约旦面临那么多的挑战，这是一个重大成就。王国的创建者阿卜杜拉·本·侯赛因（Abdullah bin Hussein）抵达安曼后（这对他来说就是外国领土），为巩固其权力，他奠定了获得支持的基础，并使英国政府相信他能够统治这个国家。另外，在约旦建国后的第一个十年，哈希姆政权必须抵抗瓦哈比运动将沙特家族的统治向北部扩张的企图。伴随1948年战争，西岸被外约旦兼并，人口几乎一夜之间增加了3倍（一半人口是新到来的难民），这对阿卜杜拉一世王的年轻而贫瘠的国家形成了另一种挑战。1953年，年仅18岁的侯赛因继位。他的祖父阿卜杜拉国王于1951

第一章 从阿卜杜拉一世到阿卜杜拉二世：约旦的君主制、部落与谢赫家族（1920~2012）

年遭到暗杀，他的父亲在国王的位置上仅维持了几个月便因健康原因而退位。同许多观察家的预料相反，侯赛因成功克服了对其统治的各种威胁。这些威胁包括20世纪50~60年代贾迈勒·阿卜杜勒·纳赛尔（Gamal Abdel Nasser）的阿拉伯民族主义，1967年丧失约旦河西岸以及1970~1971年的内战。他的儿子阿卜杜拉二世继续应对具有巴勒斯坦背景的民众与约旦河东岸民众之间的紧张关系、持续的经济困难，以及最近中东地区的抗议与变革的革命气氛。约旦政权屡屡以部落支持为基础，显示出部落作为政权的组成部分在维护着国家的政治秩序。

毫无疑问，当政权再度面临压力之时，国王阿卜杜拉二世会再一次求助于巴尼·萨克尔部落的公众支持。2011年的皇宫集会，第二天便登上所有约旦报纸的头条，安曼的《意见报》（al-Ra'y）使用三个版面加以报道。这些报纸字里行间披露的信息是，国王享有他忠诚民众的持续和全心全意的支持，其王位是稳固的。随后的几个月，约旦的许多其他部落也集会支持国王。①

以下是一个简短的理论讨论，本文将分别探讨法耶兹家族三代领导人与约旦三位国王的关系。这样做是为了强调巴尼·萨克尔和其他部落群体在约旦国家形成中的作用。第一部分将探讨英国委任统治形成时期，阿卜杜拉·本·侯赛因与米斯考·法耶兹联盟的建立；第二部分为约旦独立时期联盟的发展；结尾部分进行广泛的讨论，试图勾勒约旦家族与部落政治体系的轮廓。

理论背景：谢赫与政府

在他们的具有开拓性的著作《中东部落与国家的形成》一书中，菲利普·库利与约瑟夫·科斯蒂纳强调，当考察部落政

---

① For instance, see reports in the Jordanian dailies on 30 April, 3, 8 and 13 May 2011.

治结构时，需要更多地关注部落领导体系与政治进程，而非简单地关注亲族关系。在这一背景下，他们提出了酋长制（或酋长国）的概念。① 这一概念为分析国家与部落之间的复杂关系提供了一个有效模型，因为它不必仅仅聚焦于个体部落，还可以聚焦于更高层级的部落联盟，并且审视这一联盟的领导人与中央国家的关系。一般来说，部落联盟是若干部落组成的松散的联盟组织，它们共同控制着一片区域。就阿拉伯游牧部落而言，在部落的疆域中所有成员都可以自由和安全地迁移，并且有权放牧和使用水源。尽管这种酋长制的概念是以伊朗、阿富汗和阿拉伯半岛这样更大的部落联盟为模型的，但在分析国家权威和诸如巴尼·萨克尔这一更小的部落联盟的关系时也很适用。

库利和科斯蒂纳提出的酋长制模式描述了一种权力共享的伙伴关系，其中包括牧区牧民，半定居的部落成员和城市居民。酋长的地位与作用对这种伙伴关系的存在至关重要。酋长协调部落联盟内部的各种要素，每个要素都有相当大的政治灵活性（political maneuverability）以及文化和经济的自主性。同样，酋长也构成了一个能够发起共同行动的要素。

由于酋长的作用在酋长制中极为重要，同时也因为他与政府和部落成员之间有最明显的联系，当前对国家与部落关系的研究视角，是将对酋长制的关注转移到对酋长的关注上。因此，聚焦于部落领导人在其酋长国内以及与政府官员打交道的作用，有利于理解他们如何在选举中当选以及怎样保住自己的位置。而且，在一个 90 年的历史阶段，将来自一个家族的三代领导人进行对比，能够揭示约旦部落及其领导人的作用与地位的延续

---

① Philip S. Khoury and Joseph Kostiner, "Introduction: Tribes and the Complexities of State Formation in the Middle East," in Khoury, Philip S., and Joseph Kostiner (eds.), *Tribes and State Formation in the Middle East* (Oakland, CA: University of California Press, 1990), pp. 1–22.

第一章 从阿卜杜拉一世到阿卜杜拉二世：约旦的君主制、部落与谢赫家族（1920~2012）

和变化。本章将阐释谢赫的作用及预期品质的一些基本特征，并对谢赫权威的来源和本质进行概述。

贯穿本文的一条主线是，强调部落领袖在维护其领导地位和酋长制的完整性方面所经历的巨大困难。主要原因在于部落社会缺乏制度化的权力。的确，本文清楚地表明，从历史上看酋长制的构建是脆弱的，在应对剧烈变革时遭遇了巨大困难。这种脆弱性源于酋长与包括酋长制在内的各要素之间关系的固有本质，而且这些要素又在很大程度上具有自主性。在阿拉伯部落中，领导人试图实现他们的愿望时会面临严峻问题。在一个将平等主义作为文化基础的社会中，阿拉伯部落的谢赫并不享有在同辈中居首位的地位（至少理论上如此）。而且，谢赫的地位并不稳固，谢赫需要不断地维护其追随者的支持，以对抗家族中其他有能力又有野心的人的挑战。[1]

为了克服这些问题，巩固其地位，凝聚其部落联盟，酋长需要使用许多策略。他需要将他对于其部落成员的精神权威，以及对联盟其他成员的持续的商品和服务供给结合起来。因此，酋长必须吸引一些更高权威的资助，这种认识将帮助酋长保住领导地位。确实，与国家权威的良好关系能够保证资源的供给，反过来又能帮助酋长保住他的地位。分配恩惠的能力的确是酋长对其追随者权力的一个重要因素。这些资源可采取直接的金钱补贴形式，也可以是给予某些特权的形式。例如招募部落武装作为雇佣军，有权对往返于麦加的朝觐旅队进行保护并输送

---

[1] William Lancaster, *The Rwala Bedouin Today* (Cambridge: Cambridge University Press, 1981); Andrew Shryock, "The Rise of Nasir al-Nims: A Tribal Commentary on Being and Becoming a *Shaykh*," *Journal of Anthropological Research* 46:2 (Summer 1990), pp. 153–176; Emanuel Marx, "The Tribe as a Unit of Subsistence: Nomadic Pastoralism in the Middle East," *American Anthropologist* 79:2 (June 1977), pp. 343–363; idem, "The Political Economy of Middle Eastern and North African Pastoral Nomads," in Dawn Chatty (ed.), *Nomadic Societies in the Middle East and North Africa: Entering the 21st Century* (Leiden: Brill, 2006), pp. 78–97.

给养，有权进入城市中的市场，可以拥有农耕土地等。这一事实，或许可以解释酋长与中央政府和殖民者合作的动机。确实，大量历史证据清楚表明，部落酋长们愿意同帝国主义者、殖民主义者或者国家政府合作。[①] 人们可以稍稍延伸一下这个观点并断言，如果没有对这种随之而来的权力与资源的认可，部落领导人便无法将其影响扩大到邻近部落。因此，一个怀有雄心壮志的部落领导人，必须寻求与国家的结盟。

一旦与中央政府建立联系，酋长便发挥了另一种作用，即成为国家当局与部落民众之间的中介。这种与国家当局之间的联系，被视为酋长控制资源的另一种模式，这将帮助他抵御企图褫夺其领导地位的潜在敌手。对他们来说，中央政府锻造和支持部落精英，是为了帮助政府间接统治其力所不及的不服管束的民众。正如威廉·兰开斯特（William Lancaster）所说，19世纪末期，奥斯曼帝国的统治巩固之后，谢赫开始同国家官员打交道，这就使酋长国变得更难接管。[②] 这种现象助长了悠久部落世家的出现，法耶兹家族的例子便清楚地证明了这一点。

对于约旦案例的具体理解，特别是要将它作为一个自20世纪中期以来的模式来理解。安德鲁·施洛克（Andrew Shryock）

[①] Richard Tapper, "Introduction," in Richard Tapper (ed.), *The Conflict of Tribe and State in Iran and Afghanistan* (London: Croom Helm, 1983); idem, *Frontier Nomads of Iran: A Political and Social History of the Shahsevan* (Cambridge: Cambridge University Press, 1997); NazihN. Ayubi, *Overstating the Arab State: Politics and Society in the Middle East* (London: I. B. Tauris, 1995); Paul Dresch, "The Position of Shaykhs among the Northern Tribes of Yemen," *Man* 19:1 (March 1984), pp. 31–49; idem, *Tribes, Government and History, in Yemen* (Oxford: Clarendon Press, 1989); Philip S. Khoury, "The Tribal Sliaykh, French Tribal Policy, and the Nationalist Movement in Syria between Two World Wars," *Middle East Studies* 18 (April 1982), pp. 180–93; Toby Dodge, *Inventing Iraq: The Failure of Nation Building and a History Denied* (New York: Columbia University Press, 2003); Yoav Alon, *The Making of Jordan: Tribes, Colonialism and the Modem State* (London: I. B. Tauris, 2007).

[②] Lancaster, *Rwala Bedouin*.

与萨莉·豪厄尔（Sally Howell）认为，要依据"家族政治"（house politics）分析约旦的政治体系。就识别约旦家族的重要性来说，两位人类学者将国家政治体系的特点归结为，"支配性的模式，在这个模式中，家族（只有王室是最核心和最有效的）是统治权力的工具和对象。"他们还指出了这一体制的渊源与本质，"……阿卜杜拉与侯赛因构建了一个政治体系，以便通过以下方式与这些家族对话并依靠这些家族：作为激励、惩罚与奖赏的目标；作为招募公职人员的地点与用作招募的方法；也作为排除外来权力的手段"①。

对约旦政治体系进行更全面的分析，必须考虑另外两个原则：轮换与期待。家族中高层官员的轮换有两个目的。一是某个家族或部落的强大，在一定程度上可能会威胁到哈希姆家族的领导权，因而也要允许其他许多家族加入政府；约旦内阁频繁重组的第二个目的在于：把尽可能多的人推到部长的职位上。这一方法很大程度上是建立在期待的观念上——虽然在一些特定时段某些家族不会在权力结构中出现，但它能够合理地期待在下一轮的内阁改组中获得职位。因此，没有人会为此惹是生非。②法耶兹家族在历史上与当代的角色证明了这些论断。

米斯考·帕夏·法耶兹，谢里夫·阿卜杜拉·本·侯赛因与外约旦酋长国的建立

在阿卜杜拉·本·侯赛因抵达将成为外约旦埃米尔国这片土地之时，这里最有权势的人是巴尼·萨克尔部落两位主要领

---

① Andrew Shryock and Sally Howell, "'Ever a Guest in our House': The Amir Abdullah, Shaykh Majid al-Adwan and the Practice of Jordanian House Politics, Remembered by Umm Sultan, the Widow of Majid," *International Journal of Middle Eastern Studies* 33 (2001), pp. 248, 266.

② Alon, *The Making of Jordan*, p. 154.

导人之一的米斯考·法耶兹。巴尼·萨克尔是一个游牧的骆驼部落联盟，这个部落联盟在冬季的几个月里，在远至今日沙特境内的瓦迪·锡尔汗（Wadi Sirhan）沙漠中谋生，夏季则迁移到今日约旦的拜勒加（Balqa'）和阿杰隆（'Ajlun）东部地区，以及叙利亚哈乌兰（Hawran）的南部。他们是叙利亚沙漠中最富有和最强大的部落联盟，拥有征召数千名战士的潜力。[1] 巴勒斯坦的英国政府第一次企图将其影响扩大到约旦河东岸时遭到米斯考的反对，而且他支持阿卜杜拉，是阿卜杜拉得以在安曼掌权的主要因素。在接下来的十年中，米斯考成为阿卜杜拉在众多部落领导人中的最亲密盟友。尽管政府羸弱，军队力量很小，但米斯考帮助阿卜杜拉巩固了权力。作为对米斯考支持的回报，米斯考及其部落获得许多特权，并继续享有很大程度的自治权。甚至在20世纪30年代，当游牧部落陷入严重的经济危机时，他还能依靠政府的救济。这时候英国委任当局也增加了对部落事务的干涉，米斯考和他的部落联盟却继续享有特殊地位及广泛的自治权。

米斯考与阿卜杜拉及其埃米尔国的联盟是家族悠久传统的延续。米斯考的祖父范迪·法耶兹（Fandi al-Fayiz）是家族中的第一位部落领导人，这在很大程度上要非常感谢他与奥斯曼政府的密切联系。事实上，正是与奥斯曼政府的联系，帮助范迪领导着这个松散又不稳定的部落联合体，并且开创了一直存续至今的世袭领导权。因此，在19世纪60年代，范迪作为部落联盟中具有领导地位的谢赫得到奥斯曼政府的认可，并且委托他领导巴尼·萨克尔部落的战士保护朝觐的旅行队，并向朝觐者提供骆驼和给养。这种联系是范迪财富的主要来源，并提供给他在巴尼·萨克尔部落中维持领导权的手段。19世纪60年代末，奥斯曼人将他们的直接统治扩大到拜勒加地区，范迪

---

[1] Norman Lewis, *Nomads and Settlers in Syria and Jordan, 1800–1980* (Cambridge: Cambridge University Press, 1987), p. 124.

第一章　从阿卜杜拉一世到阿卜杜拉二世：约旦的君主制、部落与谢赫家族（1920~2012）

起初试图反抗。然而，他很快接受了新的政治现实，并与奥斯曼帝国结为联盟。范迪是官方认定的整个巴尼·萨克尔部落的谢赫，在奥斯曼帝国的后期，这一权位一直保留在家族之中。范迪的继任者获得奥斯曼帝国给予的薪金、职位和荣誉头衔。这种认定以及随之而来的物质所得，保证了范迪家族在巴尼·萨克尔部落联盟中的特殊地位。它还强化了范迪、他的家族和部落，以面对由阿德万部落（'Adwan）的谢赫家族（Shaykhly family）领导的拜勒加地区其他强大部落联盟的竞争。①

米斯考·法耶兹（出生于1880年）在第一次世界大战期间，是奥斯曼帝国的亲密盟友。在此期间，他在巴尼·萨克尔部落中崛起，并挑战其兄法瓦兹（Fawwaz）以及法瓦兹的儿子，同时也是继承人的马什胡尔（Mashhur）的领导权。他们俩人都与领导阿拉伯起义抗击奥斯曼帝国的哈希姆家族有接触。虽然在1917年夏天其兄去世后，米斯考未能获得领导权，但奥斯曼军队的指挥官授予他珍贵而鲜有的荣誉头衔帕夏（Pasha）。1918年，米斯考获得奥斯曼帝国提供的大量金钱。作为回报，他要征召一支由数百名战士组成的部落武装，帮助奥斯曼军队抵御即将到来的哈希姆军队。由于他与奥斯曼帝国的紧密联系，随后他还获得了更多的物质利益。1918年，米斯考成为巴尼·萨克尔部落中最有势力的人，并使他的侄子、官方承认的谢赫黯然失色。②

随着1918年底奥斯曼帝国的战败，米斯考很快向哈希姆阵营靠拢，并且支持叙利亚的费萨尔政府。然而，这被证明是一个短命的政治实体，并且逐渐瓦解。1920年夏，费萨尔的军队

---

① Lewis, *Nomads and Settlers.*, pp. 124–6; Eugene L. Rogan, *Frontiers of the State in the Late Ottoman Empire: Transjordan, 1850–1921* (Cambridge: Cambridge University Press, 1999), p.188.

② Eliyahu Eilat, *Shivat Tsion va-'Arav* (Tel Aviv: Dvir, 1971), pp.127–8; Peake, *History of Transjordan* (unpublished draft), 53, Peakes papers, Imperial War Museum, London.

21

最终被法国击败，它造成的政治真空使米斯考成了拜勒加地区最具实力的领导人，统领着一个强大的部落联盟。①

由于具有这种能量，米斯考在很大程度上能够影响国家的政治前途。1920年8月，巴勒斯坦的英国政府企图将其势力扩大到约旦河东岸，谢赫米斯考成为主要的障碍。英国人的想法是，在阿杰隆、拜勒加、卡拉克（Karak）建立三个地方自治政府，并由6名英国官员监督。但是，米斯考和巴尼·萨克尔部落的其他谢赫都拒绝支持英国。而且，米斯考对英国的强力挑战，使英国人意识到他是地方政府与部落之间的调停者，因此不得不允许他进一步在拜勒加地区扩大势力。②

随着1920年9月谢里夫·阿卜杜拉·本·侯赛因抵达马安（Ma'an），米斯考越发反对英国扶植的地方政府。米斯考与担任安曼市市长的岳父赛义德·哈耶尔（Sa'id Khayr）一起，削弱英国的政治地位，为阿卜杜拉的到来铺平道路。米斯考是第一个来到马安与谢里夫·阿卜杜拉会面的谢赫，并宣布支持阿卜杜拉。他正式要求阿卜杜拉接管安曼的权力，并承诺保护他。

为了建立阿卜杜拉在外约旦的统治，米斯考请求他定居安曼，这或许意味着防止英国或法国接管这个国家。因为作为庇护人的哈希姆王子可能比欧洲的殖民强权更能维护米斯考的利益。第一次世界大战后哈希姆家族在阿拉伯政治中的分量，以及作为与先知有直接血缘关系的伊斯兰教领导人（拥有谢里夫的头衔，该头衔仅授予该家族的男性成员），无疑都增强了阿卜杜拉对穆斯林民众的召唤力。然而，米斯考决定支持阿卜杜拉则有更多的政治考量。可能是由于阿卜杜拉的领导风格及其特殊的背景对米斯考具有吸引力。阿卜杜拉擅长部落政治，但缺

---

① Muhammad 'Abd al-Qadir Khrisat, *AL-Urdunniyyun wal-Qadaya al-Wataniyya wal-Qawmiyya* (Amman: Al-Jami'a al-Urdunniyya, 1991), pp.15, 26; reports dated 20–5 and 26 January 1920, 80/145/15, Schneurson papers, Hagana Archives, Tel Aviv.

② Political Report, 23 October 1920, Brunton papers, St Antony's College, Oxford.

第一章 从阿卜杜拉一世到阿卜杜拉二世：约旦的君主制、部落与谢赫家族（1920~2012）

乏财政手段与独立武装的军事支持，因此需要依靠本地区强大的游牧部落。其结果，与阿卜杜拉结成的联盟潜在地增强了米斯考在巴尼·萨克尔部落中的地位和米斯考及其部落所享有的广泛自治权——这正是米斯考所追求的。

最终，米斯考与哈耶尔把这座小城变为亲哈希姆和反英鼓动活动的中心。米斯考甚至把英国宪兵队长弗雷德里克·皮克（Frederick Peake，他不久后成了阿拉伯军团的创始人和指挥官）作为囚犯关押了24小时。1921年2月，亲哈希姆家族的运动扩大到萨勒特（al-Salt）的城镇，那里是拜勒加地区最大的城市中心。从这时起，约旦的英国官员失去了对酋长们的影响力。①

3月2日，阿卜杜拉进入安曼，由于获得当地民众的绝对支持，当地政府的设想最终告吹。新的殖民大臣温斯顿·丘吉尔（Winston Churchill）数天后抵达开罗，调整英国政府在中东的政策，并试图避免与在外约旦的阿卜杜拉及其支持者对抗。此外，丘吉尔还与阿卜杜拉签订了一些协议，据此英国政府将在阿卜杜拉的行政当局成立6个月内给予财政和军事援助。② 丘吉尔的决定，为哈希姆家族统治下的外约旦最终独立铺平了道路，而此时它只是巴勒斯坦英国委任当局的一部分。

米斯考是确立阿卜杜拉统治的重要受益人，因为阿卜杜拉严重依赖他的支持。米斯考在酋长国中拥有的显要地位，很大程度上源于新的政治实体的特殊性质。在政权建立后的第一年，

---

① Sulayman Musa, *Imarat Sharq al-Urdunn: Nasha, tuha wa-Tatawwuruha fi Rub' Qarn, 1921–1946* (Amman: Lajnat Tarikh al-Urdunn, 1990), pp. 84, 93; Samuel to Lord Curzon, 20 December 1920, FO141/440; Samuel to Churchill, 3 March 1921 and report on the Political Situation in Palestine and Trans-Jordania, February 1921, CO733/1, The British National Archives [hereafter TNA]; Major C. S. Jarvis, *Arab Command: The Biography of Lieutenant Colonel F. W. Peake Pasha* (London: Hutchinson, 1942), pp. 73–4.

② Mary C. Wilson, *King Abdullah, Britain and the Making of Jordan* (Cambridge: Cambridge University Press, 1987), pp. 51–3.

英国对约旦内政的干涉受到限制。英国人主要关注于阻止部落对巴勒斯坦和叙利亚的袭击，并期望阿卜杜拉运用其影响力约束部落。结果阿卜杜拉沉浸于部落政治之中，一直忙于为其统治争取支持，付出巨大努力去满足部落谢赫，尤其是那些强大的游牧部落的领导人，并与他们建立私人关系。基于上述目的，他将部落事务排除出中央政府的管辖范围，转而由他本人或其堂兄弟埃米尔沙基尔·本·扎伊德（Shakir bin Zayd）领导的部落管理部（Department of Tribal Administration）掌管。此外，因为中央政府仍相当弱小，军事力量也极为有限，无法与游牧部落联盟匹敌。最终，政府权威局限于汉志铁路西部的地区。[1]

在阿卜杜拉的亲部落政策下，米斯考拥有特殊的地位，埃米尔尽力去安抚他。米斯考是与阿卜杜拉关系最亲近的谢赫，获得的好处也比其他任何人都要多。因此，当官方任命的巴尼·萨克尔部落最重要的谢赫于1921年4月去世时，引发了部落的内斗，阿卜杜拉承认米斯考为部落联盟的新领导人。一年后，阿卜杜拉赠予米斯考一大片土地，使他成为这个国家最大的土地所有者，总共拥有7万杜姆（dunum）的土地。他还赠予米斯考一辆汽车，一个司机以及丰厚的礼物。在阿卜杜拉的统治下，米斯考及其部落联盟的税款得以削减，甚至完全被免除。埃米尔还对米斯考占用邻近的基督教家族合法拥有的肥沃土地佯装不见。[2]20世纪20年代中期，米斯考成为约旦最富有和最有影响力的人。

米斯考的重要地位以及阿卜杜拉努力培养与他的友谊，在很大程度上是巴尼·萨克尔部落能够给予埃米尔以军事支持的

---

[1] Alon, *Making of Jordan*, pp.52–3.
[2] 'Awda Qasus, *Mudhakkirat* (unpublished typescript), p. 190; St John Philby, *Stepping Stones* (unpublished manuscript), pp. 116–7, Philby papers, St Antony's College; Report no. 5 from Chief British Representative, Trans-Jordania, 1 July 1921, CO733/4, TNA.

第一章　从阿卜杜拉一世到阿卜杜拉二世：约旦的君主制、部落与谢赫家族（1920~2012）

结果。瓦哈比派伊赫万的进攻构成了最大挑战。这个强大的跨部落军事力量，帮助伊本·沙特在阿拉比亚开疆拓土，并企图使用武力强迫游牧部落皈依瓦哈比派。1922年与1924年，大批伊赫万武装两次入侵外约旦，并驻扎在巴尼·萨克尔部落的村庄里，这里距离安曼东南部仅有数英里。除了巴尼·萨克尔部落积极参与战斗并付出惨重伤亡外，米斯考也几次尝试组织部落武装抵御伊赫万的进攻，这些部落武装由巴尼·萨克尔、胡维塔特（Huwaytat）和鲁瓦拉（Ruwala）部落的成员组成。①实际上可以说，巴尼·萨克尔部落就是瓦哈比派威胁和攻击的主要目标，因为他们控制着首都安曼周围地区，20世纪早期他们构成了国家事实上的武装力量。

　　外约旦酋长国建立的最初几年，对米斯考及其部落产生了积极影响。但由于英国接管了国家的行政管理，这一形势自1924年开始发生转变。英国人对阿卜杜拉前三年中萎靡不振与奢侈浪费的统治方式心灰意冷，伦敦和耶路撒冷的英国政府决定，对其控制外约旦及处理与埃米尔关系的方式进行大刀阔斧的改革。在新体系下，英国的政治代表（British Resident）掌握全部政府开支和改革行政的权力。其中包括废除谢里夫·沙基尔的部落管理部。皮克少将掌控全部武装部队，随后又将他们并入阿拉伯军团。事实上，英国试图强行将外约旦改变为中央集权的现代化国家。也就是说，他们希望外约旦成为一个西方式的国家，努力建立法治、高效和经济型的中央行政部门，同时具有某种程度的责任性。这一变革推动了国家形成的进程，并且必须以取消游牧部落的广泛自治为代价。重要的是，英国当局选择米斯考为典型，以便实施新的游戏规则。1924年秋天，阿拉伯军团的250名军人在装甲车的支援下，抵达米斯考的村庄，这里有一些逃亡者受到庇护。米斯考不得不将他们交

---

① Alon, *Making of Jordan*, pp. 52-3.

出去，尽管这跛坏了主人有责任保护其客人的风俗。①

更高效的行政体系和更强大的军事力量的建立，使英国政府对统治区有了一定程度的控制。20世纪20年代中期，英国的报告显示安全状况得到了明显改善，并且增强了对游牧部落的控制。税收得以增加，甚至像巴尼·萨克尔、胡维塔特这样的游牧部落也如数交税。②中央政府已能够执行法律，法庭判决的执行也比较好。甚至部落的谢赫，包括那些来自游牧部落中最显赫家族的成员，都不再享有法律豁免权。③

然而，更具入侵性的殖民统治的实施和国家权力的逐步巩固，则由于酋长国仍然有限的行政与军事能力而受到阻碍。尽管英国人最初试图干涉部落事务，但总体而言，他们倾向于把这些事务交给阿卜杜拉管理。英国人知道埃米尔对游牧部落的谢赫们具有影响力，并且他对部落政治的深刻理解能够用来维持国内及边境地区的法律与秩序。

因此，当英国试图管控外约旦的沙漠边境地带时，米斯考的善意与合作是不可或缺的。这是汉志的哈希姆王朝归附于伊本沙特，以及1925年马安和亚喀巴（'Aqaba）并入外约旦的结果，它使外约旦与内志产生领土争端。米斯考在巴尼·萨克尔部落中的影响力成为建立法律与秩序的工具，并在由英国协调的《哈达协议》（*Hadda Agreement*）签订后，来阻止外约旦边境地区的部落间跨界袭击。④米斯考与胡维塔特部落的最高谢

---

① Cox, Report on Trans-Jordan, 1 September-31 October 1924, CO733/75.
② Report on Trans-Jordan, 1.1–25.2.25, CO733/91; Report on Trans-Jordan, 1–31.7.25, CO733/96; Situation Report [for the last quarter of 1927], CO831/1/2.
③ *Al-Sharq al-'Arabi,* 20 October and 3 November 1924, 15 December 1926.
④ Wilson, *King Abdullah,* pp. 99–100; Riccardo Bocco and Tariq M. Tell, "*Pax Britannica* in the Steppe: British Policy and the Transjordan Bedouin," in Eugene L. Rogan and Tariq M. M.Tell (eds.), *Village, Steppe and State: The Social Origins of Modem Jordan* (London: British Academic Press, 1994), pp. 111, 114.

第一章　从阿卜杜拉一世到阿卜杜拉二世：约旦的君主制、部落与谢赫家族（1920~2012）

赫哈马德·本·加齐（Hamad bin Jazi）一起，在阿卜杜拉成功抵御部落的袭击中发挥了主要作用。1926年5月，在阿卜杜拉斡旋下，两个敌对多年的主要的游牧部落联盟签订了历史性的和平协议。阿卜杜拉说服两个部落联盟中的主要谢赫讲和，放弃古老的权利要求，分享在近期的袭击中获得的战利品。① 协议签订后的一年半中，由于两个部落联盟几乎都遵守和平协议，因而南部沙漠维持了相对和平。1928年初，随着其他部落在沙漠中的战争爆发，米斯考试图稳定更加严峻的边境局势。伊赫万武装袭击了巴尼·萨克尔部落中的一支，从而导致边境地区爆发了一连串空前惨烈的越境部落仇杀，并持续了四年之久。② 在这一问题上，米斯考与阿卜杜拉紧密合作。他时常与阿卜杜拉会面寻求解决方法，同时约束其部落成员并调整任命了一些官员。因而，他能屡次填补部落管控委员会（Tribal Control Board）中留给谢赫的职务。部落管控委员会建立于1929年，一般来说，它是另一个试图防止边境袭击的机构，旨在在沙漠中实施国家的法律权威。米斯考也是由谢赫和政府官员组成的外约旦代表团成员，它负责与部落和内志、伊拉克及叙利亚政府的谈判。③

虽然米斯考与阿卜杜拉的关系密切，并且在20世纪20年代末与酋长国的各个机构保持联系——1929年他被选入新成立

22

---

① *Al-Sharq al-'Arabi* (Amman), 11 June 1926; Plumer to Amery, 18 May 1926 and Situation report for period ending 31/5/26, CO733/114.
② Bocco and Tell, "Pax Britannica," pp. 112–5.
③ Ma'an Abu Nowar, *The History of the Hashemite Kingdom of Jordan: Volume I: The Creation and Development of Transjordan, 1920–29* (Oxford: Ithaca Press, 1989), pp. 193–4; 'Arif al-'Arif diary, 25 and 21 July 1927, Al- 'Arif papers, St Antony's College; Plumer to High Commissioner for Syria and Lebanon, IB May 1928, CO831/2/6; Situation reports for the periods 1.1–31.3.28,1.4–31.6.28 and 1.7–30.9.28 CO831/1/2; Plumer to Amery, 16 May 1928, CO831/2/6; Situation reports for the period 1.1–31.3.29 and 1.4–30.6.29 and Stafford to Cox, 28 May 1929, CO831/5/9; Chancellor to Amery, 31 May 1929, CO831/5/1, TNA.

的立法委员会（Legislative Council），但他有时自行其是，偶尔还会挑战国家权威。他这样做的目的是试图根据中央权威逐渐增长以及对部落事务干涉的情况，来捍卫他个人及其部落的自主权。他可能也想试探政府权力的限度以及抑制其利益的意愿有多强。米斯考之所以这么做，是因为他认为自己能够得到阿卜杜拉的保护。例如，1927年米斯考带领手下人劫掠一个军事基地的汽油。结果他被判处一年监禁。但米斯考逃到了内志，并在这里与阿卜杜拉国王和政府谈判，达成一个解决方案。阿卜杜拉国王对他予以赦免并将刑期改为罚款后，米斯考才回到外约旦。[①]

米斯考对政府不断触犯部落自治权的忧虑，促使他在反对派领导人中积极活动，有时甚至反对埃米尔本人。外约旦反对派的出现，是对1928年《英国—外约旦协议》的回应。该协议未能实现当地人对独立的期盼，相反，它正式确定了酋长国对英国的依赖和从属地位。1929年第一届立法委员会召开会议时，政府要求批准这一条约，米斯考是主要的反对者。他还激烈批评阿卜杜拉国王动员委员会成员支持该条约，并斥责阿卜杜拉国王试图说服他支持这个条约。[②]同样是在1929年，米斯考违抗英国当局、外约旦政府以及阿卜杜拉国王的意愿，试图利用在巴勒斯坦的哭墙骚乱事件，动员部落民众劫掠犹太人定居点。英国军方在耶路撒冷逮捕了米斯考，但他随后被释放并回到家中。[③]

然而，米斯考不得不迅速放弃他的反对派立场，修正与阿卜杜拉、政府和英国的关系。在直接影响其地位的外约旦新的

[①] *Al-Sharq al-'Arabi,* 1 June 1927; Wauchope to Cunliffe-Lister, 24 May 1934, CO831/28/3; Situation report for the period 1/4/27 to 30/6/27, FO371/12272, TNA.

[②] *Filastin* (Jaffa), 18 June, 23 July, 6 and 13 August 1929.

[③] Brigadier W. G. Dobbie, "Palestine emergency: narrative of operations between 24th August and 12th September 1929," 7 October 1929, CO 733/175/3, TNA.

现实之下，米斯考需要各方的援助和善意。20世纪30年代初，部落与中央政府的权力平衡发生了戏剧性变化。与酋长国建立后的第一个十年相比，从那时起游牧部落开始需要政府的援助。

从20世纪20年代末到30年代中期，由于连续数年的干旱和骆驼价格暴跌，外约旦的游牧民在经济危机中受到损失。瓦哈比运动在阿拉伯半岛的扩张以及政府更多地卷入沙漠事务，进一步限制了游牧民获取牧场的能力。1933年，部落陷入贫困与饥荒之中，迫切需要政府的援助。

但此时，阿卜杜拉掌控部落事务的权力大多落入约翰·格拉布（John Glubb）及阿拉伯军团的沙漠巡逻队（Desert Patrol）手中。为阻止外约旦与内志边界地区的袭击事件，格拉布招募部落成员来维持沙漠的治安，劝说部落自我约束，并与沙特政府合作进行安抚活动。1932年，由于格拉布及其部队的治理，袭击事件被阻止。在此后几年，外约旦中央政府的影响已扩展到沙漠最远的地区。这种发展必然是以游牧部落自治权的丧失为代价，但由于游牧民的困苦，他们也欢迎这种做法。为防止跨界袭击，便招募部落成员进入阿拉伯军团，或是对他们实施救济，鼓励他们耕作，向他们分发金钱、衣物、食品并提供健康护理和教育，格拉布帮助部落民众度过了艰难时期。他在沙漠中的这些举措，使部落社会成功被整合进国家。①

格拉布的另一个成就在于，及至30年代中期，国家机器不断完善，政府巩固了权力，并能更有效地介入社会事务中。国家对政治、军事和经济的控制力得到提高，部落社会被置于依赖政府的地位。此外，部落或者更具体地说是部落联盟，由于国家机构逐渐承担了它们的许多职能，这些部落联盟已丧失大部分存在的理由。安全、生计与冲突的解决也不再需要诉诸部

---

① Lewis, *Nomads and Settlers*, pp. 134–5; Bocco and Tell, "Pax Britannica"; eidem, "Frontiere, tribus et etat(s) enjordanie orientale a lepoque du mandate," *Maghreb-Machrek* 147 (1995), pp. 26–47; Alon, *Making of Jordan*, ch. 4.

落机制。这些发展使米斯考及其他外约旦有影响的部落谢赫们日趋紧张。①

米斯考直接受到这些不断增加的压力的影响。20世纪20年代末,他的经济状况岌岌可危,因为他几乎永远需要钱,但很难筹集到资金。米斯考的土地只适宜干旱作物,部分土地根本无法耕作。在随后的十年之初,地主遭受粮食价格骤降和缺乏出口市场所导致的损失。米斯考身背债务,担心政府催缴。②作为一名身份显赫的谢赫,米斯考渴望缓解其部落成员的困境,而无法顾及他自己的经济困难。

然而,米斯考依旧是一个有权势的人;阿卜杜拉、政府和英国人都不愿意让他有任何不愉快的感觉。事实上,阿卜杜拉、政府和英国当局的政策是维持谢赫们及其部落的权力。他们感到让谢赫们承担责任,是控制民众的更好和最经济的方式。比如,自1937年起,谢赫们出席新成立的部落法庭,并将部落习惯法('urf)予以正规化。作为回报,他们获得薪金,实际上成为国家公职人员。与米斯考一起被政府任命的谢赫还有巴尼·萨克尔部落的哈迪赛·库雷沙(Haditha al-Khuraysha),胡维塔特部落的哈马德·加齐(Hamad al-Jazi)和穆罕默德·阿布·塔雅(Muhammad abu Taya),卡拉克部落(Karak)的苏丹(Sultan)、马吉德·阿德万(Majid al-'Adwan)、鲁菲法恩·马贾利(Rufayfan al-Majali)和侯赛因·塔拉维纳(Hussein al-Tarawna),塔菲拉部落(Tafila)的萨利赫·阿瓦兰(Salih al-'Awran),阿杰隆省('Ajlun)库拉地区(Kura)的库莱布(Kulayb)、阿卜杜拉·舒雷达(Abdullah al-Shurayda)。他们

---

① Alon, *Making of Jordan,* ch. 5.
② Ludwig Ferdinand Clauss, *Als Beduine unter Beduinen,* 3rd edn (Freiburg: Verlag Herder, 1954), p. 90; *Al-Jarida al-Rasmiyya li-Hukumat Sharq al-Urdunn,* 1 February and 16 August 1929; N. Paper, "Agricultural overview on the vicinity of Amman-Madaba," 11 April 1930, S25/3505; Paper, "The Problems of Transjordania"[English], 31 March 1931, S25/3509, CZA.

享有特权和占据高位，因为政府需要他们的合作。

因此，在沙漠地区，格拉布为了使自己的革命性变革得到部落民众的积极回应，他需要米斯考与其他谢赫的善意。巴尼·萨克尔部落的志愿兵是沙漠巡逻队的重要组成部分，也是阿拉伯军团的重要兵源，并且最终成为约旦军队的高级军官。确实，现在的约旦参谋长就是巴尼·萨克尔部落的成员。① 在后来的许多年，政府认为米斯考是国家稳定的潜在威胁——1936~1939年巴勒斯坦的阿拉伯人大起义表现得最明显。② 因此，政府给予米斯考很多政治关照，并且试图缓解其财政困境，在危机年代停止向他征税，同时向他提供贷款发展其农场，以便来安抚他。③ 米斯考对阿卜杜拉也有很大价值。1932~1933年，米斯考成为大地主谢赫群体的领导者。值得注意的是，这些人支持埃米尔与巴勒斯坦的犹太复国主义者培植紧密关系。

直到1943年，政府才有足够力量与米斯考对抗并抑制他的势力。一支军队占领了米斯考的村庄，同时向巴尼·萨克尔部落征税并向米斯考追缴自1930年以来的所欠贷款。由于连年雨水丰沛和引进机械设备，土地生产率得到提高，此时的米斯考已克服早先的困难并恢复了财务状况。④

经过20多年的国家建设，米斯考最终不得不服从于国家权

---

① Lewis, *Nomads and Settlers*, pp. 133,135; Hatem A. Sarairah, "A British Actor on the Bedouin Stage: Glubbs Career in Jordan, 1930–1956" (PhD dissertation, Indiana University, 1989), p. 124.
② John Glubb, "A monthly report on events in the deserts of Transjordan," May and June 1936; and Cox to High Commissioner, 6 July 1936, attached to Glubbs report, June 1936, CO831/37/3, TNA.
③ High Commissioner to the Colonial Secretary, 2 November 1934, CO 831 /27/2; Cox's attached letter to Glubbs report for June 1936 addressed to the High Commissioner, 6 July 1936, CO 831/37/3, TNA.
④ Peake to Cox, 12 August 1938, Peakes papers; John Glubb, "A monthly report on events in the deserts of Transjordan," March and April 1940, Glubbs papers, Sc Antony's College［hereafter Glubbs report］; Political situation for June and July 1943, CO831/60/2, TNA.

威，这成为评估谢赫在外约旦作用变化的考察点。一方面，尽管他们对政府越发依赖，谢赫仍然在外约旦发挥着重要的和具有影响力的作用。政府通过谢赫进行统治，而不是取代他们。政府经常让他们中的一些人负责维护法律与秩序、收税和解决纷争。谢赫成了法官、立法委员会成员以及大臣。他们可以自由地与阿卜杜拉接触，并得到其支持。许多人成了大地主，并在发展农业时得到政府的援助。另一方面，谢赫角色的性质也发生了戏剧性的变化。他们的合法性很少来自部落民众对其道德权威的认同，而是更多地源于他们是部落与中央政府打交道时的唯一代表。政府的扩大不可避免地造成了这些改变，并需要谢赫们代表民众介入各个政府部门的工作。米斯考和其他谢赫不再是独立的和自治群体的领导人，而是变成了这些群体与政府当局的中间人。因此，谢赫越来越多地与国家结构交织在一起，并与国家利益相一致。鉴于此，米斯考与其他谢赫的活动中心转移到安曼，他们消磨在部落民众中的时间减少了。换句话说，谢赫的作用已经在现代国家中制度化了。

谢赫作用的制度化，给外约旦（后来的约旦）的精英带来了令人印象深刻的稳定性与连续性。1921年谢赫家族在国家中占据主导地位，在委任统治时期甚至此后也是如此。当委任统治结束时，谢赫家族与一些最上层的部落领导人的变化是一致的，这些家族想方设法将职位保留在直系亲属手中。例如，卡拉克部落的谢赫鲁菲法恩·马贾利于1945年去世，他的儿子马利克（Ma'arik）继承了其在立法委员会中的席位和帕夏的头衔。第二年，马吉德·阿德万去世，阿卜杜拉将巴尔卡部落（Balqa'）最高谢赫的头衔授予了他的长子哈姆德（Hamud）。米斯考本人要比大部分同辈长寿，他死于1967年4月，当时年龄差不多90岁。直到去世前，米斯考一直是巴尼·萨克尔部落最重要的谢赫，承担着许多部落职责，如调停、仲裁及给予慰问和慈善布施。此外，在1946年外约旦独立后，米斯考的儿子阿基夫被阿卜杜拉任命了第一个国家职位，即王宫的部落礼仪主管（Head of Protocol for Tribes）。[1]因此，谢赫及他们的儿子也成为外约旦精英阶层的重要组成部分，构成了国家生存的支柱。下一部分将详细阐释这一点。

法耶兹家族与保卫独立的约旦：阿基夫·法耶兹与国王侯赛因

委任统治末期的谢赫和阿卜杜拉与中央政府之间的关系模式，在1946年外约旦获得名义上的独立后仍然延续着。在接下来的十年，约旦政权仍然依赖于英国的军事保护和财政支持。然而，1956年侯赛因国王罢免了格拉布的阿拉伯军团指挥官的职务，约旦获得完全独立。此时政权面对的主要挑战不再是部落整合问题，而是国家的现实存在，它受到国内外敌对势力的质疑。从那时开始，部落的支持越来越重要。这一时期阿基夫·法耶兹作为国王侯赛因的保护者和关系紧密的盟友，而成为一颗冉冉升起的明星，这种方式似乎和20世纪20年代其父与阿卜杜拉的关系一样。但与此同时，阿基夫甚至他的儿子费萨尔，则代表了部落领导人的不同类型，他们更加适应现代独立民族国家的形势，并且在现代国家结构中改变了部落的作用。

阿基夫的生活习惯、所受教育，以及为成为巴尼·萨克尔部落领导角色所做的准备，都与他的父亲存在极大差异。阿基夫大约在1920年出生于安曼。他是米斯考与安曼市市长萨伊德·胡伊尔（Sa'id Khayr）的女儿结婚后所生长子。阿基夫是在城镇长大的男孩，而非沙漠中的游牧民。在城镇学校中，他接受了正规的初级教育，之后被目不识丁的父亲送到黎巴嫩的艾

---

[1] Musa, *Imara* 208; *Al-Jarida al-Rasmiyya*, 1 August, 1 July and 1 September 1946.

利（'Aley）接受普通教育和农业培训。那时他父亲也许希望他能够经营大型的家族农场，而非继承他在巴尼·萨克尔部落联盟中的领导人职位。

20世纪30年代初，阿基夫年长的哥哥（米斯考与部落妻子所生之子）去世后，米斯考开始培养阿基夫来替代他。这种努力的最早迹象是，当这个男孩只有11岁大的时候，就被其父带到王宫，并将他介绍给埃米尔阿卜杜拉。的确，依照他自己的解释，阿基夫同他父亲一起拜访其他谢赫，参与部落集会，这是培训他继承米斯考职位的一部分。①

尽管如此，阿基夫还是要在现代民族国家的政治中，而不是严格的部落事务中来证明他自己的力量。在许多情况下，这也是新时期所要求的，这时候部落已完全被整合到国家中，先前的自治权被收回，并且不复存在。游牧主义已消退，部落民众也适应了在国家疆界内的生活，参与土地耕作，受雇于国家机构：占据首位的便是军队。此外，部落战争和袭击早已停止。这些情况导致谢赫不再指望在战场上去显示他的战斗技巧和勇气，而是需要他在与国家机构打交道时的老练世故。因此，当阿基夫还是个青年人时，便帮助米斯考与伊本·沙特保持秘密联系。在委任统治的最后几年中，当他父亲逐渐卸下公职后，阿基夫开始更加积极地发挥政治作用。②

最初，阿基夫享有的政治地位要归功于其父亲。因为1946年他在王宫中的第一个职位是专门为他设立的，很有可能是由于阿卜杜拉愿意继续承认法耶兹家族的特殊地位，并试图与下一代人重建新的联盟。一年之后，阿基夫决定竞选独立后的第一届议会席位，依照他自己的说法，能够当选要感谢其父亲说

---

① Interview with 'Akif al-Fayiz, *al-Dustur* (Amman), 6 June 1994; Eilat, *Shivat Tsion*, p. 135.

② Glubbs report, March 1940; High Commissioner to Secretary of State, 1 August 1942, CO831/59/4.

第一章　从阿卜杜拉一世到阿卜杜拉二世：约旦的君主制、部落与谢赫家族（1920~2012）

服大部分巴尼·萨克尔部落的谢赫支持他作为候选人。在阿卜杜拉执政末期，米斯考仍然具有重要作用和影响力的另一个例证是，他能够在1948年巴勒斯坦战争前夕组织召开部落会议。会议后，大约有1200名部落志愿兵加入阿拉伯军团，其中包括巴尼·萨克尔部落、胡维塔特部落、阿德万部落以及哈迪德部落的民众。因为整个军团只有4500名士兵，部落武装为约旦的军事行动做出了重要贡献。①

在侯赛因国王的统治下，尤其从1957年开始，阿基夫·法耶兹凭借自己的权力成为高级政治家。在20世纪50年代末和整个60年代，阿基夫成为最重要和最有权势的政治家之一，他在许多政府部门任职或担任议会议长。由于他处于约旦国家及其机构的中心位置，尤其是与国王的联盟，这使他逐渐在巴尼·萨克尔部落中脱颖而出，具有举足轻重的地位。

阿基夫地位的提升，很大程度上是1956~1957年他给予侯赛因国王宝贵支持的结果。当时他帮助国王挫败了对政权最严峻的挑战。50年代中期，年轻且缺乏经验的国王，被迫抵御着埃及总统贾迈勒·阿卜杜·纳赛尔及其领导的阿拉伯民族主义运动的敌对行动。在阿拉伯民族主义者看来，约旦及其君主制是中东地区西方殖民主义的缩影，因此无权继续存在。随着1950年约旦河西岸被兼并，巴勒斯坦约有2/3的人口并入约旦，这一思想意识成为民众的心声。在此背景下，侯赛因国王于1956年解除了格拉布的职务，并下令实施新的自由选举。约旦新政府由苏莱曼·纳布希（Sulayman al-Nabulsi）任首脑，由于受到变动中的地区思潮的影响和鼓舞，纳布希政府对旧的政治秩序提出质疑，并挑战国王的权威。在1957年的一次未遂

---

① Interview with 'Akif al-Fayiz, *al-Dustur*, 6 June 1994; Sulayman Musa, *Ayam La Tunsa: Al-Urdunn fi Harb 1948*, 2nd edn (Amman: Matabi' al-Quwwat al-Mus-alliha, 1998), pp. 50–1; Roncn Yitzhak, *Shutafut ve-'Oynut: 'Abdallah, ha-Ligyon ha-'Arvi ve-Milhemet 1948* (Jerusalem: Misrad ha-Bitahon, 2006), p. 22.

政变后，纳布希政府被解散。①

在这一充满挑战的时期，阿基夫站在国王这一边。凭借作为议会成员的能量，他试图调解纳布希与国王之间的关系。更重要的是，在得到巴尼·萨克尔部落的两名官员的报信后，阿基夫警告国王，军队正在准备哗变。当国王打算与阴谋叛变者摊牌时，他得到了2000名巴尼·萨克尔部落成员的支援，这些部落成员按照阿基夫的命令在安曼集结。②

从那时起，阿基夫成为众所周知的"国王的人"，这个小圈子里的老练政治家在年轻国王刚刚掌权的几年里一直站在他的一边。这些人以前曾辅佐阿卜杜拉国王，现在帮助侯赛因国王引导国家度过了20世纪50年代和60年代初的骚乱。因此，国王为了表达感激之情，于1957年任命阿基夫为农业、建筑与发展大臣，阿基夫成为贝都因部落中供职于政府要职的第一人。从此时直到1970年，他几乎任职于政府所有的部门，担任过许多部门的大臣。及至1988年，他一直是历届议会成员，在1963~1966年以及1984~1988年，他成为享有声望的议会议长。并被国王任命为数届参议院的议员。③

由于担任这些大臣和议会职务，以及同国王的亲密关系，阿基夫的权力和影响力得以强化，并确保了他在巴尼·萨克尔部落中的地位。依照美国外交报告的说法，阿基夫担任农业部大臣时，从美国援助项目中将一些资源转给了他的家族农场，

---

① Uriel Dann, *King Hussein and the Challenge of Arab Radicalism: Jordan, 1955–1967* (Oxford: Oxford University Press, 1989).

② Ibid., p. 64; Lawrence Tal, *Politics, the Military and National Security in Jordan, 1955–1967* (Basingstoke: Palgrave Macmillan, 2002), p. *48; Filastin* (Jerusalem), 28 July and 4 August 1957; John Slade-Baker diary, entry for 23 April 1957, Slade-Baker Collection, St Antony's College.

③ Dann, *King Hussein*, p. 64; Robert B. Satloff, *From Abdullah to Hussein: Jordan in Transition* (New York and Oxford: Oxford University Press, 1994), p. 171; Khalid Musa al-Zu'bi, 'Akif al-Fayiz: Sirat Hay ah Siyastya wa-Barlamaniyya (Amman: Markaz al-Dirasat al-Barlamaniyya, 2007).

第一章 从阿卜杜拉一世到阿卜杜拉二世：约旦的君主制、部落与谢赫家族（1920~2012）

并指示在这一项目中雇佣巴尼·萨克尔部落的成员。阿基夫担任国防大臣期间，他在军队中的支持基础就是来自巴尼·萨克尔部落的高级军官，这被用以强化他和他的部落的地位，并对付另一个来自卡拉克的马贾利部落的势力。军队中这两个部落之间的临界性冲突，迫使侯赛因国王将阿基夫解职。① 然而，未过两年，阿基夫又回到政府部门任职。

不管有没有政府职位，阿基夫都是巴尼·萨克尔部落中最有权势的成员。他的权威主要来自部落需要他居中斡旋各种各样的官僚事务，俗称"瓦斯塔"（wasta）。这些事务包括降低税款金额、颁发许可证和商业特许权、获取工作或晋升机会，以及增加在大学的名额或奖学金。因为阿基夫的部落背景不够深厚，在他父亲死后，谢赫更多的"传统"角色都由他的弟弟萨米（Sami）来承担。萨米是米斯考与其第一位部落妻子所生的儿子，他在沙漠而非城市中长大。1958年，萨米被侯赛因国王任命为部落法官，直到2012年11月去世之前他始终担任法官和调停者，而让阿基夫（后来还有阿基夫的儿子费萨尔）在国王面前与国家机构中代表巴尼·萨克尔部落的利益。②

20世纪60年代末期，阿基夫达到其权力的巅峰。他在议会中拥有很大的影响力，并利用议长身份反对瓦斯夫·塔勒（Wasfi al-Tall）政府。根据英国外交官所说，塔勒试图扳倒他的"死对头"。③ 塔勒决定阻止阿基夫参加1967年4月的议会选举，但就在选举前一天米斯考去世，这促使侯赛因国王为确

---

① Robert Keeley, "Causes of Disaffection with Rifa'i Regime," 3 September 1958, 785 00/9-358, RG59, National Archives, Washington [hereafter NA] ; Tal, *Politics*.
② Interview with Sami Mithqal al-Fayiz, Jiza, 2009.
③ Asher Susser, *Both Banks of the Jordan: A Political Biography of Wasji al-Tall* (Ilford: Frank Cass, 1994), pp.117, 191; A. B. Urwick, to A. C. Goodison, 12 October 1966, FO371/186549, NA.

保刚刚失去慈父的阿基夫获得胜利而亲自干预此事。① 根据阿基夫本人的说法，早在1968年，国王甚至想让他担任首相。当阿基夫正在犹豫不定时，国王任命了另外的人。阿基夫在约旦政府中的权力以及在巴尼·萨克尔部落中的影响力，也对国王形成了威胁。阿基夫与1967年战争后约旦河东岸建立的巴勒斯坦组织保持着亲密关系，并支持他们在王国中的存在。根据来自英国的消息，1969年9月，侯赛因国王试图逮捕阿基夫，但是后者在由法塔赫（Fatah）成员组成的卫队的帮助下化险为夷。② 也许阿基夫在"黑九月事件"中的亲巴勒斯坦立场，正是他1970年之后不再担任政府大臣的原因。

自相矛盾的是，也许在阿基夫与国王关系紧张时，通常部落尤其是谢赫家族的作用会增加。

从20世纪60年代中期开始，随着巴勒斯坦解放组织（PLO）和法塔赫领导的自信的巴勒斯坦运动的崛起，他们在约旦的权力得到巩固。但在1970~1971年内战最激烈的时候，约旦政府的政策却出现180度的大转弯。巴勒斯坦人希望融入当地社会的尝试可追溯到1948年战争后，但最终还是由于约旦政权对旧的支持基础的严重依赖而放弃了。从那时起，政权所依赖的是外约旦的社会各阶层，特别是部落。军队、警察、内政安全机构以及大量政府官僚部门的职员都是"原始的"（original）约旦人。

约旦政权近乎完全依赖东岸民众，与之相伴的是集中力量培养约旦人的民族主义和鼓励部落认同。通过推进忠于约旦的理论，强调部落主义是其主要组成部分之一，政权寻求团结东岸民众的背后，是为了阻止巴勒斯坦人在社会中的重要影响力。

---

① J. P. Tripp, "Jordan General Elections," 5 April 1967, FCO 17/210, TNA: "Jordan Elections," 19 April 1967, Pol 14 Jordan, Box 2253, Central foreign policy files, 1967–1969, RG 59, NA.

② Interview with 'Akif al-Fayiz, al-Dustur, 7 June 1994; Jason Salstrom, "The Palestinian Resistance in Jordan, 1967–1971" (PhD dissertation, Tel Aviv University, 2012), p.300.

第一章　从阿卜杜拉一世到阿卜杜拉二世：约旦的君主制、部落与谢赫家族（1920~2012）

此外，部落价值观与文化得到政权的拨款支持，这对部落价值观与文化则是积极的推动。①

在侯赛因国王统治的最后 20 年，他精心培植部落、部落领导人与部落价值观。的确，他亲力亲为丝毫不怀疑自己的政策。像其祖父长期养成的在不同部落宿营的习惯，侯赛因国王也在国内长途旅行（被称为兹亚拉斯，*ziyaras*），探访不同的部落群体。在这样的探访中，他允许每一个部落男人或女人与他接触，向他提出冤情并寻求帮助，或者只是借此机会要当面见见他。②虽然 1976 年政府取消了部落法庭，但部落在冲突解决中的惯例和习惯法继续适用，这与规范社会关系、告知法律程序以及民事法庭的裁决并不相悖。自国王以下，国家官员不仅允许并积极促进这一趋势，而且有时他们还会充当依据部落风俗解决冲突的调停者。因此，部落习惯法是约旦法律体系中的一个组成部分③，一直到今天也是如此。④

当侯赛因国王在 1984 年重新恢复议会，尤其是在 1989 年举行新的选举后（1988 年 7 月约旦宣布放弃西岸的主权，选举成为可能），部落认同的提升对强化国王的地位很重要。这样做的目的是巩固部落忠诚，并削弱反对派尤其是伊斯兰主义者。当时自由主义团体批评部落主义在约旦政治中发挥的突出作用，国王为部落辩护，实际上是封住了部落竞争者的嘴巴。⑤1993

---

① Linda L. Layne, *Home and Homeland: The Dialogics of Tribal and National Identities in Jordan* (Princeton: Princeton University Press, 1994); Andrew Shryock, *Nationalism and the Genealogical Imagination: Oral History and Textual Authority in Tribal Jordan* (Oakland, CA: University of California Press, 1997).

② Layne, *Home and Homeland*.

③ Shryock, *Nationalism*, p. 70; Richard T. Antoun, "Civil Society, Tribal Process, and Change in Jordan: An Anthropological View," *International Journal of Middle Eastern Studies* 32 (2000), pp. 441–63.

④ Jessica Watkins, "Seeking Justice: Tribal Dispute Resolution and Societal Transformation in Jordan," *IJMES* 46:1 (February 2014), pp. 31–49.

⑤ Layne, *Home and Homeland*.

年，政府修改选举法，以这种方式确保大部分议员由部落代表担任，他们基本上都是政权的支持者。

阿基夫·法耶兹死于1998年，几个月后侯赛因国王也去世了。在约旦媒体对阿基夫辞世的报道中，人们能够很明显地感受到侯赛因治下的约旦国家与部落的关系。哈希姆政权与法耶兹家族所体现的关系尤为如此。阿基夫临终时，侯赛因国王到医院去看望他。阿基夫死后，国王和王室家族其他成员前往法耶兹家族哀悼。葬礼后几天，法耶兹家族在报纸上刊登大量公告，对哈希姆王族的哀悼表示感谢。此外，各种报纸对阿基夫的去世连续报道数天，包括隆重的葬礼细节。约旦显贵们的哀悼活动也出现在报纸的头条。新闻媒体发布讣告、悼词、纪念文章和诗歌，颂扬阿基夫是一个约旦人和阿拉伯爱国者、部落领导人以及哈希姆政权的忠实支持者。许多私营的个体、组织和团体也发布了讣告（death announcements），加在一起有数百条之多。[1] 确实，在侯赛因国王统治的最后十年左右，部落主义成为约旦公共话语的重要部分。部落一直被视为国家和社会合法性的基石，到现在仍然如此。

费萨尔·法耶兹与阿卜杜拉二世国王

侯赛因和阿基夫去世后，哈希姆王族与法耶兹家族的联盟分别由他们的继任者所维持。费萨尔·法耶兹是效力于哈希姆王族的第三代家族领导人。虽然他最初的职位是服侍侯赛因国王，但在阿卜杜拉二世时期，他晋升为部落和国家的领导人。作为国王的亲密盟友和约旦政府机构的高级官员，他在约旦抵御"阿拉伯之春"时发挥了积极作用。

费萨尔的政治生涯象征着当代约旦国家与部落的关系。他

---

[1] Various Jordanian newspapers, April 1998.

的父亲和祖父都拥有独立的支持基础以及对君主和国家机构的影响力，以至于他们甚至在一定程度上对君主和国家机构形成威胁。相反，费萨尔的地位源自国家，并与国家紧密联系在一起。事实上，他依靠国家来维护自己在部落中的地位。因此，2005年的一篇新闻报道的标题很恰当："费萨尔·法耶兹：宫廷之人"。① 话虽如此，部落仍在约旦发挥着重要和显著的作用，并继续成为君主政体的战略资产。他们中的成员在宫廷、政府、军队、情报机关，甚至在经济部门中担任重要职位。费萨尔和他同辈的部落领导人构成了政权的中坚力量。

费萨尔的政治资本是他受过现代教育并受人尊敬，更不用说他的贵族和家族背景了。他1952年出生，在安曼接受教育，并在英国的一所大学学习，后来在美国获得硕士学位。他的政治生涯始于在约旦驻布鲁塞尔的领事馆担任外交官，之后升迁到宫廷内的中层岗位。

从1999年阿卜杜拉二世国王执掌权力以来，费萨尔以惊人的速度升迁。阿卜杜拉二世国王掌权不久，就任命费萨尔为哈希姆王宫的首席礼宾大臣（Chief of the Royal Protocol of the Royal Hashemite Court），类似于50多年前他父亲的第一个官职。2003年3月，他被任命为哈希姆王室宫廷大臣（Minister of the Royal Hashemite Court）。几个月后，费萨尔又被任命为首相，这是非哈希姆家族成员所能获得的最高职位。费萨尔是第一个（到目前为止也是唯一的）贝都因部落中居于这一高位的人物，直到2005年他卸任。

国王委派费萨尔领导政治改革，尤其是修改选举法。也许国王希望费萨尔以其显著的政治和社会威望，在面对国内保守势力的强烈反对下实施这些改革举措，因为保守势力大多来自部落。像他的前任与继任者一样，费萨尔只取得了部分成功，这也许能够解释为什么他在一年半之后便被替换了。

---

① *Al-Ghad* (Amman), 29 March 2005.

虽然卸任了首相，但费萨尔继续在约旦政治生活中扮演重要角色。在他刚被免职后，国王又任命他为皇家法院的首席法官（Chief of the Royal Court）。数月后，他被国王提名为议会参议院议员。2010年，他竞选议会议员，并被新当选的议员们选举为议长，从2010年11月到2011年10月他担任此职。

在费萨尔·法耶兹担任议长期间，"阿拉伯之春"爆发，约旦政权不得不迅速做出回应。费萨尔在政府的回应中发挥了突出作用，这显然成了国王的资本。其间，在他的领导下通过了许多由国王和政府提出的立法改革，作为政权对该地区事态做出的反应。

但或许费萨尔身为部落领导人的作用更重要。作为巴尼·萨克尔部落的领导人，他必须回应部落民众的呼吁，这些人被突尼斯和埃及发生的事件所煽动，批评国王及其家族。例如，2011年2月初，一个36人的团体，他们大部分来自法耶兹部落的其他谢赫家族，突然打破禁忌对王后及其家族的贪腐行为大加指责。他们进而威胁国王，宣称如果他不对政权实行改革并制止贪腐现象，约旦将会随着突尼斯和埃及一起陷入骚乱。① 费萨尔迅速做出回应，短短几天后他便召集巴尼·萨克尔部落成员，在国王生日与继位纪念日两次集会上表达巴尼·萨克尔部落的忠诚。② 正如本章开篇时所描述的插曲一样，费萨尔坚定地支持国王，他一次又一次地声明"国王是约旦人民的安全

---

① "Jordan tribes criticise Queen Rania's 'political role,'" BBC news, 8 February 2011: http://www.bbc.co.uk/news/world-middle-east-12400274［last accessed 28 January 2015］; "Shakhsiyyat cAsha'iriyya Urdunniyya tantaqid al-Dawr al-Siyasi lil-Malika Raniya," BBC Arabic news, 9 February 2011: http://www.bbc.co.uk/arabic/middleeast/2011/02/110209_jordan_tribcs_rania.shtml［last accessed 28 January 2015］.

② "Qabilat Bani Sakhr tahtafil bi-'Id Milad al-Malik wa-tujaddidu al-'hd wal-Bay'a lil-Qiyada al-Hashimiyya," Al-Haqiqa al-Dawliyyay 14 February 2011: http://www.factjo.com/pages/fiillnews.aspx?id=24349［last accessed 28 January 2014］.

第一章　从阿卜杜拉一世到阿卜杜拉二世：约旦的君主制、部落与谢赫家族（1920~2012）

阀"，甚至威胁任何胆敢损害国王的人将得到血的教训。[1]

结论：今日约旦的国家、家族和部落

自现代国家建立以来，约旦的政治制度便建立在哈希姆王族与部落联盟合作的基础之上。虽然在数十年中君主与法耶兹领导人的联盟关系的牢固程度不断被修正，但符合双方的利益。正是这种共生的关系赋予了现代约旦国家广泛的社会支持，这种凝聚性与稳定性在后殖民时代的年轻国家中是罕见的。

阿卜杜拉二世和费萨尔·法耶兹时期的约旦，与阿卜杜拉一世和米斯考·法耶兹时期的外约旦已有很大区别。这个政治实体最初由殖民者在乡村建立，主要为游牧民社会，人口不过20万人；现在却发展成拥有600万居民的现代民族国家，其中至少有一半人来自委任统治的巴勒斯坦领土。今日的约旦社会以城镇为主，并拥有现代经济，它的教育体系被认为在阿拉伯世界最先进。尽管出现这些转变，约旦仍由部落社会所构成。部落继续在生活的所有方面发挥中心作用，即使存在很大差异。

事实上，约旦的政治体系与约旦河东岸人的部落社会结构相似。阿卜杜拉一世以来，哈希姆王族在部落与其他显赫家族之间充当调解人。这似乎是国王及其继承人的战略决策，他们显然不想与约旦部落社会通婚（不像沙特王室家族），以求不会在不同部落间失去中立立场。到目前为止，哈希姆王族的配偶要么是家族成员、外国人，要么是巴勒斯坦人。哈希姆王族保持中立立场的另一个表现是，每一届新政府组建时，或者更普遍地说，当政府机构的高级职务任命时，都要保持地区与部落

---

[1] *Al-Dustur*, 28 June 2012. Another rally that took place on 17 November 2012 can be watched on https://www.youtube.com/watch?v=lLCukiEN_Z8［last accessed 28 January 2014］.

之间的神圣平衡。

更具体地说，约旦政治体系是建立在家族之间相互影响的基础之上，其中许多是代表部落的谢赫家族。他们服务于哈希姆王族，同时也争夺权力、影响和物质资源。他们渴望担任政府高官，并且需要接近国王。这是他们进入约旦高层政治体系的通道，从而使他们能够垄断政府与部落中间人的地位，这也使他们能够在部落选区中保持影响力。

在哈希姆王族的支持下，家族间的相互影响导致不稳定的资源分配模式。一旦掌握权力，这些家族的精英成员也只能在很短的时间内担任政府要职。之后这些职位将被其他家族的代表所轮换，正如阿基夫与费萨尔·法耶兹的事业清晰显示的那样。因此可以确定，即使费萨尔·法耶兹在政治改革进程中满足国王的期望，他迟早也要离开首相职务，以便其他显赫的人继任他的职位。君主在国内事务中的主要作用，似乎就是小心地保持这些家族之间的平衡。直到现在，这种平衡举措显然是成功的。

约旦的权力精英依然很少。快速浏览这些成员就会发现，自委任统治以来，他们就存在很大的连续性。1946年控制外约旦的十几个家族中多是地位显赫的部落谢赫家族。现在第三代人掌握着权力。今天除了法耶兹家族，还有库雷沙、阿德万、马贾利、塔拉维纳、舒雷达、塔勒、加齐（Jazi）、阿布·塔雅（abu Taya）、里法伊（Rifa'i）、马希尔（Mu'ashir）、卡瓦尔以及其他具有影响力的家族。许多年来，这些家族的命运与哈希姆王族紧密联系在一起，从那时起他们就共同努力保卫着约旦的领土完整并促进其繁荣。这样做，其自身利益也得到了保障。

第二章　卡塔尔的部落与恩庇网络

吉尔·克里斯特尔（Jill Crystal）

国家权力的集中化是 20 世纪海湾领导人实施的最重要的举措。由于部落是中央权威的主要挑战，剥夺或减弱其权势成为每个海湾国家领导人的目标。在卡塔尔，政府付出巨大努力来削弱部落的权威，并创造了替代性的权力网络。尽管如此，卡塔尔的部落认同却持续存在。它们在卡塔尔由游牧的田园经济向石油国家、从殖民主义向独立的转型中生存下来。但国家挫败部落权力的努力仅获得了部分成功，原因有二：卡塔尔萨尼（Al Thani）统治家族相对孱弱，部落较之其他国家相对强大。结果造成部落与国家之间的妥协。这些部落已经定居，并且大多放弃了曾强烈要求集体退出定居区的选择。这些部落的一些旧的政治和行政职能被政府所取代。尽管如此，这些部落保持着广泛的社会权力，继续在政府中发挥间接作用，而在任命和选举方面则发挥直接作用。[1]

前石油时代

今天的卡塔尔是世界上最富裕的国家之一，但在石油开采

---

[1] 间接作用，一般是指部落成员通过各种人脉关系私下游说相关政府高官来影响施政；直接作用，一般是指部落成员通过在政府各部门担任的重要职务直接插手乃至操控政府的任命和选举等。——译者注

前它是最穷困的国家之一。1949年开始生产石油前，它没有什么东西能够供养人口。虽然已有上千年的定居史，但近几世纪由于气候因素，卡塔尔的定居者稀少。这里夏季漫长、炎热且干燥。此外，卡塔尔的淡水很少，也没有充足的水井来满足哪怕是很少的内陆定居者的需要，更不用说农业社区了。即使在今天，唯一重要的内陆定居区是美国中央司令部驻扎在乌代德（al-Udaid）的空军基地。在历史上，大多数卡塔尔居民的生活勉强糊口，主要依靠沙漠或海洋维持生计。直到20世纪中期，卡塔尔的全部人口也不到3万人。①

卡塔尔的现代政治史开始于18世纪末期，当时哈利法家族和其他几个家族一起，从科威特移居到卡塔尔西海岸的祖巴拉（Zubarah）定居。哈利法家族是巴尼·奥图布（Bani Utub）部落的分支，该部落早先从阿拉伯半岛中部迁移到科威特（今日巴尼·奥图布部落的萨巴赫家族仍统治着科威特）。当哈利法家族抵达祖巴拉时，半岛上仅有的一些定居点是东海岸的小渔村：胡维拉（Huwaylah，由穆萨拉姆部落控制）、弗瓦拉特（Fuwayrat，由苏丹部落控制），以及多哈（由马希德和本·阿里部落控制）。②在卡塔尔定居后，哈利法家族迁移到巴林，并于1783年征服巴林，建立了统治至今的王朝。然而，哈利法家族从他们位于巴林的基地继续向外扩张，在祖巴拉地区和这个国家西面的小定居点行使某些权力。卡塔尔被视为巴林的"小妹妹"。然而，巴林的权威却受到卡塔尔东海岸定居部落的质疑。

19世纪末期，多哈的巴尼·塔米姆（Bani Tamim）部落的萨尼家族在东海岸的定居人口的地位已经相当突出。在历史上，萨尼家族既不是最古老的部落，也不是最显赫的部落。萨

---

① Sharon Nagy, *Social and Spatial Process: an Ethnographic Study of Housing in Qatar* (PhD dissertation, University of Pennsylvania, 1997), p. 96.

② Rosemarie Said Zahlan, *The Creation of Qatar* (London: Croom Helm, 1979), pp. 14, 18.

尼家族以前有数个部落存在于卡塔尔。① 有一个部落是本·阿里（Al Bin Ali），他们中的许多领导人在萨尼部落之前便在卡塔尔声名斐然。另一个部落是艾乃部落（al-Ainain），它属于巴尼·哈利德（Bani Khalid）部落，该部落在19世纪迁移定居沃克拉（Wakrah）之前统治着比达－多哈（Bidaa-Doha）。其他定居的部落有萨鲁图（al-Salutu）、马汗达（al-Mahandah）、库瓦利（al-Kuwari）和达瓦希尔（al-Dawasir）。也许最具权势的定居部落是苏丹部落，他们至少自18世纪起便居住在卡塔尔。19世纪，苏丹部落的领导人是多哈最杰出的人（虽然他们的原始定居地在弗瓦拉特的北部）。

起初，由于奥斯曼帝国在19世纪末期扩张其地区势力，萨尼家族希望通过发展与奥斯曼帝国的关系来提升权力。1872年，奥斯曼帝国占领哈萨（Hasa）后，在多哈建立了一个要塞。然而，更重要的是，萨尼家族同样发展了与英国的关系，19世纪时英国是海湾地区具有支配地位的帝国力量。英国最终承认萨尼家族作为当地的统治家族，并在1868年与穆罕默德·本·萨尼（Muhammad bin Thani，其在19世纪50年代声名鹊起）签订了第一份条约。该条约是为了解决巴林与卡塔尔之间长期存在的冲突，双方在1867年曾爆发战争。在1868年的协议中，英国承认谢赫穆罕默德·本·萨尼为卡塔尔半岛的最高统治者。萨尼家族的统治尽管受到限制，但仍然足够强大。1892年，奥斯曼军队派遣200名士兵来到卡塔尔以维护奥斯曼帝国的权威，穆罕默德·本·萨尼的儿子谢赫贾西姆·萨尼（Jassim Al Thani）组织卡塔尔的部落，特别是支持他的巴尼·哈吉尔（Bani Hajir）部落在沃杰巴（Wajbah）之战中抗击奥斯曼军队。② 巴尼·哈吉尔部落在沃杰巴战斗中支持谢赫贾西姆，由

---

① See Allen J. Fromherz, *Qatar: A Modern History* (Washington, DC: Georgetown University Press, 2012), pp.138-9 for a brief description of these tribes.
② Fromherz., p. 61.

此形成了一个持久的联盟，许多巴尼·哈吉尔部落的民众随后在埃米尔的精英武装和私人卫队中服役。①

1913年，当奥斯曼帝国宣布对卡塔尔拥有主权时，卡塔尔与英国的协议已得到巩固。卡塔尔的统治者谢赫阿卜杜拉·本·贾西姆·萨尼（Abdallah bin Jassim Al Thani）在1916年正式与英国签订条约，使卡塔尔被纳入特鲁西尔体系（19世纪海湾统治者与英国签订的一系列条约）。英国承认萨尼家族扩大的权威。这使萨尼家族的统治者能够与石油公司签订协议，并在20世纪30年代开始获益。1935年，卡塔尔政府给予卡塔尔石油公司75年的石油特许权，该公司是伊拉克石油公司（美荷集团、法国和美国的石油公司的合资公司）的子公司。尽管收益并不均衡，但这一协议（以及随后的协议）是互惠互利的：它确保了石油公司进入明确划分的地理区域的权利，也增强了统治家族的权力。

虽然萨尼家族的权力相比于其他家族有所增强，但相对于他们庞大且有争议的家族而言，个人统治者的地位仍很脆弱。职位就是典型的具有争议性的和无法预料的问题。统治者最初获得的大量石油收入，迅速通过他转入其他家族成员手中，以便努力维系家族的统治或者至少是一定程度的和平。发现石油前，除多哈外，统治者的权威很有限。如果纠纷未能得到解决，心怀不满的部落或分支通常会卷铺盖走人。例如，沃克拉镇就是在19世纪40年代由当时居住在比达－多哈的艾乃部落的一个分支建立起来的。当他们的谢赫与巴林的统治者产生争执时，哈利法家族派出军队，摧毁了他们的定居点，并且威胁要将他们迁往巴林。为避免这种情况，他们自己迁移到现在的沃克拉。②

前石油时代的卡塔尔社会与其他海湾社会相似，都以游牧的贝都因人（badu）和定居人口（hadar）为主要区分。尽管今

---

① Fromherz., pp. 138–40. As recently as 1963, when faced with large demonstrations, the ruler turned, as had his predecessors, to loyal bedouin tribes to reassert control.

② Fromherz, pp. 7, 52.

天他们都已定居，但二者的社会区分仍很鲜明。① 两个群体都由亲族血缘所组成。虽然生活方式不同，游牧的贝都因人和定居人口在卡塔尔的时间都很短暂：游牧的贝都因人冬季迁移到卡塔尔；定居人口在夏季为了采集海里的珍珠而离开卡塔尔。两个群体的谋生方式在一定程度上是重叠的。游牧的贝都因人有时捕鱼并偶尔从事采珠活动。② 在一些城镇，采珠船员们在夏季出海时雇用贝都因人保护定居区。③ 尽管如此，定居人口和游牧的贝都因人是两种不同的社会组织。

定居人口大量从事海上经济活动：采珠、捕渔和远途贸易。这些活动中最重要的是采珠。依照沙维（Al Shawi）的说法，卡塔尔超过一半的男性从事采珠业，这一活动使他们从每个夏季的5月开始远离定居区数月。④ 采珠业等级森严。顶层是船主和船长，他们几乎都是来自阿拉伯半岛中部的逊尼派穆斯林。采珠业的底层是潜水采珠人（这是最危险和最困难的工作）。大多数采珠人是东非奴隶的后代（扎赫兰估计有一半以上的采珠人是奴隶或曾经是奴隶）。⑤ 事实上，直到20世纪50年代奴隶还存在。20世纪卡塔尔的大部分采珠人是自由民，这与海湾其他地区的情况不同。⑥ 奴隶的后代保留着与部落的庇护关系（patronage ties）以及前主人的名字。⑦ 虽然奴隶的后代后来更有可能去当警察或从事娱乐业，但还是有一些奴隶及他们的后代成了谢赫的重要顾

---

① 正如赫尔兹所指出的，"贝都因人"（*bedu*）和哈达尔人（*hadar*，农耕者的后裔）之间的社会分化仍然很严重，一些卡塔尔人保持着自豪感，并且拒绝在哈达尔人居住的多哈部分地区购物。

② Klaus Ferdinand, *Bedouins of Qatar* (London and New York: Thames and Hudson, 1993), p.50.

③ Zahlan, p. 21.

④ Ali A. Hadi Al Shawi, *Political Influences of Tribes in the State of Qatar: Impact of Tribal Loyalty on Political Participation* (PhD Dissertation, Mississippi State University, 2002), p. 7.

⑤ Zahlan, p. 22.

⑥ Fromherz, p. 53.

⑦ Fromherz., p. 11.

问、代表、信息提供者,甚至是谢赫的代理统治者,其中的部分原因是他们与宗族没有关联。①

除了从事采珍业的人口外,定居人口也包括一定数量的手工业者。尽管不是由部落组织的,但许多定居的手工业者受到部落的保护并顺从于部落,最主要的是摩拉(al-Murrah)部落。这些工匠绝大多数是什叶派,大部分来自波斯。根据扎赫兰的说法,20世纪30年代卡塔尔几乎20%的定居人口是波斯人的后裔。②大部分卡塔尔什叶派是定居人口,但定居人口包括逊尼派和什叶派。

定居人口中的另一个重要群体是哈瓦拉人(*hawala*)。这些逊尼派阿拉伯人来自操阿拉伯语的波斯地区,他们经常在波斯与阿拉伯海岸之间来回迁徙。卡塔尔主要的哈瓦拉家族包括达尔维什(Darwish)、阿布德·加尼(Abd al-Ghani)、穆拉(al-Mullah)以及杰伊达(Jaydah)家族。③定居人口中还包括在各定居区的从业者,从店主到伊斯兰学者,再到医生。

如果说定居人口是一个混合群体,那么贝都因游牧民则更具同质性。他们是源于阿拉伯半岛部落的后裔,绝大部分是逊尼派。从历史上看,这些部落主要是通过陆路从阿拉伯半岛腹地经哈萨来到卡塔尔的,不过也有一些是取道海路而来。他们一般是定居区的游牧民,这些定居区是典型的城镇(或者处在邻近的大定居区内),每个定居点只有一个部落居住在这里。他们饲养骆驼、绵羊或山羊,并随季节的轮换而迁移,以便使畜群获得雨水和草场。当定居人口居于沿海的定居点时,游牧的贝都因人则居住在卡塔尔内地。最典型的是在夏季从沙特阿拉伯的哈萨迁徙而来,有些游牧民来自内志、阿布扎比、巴林及阿曼,其余季节则返回到沙特及其他地方。他们通常向沙特当

---

① Fromherz., p. 142.
② Zahlan, p. 18.
③ Fromherz, p. 140.

局缴纳天课（zakat）。每个部落都有自己的迪拉（dira），或叫牧区，大家相互都知道其位置。

这些部落具有流动的社会结构，经过持续的分裂与融合过程而形成，有时这一过程是和平的，有时则是暴力的，各群体依靠血缘亲族关系维系。[1]在20世纪，卡塔尔大致有18个主要部落。[2]其中两个最重要的部落是摩拉部落和纳伊姆（Naim）部落。[3]摩拉部落是更大的摩拉－阿治曼（Murrah-Ajman）族群的一部分。纳伊姆部落则是更大的巴尼·哈吉尔－马纳西尔（Bani Hajir-Manasir）族群的一部分。部落被细分为氏族，氏族以下是谱系。不同部落间也有大型部落联盟。前石油时代，部落和部落联盟的分布大致在今日的边境地区。卡塔尔最强大的部落，例如摩拉部落散居在沙特阿拉伯、阿拉伯联合酋长国以及卡塔尔。摩拉部落也充当沙特边境的卫队。直到20世纪50年代摩拉部落仍担负着防御越境游牧民的责任。[4]因为与沙特阿拉伯历史上的联系，巴尼·哈吉尔部落赢得了萨尼家族的好感，当时他们支持谢赫贾西姆·萨尼在沃杰巴战斗中成功抵抗了奥斯曼军队。然而，人们都知道纳伊姆部落效忠于巴林的哈利法家族（虽然其中一个分支一直支持萨尼家族），因此卡塔尔的统治者将纳伊姆部落予以边缘化。纳伊姆部落的超常之处在于，他们的流动不仅通过陆路，而且还通过海路，并往来于卡塔尔

---

[1] Nagy, p. 60.
[2] 沙维和扎赫兰对1908年和1939年每个部落的位置和估计人口进行了统计。Al Shawi, pp. 4, 22. Zahlan, p. 19.
[3] Ferdinand, p. 35. Johnstone and Wilkinson, p.449. 类似的文本指出，海岸最大的定居部落是苏尔坦部落、马汉达部落、苏丹部落、哈马亚特部落、胡瓦拉部落、布·艾纳恩部落、本·阿里部落和布·卡瓦拉部落。还有文本指出布·卡瓦拉部落是卡塔尔最大的定居部落。该部落和执政的萨尼家族一样，声称自己是巴尼·塔米姆的后裔。
[4] Ferdinand, p. 21. 摩拉部落是两个重要的民族学家研究的聚焦点：1. Donald Coles, *Nomad of the Nomads: the Al Murrah Bedouin of the Empty Quarter* (Chicago: Aldine, 1975); 2. Coles work, is R. N. Webster, *Bedouin Settlements in Eastern Arabia* (PhD Dissertation, University of Exeter, 1987)。

和巴林之间。纳伊姆部落像其他从事海上贸易的卡塔尔人一样，也进行海盗劫掠活动，直到英国在19世纪终止了这一行为。卡塔尔其余大部分部落来自其他地方，并保持着与他们的联系。例如，阿治曼部落散居于卡塔尔和沙特阿拉伯的哈萨省以及阿联酋。① 马纳西尔部落则源于特鲁西尔阿曼（Trucial Oman）。

当然，最重要的部落是统治家族所属的部落。萨尼源于贝都因游牧民，而非定居人口，今天在一定程度上被政府非常公开地承认的卡塔尔游牧历史本质上是一种部落的历史。同时，它还无视巴尼·塔米姆部落萨尼家族的历史并不比其他部落更重要的事实。2010年，沙特新闻门户网站"聚在一起"（Elaph）甚至猛烈批评卡塔尔政府，在当年斋月举行的由32个节目构成的系列活动中宣扬部落遗产的努力。② 政府的出版物和文化遗产网站也主要描述贝都因人游牧的田园式的部落图景。尽管卡塔尔的真实历史与海洋的联系要比沙漠更为紧密，但政府选择游牧民而非水手来代表其历史。因此，部落认同仍然是卡塔尔社会和政治生活的重要组成部分。

尽管人烟稀少，卡塔尔前石油时代的社会结构展现出一定程度的复杂性。它反映的是两个相互不同但又有交叉类型的经济活动的群体组织。定居人口中有完善的阶层结构（游牧的贝都因人在本质上更具平等主义）。人口也都分属不同的种族，大量人口源于阿拉伯人、波斯人、非洲人甚至是俾路支人（有些俾路支人最初是作为奴隶被贩卖到卡塔尔的）。教派也是多元的，逊尼派阿拉伯人来自阿拉伯半岛，逊尼派的阿拉伯哈瓦拉人则来自波斯，什叶派中大部分人是波斯人，也包括了一些什叶派阿拉伯人或大部分来自巴林的巴哈那人（Baharna）。

卡塔尔人作为一个群体在今天显示出某种同质性，当然这

---

① Zahlan, p. 17.
② Sultan Al Qassemi, "Tribalism in the Arabian Peninsula: it's a Family Affair," *Jadaliyya*, 2 February 2012.

是就局外人而言。尽管他们有着强烈的国家认同，但内部的差异仍顽固保留着，这也得到了卡塔尔人的承认。例如，那些贝都因人的后裔更喜欢在警察和军队中就职。非洲人的后裔今天则更喜欢从事警察和娱乐工作。[①]前石油时代也阐释了为什么卡塔尔后来能够相对容易地将外来移民纳入一个基于庇护网络的多元体系。正如扎赫兰所指出的，即使在石油开采前，几乎一半的人口在某种意义上是外来移民：奴隶、巴哈那人、伊朗人以及来自其他地方的游牧部落的人。[②]

部落认同和向石油时代转变

石油时代肇始于重要的 1935 年，当时的卡塔尔统治者授予卡塔尔石油公司 75 年的石油特许权。1940 年，具有商业价值的石油第一次被发现，但第二次世界大战推迟了石油开发。石油出口和石油收入开始于 1949 年。

石油极大地改变了卡塔尔社会。石油收入是在当地和全球经济遭受重创时获得的。由于日本发明了人工养殖珍珠，采珠业在石油开发前不久的 20 世纪 30 年代便开始衰落。伴随全球的经济萧条，采珍业崩溃，1925 年卡塔尔的许多采珠船队也不幸被毁，卡塔尔一派荒凉。许多已适应季节性采珠或游牧的卡塔尔人在"饥馑之年"离开卡塔尔，去他处寻找工作。一些部落全部离开，一些部落前往沙特和巴林，并在卡塔尔的石油工业发展之前在这些国家的油田工作。[③]1940 年，卡塔尔人口下降为 16000 人。[④]尽管如此，萨尼家族仍掌控着许多被遗弃的村庄。

---

① Nagy, p. 9.
② Zahlan, p. 18.
③ Nagy, p. 84.
④ Fromherz, p. 1.

因为迁移工作已经行之有效，人们知道那些离开的人还会回来，即使离开很长一段时间后，他们在卡塔尔的生活权利仍然被保留着。纳伊姆部落的经历就是这样。在卡塔尔的夏季，纳伊姆部落在邻近祖巴拉的迪拉牧场放牧。这个部落与萨尼家族和巴林的哈利法家族均有联系（在历史上一直是这两个家族的卫队）[1]。哈利法家族在前往巴林很久之后（确实，直到21世纪），一直声称对卡塔尔，或是至少对邻近祖巴拉的一部分土地拥有主权。尽管英国早在1875年便警告巴林不能再索取对祖巴拉的主权，但哈利法家族从来没有完全认可卡塔尔对这个城镇的主权。19世纪末期，祖巴拉已基本被遗弃，但哈利法家族仍然偶尔在此打猎。1937年哈利法家族与多哈的萨尼家族之间的紧张状态日趋明显，当时祖巴拉纳伊姆部落的两个派别不和，一派向卡塔尔的领导人谢赫阿卜杜拉·本·贾西姆·萨尼求援。萨尼命令祖巴拉纳伊姆部落的领导人发誓效忠于他，如果不从便威胁对其征税。纳伊姆部落的领导人转而向哈利法家族求助。卡塔尔与巴林的谈判失败，最终兵戎相见。在战争过程中，纳伊姆部落的一支全部移民到巴林。后来他们再度迁移，前往沙特阿拉伯的哈萨地区。第二次世界大战之后，这一支部落要求返回卡塔尔，得到了埃米尔的许可。尽管他们的领地已遗弃数年，并且是在不愉快的情况下离开卡塔尔的，但他们对领地的所有权从未受到挑战。纳伊姆部落定居在古维里亚（al-Ghuwayriyah）的新卡塔尔城镇，它靠近北部边境，这里曾是他们的牧场。[2]与巴林的长期不和一直持续到2001年，当年在国际法庭的干预下，有关祖巴拉的争执得到最终解决，卡塔尔政府拥有包括祖巴拉在内的卡塔尔全部领土的主权。[3]

---

[1] Fromherz., p. 36.

[2] Zahlan, p. 86; Ferdinand, p. 365; Fromherz, p. 3.

[3] 巴林对祖巴拉的主权要求与卡塔尔对哈瓦群岛的主权要求相对应。卡塔尔和巴林都声称拥有哈瓦群岛的主权，这个小群岛经常被达瓦希尔部落占领。2001年5月，国际法院裁定巴林保留对哈瓦群岛的控制权，卡塔尔可以拥有包括祖巴拉在内的整个卡塔尔半岛的主权。此后，两国的关系显著回暖。

第二章 卡塔尔的部落与恩庇网络

卡塔尔一旦开始出口石油，各个就业岗位的需求重新出现。首先是石油工业本身，随后是在石油收入推动下不断增加的政府行政部门。在海外寻找工作的卡塔尔人现在回到了故土，在政府和私营部门中工作。大规模的内迁也出现了。最初人们迁往杜汗（Dukhan），这里是邻近第一口油井西面的一个小定居点，但快速发展为一个商业城镇。更多的卡塔尔人，无论是游牧的贝都因人还是定居人口，从边远的居住地迁移到能够获得更多工作岗位的多哈。[①]1960年，约翰斯顿（Johnstone）和威尔金森（Wilkinson）指出："许多先前的居住地被废弃，人们移居到多哈并且在石油城镇工作，但是许多村镇还有它们以前的影子。"[②] 多哈的扩张很快就吞并了邻近的小镇，如比达（Bidda）、雷耶尔（Rayyan）和沃拉克（现在是大多哈的社区）。这一进程的结果是城市化的急剧加速。今日，卡塔尔超过95%的人口居住在城市，约一半的人口居住在多哈。

卡塔尔人被新的就业机会所吸引。现在外来人口也开始来到卡塔尔，他们不仅承担着卡塔尔人为寻求政府工作或享有中产阶级生活而不屑一顾的"卑微工作"，而且任职于政府的最高层部门。阿曼和沙特的移民最先来到卡塔尔。很快有许多国家的劳工涌入卡塔尔。他们相对容易融入这个已实现社会分层和种族多样化的社会。然而，他们却不能获得卡塔尔的国籍。由于外国人口的增长，政府对卡塔尔人与外籍人予以区分。1961年的国籍法规定，任何能够证明其家族在1930年之前——基本上是石油时代之前，居住在国内的人可给予卡塔尔公民权。随后几年颁布的更多立法，赋予了卡塔尔国民更多权力，主要集中在财产和商业所有权方面。这些法律规定，卡塔尔国民一律在医疗、水电、教育等方面享受免费或者获得补贴。

[①] Nagy, p. 97.
[②] Johnstone and Wilkinson, p. 444.

尽管经历了所有这些变化，部落认同却仍在延续。当石油时代到来时，部落网络仍然是卡塔尔政治和社会生活的主要组织原则。每个部落都有一名谢赫来组织经济活动，化解内部纠纷以及与其他部落的矛盾（诸如越界或占有水井），并解决与新出现国家的争端。这一体制显然是有效的：费迪南德（Ferdinand）于 20 世纪 50 年代末访问卡塔尔时表示，这个国家有极其和平的环境（在过去 5 年未发生一起杀人案）。① 实际上，费迪南德在他的研究中最关注的是摩拉和纳伊姆两个部落，它们在 20 世纪 50 年代仍每年跨境迁徙。

定居模式加强了部落认同。部落居住的定居点、城镇或社区通常只有一个部落。② 艾乃部落居住在沃克拉。萨尼部落居住在雷耶尔，这里还有摩拉部落（居住在雷耶尔的摩拉城），该部落与萨尼部落长期通婚，并且在历史上曾照看他们的骆驼。③ 苏丹部落居住在多哈中心的法杰·苏丹（Fareej al-Sudan）。的确，一些区域仍保留着这些家族的名字，如旧库拉菲特（Khulaifat）和新库拉菲特（政府征收他们的旧居住地后库拉菲家族迁居于此）。每个城市的部落定居点在某种程度上由他们自身管控，建有自己的清真寺和召集部落的马基里斯（Majlis）会议。④

这一模式随着定居点的增加而延续。1961 年，政府开启了一项系统的并且成功的贝都因人定居计划。虽然这一定居计划削弱了部落组织的经济基础，但部落认同依旧，因为部落成员通常是居住在一起的（即使是在重新定居的情况下）。因此，人的成长和去学校上学主要是和部落的其他成员在一起。⑤ 2002 年，在沙维关于部落认同和投票模式的研究中（他调查了 1000 名来自不同部落的卡塔尔人，并以此研究卡塔尔 5 个地区中的

---

① Ferdinand, p. 20.
② Nagy, p. 171.
③ Ferdinand, pp.25, 52.
④ Fromherz, p. 21.
⑤ Ferdinand, pp. 28, 46–7.

部落认同和投票模式），他发现部落认同正在持续加强。部落民（仅为男性）喜欢与其他部落成员住在一起，并愿意和同一部落的女性结婚。他们更愿意由部落长老依照部落法化解纠纷，而不是靠警察和法院。部落认同不会在几代人中消失。沙维还发现，年龄和对部落的效忠并无联系，收入和对部落的效忠也没有联系：实际上比较富有的部落成员欢迎那些能使其获得更高经济地位的新的领导角色：诸如掮客、促销商、私人教师和介绍工作者（job finders）。沙维发现唯一与部落效忠呈明显负变量的是教育：受教育程度越高的部落成员越愿意与部落外的女性结婚，并愿意生活在非部落地区。尽管石油带来了所有这些变化，但部落认同仍然延续着。①

国家中央集权的努力

对于 20 世纪的海湾领导人而言，集中国家权力是最重要也是最困难的事情。由于部落是各国中央政府的主要挑战，剥夺或者降低他们的权力都被置于每个海湾国家的议事日程。在沙特阿拉伯，中央政府很强大，因此采取直接削弱部落的措施。在比较小的海湾国家，更适合政府的手段是采取间接措施削弱部落权力，在诸如安全、司法及教育等多个方面以国家服务取代历史上部落提供的服务，并通过将部落领导人直接纳入新建立的政府中来与他们合作。卡塔尔的领导人在这些努力中只取得了部分成功。他们所面临的问题，同所有海湾领导人在对长期独立的部落施加控制时面临的问题是相同的。但是，由于统治家族被削弱和部落的强大，卡塔尔领导人还面临另外一些问题。

---

① Al Shawi, p.20.

卡塔尔的统治家族既庞大又难以驾驭。① 内部的分歧和纷争在石油时代有增无减。其他海湾国家的统治家族能够，或是大多能够管控他们的分歧，并且对外部世界呈现统一阵线，但是萨尼家族却不能。这些问题如此普遍，以至于影响了其王位继承的进程。当 1913 年阿卜杜拉·本·贾西姆·萨尼掌权时，他的继位受到 12 个兄弟的反对，并拒绝主动向他宣誓效忠，或是发誓忠于他。相反，他们向沙特寻求支持（促使阿卜杜拉转而向英国寻求支持）。② 阿卜杜拉时期的实际统治者，大部分时间是他的兄弟穆罕默德·本·贾西姆·萨尼（Muhammad bin Jassim Al Thani）。1949 年，阿卜杜拉在家族的压力下退位。他的儿子谢赫阿里·本·阿卜杜拉·萨尼（Shaykh Ali bin Abdallah Al Thani）继位，但面临家族成员更强烈的反对，因为当时他的掌权意味着将获得大量持续增长的石油收入。阿里企图通过限制统治家族的王室津贴（civil list）以及向那些与其关系最密切的人发放更多津贴的方式保持政治控制。③ 然而，家族的持续反对最终迫使阿里极不情愿地于 1960 年退位，将政权交予其子艾哈迈德，这在一定程度上阻止了他的侄子哈利法·本·哈马德获取权力的企图。但哈利法的努力仍在继续，终于在 1972 年卡塔尔独立后不久的一次不流血政变中，艾哈迈德被他的堂兄哈利法赶下台。1977 年，哈利法任命他的儿子哈马德为王储，但由于 1983 年的一次未遂政变，王室家族的裂痕加深。1995 年，谢赫哈马德·本·哈利法在另一场宫廷政变中废黜了其父亲的王位。1996 年，又挫败了一场未遂政变。在每一次政变中，统治家族的不同派系都求助于不同部落的支持（包括 1996 年的摩拉部落），有时也向其他国家的统治者（通常是沙特阿拉伯）求

---

① 关于近期的家族和政治。See Mehran Kamrava, "Royal Factionalism and Political Liberalization in Qatar," *Middle East Journal* 63:3 (Summer 2009).

② Jill Crystal, *Oil and Politics in the Gulf: Rulers and Merchants in Kuwait and Qatar*, Cambridge: Cambridge University Press, 1995, pp. 114–15.

③ Crystal, p. 129.

援。每次的王位继承都会涉及部落权势的转换，并取决于它们效忠的对象。但在整个王位继承过程中，卡塔尔部落的相对权力通过政变得以加强，这在其他海湾国家是未曾经历的。

如果卡塔尔的统治家族特别软弱，那么较之其他国家，卡塔尔的部落则会相对强大。科威特和沙特阿拉伯也不得不同其他国家的部落成员打交道，这两个国家最终仍然是部落的主要聚居地。但在卡塔尔，除了巴尼·哈吉尔部落（其中一部分完全生活在卡塔尔）和更小的卡班部落（Kaban）外，其他部落通常不是来自卡塔尔。① 在冬季抵达卡塔尔的大部分部落，效忠于其他政权并缴纳天课，典型的例子是沙特阿拉伯。其结果是，卡塔尔的统治者对他们缺乏控制。这些部落有外部盟友，在历史上也拥有离开的能力：它们有退出的选择，并进入跨国部落网络中。

卡塔尔政府的确试图对部落施加某种控制。各国控制部落的第一个措施就是促使他们定居，卡塔尔也是如此。20世纪早期，政府就向部落民提供免费的住房和工作岗位，并从那些曾在军队中服役的人开始。根据沙维的说法："卡塔尔政府想吸引部落民离开如沙特或阿联酋这样的邻国，来到卡塔尔。"② 这些人一旦定居后，他们会得到所希望的工作和免费教育的机会，而新的城镇和中产阶级的生活方式将削弱部落的忠诚。不幸的是，由于沙特政府也对这些相同的部落采取同样的政策，这一政策未能确保部落的忠诚。摩拉部落就是这样的案例，它是卡塔尔最大的部落，但在历史上以哈萨为基地，并且最远扩展到科威特和伊拉克。费迪南德写道，20世纪50年代，摩拉部落的所有成员从沙特、卡塔尔，或者从两者那里按月获得补助款。③ 卡塔尔在摩拉部落建立忠诚政策的失败在1996年明显

① Zahlan, p. 16; Johnstone and Wilkinson, p. 444.
② Al Shawi, p. 2.
③ Ferdinand, pp. 50, 365.

地表现出来，这一年摩拉部落的主要成员参与了与沙特政府有牵连的试图反对卡塔尔埃米尔的一场政变。2005年，卡塔尔政府剥夺了5000名摩拉部落卡菲兰（Ghafran）氏族成员的公民权，并将他们驱逐到沙特阿拉伯。原因是这些人涉嫌1996年的政变。摩拉部落曾是沙特的边境巡逻队，卡塔尔宣称该氏族的成员拥有沙特国籍，因此无法获得卡塔尔的公民身份。这一举措在2006年才被取消。卷入政变阴谋中的一些沙特公民也被监禁，但随着卡塔尔和沙特恢复邦交，并在沙特国王的要求下，他们直到2010年才被释放。（2008年，卡塔尔和沙特阿拉伯签署了陆地和海上边界协议，并承诺相互合作；早在2003年被撤回的沙特驻卡塔尔大使重返卡塔尔。）

卡塔尔政府也试图使各部落之间相互敌对。沙维写道，政府在颁发卡塔尔护照时，蓄意鼓动部落间的竞争。当部落关系紧张时，政府便能扮演调停人的角色。[1] 政府尤其鼓励摩拉部落和巴尼·哈吉尔部落之间的竞争，巴尼·哈吉尔部落认为在历史上他们曾支持国家，理应获得更多利益。[2]

替代性的庇护网络

政府在直接限制部落权力方面只取得了部分成功，因此试图建构替代性的庇护网络来平衡其权力。如果它不能将部落置于国家控制下，至少也要削弱部落的权威。

外国劳工构成了一个替代性的网络。石油收入和随之而来的发展迫切需要引进大量外籍劳工。经济扩张对劳动力的需求促进了外来劳工的涌入。这些外来劳工依赖政府，并与当地的

---

[1] 在沙维对卡塔尔内阁的研究中，有15名部长来自卡塔尔不同的部落。Al Shawi, p.3.

[2] Al Shawi, pp. 3–4.

部落缺少侍从关系，因此对统治者来说是有利的。那些高层管理人员，包括一个移居而来的"乌莱玛"，都成为依赖于统治者的受保护者，并且也不会随意去接近当地的庇护网络。①

政府还利用石油收入来发展新的商业部门。相比于邻近的科威特和迪拜，卡塔尔的本土商人阶层从未那么强大，或是在政治上具有那么大的影响力。政府现在开始绕过大量本土的小商人来资助少量的商人家族，特别是向王室家族的成员提供商业机会。

为了加强与卡塔尔贫困人口的独立联系，政府开始为国民提供政府服务和国家就业。它还颁布法规加强卡塔尔劳工的权利。例如，2004年政府颁布了新的劳工法，给予卡塔尔人建立工会及进行集体谈判的权利（包括有权罢工）。

政府还试图绕过部落，通过选举来扩大政治参与。1972年，卡塔尔建立任命制的咨询委员会，其代表大部分来自王室家族之外的主要部落。依照弗洛姆赫兹（Fromherz）的观点，这样做的目的不是给予部落权力，而是通过向这个机构中的部落代表提供很少的实权来缓解不满。②该委员会成员的任期被反复延长。1995年谢赫哈马德掌权后，他采取一些政治自由化的措施，这在一定程度上是对民众支持政变上台的政权的赞许。政府进行了许多公开努力，包括由埃米尔的妻子谢赫姆扎（Shaykha Muza）倡导的允许妇女参与政治。尽管遭到温和的反对（虽然是按卡塔尔的标准）——少数伊斯兰学者签署了一份反对的请愿信，但选举权还是扩大到妇女。此后的1999年，以及在2003年和2007年，陆续举行了由29名成员组成的中

---

① 有学者认为卡塔尔从来没有，现在也没有本土的"乌莱玛"。外国人不仅主导着乌莱玛阶层，而且主导着宗教教育。因此，卡塔尔政府能够保持更大中央控制权。See Bird Baskan and Steven Wright, "Seeds of Change: Comparing State-Religion Relations in Qatar and Saudi Arabia," *Studies Quarterly* 33:2 (Spring 2011), pp. 96–111.

② Fromherz, p. 137.

央市政委员会的选举（2003年和2007年的选举中各有一名妇女当选）。2005年，新宪法也开始生效，取代了1970年的宪法。这些选举都对所有卡塔尔人开放。

这些绕过部落建立普遍民意基础的努力，未能取得全部成功。首先，政府一直不愿意深入扩大真正的政治参与。其次，正如沙维所表明的，部落拥有很大的能力在新的选举过程中获利，以便推出并使部落候选人当选。如果政府举行市政选举，也会产生一部分替代的精英，并在投票态度上反映出部落的忠诚。沙维通过对1999年市政选举的研究发现，仅有62%的部落成员参加了投票；其中64.45%的选票投给了自己部落的候选人；33.44%的选票投给了其他部落的候选人；只有2.11%的选票投给了与部落没有关联的候选人。在部落居住的城镇中，一个社区的大部分人口来自同一部落，他们对部落怀有更强烈的忠诚，也更愿意将选票投给来自部落的候选人。部落忠诚对投票倾向有着强烈和明确的影响。在沙维的研究中，最大的一个群体（7名胜选者）来自摩拉部落。① 事实上，如弗洛姆赫兹认为的，引入选举也许是政府刻意对部落构成的市政政治施加更多中央控制的努力。② 如果真是如此，政府将不愿意进一步推动和举行已承诺的立法机构选举，相反会再三推迟协商委员会的选举（最近宣布在2013年举行选举）。

最后，政府致力于发展外部盟友，③ 这一政策也是独立前政治的延伸。在历史上，由于国家经济的脆弱性，卡塔尔的统治者总是依赖于邻国。因为缺乏在阿拉伯联合酋长国、沙特阿拉伯和其他地区那样能够产生内陆定居点的绿洲，卡塔尔大量的生活必需品总是依赖进口，包括除了椰枣和海产品以外的几乎

---

① Al Shawi, pp. 2, 20, 94, 118.
② Fromherz, p. 21.
③ 关于这个问题有一些深刻的分析。See David Roberts, "The Arab Worlds Unlikely Leader: Embracing Qatar's Expanding Role in the Region," *POMED Policy Brief,* 13 March 2012.

全部食品。这反过来又使其依赖于外部大国,这些外部大国往往倾向于介入卡塔尔的国内政治,最明显的便是沙特阿拉伯。从19世纪中期萨尼家族掌权以来,他们转向英国以平衡沙特、巴林以及奥斯曼帝国的影响;后来又转向美国(始于20世纪30年代的石油公司,高峰期是在2003年准予建立乌代德空军基地)以制衡英国。

正是石油给卡塔尔带来的收入,使其在海外获得更大的影响力,并发展了更多的外部盟友。此后的先锋电视台即半岛电视台,于1996年在卡塔尔政府的资助下开播,它是地区内第一家24小时使用阿拉伯语播报的卫星电视新闻台,也是这个全球工程中最具戏剧性的方面。在各种各样的地区纷争中,卡塔尔也积极充当调停者,偶尔还会扮演其中的角色。从20世纪90年代开始,卡塔尔对地区事务越来越感兴趣。1996年,卡塔尔允许以色列在国内设立贸易代表处。它还扩大与遍布整个地区的穆斯林兄弟会组织的联系。卡塔尔同样卷入利比亚、美国和英国之间的调停中,并在2003年帮助它们撤销了利比亚的核计划。2008年卡塔尔资助苏丹与乍得的和平谈判。同年,卡塔尔参与调停黎巴嫩协议,促使黎巴嫩各派别建立了民族团结政府。卡塔尔还反复试图居中调解巴勒斯坦政治派别哈马斯与法塔赫的和解,并且建立了与以色列的直接联系。①

今天,卡塔尔试图在海湾地区最强大的两个国家沙特和伊朗之间建立一种不确定的平衡。近些年,卡塔尔政府致力于同沙特阿拉伯恢复邦交。卡塔也与伊朗发展比较好的关系,部分原因是两国共享着世界上最大的海上天然气田(卡塔尔称为北方气田,伊朗称为南帕斯气田)。同时卡塔尔也将伊朗作为平衡沙特的一种手段,因为伊朗同沙特毕竟有着久远的历史联系。20世纪90

---

① 卡塔尔与以色列的关系是其对自身具有的全球性的广泛努力。See Uzi Rabi, "Qatar's Relations with Israel: Challenging Arab and Gulf Norms," *Middle East Journal* 63:3 (Summer 2009).

年代，卡塔尔真正开始与沙特接触时，也是与沙特关系日益紧张的时期。1992 年，卡塔尔指责沙特军队攻击卡方的边防哨所，致使 2 人死亡，这一事件导致两国关系紧张。沙特阿拉伯也试图阻止卡塔尔向外输出天然气，这是卡塔尔发展计划的基石。后来，沙特又涉嫌介入 1996 年及 2005 年卡塔尔的两次未遂政变。① 在这一背景下，卡塔尔欢迎强大的美国的存在，并于 2003 年准予其建立空军基地。当激进的伊斯兰势力在沙特兴起并向外扩散后，美国在沙特的空军基地难以维持，卡塔尔便提供其领土为美国空军建立基地。当前，卡塔尔的乌代德空军基地是美国中央司令部的驻地，负责监管中东和中亚地区。

阿拉伯起义

2010 年，始于北非的阿拉伯起义迅速扩展到中东其他地区。海湾地区也受到波及，但除巴林之外的海湾君主制政权在面对动荡时要比地区一党制政权更具韧性。2011 年，海湾地区的改革呼声不绝于耳，但几乎没有人要颠覆政权。反对派挑战统治者的政策与实践，但并不针对君主制政权本身。

卡塔尔的情况也是如此，虽然这里可以听到反对的声音，但声音是温和的。当"阿拉伯之春"引发科威特外籍人口的抗议时，零星的抗议和示威在阿曼爆发，阿联酋政府收到了请愿信，遍布四处的抗议和政府的暴力报复行动则在巴林上演，但卡塔尔几乎没有出现不满的事件，政府也很少进行打压，即使有一些不满也仅限于网络。2011 年 3 月，政府拘留了一个名为苏丹·哈利法的人权活动者和博客使用者。但整个卡塔尔社会保持平静。要求增加政治参与的呼吁也是温和的。实际上，从

---

① Fromherz, p. 94. See also Sultan Sooud Al Qassemi, "How Saudi Arabia and Qatar became Friends again," *Foreign Policy*, 21 July 2011.

2010年12月到2011年6月的6个月中，卡塔尔大学所做的民意测验也真实地反映出，对民主的支持和对政治参与的兴趣在卡塔尔民众中锐减。①报告显示，卡塔尔人认为生活在民主国家"非常重要"的比例从74%下降到65%。对国家机构的信心实际上大幅增长。

反对派在卡塔尔及海湾地区更加温和有不少原因。首先，相比于脆弱的共和制而言，整个地区的君主制表现出了适应性。那些共和制国家习惯于察觉政变，而不善于察觉民众的不满，因此无法将民众聚合在一起。卡塔尔国内的不满情绪也许比其他阿拉伯国家更少。卡塔尔人并不总是在政治上沉默：在石油时代的早期，正值20世纪五六十年代阿拉伯民族主义的顶峰期，可以经常看到异常尖刻的政治反对派，并具有意识形态色彩。但多年来，政治反对派在卡塔尔的声音日渐微弱。虽然卡塔尔曾发生过相当多的公众不满事件，其中许多含有意识形态因素，但数十年来卡塔尔局势相当稳定。财富是另一个原因。一般来说，海湾合作委员会国家，特别是卡塔尔远比地区大部分国家富裕。当阿拉伯起义开始时，卡塔尔已经从20多年来国家成功地投资于石油，特别是投资于液化天然气中受益。这使卡塔尔不仅极少有不幸福的人口，还给予政府收买潜在不满者的能力。2011年9月，政府率先主动增加国家雇员的薪金：行政机关雇员的工资增长了60%，军官工资增长了120%。②同时还增加了退休金。但是，财富本身并不能解释为什么很少有政治不满。同样富有的阿联酋在"阿拉伯之春"中则受到更大的波及。2011年3月，133名知识分子与活动家联名请愿，要求建立经过选举的国家议会。③另一个解释在于，统治家族与一党

---

① Justin Gengler, "Qatar's Ambivalent Democratization," *Foreign Policy*, 1 November 2011.
② Roberts, p. 3.
③ See Gengler, above.

制政权不同，君主制国家并非一个领导人，而是若干人。从这个角度来说，统治家族的每个成员都是政权存续的支柱，以及探听下层的耳目。卡塔尔庞大的统治家族拥有许多耳目。而且，如同海湾其他国家一样，马基里斯的传统使家族的主要成员在那些不满刚出现但尚未政治化之时，能够有机会倾听这些不满。从历史上看，统治家族是卡塔尔政治不满的主要源头，但阿拉伯起义却使这些王族成员站在了一起。

还有另一个解释是，卡塔尔至少有一些机制（与阿联酋相比较而言）可以合法压制不满情绪。由于市政委员会的选举，卡塔尔已经历了一段温和的政治自由化时期。政府也回应了潜在的参政要求，2011年10月政府宣布，它长期承诺的对咨询委员会2/3成员进行的选举，将于2013年底举行。然而，基恩格勒（Gengler）却给出另一个不同解释，他猜测这种转变的原因（假定卡塔尔没有明显的民主运动）是要应对外部对其伪善的指责，例如卡塔尔支持利比亚、叙利亚等其他阿拉伯国家的政治改革，却没有在国内实施改革。[1]

卡塔尔政权持久性的最后一个原因是，君主制不像共和制，它有一个可循的继承机制。卡塔尔这些年来的王位继承并非一帆风顺，但在任何时间，谁是王位的继任者都是明确的——王储和法定继承人将继位。不像共和制国家那样，继承权的争论会聚焦于谁是下一任领导人，卡塔尔聚焦的是继承者何时掌权（有时也会涉及谁是下一任王储）。

卡塔尔确实对地区其他国家的起义给予及时的和积极的支持。[2] 当"阿拉伯之春"开始并向中东地区蔓延时，半岛电视台进行了初期的和密集的报道。一些批评者认为，这些报道是卡

---

[1] See Gengler, op. cit.

[2] See Guido Steinberg, "Qatar and the Arab Spring," *Stiftung Wissenschafi und Politik Comments* (February 2012); and Silvia Colombo, "The GCC Countries and the Arab Spring," *Instituto Affari Intemazaionali,* Working Papers 12(9 March 2012).

塔尔外交政策重要的组成部分和影响力上升的表现,半岛电视台报道的反对派运动(例如在叙利亚)和组织(大部分是伊斯兰组织)得到卡塔尔政府的热情赞扬而不是反对(例如沙特和巴林)。①2012年9月,为半岛电视台做出重要贡献的瓦达赫·汗法尔(Wadah Khanfar)辞去长期担任的半岛电视台台长一职,并由缺少媒体从业经历的卡塔尔王室成员谢赫·艾哈迈德·本·贾西姆·萨尼(先前任职于卡塔尔液化天然气公司)取代后,批评之声逐渐增加。

伴随"阿拉伯之春"的到来,卡塔尔从它在地区政治中扮演的旧的调停者角色转变为积极的活动者。卡塔尔与埃及穆巴拉克政府的关系不太好,因而承诺向取代穆巴拉克的政权提供援助;2011年5月,卡塔尔埃米尔是第一个会见埃及陆军元帅坦塔维的海湾领导人。在利比亚,卡塔尔在支持反叛武装方面发挥了初期的与核心的作用:卡塔尔是第一个承认位于班加西的利比亚国家过渡委员会(National Transitional Council)的阿拉伯国家;在北约发起的推翻穆阿迈尔·卡扎菲的军事行动中,卡塔尔给予外交和军事支持(出动数百人部队和6架战斗机),并给予反对派势力约4亿美元的援助。此后,卡塔尔还帮助利比亚反政府武装在其控制区内向外出口石油。②随着卡扎菲政权的倒台,卡塔尔加强与利比亚的商业联系,当许多外国投资者仍然小心谨慎时,卡塔尔却购买了利比亚主要银行的大量股份。③

卡塔尔政府还继续支持穆斯林兄弟会和地区的其他伊斯兰

---

① See "Hitched to Qatar's Rising Star Al Jazeera takes a Bumpy Ride Skyward," *Christian Science Monitor* (4 April 2012). That said, al-Jazeera's English-language documentary on Bahrain, "Shouting in the Dark," was among the most critical coverage of the Al Khalifah regime's crackdown.
② Patrick Seale, "Deciphering the Qatari Enigma," *Gulf News,* 2 March 2012; Roberts, p. 3.
③ Borzou Daragahi, "Qatar buys into Libya Bank," *Financial Times,* 17 April 2012.

组织，它们在 20 世纪 90 年代便建立了关系。最令人瞩目的是，埃及的优素福·格尔达威（Yusuf al-Qaradawi）在半岛电视台每周播放名为"沙里亚法与生活"（Sharia and Life）的节目，该节目使其成为伊斯兰世界最有影响力的伊斯兰主义者之一。政府也直接支持利比亚的伊斯兰叛军并为其提供武器。

在也门，卡塔尔政府同样在海合会的倡议中发挥积极作用，该提议成为最终和平驱逐阿里·阿卜杜拉·萨拉赫（'Ali 'Abdallah Salah）的基础。在叙利亚，经过最初的犹豫后，卡塔尔政府通过其担任轮值主席的阿拉伯联盟，在强力驱逐巴沙尔·阿萨德（Bashar al-Asad）的行动中发挥了同样的积极作用，但未获成功。伴随起义和残酷的镇压，半岛电视台进行密集的报道。2011 年 7 月，卡塔尔成为第一个撤回驻叙利亚大使的阿拉伯国家。2012 年，卡塔尔甚至呼吁阿拉伯国家对叙利亚进行军事干预。[①]卡塔尔向叙利亚的伊斯兰主义反对派组织提供大量援助，包括与"基地"组织有联系的"叙利亚胜利阵线"（Jabhat al-Nusra）。据信一些卡塔尔民众也给予"伊斯兰国"以财政支持。

然而，卡塔尔对近邻巴林镇压亲民主的活动家的行动保持沉默。它赞同沙特阿拉伯和海合会军事干预巴林以支持统治家族的决定，并派出了少量部队。在伊朗，2012 年卡塔尔与其他海合会国家共同谴责伊朗对阿布·穆萨岛（Abu Musa）及阿联酋所属的其他岛屿主权的重新声明。通过这些决定，卡塔尔不仅希望能确保对地区新政权的进一步支持，也希望能够获得沙特和海合会国家在它需要时的支持。然而，这些行动将卡塔尔推到了反伊朗政策的位置，而伊朗又是卡塔尔试图与其维持良好关系的一个国家，因为双方共同享有海上油田的经济利益并且伊朗也是平衡沙特的一种力量。

[①] "Islamic State: Where key countries stand," BBC News, 4 February 2015.

结　论

在最初试图以牺牲部落为代价而集中政治权威后，卡塔尔政府转而与他们达成和解。这在很大程度上取决于两个因素——统治家族的软弱和部落的自治。新的和解方式将国家中央集权和一定程度上的部落自治结合在一起，并通过在内部和外部获得新的支持者而实现平衡。例如，部落成员是定居的，但他们并非居住在一起。部落成员通过选举和非选举的途径，被纳入政府，但他们与其他部落成员之间也是平衡的。这就构建了中央政府与部落之间新的权力平衡。

第三章 双陆棋还是国际象棋？阿拉伯联合酋长国的部落主义与部落领导 *

安德烈·B. 鲁（Andrea B. Rugh）

中东地区的核心斗争产生于中央集权的民族国家和抵御国家控制的强大自治部落之间。在 20 世纪，当国家采取强制手段控制游牧群体时，权力的天平有利于国家而不利于部落。本章将阐释这一幕是否也会在阿联酋上演，或者是否还有其他路径。部落主义和部落领导人是否仍然在阿联酋发挥作用，如果不是，谁能够取代它们？阿联酋是一个独特的案例，它是唯一一个由主要部落家族构成的联邦制的阿拉伯国家，每个酋长国都由各自的领导人来管理。本章的结论是，部落主义作为国家治理与社会生活中的一种组织力量正在被削弱，并被日趋增长的国家认同意识所取代。

单以部落或部落主义的定义不能充分描述无处不在的部落文化的复杂性。同时，部落主义的产生与消失也没有任何特别的条件。海湾地区的部落成员曾经是海员、游牧民和农耕者，现在则是企业家、商人和政府官员。如果你要问部落成员其部落是如何形成的，他们的答案或许是对部落价值观的信仰——

---

* 本章的数据来自安德烈·B.鲁著作中的资料以及他与阿联酋人的讨论。Andrea Rugh, *The Political Culture of Leadership in the United Arab Emirates* (New York: Palgrave Macmillan, 2007).

第三章 双陆棋还是国际象棋？阿拉伯联合酋长国的部落主义与部落领导

勇气、慷慨、好客、忠诚，还有调解、协商、自治以及部落共同体的团结。

部落通常被定义为一个群体，其成员是由共同祖先的亲缘关系所联系起来的。在部落的世界观之中，亲缘与非亲缘是最有意义的社会分类，人们的行为是基于对两个群体关系的期望。无论是践行一种想法还是违背它，这些都是人们认为"应该"发生的行为。根据这一定义，本章从亲缘和非亲缘关系的视角解读"部落主义"。可以假设，只要部落关系是社会组织的首要基础，那么部落主义作为一种社会政治力量便会持续存在。

大体说来，部落主义的构架给出了在特殊关系中一个人能对他人承诺的概貌。这些期望铸就了部落成员之间以及与部落领导人之间的关系——所有人都相信这些关系具有必然结果。在特鲁西尔酋长国[①]，政治领导人期望用亲缘关系来维持忠诚，尽管他们也给予非亲缘群体不成比例的资源来维持其忠诚。心怀不满的亲缘群体常常将这些人赶出政府部门。但是，即使出现这些不忠行为也不能相信亲属的这种行为是错误的，而且相信下一次他们的行为将会有所改变。[②] 一般而言，人们总是遵守这些原则，从而使领导人能够依靠这些预期来制定政治策略。

福阿德·胡里（Fuad Khuri）[③] 以贝都因人又长又低的山羊毛帐篷的形象来比喻部落社会的平等主义，这些遍布沙漠中的帐篷代表了他们对私有权和自治的渴望。他说部落领导人的策略像是双陆棋的玩家：支持者在冒险之前就被动员起来。这些形象与胡里所说的"金字塔形的社会"形成鲜明对比，而这种政治策略更近似于国际象棋：对玩家的移动性实施了不同限制，

[①] 1971年之前，由于英国强加的条约，阿联酋被称为特鲁西尔酋长国。
[②] 一些阿联酋人说，统治家族成员之间发生这么多暗杀，他们感到羞耻。
[③] Fuad Khuri, *Tent and Pyramid: Games and Ideology in Arab Culture from Backgammon to Autocratic Rule* (London: Saqi Books, 1990).

所有这些都在于实现保护国王的目的。

部落组织

平行与垂直关系

对特鲁西尔酋长国"勉强糊口"年代的描述,[①] 为它后来的变革提供了背景。部落的基本单位是家族组织,传统上他们一起吃饭、休息和有计划地开展各种活动。在部落的观念中,家族组织享有平等的尊严和尊重。但在现实中,家族获得的更多尊重是基于他们体现出的部落价值观的程度。[②] 一则众所周知的故事是,一个穷人为招待客人而宰杀他最后的一头牲畜,这是在艰苦的生存环境中表现出的慷慨品德。另一个故事则讲述一个人为杀害他儿子的凶手提供避难所——这再一次凸显了对部落价值观的极端尊崇。类似的故事同样诉说着胆量、勇气、好客等,所有这一切都是在他们特别值得称赞的背景下发生的:袭击更强大而非更弱小的部落;馈赠劫掠的战利品而不是据为己有。部落成员深信,这些品质会使部落生活高尚,并在追随的部落民眼中获得更多尊敬。

部落社会是依照平等主义的原则平行组织起来的,部落首领的地位只比其他部落成员略高一些。相反,家庭单元却是垂直组织起来的。家庭中最令人信服的因素是年龄[③],年轻人要服从长者,长者控制年轻成员的行为。长老们将家族资源用于部

[①] 直到20世纪下半叶,大多数部落居民生活在勉强糊口的状态下,这常常被解释为其平均主义的结果。一些酋长通过采珠业、关税、椰枣种植和其他活动积累财富,但在外国人干预之前他们的相对财富并不影响与其他人的关系。

[②] William Lancaster, *The Rwala Bedouin Today* (Cambridge: Cambridge University Press, 1981), p. 43.

[③] 家庭责任是按性别划分的,但年龄是最重要的因素。

第三章　双陆棋还是国际象棋？阿拉伯联合酋长国的部落主义与部落领导

落需要，并在部落会议中代表家族。在平行的部落关系与垂直的家族关系实践中，部落成员形成了复杂的社会个性。例如，当长老对年轻的部落成员和家族成员扮演专制的"父亲"角色时，酋长要表现出恭顺尊敬。这种状况后来造成的重要结果是，政治体系变得更具等级性。

部落体系使人们对彼此要承担的义务公平地产生了明确期望。不仅是对家族成员的职责，还有对较大的部落群体中的第二、第三或第四层的亲属负有责任。在早期，人们在特定的关系层级内对彼此的行为承担集体责任，例如共担对成员的惩罚或是对侮辱群体荣誉的行为实施报复行动。哈伊马角和沙迦部落的卡西姆酋长向英国人解释他必须去攻击敌人，依据的是"阿拉伯民族的法则"，以血还血或是"他们将失去在阿拉伯民族中的地位……他们的敌人将打到家里……"[①]

由于亲属与非亲属之间的区分很重要，必须划出一条线来反映这些关系的不同性质。原则上，家族之间是平等的，因为他们有着相同的血缘；但是任何两个家族成员之间的关系却是不平等的、固定的和持久的。这意味着父母对孩子的义务与孩子对父母的义务是不同的。这些关系的粗略定义众所周知，即血缘联系不能被否认。对非亲缘关系的看法则恰恰相反。它是随意的、暂时的并且必须予以平衡。这意味着对非亲属存在是否交往的选择，但没有义务去追求这种关系。然而至关重要的是，必须回报给对方相等的或更大的利益，以避免形成被保护的关系。酋长利用"不平衡"的恩惠在非亲缘关系中形成情债。

当特殊的环境很难或不再能将人们划归其逻辑类别时，对这种行为的定义就会出现困境。例如，当非亲缘的人依附于部落后，不可能无限期地把他们当作非亲属，尤其是如果他们开始认同部落利益时。解决的办法是将他们重新定义为虚构的亲族。可以暂时把陌生人称为"阿姨""叔叔""兄弟""姐

---

① Cited in Rugh, *The Political Culture of Leadership*, p. 130.

妹""女儿""儿子",并告诫他们如何按照称呼者的期待去行事。部落成员喜欢使用"承担责任"的父系亲属的称谓(例如父亲的兄弟"ammi",或是父亲的姐妹"ammiti")[1],而不使用强调亲密情感的以母系为核心的称谓(母亲的兄弟"khal",或是母亲的姐妹"khalti")。[2] 当然,责任和亲密的概念来自对这些亲属行为的预期。

部落首领的政治是利用虚构的关系解释与某些部落的关系。[3] 如果一个部落在没有明显利益的情况下支持另一个部落,会被认为是一个庇护的群体,除非这种支持被理解为亲缘的忠诚。阿布扎比的纳哈扬(Nahyan)部落的统治者宣称与差不多15个部落组成的巴尼·亚辛(Bani Yas)联盟拥有共同的祖先。但其家族谱系存在的断裂让人对这种关系产生怀疑。不管是否存在利益,纳哈扬部落假定与巴尼·亚辛联盟具有"亲缘联系"的忠诚,它们就不得不奖励像达瓦西尔(Dhawahir)和马纳西尔(Manasir)这样的独立部落以职位,或采取通婚以维持它们的忠诚。

将非亲缘关系重新定义为亲缘关系也是可能的。如果亲族成员变为不履行义务的人,他们可能被贬为"陌生人"的类别。例如,亚辛的儿子法拉赫有一个儿子名叫纳哈扬,他在18世纪时为酋长职位与兄弟发生争斗。经过多年争斗,纳哈扬的后辈战胜了其兄弟的后辈。后来,家族承认纳哈扬为阿布扎比统治家族的缔造者,而忽略了法拉赫的其他儿子。今天已很少有人听说法拉赫的这些后人,他们显然不是统治家族的一部分。这

---

[1] 父系亲属负责维护孩子所拥有的姓氏声誉,因此对家族成员施行严格的控制。
[2] 以母系为中心的词汇在埃及很常见,有些人将其描述为更具"母系"特点的社会。
[3] 安德鲁·夏洛克的著作对约旦的进程进行了介绍。Andrew Shryock, *Nationalism and the Genealogical Imagination* (Oakland, CA: University of California Press, 1997).

些实践——增加新的亲缘或排斥其他人——都是部落首领利用期望的关系寻求支持者或削弱反对者的做法。要点是，部落成员需要清楚亲缘和非亲缘的归类以便有效地行动。

部落组织对于从部落外迎娶的妻子难以归类。她们是亲缘还是非亲缘，她们的忠诚又在哪里？历史表明她们仍然被视为"非亲缘"，直到她们为首领生下孩子，并且不止一次地表现出对丈夫及孩子的忠诚超过了对她们自己的亲属。① 婚姻的重要性将在下文中讨论。

动员外部支持

如果一个酋长需要获得超过其部落组织能够提供的更多人力，他必须说服其他人支持他（"双陆棋"模式）。有时提供战利品就足够了，但酋长不能完全依靠这种快速动员部队的手段。一个深谋远虑的酋长在需要时，会花费大量时间来发展他能召唤来的关系。这些关系有些已依附于部落，或是愿意以行动来换取保护的人，或是感恩过去曾帮助他的人。酋长可能会动员与其保持半永久性关系的部落组织，如通过婚姻。事实上，几乎所有的王室婚姻都与统治者的利益有关。

酋长通常还会得到已是敌人的部落组织的支持。例如，迪拜的统治者在1833年建立迪拜后，为了生存采用各种策略获得了强大的近邻——东部的卡瓦西姆部落和西部的纳哈扬部落的支持。迪拜人口稀少，但居于战略要地，便利的港口设施使这些近邻在需要迪拜的防务时彼此间相互进攻。

然而，维持长期关系在某些时机下是有用的，但在非紧急时期为之付出的代价却是高昂的。例如，酋长要给从外部娶来的妻子们提供高标准的生活条件；如果这些妻子不满意，她们就会散布家庭成员的隐私。为保持与盟友的联系，酋长也需要

---

① 在卡尔巴，当酋长奄奄一息的时候，他的女儿冲过去告诉其丈夫在其哥哥知道死讯之前接管政权。See Rugh, *The Political Culture of Leadership*, p. 204.

向他们分发资源或是让女儿与他们联姻。迎娶外来妻子是有风险的，但是将女儿嫁出去则可能让酋长更容易受损害，因为他们强迫女儿分享影响力，或者如果女儿未得到适当的待遇就必须进行报复。酋长试图保持一种长期和灵活的混合关系，以便能够在减少钱财消耗的情况下比较容易地获得外部支持。只有在耗费巨大成本却不能维持其联盟的情况下，才能理解联盟破裂或被忽视的情景。

继　承

尽管早期酋长的权力并不是特别强大，但很容易与统治者产生竞争。永恒不变的继承原则是候任者来自最显赫的家族。虽然不是所有部落都保证效忠于他们，但这些家族是海湾地区主要的权力中心。要成为最显赫的家族，必须用时间证明它们是地区最强大的群体，纳哈扬家族就是这样，他们战胜了其他声称拥有并维持着所得权力的家族。在几个酋长国中，最显赫的家族在很久以前就被公认拥有选择候任领导人的权威。一个多世纪以来，候任者一直来自这些最显赫的家族；在大多数情况下[1]，一个统治者被推翻，也是家族成员将其废除的。

虽然没有其他一以贯之的继承规则，但首选继承人通常是与已故统治者有血缘关系的最年长的有能力的男性[2]——通常是儿子（如果年龄足够大），或是统治者的兄弟（如果儿子的年龄不够大）。这导致统治者的儿子和兄弟之间持续的紧张关系——父系亲属理论上拥有共同的利益。如果一个儿子成为统治者，他的兄弟、叔叔以及堂兄弟会承受巨大压力，要么快速地推翻他的统治，要么就会失去自己成为统治者的机会，因为统治者的两代或两代以上的亲属很少继承王位。结果是纳哈扬和卡西姆家族的血缘继承风险很高，而在回报少的酋长国中流血冲突也较少。

---

[1] 母系亲属因不满曾两次推翻统治者，但未能成为统治者。
[2] 能力通过不同的方式来展示：声誉、支持的规模，或对手的相对素质。

第三章 双陆棋还是国际象棋？阿拉伯联合酋长国的部落主义与部落领导

统治者通常要竭力确保他们的儿子继承自己的职位。许多统治者通过指定合格的兄弟担任有影响力的职务——作为副王或密使——以便在统治者的儿子年岁足以实施统治前遏制那些觊觎王位者的野心。在有记录的200多年间，王权统治时间的长短与其拥有兄弟或儿子的数量相关：兄弟越多，王权的统治时间越短；儿子越多，统治的时间越长。最有权势的统治者会生育尽可能多的儿子来支持他的统治，但他死后，儿子们竞争王位则会引发流血冲突，这就造成了交替循环的暴力与相对的稳定。

部落主义的变化

虽然政治领导人出自同样显赫的家族，但是存在于17世纪、18世纪、19世纪的部落主义和20世纪初特鲁西尔酋长国的部落主义以及20世纪末的部落主义是不同的。直到20世纪60年代，特鲁西尔酋长国还只是小海湾沿岸数个小定居点的聚合体，而这些小海湾则成为海洋活动的天然良港。主要的聚居点由最显赫的酋长统治，他通过寻求内陆部落的忠诚来扩张影响力。酋长的权力中心是被居民小型棚屋（*barasti*）所包围的堡垒。夺取这座堡垒就意味着战胜了酋长，因为堡垒是遭受攻击的居民的避难所。在18世纪和19世纪时，酋长为争夺水源、保卫其追随者、猛烈攻击挑战者并试图扩大他们的影响力，这是国家处于持续战争的一种常态。然而，战事通常会在夏季的几个月停止，以便定居民众从事经济活动。

18世纪和19世纪早期，海湾地区主要的政权是卡西姆家族，他们控制着波斯湾的大部分海岸以及阿拉伯半岛东部和东北部的飞地。但在整个19世纪和20世纪，其政权衰败。英国宣称卡西姆家族的海盗行为阻碍了海湾贸易，但一位当地的卡西姆部落的历史学家认为，他们只是为了捍卫自己的贸易利益而抵御英国东印度公司。① 其结果是，英国派遣舰队于 1819 年进入哈伊马角的港口，并摧毁了停泊在那里的整个卡西姆部落的舰队。随后，英国强迫当地的酋长签订了一系列条约，即镇压海盗的条约（1820 年）、关于禁止奴隶贸易的条约（1839 年）、关于促进海上永久和平的条约（1853 年），以及给予英国在本地区的各种排他性经济权利的条约（1892 年）。②

在接下来的一百年中，英国采取其他行动镇压卡西姆家族，并在卡西姆家族与阿布扎比部落的争端中偏袒后者，因为英国人认为阿布扎比部落不会威胁其商业利益。英国不允许卡西姆部落利用海军收复其在阿曼湾东部海岸的土地。后来在 1830 年前后，英国人承认了阿治曼酋长国（Ajman）和乌姆盖万酋长国（Umm al-Qaiwain）的独立，二者均为卡西姆领土上的小酋长国。对卡西姆王朝的致命打击是在 20 世纪，当时在阿布扎比发现了最大的石油蕴藏层，而在沙迦的卡西姆酋长国仅有数量不大的石油蕴藏。英国施压和家族无力统一领土的结果是卡西姆酋长国的土崩瓦解。今天仅存的只是哈伊马角和沙迦两个小酋长国。与此同时，阿布扎比的纳哈扬家族巩固了他们控制的 85% 的领土，后来成为阿拉伯联合酋长国——包括阿尔 - 艾因（Al-Ain）、利瓦（Liwa）和阿布扎比（Ab-Dhabi）岛。

在这一时期，"平等中的第一个"酋长成了权威统治者。这是为什么呢？较之地区的其他国家，早期海湾地区酋长的权力较弱，主要原因是他们缺乏强制性的手段。当人们开始定居城

---

① Sultan M. Al-Qasimi, *The Myth of Piracy in the Gulf* (London: Croom Helm, 1986).
② 昂雷声称英国人是被邀请来保护当地居民的，是一支积极的力量。James Onley, *Britain and the Gulf Shaykhdoms, 1820–1971: The Politics of Protection*, in Summary Report No. 1, *International Relations of the Gulf* (Georgetown: CIRS, 2010). 其他观点参见 Obaid A. Butti, *Imperialism, Tribal Structure, and the Development of Ruling Elites: A Socio-Economic History of the Trucial States Between 1892 and 1939*, PhD dissertation (Washington, DC: Georgetown University, 1992)。

第三章　双陆棋还是国际象棋？阿拉伯联合酋长国的部落主义与部落领导

市时，这种情况发生了变化。生活在沙漠中的游牧民主要依靠亲缘关系，以及由好客的义务和劫掠的法则所打造的非亲缘联系。然而，一旦人们定居城镇，部落民、商人、阿拉伯人和非阿拉伯人都需要更强大的权威来维持和平，因此酋长需要积累财富和人力用以强化秩序。

城市化是部落酋长权力增长的一个因素，但更重要的是，一个半世纪以来英国对海湾的介入。英国最初只是对当地的酋长强加海上条约，并声称他们感兴趣的是安全而非酋长国的内部事务。但不久他们便开始介入当地的冲突，最终要求有权决定谁可以担任统治者。伴随时间的推移，英国人的活动也使酋长们对待其追随者的方式出现显著变化。

首先，英国将少数几个酋长推上了统治地位，并且主要通过他们控制海湾地区。作为交换条件，这些统治者必须监管当地民众的海上违法行为。海湾地区的酋长们先前都以个人说服的方式来实现其目标，现在则必须向其追随者处以英国强加的罚金。紧张情绪在蔓延，同时为了逃避罚款，整个部落被遗弃。直到1879年英国为阻止负债的采珠人及其他人从一个辖区逃到另一个辖区而签订了条约。如果当地统治者抵制收缴罚款，英国人就派遣海军去"平息局势"。

20世纪50年代，英国意识到为了弄清楚统治者控制的潜在石油生产区，他们需要划分边界。同时要求当地的酋长们确认历史上曾向哪些统治者纳贡，随后他们及其领地将被划分给这些统治者。统治者不能再向其他部落扩张势力，部落关系实际上就被有效冻结了。逃离统治者或者寻求投靠其他部落酋长的两条路都被堵死了。

接下来英国建立了由英国官员指挥的地方军队，表面上是为了确保和平，但实际上主要是想保卫石油勘探队。这些统治者不再发动军事行动，也不能再保卫自己的民众。在此之前，军事是一种证明统治者权力以及检验追随者忠诚的标志。现在军队在英国人的控制下维持着和平。

英国最终直接向统治者支付石油和空军基地的特许租金。这意味着统治者不再依靠贡金,也不再对他们的支持者负有责任。相反,统治者成了财富的分配者,并且经常在如何分配这些收入的问题上与家族产生争执。最有名的案例是,阿布扎比的谢赫扎伊德在1966年因抱怨其兄弟没有将石油收入用于当地的发展而废黜了他。

最后,作为外国人的代理人,统治者开始在他们的家族和朋友中巩固权力。"整个群体真正的共同利益是……掌控政治决策和经济资源的少数人的利益",而统治者是由外部势力来维系的。[①] 20世纪30年代,由部落酋长向拥有强权的统治者的转变基本完成。但是,来自社会内部和其他统治家族成员造成的社会叛乱的威胁,意味着统治者需要对当地人的诉求保持敏感。部落(氏族)内的一些成员由于受到外部势力的影响会继续像部落一样组织起来,但规模较小。当地的家族在经济上开始出现差距——那些能够接近统治者的人暴富,无法接近统治者的那些人依旧贫穷。但是,即使像谢赫扎伊德这样的传统统治者变得富有后,他们仍试图通过确保其追随者也能享有基本层面上的利益而获得合法性。[②]

今日阿联酋的部落主义

本章的开篇认为,只有在亲属和非亲属关系持续作为社会主要的组织力量时,部落主义才能保持它的重要意义。在审视阿联酋的变化时,区分治理与政治领导以及相关的社会关系是有益的。

[①] Onley, op. cit., p. 258. 巴提描述了商人和统治者之间的复杂关系,这种关系在石油开采之后对统治者有利。

[②] Frauke Heard-Bey, personal communication.

第三章　双陆棋还是国际象棋？阿拉伯联合酋长国的部落主义与部落领导

政治和政府

如前文所说，政府仍然是由亲缘关系组织起来的吗？政治领导人是否依赖亲属来维持权力？他们是否仍然利用部落策略来动员非亲缘角色——虚构的亲缘、政治联姻、不固定的联盟以及其他激励措施呢？部落机制是否仍然有效，或者他们是否已经在国家层面形成制度化？这些问题的答案使人联想到当前阿联酋的部落主义现状。

许多学者认为，石油是改变酋长国领导人与民众关系的首要因素，石油无疑使他们具有更大的"分配"作用。然而，在1962年第一次石油出口之前，英国的影响早已改变了统治者的作用。在此后的50余年中，石油收入明显地将阿布扎比和迪拜从城镇转变为先进的现代城市。但是，这里的文化价值也塑造了不断演变的政治体系。

阿联酋的故事有别于其他国家，它始于分散的部落社会。例如，伊拉克和沙特阿拉伯在历史上通过平息不守规矩的部落——通过军事行动，开展反对部落生活方式的运动以及提供住房、土地和工作等激励措施——巩固了中央集权政府。1971年英国撤离海湾时，谢赫扎伊德将酋长国的统治者聚集在一起，从而避免了采用强制手段。谢赫扎伊德希望说服他们组成单一的国家，但长期冲突的遗患使他们不愿意放弃他们对一个中央政府的控制。经过广泛讨论后，他们建立了一个联邦，每个酋长国都由自己的统治家族治理，联合政府位于联邦首都阿布扎比。然而，当最初的大部分自治国家随着时间而变化后，民众越来越多地指望阿布扎比提供服务。最终，民众视自己为阿联酋的国民，而不是分散的部落的成员。阿联酋的其他酋长国采取了哪些强制措施实现了和平演进呢？

20世纪70年代，在阿联酋成立初期，大部分统治者是在部落价值观和领导准则占主导的年代里成长起来的。他们多数人缺乏技能——简单的读写能力、精通外语、签订合同和熟悉商业——来应对新的环境，同时，安全威胁也限制了他们对旧的超凡魅力技巧的运用。虽然一些王室家族的成员仍然召开公众参加的马基里斯（倾听意见）会议，其他人则躲在宫墙后，指使协调人安排与民众见面的时间。而统治者的健康状况与年龄，日益成为限制其与来访者会面时间的借口。但统治者和他的继任者在治理过程中仍留有部落印记，至少有部分原因在于统治家族的成员感到有责任与他们的选民保持联系。2011年12月，当CNN记者提出为什么迪拜在"阿拉伯之春"爆发后没有出现抗议的民众，迪拜的统治者谢赫穆罕默德·本·拉希德·马克图姆（Shaykh Muhammad bin Rashid al-Maktum）回答说，他的家族在几个世纪以来都是合法的统治者，现在的形势也没有理由改变。①

最重要的时刻是起草《临时宪法》（最终于1996年获得批准）。这一文件创立的各种正式机构取代了部落生活不可或缺的许多非正式机构，如最高统治者委员会（Supreme Council of Rulers）有权处理与所有酋长国有关的事务；联邦国家咨询委员会（Federal National Advisory Council），②帮助阿布扎比的联邦政府进一步对教育、养老金、医疗保健、住房和公共事业提供免费服务；还有一个统一的军事指挥部。谢赫扎伊德掌管着超过90%的联邦预算，并对比较贫穷的酋长国的统治者提供资金补助。他接连当选阿联酋最高统治者委员会主席。③

联邦司法体系的建立及其审理大部分法律案件，剥夺了部落领导人的另一职能。部落法通常是一种转介体系（referral system），在该体系下争议双方将案件提交部落调解者解决。相

---

① CNN interview, January 2012. The Maktums, from the Bu Falasa section of the Bani Yas, deserted Abu Dhabi in 1833.
② "Electoral College" elections in 2010 selected half of the members of the Federal National Council, and the rulers appointed the rest. United Arab Emirates Yearbook, 2010, http://www.uaeyearbook.com/Yeaxbooks/2010/eng/#0.
③ 最初打算由酋长们轮流担任总统。

反，国家体系则惩罚那些违法的人。两者构建了不同的法律程序：国家寻求定罪和惩处犯罪者，部落法的目的在于冲突双方的和解以及弥合群落矛盾。

统治者的"工作职责"也在发生转变。统治者不必再像双陆棋游戏中狡猾的战略家那样动员支持力量。谢赫扎伊德开始不再把自己作为一个向追随者征求意见的部落战略家，而是作为一名仁慈的父亲，知晓什么东西对他的"公民儿女"最好。他会说："我像一家之主的老父亲，照料着他的孩子们。他牵着他们的手并扶持他们度过青春期。"① 这有别于传统魅力型领导人与他人协商的角色。现在民众敬重地期盼接受他的决定，就像接受家族长者的决定一样。他使用以家族为重心的言辞，以便与政府的新的等级特征保持一致。而且酋长国关注的焦点也是近亲，等级制是公认的准则——它更接近国际象棋的规则。在谢赫扎伊德的晚年，科威特的民主实验与随后的骚乱进一步加深了他对政治参与的不信任。②

统治者的实际工作变得更加官僚化，他需要主持会议，接见来访者，签署文件和出席国务活动。谢赫扎伊德的文化水平较低，他对这一角色的兴趣不大。1969年，他任命儿子哈利法为王储，并逐步让他接管行政权力。但直到2004年去世前，他依然保有统治者的头衔并且继续对国家和家族事务做出决策。③

在统治者仍健在时任命王储，已使王位继承趋于正规化，同时他还将长老集团排除在决策之外。先前的王位继承并不固定，也未设立王储职位。④ 现在统治者任命儿子为王储，往往选择最年长的儿子，以避免出现偏爱倾向。基于年龄的选择，有助于减缓儿子们之间的紧张态势，基于品行的选择则能使统

---

① 25 April 1977.
② 正如20世纪90年代谢赫扎伊德的儿子对一位美国官员所描述的那样。
③ 利用扎伊德的声望，哈利法在其去世前的几个小时匆忙宣布了内阁变动。
④ 如果统治者选择自己的儿子而不是家族中更有资格的候选人，那么他可能被认为攫取了过多的权力。

治家族与民众的认同保持一致。尽管各酋长国有任命最年长儿子为王储的趋势，但哈伊马角、阿布扎比和迪拜的统治者近年来都任命其最年轻的儿子为王储，原因在于他们比兄长们更有资格。这在一定程度上表明了统治者要在直系亲属中巩固权力，而不再考虑旁系分支。对于在年龄与品行两者间的选择，由于儿辈继任者的储备越来越少，优秀的继任者越来越难找，未来的统治者在王位继承问题上承受的压力更大。

目前，要推翻统治者几乎是不可能的，因为有强大的安全部队护卫着他们。[①] 即使一个来自统治家族的"合法的"篡位者要取得成功，也必须得到最高统治者委员会的批准，才能成为统治者。在1987年沙迦的最后一次政变中，统治者的兄弟发动政变，但最高统治者委员会却让被废黜的酋长复位。同样在2010年，最高统治者委员会确认哈伊马角已故统治者所选的年轻儿子为继承人，尽管年长的儿子雇用了一个公共关系公司来说服国际社会赞同他作为继任者。[②]

现在，统治者对他们的职位感到安全，曾经强大的联姻机制不再具有同样的功效。统治者不需要培育不同群体的忠诚或是娶多个妻子并生育许多孩子。因此，大部分年轻统治者娶妻的数量比先前的统治者要少，而统治者多妻曾被认为对政治的成功至关重要。阿布扎比现在的统治者谢赫哈利法只有1位妻子，她是8个孩子的母亲。

阿布扎比的谢赫扎伊德的婚姻也出现了一种转变，即从婚姻是部落策略的一个重要组成部分，转变为婚姻在某一时间是为了巩固其家族成员和亲密合作者的影响力。扎伊德至少与9名女性结婚，并生育了30个孩子。除了他自己的婚姻外，他还安排或批准其儿孙们的婚姻。他的策略清晰地呈现四个阶

[①] 官员们表示，1975年沙特国王费萨尔遇刺事件引发了安全担忧，但也可能还有其他因素导致安全部队的扩大。
[②] 哈立德被他的父亲以其弟取代前一直是王储。

段。在他前 20 年的婚姻生活中，扎伊德与 4 名女性结婚：与他的 1 名堂亲生育了长子哈利法，其他 3 名女性来自对其十分重要的东部地区王室代理人的部落。从 1959 年开始，时年 40 岁的他突然在 5 年的时间里与来自其他重要部落的 5 名女性结婚，她们陆续为他生育了 26 个儿女，其中包括 17 个儿子。① 连续快速的婚姻可能是因为 1958 年他的受人欢迎的兄长哈扎（Hazza）去世，扎伊德很有可能替代他不受欢迎的长兄而继承王位。1966 年，扎伊德成为统治者，他的重要竞争对手是拥有权势和多个成年儿子的叔叔 [来自巴尼·穆罕默德部落（Bani Muhammad）]，他似乎认为他将接管统治权。扎伊德任命了他们中的一些年岁大的成员进入联邦国家咨询委员会，该委员会由其 20 岁的儿子哈利法领导；随后，扎伊德又以自己的儿子替换了他们，并且通过让自己的孩子与其叔叔的孩子联姻，轻易地完成了这种过渡。最后，当家族竞争的危险减弱后，扎伊德通过孙辈之间的联姻在他的家族中巩固权力。在这四个阶段，扎伊德利用联姻获得了东部地区部落的支持，并扩大了影响力。在他将要成为统治者时，又拉拢其竞争对手，在他自己的家族中巩固权力。

王室联姻仍然能够将有影响力的世系和家族连接在一起，偶尔还会产生重要的政治观点。扎伊德去世后，他的长子哈利法的儿子与扎伊德的次子苏丹的女儿结婚，以抗衡扎伊德去世前任命的副王储三子穆罕默德的权势。这三个儿子由扎伊德不同的妻子所生育。在更早的时候，谢赫哈利法让他的长子与来自巴尼·穆罕默德部落的一名女子成婚。这些婚姻都是为了巩固哈利法与这些重要的纳哈扬世系的联系。

在最初的"政治"婚姻后，王室的男子在迎娶第二任妻子

---

① 扎伊德坚持说他同时拥有的妻子从未超过 4 人，但如果他的孩子的出生日期是准确的，那么他曾在一段时间内拥有 5 个妻子。他根据需要与妻子离婚，但始终保留其原配妻子，即现任国王的母亲。

时有一些灵活性。社会中可接受的大致顺序是：堂亲，包括来自其他海湾国家在内的其他统治家族的女性，亲属（包括母系亲属），其他酋长国和其他海湾国家的国民。比较不能接受的是其他国家的阿拉伯人、非阿拉伯的西方人、其他民族的人。

与社会上层（通过婚姻提升社会等级）或者与相同阶层的人结婚仍然是酋长国女性（不包括男性）的普遍要求。从传统上看，王室的女性并不是为了政治利益而结婚[①]，但必须与同一阶层的人结婚[②]，这意味着他们是本家族的其他成员，其他酋长国的王室[③]，或海湾国家中的其他王室成员。如果没有合适的联姻者，王室女性将维持不婚。由于酋长国近年来的家族女性过多，已在商讨是否允许这些女性与平民结婚。他们的母系亲属的婚姻就是这样的案例[④]，这似乎是一种比较安全的选择。[⑤]平民婚姻正在被讨论的这一事实表明，婚姻已不像以前那样对王室具有战略重要性。

谢赫扎伊德在世时一直是部落政治的大师。他在晚年仍保持着与诸如达瓦西尔、马纳西尔等独立部落领导人的关系。他们都曾在早期向他提供必要的支持。他有时与这些独立部落领导人的争论，则意味着他像知己那样知道他们是处于顺境还是处于逆境，他会持续地向他们提供一些特别的利益：行政会议职位、土地馈赠、商业优惠，以及让诸如达瓦西尔、苏丹和奎

[①] 扎伊德一世和扎伊德苏丹对此深有感触。他们的女儿都嫁给了纳西安部落。
[②] 对于王室未"嫁出去"的女性，可将她许配给默认两者之间是平等的其他家族。
[③] 阿联酋的一些王室成员很少与其他酋长国的王室成员联姻。有一案例：一名纳哈扬的女性嫁给了卡西米人，有人认为她作为杀害谢赫扎伊德父亲的男人的孙女则是一个被"抛弃的人"。
[④] 哈伊马角和乌姆盖万的统治者都与来自商业家族的女性结亲。
[⑤] 不愿将女儿嫁给外人时基于这一观点，认为男性易受女性的拖累，如果女性受到虐待他们就必须采取强力行动。

第三章　双陆棋还是国际象棋？阿拉伯联合酋长国的部落主义与部落领导

巴萨特（Qubaisaat）等部落的女性嫁入王室家族。① 在阿布扎比，酋长国的家族之间在生活或工作上存在历史联系，但他们更可能从自己的统治者那里得到特殊的好处。随着精英阶层在政府任命中取代了忠诚，一些有着亲密联盟的部落家族变得非常富有，它们想避免政府工作的搅扰。但当谢赫扎伊德邀请他们时，没有人会拒绝在他的政府中服务。②

当谢赫哈利法成为统治者时，他既不是谢赫扎伊德那样的父亲般的人物，也没有与部落组织建立如同知己那样的关系。这使他的人际关系网看起来极为不同。他逐渐替换了阿布扎比行政会议中的部落代表，内阁中主要是同父异母的兄弟和技术官僚。对同父异母兄弟的任命满足了可能给他制造麻烦的主要群体；谢赫哈利法明智地将这些任命职位分配给"母系集团"的儿子们③。非王室的技术官僚在行政会议中所占比例的提高，也满足了提升政府服务质量的真切渴望。

下面来总结政治领导人的新状态：在部落时代，酋长们的贡金与恩赐行为对接受者强加了义务，并在领导人和民众之间建立了联系。由于领导人的工作变为单一指向的分配和确保财政安全，他不再需要使自己缠身于对负有义务群体的治理。但他仍需要可靠的亲缘关系来分享其影响力。对于那些希望成为统治者的人，最关键的是与他们的父系统治者联系。然而，通过强势母亲来推动他们的利益也很重要。其他亲缘不再是获得王位的根本条件。

社会的变化

阿联酋社会依旧需要围绕扩大的亲缘关系来组织吗？或许

---

① 外来的妻子通常会鼓励下一代与他们的部落联姻。
② 一些大臣抱怨说，他们在任职期间自己的商业利益受到了损失。
③ "母系集团"（Mother-block）是我对统治者一个妻子所生儿子们的称谓。"母系集团"之间往往相互竞争。谢赫哈利法对每个"母系集团"中的儿子都给予任命，以显示他公正地分配影响力。

更重要的是，亲缘关系还有运作的价值吗？阿联酋的历史上，很少在一个极短的时期内发生如此剧烈的变化。人们预料这样的改变将引发人际关系的重塑，特别是旧的模式是否会失去功能。

在19世纪和20世纪早期，社会变革的条件成熟。如前文指出的，在珍珠产业的顶峰时期，英国人和部落民众越来越多地定居于城镇。起初，他们移居到自己部落成员的附近，并在此按照熟悉的部落形式组织起来。统治者根据部落关系分配土地以强化邻里之间的同质性。① 但是，随着民众越来越富裕，他们想按照拥有财富的水准来寻找居住区。这意味着人们开始与围墙环绕的陌生人为邻。其直接结果是人们把密切的亲缘关系缩小到了自己家庭之中。

20世纪后半期，石油财富和公共教育② 的发展转变了年轻一代的生活方式。20世纪60年代前，孩子们从父母那里获得技能，少数人跟随宗教人士学习《古兰经》。今天，孩子们由父母（和外国的育婴女佣）专门照料的时间很少。国家提供从幼儿园到大学的免费公共教育③，直到完成中学教育前，绝大部分孩子在公立或私立学校就读。几乎所有女孩（95%）和大部分男孩（80%）④ 在中学最后阶段申请进入大学学习。因此，孩子们的童年和青年时期大部分时间交往的对象远远超出其在以亲属为基础的社区中所认识的孩子。特别是男孩花费相当多的时间与非亲属朋友在一起。

学校也以其他方式稀释着强烈的亲属关系。学生需要学习，这是为数不多的可以接受的避免拜访亲属的一个原因。当年长的家族成员优先考虑社会责任而不能理解学生生活的需要时，

---

① 例如，哈利迪亚是谢赫扎伊德兄弟获得的一个区域。它已成为拥有高层公寓、百货公司、超市和富人区的财富地带。
② 1953年，第一所现代综合学校在沙迦建立。
③ 外来阿拉伯人只需支付少量费用便能就读于公立学校。
④ 男孩子们经常辍学去经商或参军。

第三章　双陆棋还是国际象棋？阿拉伯联合酋长国的部落主义与部落领导

矛盾便爆发了。再加上结婚和要成为母亲，年轻的女性大学生经常承受着巨大压力以满足传统的规范并放弃她们的学业。

与外人的接触不断增加，意味着在如何与非亲属相处方面，孩子比长辈更有发言权。然而，这些相互接触仍然需要"平衡性互惠"（balanced reciprocity）以避免变为"侍从"（client）关系。当孩子们把友谊建立在和睦相等的基础上，而不是建立在与家庭有关的社会差别的基础上时，这在两代人之间造成了其他的分歧。家族的长者或许仍关注家族的公众形象和社会声誉。婚礼和葬礼是很好的例子，社会地位取决于一个人被谁邀请及其是否会去参加："如果我参加了你的仪式，你就要参加我的。如果我邀请你而你不邀请我，我的声望会受到损害。"在旧框架下，非亲属关系很容易被抛弃，但是阿联酋受教育的人数在增长，由此添加了非亲属的同学分类，这使他们能够选择应该让谁来感受持久的承诺。

繁华的城市生活的一个结果是，它改变了部落价值观的本质。对于出现在你家门前的任何陌生人不再予以款待，或是当别人攻击你的邻居时也不再表现你的勇敢。当许多阿联酋人的财富已经超出想象时，慷慨解囊也不再是伟大的美德。当各种实践未能体现出相等的功效价值时，它们就要被改变或被修改。以款待客人为例，阿联酋人并非任何时候都会接待来访者，他们现在倾向于在特定的时间和场合欢迎来访客人，诸如婚礼、接待日（receiving days）、开斋节①以及举行各种纪念活动时。但无论这些庆祝活动多么奢华，也不会赢得像贫穷的游牧民宰杀其最后一只羊的那种"美德"。

就像在部落社区一样，城市家庭更容易在公众面前表现的行为，使他们的"声誉"依然存在差别。良好的声誉会增强业务关系，增加就业机会，最重要的是有助于对婚姻伴侣的选择。

---

① 斋月期间，一些谢赫会支起帐篷，在日落时对前来的包括外籍劳工在内的任何人提供食物。

但这一次，在很容易出现无节制现象的情况下，人们开始对行为的控制予以更高的奖励。家族投入大量资源来控制女性的公共行为，以保证她们着装得体，有合适的人陪同，并且只能坐在茶色玻璃的汽车中前往被应允去的地方。实施这些控制的家族被认为"道德标准很高"。而不适当行为的负面后果十分严重，以至于女性被迫强制性地自我约束，以避免外人对任何不当行为的暗示。然而，他们指出，遭到批评的是公开的行为，而不是私下发生的事情。

可是，阿联酋还没有一套单一的家族行为标准，酋长国的民众通过媒体、外国教师、家庭佣人以及外国劳工们而享有不同的生活方式。许多人四处旅游，有些人还到外国的大学上学。相比于世界其他地区，阿联酋人更能呈现生活方式的差异性，在国内和海外的行为举止更能反映出巨大的差距。因此，从保守家族对女儿的行踪和穿着实行严格限制，到那些让女儿自己开车、忽视穿衣规则，并认同她们在公共办公室与男性一起工作而彰显对外国风貌了解的家族，彼此之间的行为标准存在着极大差异。

这些标准也因地点和群体而不同：在保守的阿布扎比，王室家族对成员实行或许是最严格的标准，尤其是对某个孩子或其父母有可能继承统治权的人。而在更加自由的迪拜，盛行比较开放的标准。①

阿联酋是海湾地区比较自由的国家之一，它对在穿着和行为上的差异具有包容性。这种多样性不是来自政府的强制命令，而是来自那些关心自己公众形象的家族。但是，不管他们的标准多么严格，许多家族越来越难以控制现在的年轻人，这些年轻人通过高科技通信设备获取信息，并将更多的时间用在了家庭之外、购物商场、职场以及教育机构中。②

---

① 迪拜统治者的一位妻子曾着装朴素地出现在公众面前，她用头巾遮盖头发但没有戴面纱。他的女儿都是优秀的骑手，曾参加当地的赛马比赛。
② 女大学生人数占大学生总人数的70%，甚至75%。

第三章　双陆棋还是国际象棋？阿拉伯联合酋长国的部落主义与部落领导

声誉在婚姻中极为重要，它限定了酋长国民众要选择与其背景相似的伴侣。在传统上，堂兄妹之间的婚姻[①]解决了保全财产的问题，同时也确保了家庭背景的契合性。很多家族仍然喜欢这种"安全"的堂亲结合，以至于新娘想要嫁到其他地方必须得到堂兄的准许。然而，这一情况在现实生活中比较复杂，许多酋长国民众知道近亲结合所隐含的健康危机。现在包办婚姻变得越发困难，因为扩大的亲缘家族与非亲缘家族之间不太了解，而且可能找不到合适年龄的人选。

随着婚礼在奢华程度和嫁妆费用方面的竞争，阿联酋的男性开始寻找外国新娘，与她们结婚和婚后生活的花费较少。酋长国的女性仍然必须嫁给本国人，但突然发现合适男性的数量越来越少。政府通过建立国家婚姻基金（National Marriage Fund）来应对这一危机，该基金对那些同意减少婚礼花销且迎娶本国女性的阿联酋男性提供结婚费用。

对于那些认为包办婚姻已经过时的"现代"阿联酋家庭而言，结婚并不容易。[②]在性别隔离的阿联酋，不容易找到会面和"坠入爱河"的机会。另一个现实是，越来越不清楚女性和地位平等或地位更高的人结婚意味着什么："更高"的意思是依照经济水平，声望，还是家庭出身呢？

尽管阿联酋民众一直强调"保护"女性，但还是有几条界限被越过了。政府鼓励妇女寻找工作，包括警察和护士工作。这些都曾被认为是不可接受的工作。越来越多的女性在公共场合不戴面纱。年轻女学生的照片定期在报纸上刊登，统治者夫人的名字就出现在慈善活动中和某些为女性创造就业的场合：运动俱乐部、女性海滩、为寡妇找工作、隐蔽公园等。然而，至少有两名统治者的妻子遇到了"不恰当"行

[①] 这是包括父系远亲的松散的亲缘关系。
[②] 与阿联酋相似的婚姻困境，参见 Rajaa Alsanea, *Girls of Riyadh* (New York: Penguin Books, 2007)。

为的麻烦①,"恰当性"是衡量阿联酋女性外出行为的新标准。

每个埃米尔都有不同的特征。谢赫扎伊德在世时,除了致力于改善教育和医疗服务,他还一直在促进保护酋长国的部落遗产。他拨款修建博物馆、动物园,发展传统手工业和体育竞赛,并且耗资数百万依照部落理想打造树木、喷泉、咖啡壶和玫瑰水调配器的雕像来美化阿布扎比。与此同时,迪拜建造摩天大楼、购物中心、主题公园、滑雪斜坡以及举办国际体育赛事,阿联酋人在国内就可以获得以前吸引他们出国的享受。谢赫扎伊德去世后,阿布扎比新的统治者开始在古根海姆(Guggenheim)和卢浮宫的帮助下,建造音乐厅和艺术馆,吸收外国文化的精华。"外来事物"的影响曾让谢赫扎伊德与其保持距离,现在则成为阿布扎比每日生活的一部分。

个人认同的改变

部落认同是否还是酋长国民众生活的组织特征,或者其他认同是否变得更重要?伴随部落生活方式成长起来的老年民众,他们还能回忆起不很远的过去,那是一个以社团为重心的时代。布里斯托尔-里斯(Bristol-Rhys)描述了代际不断演变的生活方式。②如同许多生活在城市的阿联酋人,她的学生在假期拜访他在艾因绿洲中的亲戚,那里的家族依旧生活在城镇不同区域的狭窄小巷中。学生们乐于"探索过去",只不过把它们作为一个生活花絮,他们的未来仍在城市。部落主义是过去的遗存,不再与他们有关。

仍然沉浸在历史之中的老年人,可能还会询问新来者的部落渊源,并且告知家族成员他们的基于部落谱系的知识。但是

---

① 一个穿着紧身衣出现在外国刊物上,另一个在促进妇女权益方面表现得过于激进。

② Jane Bristol-Rhys, *Emirati Women: Generations of Change* (New York: Columbia University Press, 2010).

第三章 双陆棋还是国际象棋？阿拉伯联合酋长国的部落主义与部落领导

年轻人更喜欢与他们当前角色相关的人交往，这些角色如学生、专业人员及商人——或是依据成就和影响来判断他人。因此，他们逐渐增加了与非亲属的接触，对远亲的承诺减弱了，许多人甚至叫不出那些亲戚的名字。

尽管在个人认同上，部落起源的重要性减弱了，但在20世纪90年代很少使用部落名称的一些阿联酋人，现在却又在使用了。部落名称也许有利于他们在具有影响力的网络中定位，或者可以认定他们是国民。他们将自己与特殊的酋长国的人（如阿布扎比的达瓦希尔人，或者沙迦和哈伊马角的卡瓦西姆人）联系在一起，或者由于阿拉伯人重名过多而用来区分他人。虽然年轻人知道的部落名称很少，但大部分阿联酋人都能辨认出统治家族的名称以及与他们有密切联系的部落名称。

政府通过不分部落谱系对全体国民提供基本服务，削弱了部落团结的一些初期的理由，即国民不再需要部落领导人或者强势的部落领导人来保障基本需求。正如他们的部落联系已被削弱，个人也不再认为对其他部落成员的行为负有责任。很难想象阿联酋人还会沿袭部落的古老的复仇承诺。

日益重要的国家认同正在取代部落认同。通常情况下，当人们赴外国旅行和见到其他国家的人时，国家认同便会提升，但是阿联酋人不需要赴国外旅行来保持他们的民族性。他们在外籍人中是少数人群，外籍人占居住人口比例的90%以上，他们为阿联酋人照顾和教育孩子、打扫卫生、开车，以及在建筑行业和办公室中工作，外籍劳工的侵入式存在是必要的。酋长国人认为，随之而来的是外籍劳工的文化侵蚀性。政府在20世纪90年代实施的"酋长国化"（emiratization）的努力，在公共部门已取得一定程度的成功，但在私营部门的效果并不明显。①

阿联酋人面临的挑战最明显地表现在着装上。他们要求男

---

① 外籍劳工通常赚钱很少但工作时间很长。

性穿白色长袍坎度拉（kandoura）并戴头巾，女性则以黑色长袍阿巴亚斯（abayas）遮住身体并戴面纱①，因为这些都是"民族服饰"。一些人认为穿着反映了一种部落风格，但是布里斯托尔－里斯说年长的阿联酋女性嘲笑这一想法，因为男性闪闪发光的坎度拉只能在有自来水、洗衣机、熨斗和女仆的条件下才可以经常穿；她们建议人们看看照片中部落成员邋遢的着装。②不管这些照片来自何处，阿联酋人的着装明显不同于外国人，报纸上的文章经常严厉指责外国人穿"民族服装"以谋求获得尊敬，由于国民的——"尊敬"意味着财富、福利和依从，因此阿联酋人被外国人冒犯时有权降低其在该国的工作职位。

男性的着装也是阿联酋人与科威特、卡塔尔、巴林、沙特阿拉伯和阿曼这些海湾国家共有的认同感符号。这些国家的"民族"服饰很相似，外来者经常无法辨认各个国家之间的区别：一个"官吏"领（"mandarin" collar），头箍流苏的数量和长度，脖子上的"香水"流苏，或阿曼的头巾。海湾阿拉伯人的共同感来自共同的经济利益，以及在外交政策上较为相似的立场。③

阿联酋人和外国人之间还有许多其他区别。只有阿联酋人才能资助外国劳工、使用暗色的车玻璃或者持有某些牌照。在受外国人欢迎的酒吧和宾馆，禁止穿民族服装的人进入，因为那里销售酒类。在办公室中，阿联酋人必须身着民族服饰。这些区别能够使人立刻分清楚谁是和谁不是阿联酋人，考虑到政府福利的重要性，国家认同也许在今日的阿联酋是最显著的区别。

---

① 在阿联酋戴特色面纱（*burqa*）的主要是老年妇女。
② 照片中的衣服是传统服装，因为它的用料仍是游牧民使用窄型织布机织出的宽度。Bristol-Rhys, *Emirati Women*, p. 112.
③ 海湾阿拉伯人在伊朗问题上存在分歧。迪拜与伊朗有密切的商业关系，而阿布扎比则比较谨慎。

第三章 双陆棋还是国际象棋？阿拉伯联合酋长国的部落主义与部落领导

结 论

将阿联酋的前石油时代和今天做比较，在阿联酋人的身份认同中，部落认同已经不如以往那么重要。统治者仍然利用他们的至高无上的地位对其职权予以合法化，并向数量有限的人提供特殊利益以表彰他们过去的忠诚。但总的来说，旧的部落战略旨在巩固权力——联盟、联姻、冲突和好客所铸成的恩惠——现在的操作价值已经很小。在社会生活中同样如此，虽然较小范围的亲缘群体仍很重要，但亲缘关系不再是组织广泛的社会关系的首要基础。阿联酋人以国家认同代替了部落认同，从而引发了今天的重要区别。

国家认同的转变并不完整，如果有适当的条件，部落主义的某些因素肯定还会恢复。沙特阿拉伯和伊拉克鼓励有限的部落主义的复活，以便能够实现对年轻人的控制以及冲突各方的和解[1]，问题在于国家机构很难单独解决这些矛盾。阿联酋有它的福利网络和相对的稳定性，目前也不太需要这些部落机构。结果很可能是部落主义继续向国家认同转变。

事实上，石油财富改变了治理和社会运作的方式。然而，如果统治者不能明智地运用他们的分配权力，就会造成不同的结果，甚至很可能导致部落组织之间争夺石油资源。与之相反，阿联酋人很大程度上都已接受统治者的合法地位。在繁忙的世界中，他们减少了亲缘对较小家族的承诺，不再像过去那样对以亲缘为基础的部落群体给予广泛的承诺。同时，非亲缘联系扩展到包括同学、同事以及生意上的朋友这些每天都会见面的阿联酋人。今天，阿联酋人的个人网络可能很明显地不同于其他家族成员的关系。给一个国家贴上"食利者"（一个国家获取的主要收入来自租金收入）的标签，最终并不能准确地预测社

---

[1] See Katherine Blue Carroll, "Tribal Law and Reconciliation in the New Iraq," *Middle East Journal* 65:1 (Winter 2011), pp. 11-29.

会将如何变化。

　　简言之，部落主义——或是以亲缘为基础的组织——在今日的阿联酋只能带来有限的价值，即赋予统治者合法化，或许还能解释历史上的联系。大部分阿联酋人都接受统治者的分配功能。要改变这一形势，需要如同英国占领或是发现石油那样的地震式的转变性影响，并在当地社会和治理中的人与人的关系方面再次取得重大进展。

第四章 阿曼苏丹国：部落主义和国家统一之间

乌兹·拉比（Uzi Rabi）[*]

1970年7月，苏丹卡布斯·本·赛义德·赛义德（Sultan Qabus bin Sa'id Al Sa'id）推翻其父赛义德·本·泰穆尔（Sa'id bin Taymur）的统治，巩固了他掌控的阿曼全部疆土，并且重新将这个国家更名为阿曼苏丹国。长期以来，与马斯喀特在政治上分立的内地部落伊斯兰教长国，现在也被牢固地置于苏丹国的权威之下。但是，较之沙特阿拉伯的中央集权急剧地削弱部落的政治权力，阿曼的传统部落结构仍然存在并且势力强大。掌权之后，卡布斯苏丹雄心勃勃地实施现代化与国家统一的政策。由于民众越来越依赖政府提供的服务和工作，地方的内聚力削弱。阿曼官方的表态，尤其是在教育课程中，都强调国家统一而非特殊主义的因素。卡布斯苏丹实施的上述政策和其他改革措施，使国内的部落群体与中央政府直接接触，他们中的一些人第一次形成了不断增强的国家认同感。[①]

本章旨在透视阿曼的政治文化，特别关注现代国家中的部落和部落主义，以及部落价值观在阿曼内外政策中的影响。本章认为，在当代阿曼政治舞台上部落权力的减弱，主要是阿曼

---

[*] 作者希望对杜伊古·阿特拉斯提供的宝贵帮助表示谢意。
[①] See for example Dawn Chatty, "Local administration and Harasiis tribal authority in the Sultanate of Oman," *Nomadic Peoples* 38 (1996).

审慎政策的结果。卡布斯苏丹一方面谋划保护部落文化的价值，另一方面遏制部落危害其政权的能力。最后，本章评价了 2011 年具有典型性的中东动荡发生后阿曼在扩大政治参与方面采取的措施及其对当代阿曼部落认同的影响。对这些谨慎的政治改革措施的考察，揭示了部落认同在阿曼仍然存在，但由卡布斯苏丹营造的阿曼复兴也使独特的阿曼民族精神得以形成。

阿曼的部落结构

部落是阿曼社会的基本组成部分。这一研究的目的在于，部落应被理解为一个政治单元，它由享有共同的土地疆域、真实或虚构的血缘联系和共同生活的民众群体组成。① 任何把部落仅仅作为一个"亲缘群体"的描述，例如基于血缘联系组织起来的广泛的亲缘群体和真实或想象中的谱系血统，都过于简单。对阿曼部落的深入研究清楚地表明，阿曼部落不仅展现出各种模式的定居传统②，他们也由不同的血缘群体组成了广泛的、多元的部落政治结构。"共同体组织"（community group）这一术语由 J. R. L. 卡特（J. R. L. Carter）提出，是一种描述阿曼不同血缘群体分类的有效方法，这些群体之间保持着基于庇护关系、政治联盟和经济合作的相互联系。③

阿曼的部落传统产生于阿拉伯人移居阿曼的两次浪潮。第一次浪潮的移民来自公元前几十年的阿拉伯半岛南部（现在的也门），这些移民形成了阿曼南部的部落，例如巴尼·卡坦

---

① Uzi Rabi, *The Emergence of States in a Tribal Society: Oman under Sa'id bin Taymur, 1932–1970* (Brighton: Sussex Academic Press: 2006), p. 2.
② 从本质上看，阿曼的部落并非游牧性质，相反，部落民都是农耕者。
③ See J. R. L. Carter, *Tribes in Oman* (London: Peninsular Publishing, 1982), pp. 16–7.

（Bani Qahtan）部落。第二次浪潮来自阿拉伯半岛北部的移民，形成了阿曼北部的部落，如巴尼·阿德南（Bani 'Adnan）部落。因此，阿曼部落可划分成称为"亚马尼人"（Yamanis）的南部部落和称为"尼扎尔人"（Nizaris）的北部部落。贯穿阿曼历史的部落间的大部分斗争是基于亚马尼人和尼扎尔人之间的差异。

部落也可根据贝都因人（badu）和定居人口（hadhar）在历史上的敌对态势来划分。阿曼的部落史包含这两个人口类型之间的数个冲突期。生活在国家中部山区的人和生活在沿海的人之间的差异，是另一个理解阿曼部落社会的关键因素。伊巴德教派的学者将贝都因人描述为愚昧无知的，而将定居人口描述为好学的。另外，定居人口也比贝都因人享有更高的经济地位，这一因素使两个群体的社会分层一直持续到今天。[1]

伊巴德教派政治遗产

伊巴德部落伊斯兰教长国是最适合阿曼中央地区复杂的部落体系的统治类型。阿曼的大部分部落属于伊斯兰教伊巴德教派，该教派产生于8世纪中期。事实上，伊巴德教派可以被视为哈瓦利吉派（khariji）的温和分支，哈瓦利吉派倡导所有穆斯林一律平等，每个穆斯林在一定程度上都有资格当选哈利法。伊巴德教派信奉由伊玛目来统治穆斯林共同体，伊玛目则应该由信徒从合格的男性中选举产生，而不考虑其家庭或部落渊源。选择候选人的条件是对其忠诚（taqwa）、正直，以及他所表现出的领导能力。

部落构成了阿曼社会政治结构的基础，伊巴德主义的原则

---

[1] Khalid M. Al-Azri, *Social and Gender Inequality in Oman: The Power of Religious and Political Tradition* (New York: Routledge 2013), p. 12.

适用于国家和政府的问题。部落群体之间和内部的关系结构，以及从这些关系中衍生出的基本思维模式，无论是在地理上、经济上或者政治上，都禁止任何形式的政治集权化。保守的伊巴德教派，源于伊斯兰教兴起时反对中央集权的一种态度，并在思想上适合部落体系的"政治愿景"。伊巴德教派国家的机制非常弱小，政府权力分散，部落作为独立的经济和政治单位而发挥作用。虽然伊玛目被认为是"共同体组织"的领导，但实际上地方领导人——大多数部落谢赫拥有最大的权威。[1] 因此，伊巴德教派的国家观确立了一个超部落的政治权威，而没有威胁到现存部落机制的自治。[2] 同时，伊斯兰教长国作为一个统治机构将部落国家组合为一个整体。该机制的力量来自伊玛目作为调解人和仲裁者——部落国家治理中的一种古典统治方式——的地位，而经济力量则由依据伊斯兰法律的税收所积累。[3]

海岸马斯喀特苏丹国的结构与内陆的伊斯兰教长国相似，它只有一个具备有限执行权的中央机构。如同内陆的伊斯兰教长国，海岸的苏丹国很大程度上依靠部落，以及包括印度人、霍加人（Khoja）和俾路支人等少数族群在内的其他组织的支持。俾路支人并非起源于阿曼部落的中心地区。实际上，伊玛目和苏丹一直处于其合作者，尤其是大部落酋长、乌莱玛（宗教学者）以及主要商业家族首领的监督之下。正如他们无效的运作会引起尖锐的批评一样，他们在部落政治领域的成功运作，也赢得了依附者的忠诚。

伊巴德教派的温和取向不仅给阿曼人及其性格打上了印记，而且对苏丹政权同样如此。为了显示自身的不同，并避开伊巴

---

[1] 例如，教长国的军队是由部落民兵联合组成，而不是随时待命的常备部队，这一事实显示了其相互依存的关系。参见 Uzi Rabi, *The Emergence of States*, p. 19.

[2] Ibid., p. 19.

[3] Ibid., p. 19.

德派对统治统治者集体认同的传统，苏丹不喜欢称自己为伊玛目。据此，卡布斯苏丹的父亲和前任苏丹赛义德·本·泰穆尔（1930~1970年在位），没有宣称自己为伊巴德教派伊玛目；相反，他以马斯喀特苏丹国传统的苏丹名义进行统治，并实施封闭的外交政策。

赛义德·本·泰穆尔的统治：平衡部落、宗教与国家

随着赛义德·本·泰穆尔苏丹开始逐渐加强政府集权化的进程，他设定的有限目标是不偏离部落国家的基本概念。在追求更大的中央控制过程中，他没有忽视显赫的酋长们为国家稳定做出的贡献。他有时采用的掌控阿曼的方法更像是对部落的妥协和绥靖，而不是一种强力的渗透。国家权威的扩大没有颠覆传统的部落构造，这是赛义德·本·泰穆尔最为显著的政治遗产。

相比于他的前任卜·赛义德（Al Bu Sa'id）传统的统治方式，及其儿子的现代化统治方式，赛义德·本·泰穆尔的统治代表了两者之中的一个阶段，它应当被称为"新传统主义"（neo-traditionlist）。[①]石油出口、发展公司（阿曼石油开发公司）以及保卫他的武装力量的建立（马斯喀特和阿曼的陆军）都是由"传统"向"新传统"政权转型的标志性事件。同样重要的是赛义德·本·泰穆尔在20世纪50年代对伊斯兰教长国叛乱的回应。1970年本·泰穆尔被推翻时，他留给儿子和继任者的是一个不受伊玛目控制和没有部落派系斗争负担的国家。但他的儿子，苏丹卡布斯抛弃了赛义德·本·泰穆尔的对内实

---

① See J. E. Peterson, "The Emergence of Post-Traditional Oman," Durham Middle East Papers No.78, Sir William Luce Fellowship Paper No. 5, 2004.

施最低限度的统治和对外实施孤立主义的遗产,并采取各种措施来实现意义深远的现代化。在就职典礼宣誓效忠(bay'a)后,新苏丹宣布"老苏丹已经离开这个国家,我承诺的第一件事就是献身于迅速建立现代政府。"① 虽然卡布斯仍显示出浓厚的苏丹传统的家长作风,但他在国家一体化和经济发展政策方面的雄心壮志却成为苏丹政治合法性的一个重要支柱。

卡布斯政权:平衡苏丹制传统和伊巴德原则

人们普遍认为,阿曼的全部石油储量预计不会超过15年的开采量,尽管其天然气储量预计有21万亿立方英尺——可能使石油生产的压力得到一些缓解。因此,国家的未来依赖于经济多元化、人力资源的发展——阿曼受教育的年轻人数量不断增加——以及鼓励外国投资,以便解决过度依赖石油收入的问题。这些变动的社会经济现实自然带来直接的政治压力。由于政权逐渐失去"食利国"的优势,国家通过石油收入获得的权力掌握在统治精英手中,同时民众的政治参与也被社会福利所交换,国家不再有能力以这种方式维持人口福利,必须通过扩大民众在政治领域的作用减少补偿给他们的物质利益。这明显地表现在两件事上:1991年12月马基里斯-舒拉(协商会议)开幕,该机构是一个有限的参与机制(马基里斯没有任何宪法职能);1996年颁布《阿曼国家基本法》(al-Nizam al-Asasi lil-Dawla),该法规定司法独立,并确保个人的自由和权力。阿曼政治参与扩大的另一个象征是鼓励女性更多地参与政治。2003年,1名妇女被苏丹任命为主管国家工业及工艺管理部门的大臣;随后在

---

① FCO 8/1425, Telegram No. 46, 26 July 1970. From FO (Arabian Department).

2004年又有3名女性被任命为大臣。2004年，阿曼历史上第一次出现——实际上也是整个海湾地区第一次出现——检察院的29名被任命者中有5名是女性。①

毫无疑问，苏丹卡布斯推动了一种与西方意识形态或议会这样的代议制机构不相同的国家模式。但可以说，他选择的这一道路是旧的实践和新的现实相互交融的一种制度，以便努力实现国家的稳定和繁荣。苏丹卡布斯突出的作用是让人们相信政治决策是自上而下的，但内部公众的压力在代议制机构形成过程中也是一个刺激因素。在政治上，阿曼是在家长式的苏丹传统和公众更大的参与决策压力之间走钢丝。正在出现的一种非常独特的政治文化，吸收了新旧元素而成为与别处完全不同的混合体：杂糅的部落价值观、家长式统治（苏丹国的传统）、协商制（伊巴德原则）和经济发展。苏丹卡布斯继续将部落价值观作为阿曼的文化参照点，他不过是试图缩小部落的差异，以便追求建构阿曼的国家认同，这种认同融合了部落和宗教的特征。

构建阿曼认同的努力主要基于城镇的价值观，而不是将宗教和部落作为阿曼正在实施的国家构建进程的必要条件，教育将起到最关键的作用。《阿曼国家基本法》指出："教育旨在提升和发展普遍的文化准则，促进科学的思想，点燃询问的精神，适应经济和社会规划的需要，并且打造身体和道德强健的一代人，为自己的民族、国家及历史遗产感到自豪，致力于保卫他们的成就。"② 显然，在理想的阿曼国民价值观的构建过程中，阿曼的基础和中等教育课程都强调阿拉伯和广义的伊斯兰属性，而非限定于伊巴德教派。期盼学生们在"指引穆斯林生活所必

---

① Sayf'Ali Nasser Al-Maamari, "Citizenship Education in Initial Teacher Education in the Sultanate of Oman: An exploratory study of the perceptions of student teachers of social studies and their tutors" (PhD dissertation, University of Glasgow, June 2009), p. 30.

② Ibid., p. 137.

需的伊斯兰科学的基础上"以及"在阿拉伯语言的基础上",在发展"一种欣赏阿曼、阿拉伯和伊斯兰遗产"的实践中取得成效。① 这种聚焦于在年轻一代中建构民族、地区和宗教的认同,将伴随关注其他文化的培养。为了更好地理解这种方式,很值得大段引用学者赛亚夫·阿里·纳赛尔·玛姆里(Sayf 'Ali Nasir Al-Ma'amri's)对目前作为阿曼高中教育课程的一部分的主题的表述:

> 近期,阿曼的高中教育中引入了两个主题。首先是2005~2006学年在11年级中开设了被称为"哈达·瓦塔尼"(Hatha Watani,这是我的家园)的课程,这一课程于2006年~2007学年也在12年级的学生中开设。一般来说,这一课程旨在深化国家公民的身份。课程涉及与阿曼有关的不同地理、历史、社会和经济方面的问题。特别是,课程的宗旨在于向学生提供一个对于自己国家过去和现在历史的概览。同时向他们阐述社会、经济、法律和政治体系的不同信息以及怎样运作它们。另外,课程试图强化学生在和平、人权、主动性、承担责任和反对歧视立场方面的价值观。第二种新课程名为"阿拉姆·蒙·哈瓦莱"(Al Alam Men Hawaly,我周围的世界),它于2007~2008学年成为11年级和12年级学生的选修课程。这一课程旨在向学生们介绍当前世界的问题与挑战。课程也寻求强化诸如合作、富有成效的对话、吸收他人的观点、相互理解、宽容以及接纳文化多元性的价值观念。②

学生们的传统和道德价值观与学校课程附加的现代内容相适应。精通数学和科学很重要,同时英语和计算机教育也开始

---

① Al-Maamari, op. cit., p. 23.
② Ibid., pp. 137–138.

从一年级讲授。①最近《阿曼时报》刊登了一则故事，描述阿曼努力利用教育促进"良好行为"的培养，例如环境意识等。阿曼的学校参与"世界环境日"的国际庆祝活动，广播节目聚焦于诸如水资源保护和减少污染等。阿曼学生也通过种树的形式庆祝10月27日的"植树节"，以鼓励其他人关注国家的绿洲。②这些附加的现代内容并不是要取代部落传统，反而是对传统的一种完善。

教育体系显然代表了阿曼的现代化进程，并由相关的经济和文化所驱动。一方面，这一体系寻求向学生提供与现代标准相一致的教育，并使学生能够有效地融入劳动力中，为应对快速变化的全球环境做好准备。另一方面，教育体系试图通过巩固阿曼遗产的独特传统，来保留传统的社会核心价值。同样重要的是，阿曼的所有宗教教育都处于教育部的监督之下，而且所有的宗教中心都是普通教育体系的一个组成部分，同时也是聚焦于伊斯兰的团结而不是分离。③

正如阿曼教育所表现出的原则，阿曼领导人制定的政策对于独特的部落认同并不偏好，因为他们敏锐地意识到强调部落认同是多么危险。实际上，在阿曼官方的声明中，甚至是苏丹的讲话中都没有提到伊巴德教派。相反，可以发现大量建立在伊斯兰信仰基础之上的非政治化中心，以此来抵制伊巴德教派（法律上的国教仅仅是伊斯兰教）的特殊性。这与阿曼政府强调的伊斯兰团结相一致。阿曼现任大穆夫提谢赫艾哈迈德·伊本·哈马德·哈里里（Shaykh Ahmad ibn Hamad al-Khalili）在接受私

---

① Nicholas D. Kristof, "What Oman Can Teach Us," *New York Times,* 13 October 2010, http://www.nytimes.com/2010/10/14/opinion/14kristof.html?_r=0.
② "Environmental preservation through education," *Times of Oman,* 6 January 2009.
③ Abdulrahman al-Salimi, "A Comparison of Modern Religious Education in Arabia: Oman and Yemen," http://ijtihadreason.org/articles/modern-religious-education, pdp.

人采访时以补充的语气说，他认为"逊尼派与伊巴德派穆斯林的差异是无关紧要的，不会妨碍穆斯林团结。今天可以这么说，伊巴德教派绝没有教派主义，建立现代教长国的梦想已让位于对更典型的现代生活的渴望"①。

因此，阿曼的政治家重申坚持伊斯兰教，并关注作为一系列经验的"图拉斯"（turath，阿曼的遗产），认为它应该包括公民的阿曼精神。此外，除了普遍意义上的对宗教的尊重以及各种形式的伊斯兰教派之外，阿曼国家已发展出一种体系，在这一体系中宗教文本和认知体系成为进一步培育国民价值观的工具。例如，在2010年4月举行的主题为"阿曼司法学发展"的研讨会上，阿曼国家的官员提出了一系列关于提升伊斯兰尊重人类生活和人权的全球意识的建议，并且建议怎样发展"水资源消费的道德特点"以及"保护和维护环境/森林以及限制荒漠化和全球变暖的意识"。②显然，伊斯兰观念被用来作为发展的催化剂，特别是要以伊斯兰团结的理念来抵制宗教的特殊性。

仔细考察阿曼的南部邻国也门，也许能够提供一个旨在创造阿曼人精神，并且摆脱宗教和部落差异的合理方法。在也门，自2004年以来，政府与北部源于什叶派的栽德派胡塞武装爆发了旷日持久的两败俱伤的内战。胡塞武装（青年信仰者）这一组织以宗教为基础的运动，目标是恢复也门北部的什叶派栽德派的教长国。胡赛武装发动的战争是为了反对"逊尼派萨拉非运动的进攻和叛教的瓦哈比派"，他们宣称得到了也门政府的支持，并将战争持续下去。③这场内战不仅使外来势力轻易地侵入也门，而且使这个国家变为恐怖势力的中心，以及使"基地"

---

① Valerie J. Hoffman, "The Articulation of Ibadi Identity in Modern Oman and Zanzibar," *Muslim World* 94:2 (2004), p. 213.
② "Islam based on civilised practices", *Observer*, 7 April 2010, http://main.omanobserver.om/node/5484.
③ J. E. Peterson, "The al-Huthi Conflict in Yemen," Arabian Peninsula Background Notes APBN-006, August 2008.

组织回到了其成员所认为的意识形态家园。

　　导致也门陷入国内冲突的宗教和部落差异同样与阿曼相关。那些渴望恢复伊巴德教长国的人无疑需要一个伊斯兰共和国，因而这将威胁苏丹卡布斯构建的民族国家。故此，2005年伊始一场出人意料的政治动荡冲击着阿曼社会，就不令人惊奇了。有关马斯喀特和达克里亚（dakhiliyya，阿曼内陆地区）动乱中逮捕人的谣言传遍阿曼的网络论坛。几周之后，《哈亚特日报》（al-Hayat）披露，"包括来自伊巴德教派的公务员、军人、布道士、伊斯兰学者和大学教授"大约300人被拘留，因为他们涉嫌与也门边境附近公路上发生事故的装有武器的卡车有关。①据该报消息，这些人正在策划"马斯喀特文化节"上的爆炸事件，伊斯兰主义者认为这一文化节违背伊斯兰准则而进行抵制。这些伊斯兰主义者与倡议恢复伊巴德教长国的运动有联系。就政府而言，它宣布"拘捕这些人背后的原因，是（这些人）试图建立一个组织破坏国家的安全，这是需要进行严厉处置的一条红线"。②最终，传出的明确信息是，阿曼国家安全法院对31名阿曼人判处了1~12年的刑期，理由是图谋颠覆政府。③这一事件是半个世纪以来伊巴德教派兴起后，第一次作为阿曼政治动员的聚合力量，它提醒政权宗教多样性是如何破坏国家稳定的。然而，这不是孤立事件。

　　总体而言，恐怖主义未能在阿曼渗透和滋长，主要有两个因素。其一，对于其他教派和宗教教义而言，伊巴德教派宽容与温和的特点是抵御吉哈德思想的天然屏障。其二，阿曼的教育体系强调公民权利，有助于公民社会的进步。国家的准民主机制也可以作为一个阀门，使不满的情绪得以释放。

---

① N. Janardhan, "Islamists Stay Clear of Terrorism in Oman," *Jamestown Foundation*, 9 March 2006, http://www.jamestown.org/single/?no_cache= 1 &tx_ttnews% 5Btt_news%5D=698.
② Ibid.
③ "Omanis get jail terms of one to 20 years," *Khaleej Times*, 2 May 2005.

阿曼的外交政策：实用主义和温和性

阿曼务实和灵活的外交政策实践，能够保证国家避免冲突，并能使阿曼在一直高度紧张的地区局势中有效运行。在苏丹卡布斯的一次演讲中，他表述了其外交政策的基础在于：

> ……自光荣复兴以来，某些基础原则是我们不可偏离的。这些原则来自我们的信念，即应当努力朝着全人类利益与和平的目标前进，应当在国际会议上支持正义事业，应当强化与阿拉伯和伊斯兰国家的我们的兄弟，以及全世界的我们的朋友的合作。[1]

苏丹卡布斯的外交政策，同其他海湾阿拉伯国家和整个其他阿拉伯国家存在明显不同。阿曼始终奉行不干涉他国内政的政策，坚持务实和公正方式，着力保持海湾地区及其他地区所有沟通渠道的开放。阿曼政治家多次促使冲突双方达成妥协并和平解决问题。自1970年7月苏丹卡布斯执掌权力以来，这一模式成为阿曼外交政策的支柱，而卡布斯执政也被大多数阿曼人称为"阿曼复兴"（al-nahdha）的开端。一些阿曼政治家使用的另一个术语是"中东主义"（al-sharq awsatiya），它可概括为阿曼对中东和平与繁荣的独特视角，是一个由合作者角色组成的政治和经济舞台。

作为一个被咄咄逼人的邻国包围的小国，阿曼的生存很大程度上归功于外交政策受温和的伊巴德教派的影响。正如杰弗里·A. 勒菲弗（Jeffrey A. Lefebvre）所指出的：

---

[1] Sultanate of Oman Ministry of Foreign Affairs, "From the Speeches of His Majesty in the Foreign Policy," n.d., last updated 2010, http://mofa.gov.om/mofanew/ index.asp ?id=73.

第四章　阿曼苏丹国：部落主义和国家统一之间

伊巴德教派以保守和宽容著称。伊巴德教法非常强调"公正原则"，并且通常厌恶政治暴力。与朋友的意见分歧是能够接受的，与敌人的和平妥协也一直在伊巴德教派的外交实践中存在。这种对阿曼社会的温和影响，塑造并限定了未来任何阿曼领导人的外交政策行为。[1]

阿曼与伊朗的关系是基于温和属性的实用主义和独特外交政策的典型事例。1971年，伊朗从大小通布岛上驱逐了阿联酋人，阿曼认识到伊朗成了地区的主导力量。据此，阿曼在打击佐法尔反叛武装的战斗中得到了伊朗军队的援助[2]，并且签署了霍尔木兹海峡的阿曼—伊朗边境协议。1979年伊斯兰革命后，阿曼和伊朗的关系依然牢固。在伊朗与伊拉克战争中，尽管海合会偏向伊拉克，但阿曼坚守中立，并与双方保持关系。在战争初期，伊拉克的飞机降落在阿曼，目的是将其变为攻击伊朗的基地；但是，阿曼要求伊拉克人撤离。可以预料，阿曼的政策在海湾国家中引起了批评。然而，阿曼强调其拥有独立的主权来制定对伊朗的政策。因此在整个战争时期，阿曼与伊朗保持持续的非对抗性对话。马斯喀特政权将伊朗视为应对伊拉克或其他阿拉伯力量的有效平衡器，这些国家可能寻求利用阿拉伯民族认同将其意志强加于海湾小国。通过这样做，阿曼证明了它在海合会内最有能力运用实用主义和公正方式鼓励伊朗采取更务实的行动。同时，在政治和石油事务上，阿曼成为伊朗与其阿拉伯邻国之间的首要联系人。这些联系自伊拉克入侵科威特后得到了加强。但这并不是说阿曼相信伊朗，而是实用主义和有远见的政策使阿曼在地区和国际事务中，拥有了远超其

---

[1] Jeffrey A. Lefebvre, "Oman's Foreign Policy in the Twenty-First Century," *Middle East Policy* 17:1 (2010), p. 110.
[2] 1963年在佐法尔省西南部爆发的叛乱是对赛义德·本·泰穆尔独裁统治的反抗，最终为其1970年7月的倒台埋下了隐患。

国家实际面积所匹配的话语权。

阿曼对中东和平进程的政策，也与海湾邻国存在分歧。或许在阿曼对以色列和阿以冲突的立场上，再没有比这更明显了。不像许多阿拉伯政治领导人在公开场合严厉谴责以色列（但是私下里承认与以色列和平是不可避免的和必要的），阿曼政权则坦率地接受以色列的存在，即使进展缓慢，也始终支持任何推动和平进程的努力。

在另一不同层面，阿曼在调停海湾小国间的矛盾中同样发挥了重要作用，这在1995年和1996年卡塔尔与其他海湾国家关系紧张期间，已被证明是关键性的。当时中东其他国家受到意识形态和短期利益的驱使，阿曼苏丹国则遵循自己的行动方向，似乎认识到和平谈判对阿曼安全与繁荣的全面和长期目标至关重要。

"阿拉伯之春"中的苏丹国与阿曼部落

跨越中东地区的民众抗议的整个过程被称为"阿拉伯之春"，君主制国家（阿曼苏丹国被认为是其中之一）似乎表现得更好，并与诸如埃及、突尼斯、也门和叙利亚这样的威权共和国形成了鲜明对比，有些国家至今仍然处于自相残杀的内战中。一些评论家将君主制国家抵制政权的变革归因于一种文化解释，并指出君主制的传统合法性是"最首要的"，其他人则认为机制因素能够使君主们操纵体系并保持控制力。食利主义则提供了另一种解释，即国家通过自然资源所积累的收入来购买民众的忠诚。肖恩·L.约姆（Sean L. Yom）和F.格雷戈里·高斯三世（F. Gregory Gause III）则强调这一解释所存在的缺点，并且提出了另一种"战略解释"，也就是既要考虑这些国家获得的外部支持，也要考虑国内的独特性。他们认为"只要领导人继续维持广泛的联盟、安全地获取油田出让金，并且从外部庇护

第四章　阿曼苏丹国：部落主义和国家统一之间

人那里得到充分的支持，阿拉伯君主国民众革命的可能性就比较小。"①

作为君主制国家，阿曼并没有在遍及中东和推翻铁腕统治者的民众抗议的革命浪潮中免疫。像地区其他阿拉伯国家一样，阿曼经历了一系列抗议示威活动，从要求增加就业、提高工资、改善生活条件，到查处政府的贪腐，特别是卡布斯内阁大臣们的腐败行为。正如每一个"阿拉伯之春"爆发国家所见证的那样，抗议者将社交媒体与街头示威结合在一起，受欢迎的网络论坛"萨布拉阿曼"（Sablat Oman）②成为阿曼人宣泄失望情绪的一种方式。据称，阿曼的大臣和官僚们也登录该论坛。③然而，大部分对政权的批评都很克制，并且避免直接攻击苏丹本人。示威者并不要求卡布斯逊位；他们中的一些人甚至称赞苏丹的改革带来了工业化以及免费的民众医疗与教育服务。④

政权对抗议活动施以强力手段，打击其中的活跃分子，因为他们对政府的批评超越了政府所能承受的底线。有8人被判处一年拘禁，原因是"互联网上的煽动行为"。⑤ 2011年2月27日，抗议者与警察在苏哈尔爆发冲突，警察发射橡皮子弹，导致1名抗议者死亡和至少20余人受伤。⑥ 2011年3月30日，安全部队逮捕抗议者，理由是他们毁坏私人和公

---

① Sean L. Yom and F. Gregory Gause III, "Resilient Royals: How Arab Monarchies Hang On," *Journal of Democracy* 23:4 (4 October 2012), p. 76.
② Located at http://avb.s-oman.net/forum.php?s=28e4ea2657ab357fc954a3007af6e711.
③ "Waking Up Too: Even placid Oman is being buffeted by Arab Winds of Change," *The Economist*, 23 June 2012.
④ Thomas Fuller, "Rallies in Oman steer clear of criticism of its leader," *New York Times*, March 2011.
⑤ "Oman sentences eight for 'incitement' against the government," *Reuters Africa*, 8 August 2012.
⑥ "Oman health minister puts death toll from clashes at one," *Al-Arabiya News*, 28 February 2011.

共财产,并阻碍通往商业区的道路。报道称在这次拘捕行动中没有人受伤。① 与此同时,卡布斯苏丹首先试图采取一系列旨在缓解民众不满的让步政策以平息抗议。第一,2011年3月,卡布斯对内阁主要成员进行重组,同时经修改的国家基本法最终于2011年10月19日颁布,它赋予协商会议和国家委员会新的立法权力,并可监督权力执行者,由此保证了它们在立法进程中拥有更大的影响力。第二,卡布斯许诺扩大公共部门就业并提高最低工资水平。第三,他宣布将举行国家历史上的首次市政委员会选举。在经济领域,由于2012年春夏石油收入的激增②,以及由海合会资助的援助项目"海湾马歇尔计划"分配给阿曼和巴林的200亿美元,政府暂时有了财政盈余,这便为阿曼政府提供了解决抗议民众所关切问题的必要经济支撑。③

虽然阿曼较好地规避了阿拉伯起义带来的挑战,但问题在于,苏丹卡布斯统治下的阿曼政权能够对现状维持多久,这在诸多理由的背后却有一些隐患。第一,阿曼原油储量的减少令人担忧,它可能影响政府满足民众需求的能力。但应当指出的是,国家正在投资于天然气资源的发展,以求经济收入的多元化。据报道,英国石油公司计划"2012年2月启动阿曼天然气项目中的商业开采项目,并于2016年开始生产"。④ 第二,阿曼还存在继承问题。卡布斯没有结婚,也没有子女。

第三,虽然相比于邻国也门,阿曼在部落冲突方面的情况

---

① "Oman's public prosecution orders arrest of protestors," *Khaleej Times*, 30 March 2011.
② "Oman posts budget surplus thanks to high oil revenues," *Arabian Gazette*, 20 June 2012.
③ Sean L. Yom, "Understanding the Resilience of Monarchy Under the Arab Spring," *Foreign Policy Research Institute E-Notes*, April 2012.
④ "BP plans to start Oman natural gas project by Feb 2013," *Arabian Business*, 13 December 2011, http://www.arabianbusiness.com/bp-plans-start-oman-nat-ural-gas-project-by-feb-2013-434993.html.

较好，阿曼政府在试图建立一个国家的阿曼认同来取代教派主义和部落差异方面相对成功，但部落紧张情绪仍然存在。一个明显的案例是，图瓦亚部落（al-Tuwaya'a）和哈尔法因部落（al-Khalfayn）成员的斗争，它们反对政府武断的姓氏政策。该政策旨在逐步模糊部落差异，强迫部落成员将他们的姓氏改变为其他部落的姓氏，以达到完全同化的目的。2012年关于阿曼的报告显示，阿曼政府继续实施歧视政策，无视姓名问题。其中包括拒绝将一些新生儿名字（例如部落名称）列入国家数据库，一些人在更新身份证件时受到政府官员的质疑。[1] 依照安曼人权中心的说法，这些政策的实践可以追溯到 2006 年，当时在内政部修改部落名称和头衔委员会的命令下，政府做出的决定是，图瓦亚部落成员将采用哈里斯（al-Harithi）部落的姓氏，后者是阿曼最强大的部落之一。由于反抗这种歧视性法令，萨勒姆·图瓦亚（Salem al-Tuwaya'a）的侄子被判处 1 年徒刑，这是政府限制人权活动家行动的一部分，有一篇关于阿曼种族歧视的文章讨论了这一问题：

  阿曼内政部依照所谓的国家法律和规章采取了许多自相矛盾的措施，采用"建议"的方式，要求修改两个部落的名称，借口是要对他们进行纠正。不管内政部的主张和法律依据是什么，这种做法都被全球所有机构和组织批准的人权条约和协定以及自由世界所驳斥。因为内政部越过了构建公民观念和在他/她的国家尊重公民权利的红线。当国家——以内政部为代表——将一些人的名字替换为其他名字，而且声称是为了纠正，并以冠冕堂皇的合法理由为这一歧视性法令来辩护时，那么这里还有对人权的尊

---

[1] Human Rights Watch, "Country Summary: Oman," January 2012, http://www.hrw.org/sites/default/filcs/ related_material/oman_2012.pdf.

重吗？①

图瓦亚事件受到驻巴黎的阿拉伯人权委员会、驻开罗的阿拉伯人权信息网等的关注，并为这一事件寻求支持。虽然政府口头上取消了相关做法，但实际却继续在阿曼实施，而且加强了对不满和懊丧人群的监控。

阿曼政府努力抑制部落差异，以便在选举期间推进和充实参与机制。2012年12月22日，阿曼11个市政委员会（全部席位为192个）的选举就是一个例子。② 在选举前，作为阿曼唯一的独立智库而感到自豪的塔瓦苏－阿曼（Tawassul-Oman）的联合创始人及主席哈立德·哈拉比（Khalid al-Haribi）表达了对选举结果的担忧。他认为，部落忠诚主导着民众的选票。③ 阿西姆·沙迪（'Asim al-Shaddi）在选举前三周撰写的文章中，以同样的担忧表达了部落因素对选票的影响："我们看到围绕某一部落或个人的许多联盟出现了，为的是让一些人进入委员会。我们似乎没有从之前的协商会议的选举经历中吸取教训，我们似乎也没有为错过合格且有能力的候选人而感到遗憾。"④

实际上，部落主义在选票方式中的影响也在2011年的马基里斯－舒拉，即协商会议的选举中出现。为了努力使这种影响

---

① Salem al-Tuwaiya, "Introduction to Racial Discrimination in the Sultanate of Oman," *New Tactics*, p. 4.

② 在此之前，阿曼仅有的选举机构是舒拉会议，但由于其立法权有限，舒拉会议的作用日益受到质疑。See Uzi Rabi, "Majlis al-SKura and Majlis al-Dawla: Weaving Old Practices and New Realities in the Process of State Formation in Oman," *Middle Eastern Studies* 38:4 (October 2002), pp. 41–50.

③ "Oman Council Elections Very Significant, Analyst Says," *Gulf News*, 21 December 2012, http://rn.gulfnews.com/news/gulf/oman/oman-council-elcctions-very-significant-analyst-says-1.1121892.

④ Asim al-Shedi, "A Word about the Municipal Council Elections," *Oman Daily Observer*, 2 December 2012, http://main.omanobserver.om/node/131496.

第四章 阿曼苏丹国：部落主义和国家统一之间

最小化，阿曼大穆夫提发表了一个声明，敦促投票者不要"依照过去的部落关系投票"。他还表示，"要把选票投给你认为能够为你提供最好服务的任何候选人。在通常情况下，那些属于他们自己部落的成员是不会这样做的。这是一次公开的投票，也是所有人的权利。"随后一名不愿透露姓名的政府官员强调了大穆夫提的声明，同时他还强调了"超越性别和部落关系"的重要性。①

然而，从这些声明和表述中推断阿曼当局对部落宣战是错误的。政府旨在弱化部落作为政治势力的能量，并且认识到在构建阿曼认同时部落主义是重要的，因而将其作为一种文化基础，在此基础上创立适合阿曼的具有民主因素的运行体系。政权需要成功地将本土文化——以部落结构为核心——与民主化进程融合在一起，目的在于充分应对 21 世纪的挑战。阿曼政权通过促进民众在选举政治中的参与，逐步努力地采纳更多的参与管理模式，同时遏制部落主义的举措也能明显看到。因此，阿曼当前的政治发展进程清晰表明了，依照每一个阿拉伯国家独特的背景来修正某些西方思想和机制的重要性。

为了理解阿曼现代化和民主化的独特经历，我们必须考虑这个国家的伊巴德教派传统。政府避开宗派主义的视域，将其能量和注意力聚焦于建立吸纳阿曼、阿拉伯、伊斯兰和现代因素的阿曼国家精神。这一理念是通过掩盖教派分歧和建立一个高屋建瓴的国家认同来维持国家的团结和稳定。这种独特的阿曼方式也决定着政治进程的节奏。尽管阿曼的变革正在进行，迅速改善了基础设施和物质条件，但在政治进步方面却没有给人留下能够与经济进步相匹配的印象。不断增长的受教育人口寻求进一步的政治参与和扩大代议制机构，造成了不可忽视的

---

① "Top Omani Cleric Supports Women Candidates for Shura Elections," *Al-Arabiya*, 26 April 2011, http://english.alarabiya.net/articles/2011 /04/26/ I46778. html.

压力，就如同"阿拉伯之春"的抗议所证明的那样。实际上，所有权力最终都归苏丹所有，阿曼没有反对派（也没有政治党派）。然而，这个国家正在出现一种独特的政治文化，它是苏丹制和伊巴德教派传统与准民主制度的一种融合，并受到新旧文化因素构成的网络的支持。尽管伊巴德教派传统不是苏丹制存在的理由，但它已嵌入阿曼认同中，是影响国家政治文化和外交政策的根本源泉。

这种混合的阿曼模式在中东其他地方是找不到的，它使阿曼政权比"阿拉伯之春"的寿命长得多。实际上，这里的一些政治分析家，如哈立德·哈拉比就说："'阿拉伯之春'后，阿曼苏丹国是最稳定的阿拉伯国家。"① 尽管描述得很好，但它对君主制的挑战仍然很严峻。较之铁腕的阿拉伯平民独裁者，实施统治的君主们似乎更可取。但这种比较的基础已发生巨大变化。在突尼斯和埃及的自由选举案例中，民众坚持民主参与政治进程，这在当前这一地区已司空见惯。这种发展不断对中东君主国带来新的挑战。当君主国没有可依靠的石油储量时，阿曼别无选择，只能继续推动与阿曼独有特点相协调的政治体系的开放。只有如此行动才能使阿曼在21世纪继续保持君主制。

---

① "Make Sure You Vote," *Times of Oman,* 9 December 2012, http://www.timesofoman.com/News/ Article-3190.aspx.

第五章　沙特家族：对部落主义的矛盾态度

萨拉·伊兹雷利（Sarah Yizraeli）

自18世纪中叶起，沙特家族（Al Sa'ud）便维持着对阿拉伯半岛部分地区的统治。由于第三沙特国家的建立——随之而来的是1902年至1932年的征服运动——沙特家族成功统治了阿拉伯半岛的大部分地区，击败了传统的竞争对手，确保了其政治垄断地位。从1932年开始，沙特家族塑造了现代沙特王国，逐渐脱离了传统的部落统治模式。这些变革的主要目的在于，保持沙特家族政治垄断的延续性和稳定性。基于这种视角，沙特家族在阿拉伯半岛对治理模式进行了革命化改造，与先前几个世纪不同，那时候它和其他的海湾统治家族（埃米尔）[1]稳固了他们的权威，并排挤其他敌对的部落家族。

为了确保最初的权力，沙特家族借助两种权力基础的支持：瓦哈比宗教机构——自18世纪就是其盟友——和阿拉伯半岛主要的部落酋长。这些群体成为多年来形成的统治联盟中的合作伙伴。20世纪，有实力的商贾也加入联盟。每个群体都有着独特的作用。宗教机构对沙特家族的统治提供了所需的宗教合法性；部落酋长则确保了其民众的忠诚；商人为保证年轻国家的运转和沙特家族的持续统治给予了财力援助。沙特于20世纪30年代末期发现石油，并于40年代末期开始商业生产。伴

---

[1] See Uzi Rabi, *Saudi Arabia: An Oil Kingdom in the Labyrinth of Religion and Politics* (Raanana: Open University, 2007), p. 28.

随 1953 年中央政府的建立以及中央行政机构的发展，统治联盟也在变化。宗教机构是在王国变化中唯一存续的部分；它仍然是统治联盟中的伙伴，实际上其影响力还在上升，它占据的权威领域被认为是其独有的管辖范围（例如教育、司法体系、文化和宗教规范的执行）。随着王室家族政治垄断的加强，以及在政府和行政机构中把持关键职位，部落酋长失去了他们的政治权力（下文将看到这种状况）。由于石油利润的增长和沙特王子们渗入商业活动领域，商人也失去了影响力和对经济的部分垄断权。[1]

沙特家族与部落组织

石油的发现和商业性生产的开始，削弱了沙特的部落组织。萨阿德·埃丁·易卜拉欣（Saad Eddin Ibrahim）和唐纳德·科尔（Donald Cole）在 1977 年对贝都因人口的一项研究中指出，部落组织在经济中的作用显著下降。根据这项研究，在石油发现之前，贝都因人拥有大部分的国家财富，包括骆驼、绵羊和山羊等畜群。20 世纪 70 年代中期，他们仍依赖这些畜群维持生计，牲畜饲养成为他们主要的收入来源。鉴于此，作者认为贝都因人远没有融入现代经济。[2] 他们的研究以及计划部牵头的有关贝都因人的其他研究，反映了决策者的普遍意见。一些王子认为，贝都因人对社会和经济的贡献微不足道，需要政府的帮助才能融入现代国家。

---

[1] Sarah Yizraeli, *Politics and Society in Saudi Arabia: The Crucial Years of Development, 1960–1982* (London and New York: Hurst & Co. and Columbia University Press, 2012), pp. 11, 265–82, 292–6.

[2] Saad Eddin Ibrahim and Donald Cole, *Saudi Arabian Bedouin: An Assessment of their Needs* (Cairo: American University Press, 1978), pp. 3–5.

第五章 沙特家族：对部落主义的矛盾态度

在这些王子中最重要的是费萨尔，在其任王储（1953~1964年）和后来任国王时（1964~1975年），费萨尔一直寻求将贝都因人整合进经济和国家架构内。[①] 与其他任何一个国王相比，费萨尔对削弱游牧民和部落影响力起到了更大作用。他在职权范围内关心着贝都因人。从个人来说，处理好贝都因人的问题是他的一个愿望，并认为这是一个敏感问题。与此同时，他拒绝了为贝都因人专门设立一个部的建议。他认为这将使贝都因人成为一个长久分离的群体，而不是将他们整合进现代国家。此外，费萨尔利用部落的存在，抵制在沙特实行民主和扩大决策议程的压力。例如20世纪60年代早期，美国行政机构建议费萨尔在沙特推进西方式民主，费萨尔办公室的副主任（the deputy head of Faysal's bureau）艾哈迈德·阿布德·贾巴尔（Ahmad Abd al-Jabbar）向美国特使解释，沙特不准备实行民主，如果强制推行民主的话，部落酋长的力量将会增强，而王权将会削弱。[②]

费萨尔之后，削弱贝都因部落的过程仍在持续，部落失去了他们享有的大部分财产——牧场（dira），而它曾经是部落生存的中心。国家和私营企业家接管了许多土地用以国家资助的居住区建设和提供服务。这一进程开始于20世纪60年代初期，费萨尔发起了旨在使贝都因人在农业村庄定居的项目。第一个项目是在王国西北部地区的塔布克省（Tabuk）建设25个农业定居点。1000个贝都因家庭在此定居，他们大部分来自沙拉特（Sharat）部落，该部落被认为是一个低等级的部落，传统上愿意从事农业。但按照沙特人自己的说法，这一计划未能成功，一方面是因为规划不周；另一方面是因为部落的年轻成员

[①] Joseph Kechichian, *Faysal: Saudi Arabia's King for All Seasons*, Florida: University Press of Florida, 2008, p. 119.

[②] Richard H. Hawkins, Jr., Chargé d'Affaires ad interim, *16.2.60-NARA*, 786a03/2-1660.

更愿意加入武装部队和沙特国民警卫队，以确保有更高的收入。第二个是在沙特东南地区瓦迪·萨巴（Wadi Sahba）的哈拉布（*Harabh*）项目，也是费萨尔的旗舰项目。该项目于 1965 年由政府提出，命名为"费萨尔模范定居区项目"。这一项目的目标仍然是使 1000 个贝都因家庭在农业村庄中定居。最初，前往定居的家庭来自达瓦希尔（Dawasir）和穆拉（al-Murra）两个部落。但费萨尔认为来自相互敌对部落的家庭在一个地方定居是不切实际的。因此，只能让穆拉部落的成员在这里定居。在 1965 年的初步调查中，穆拉部落的许多成员表达了定居的愿望并要求改善他们的生活条件。虽然如此，政府还是决定重新考量这个项目，并且推迟了实施。1971 年是这一项目计划启动的一年，但项目的管理者承认立即解决贝都因人的定居问题是不切实际的，唯一可能的是先将这一区域开发为商业和农业中心，以便吸引贝都因人。他们可以先当工人，此后再成为私人土地的所有者。[1]

遗憾的是，政府试图将游牧和半游牧的贝都因人安置在农业定居点的设想未能成功。这并不是因为贝都因人拒绝定居或是将农业作为收入来源。20 世纪 80 年代初期有两项人类学研究：一项是默托科·卡特库拉（Motoko Katakura）对麦加附近的瓦迪·法蒂玛（Wadi Fatimah）的调查；另一项是奥托克（Altorki）和科尔（Cole）对汉志地区的乌奈札（Unayzah）城镇的调查。这些研究确认了贝都因人希望定居并且从事农业工作，前提是他们会得到经济满足，或是政府提供的社会服务。[2]上述两项研究的所在地，都是农业收入要么没有保证，要么不能满足他们期望的那样高的水平，国家的社会服务也很少。在这两个地方，政府试图使生活和生产方式均为游牧性质的那些贝都因人定居。相反，当定居者为半游牧的贝都因人时，如在

---

[1] See Yizraeli, *Politics and Society*, pp. 179–81.

[2] Ibid., pp. 167, 177, 181.

第五章　沙特家族：对部落主义的矛盾态度

麦加附近的瓦迪·法蒂玛或在乌奈札，政府的定居努力通常能够取得成功。这些半游牧的贝都因人更容易跨过游牧的生活和经济方式，也为定居做好了更充分的准备，以便获得国家更多的社会服务（主要是医疗和教育）以及对农业经济的基础设施提供的支持。在这两个案例中，部落希望定居和从事农业的愿望更加强烈。

与此同时，国家建立了吸收贝都因人以及包括游牧民的军事和安全框架。沙特国民卫队于1963年建立，阿卜杜拉王子被任命为指挥官，它的常备和预备建制单位都是以部落为基础组建的。多年来，国民卫队向其官兵提供教育服务和医疗保健，这意味着提高了士兵的文化水平和改善了其医疗条件。国民卫队官兵们的部落认同仍原封不动地保留着，但却排在了国家认同后的第二位。在军事和其他安全力量中，部落认同也很突出：忠于王室家族的部落被招募到不同机构中。然而，军队、国民卫队和其他军事力量都试图削弱部落认同的重要性，并强化民族认同的重要性。

虽然把游牧的贝都因人安置在农业区定居的尝试，并不总能获得成功，但游牧民显然希望定居，并从事新的职业——在军队、国民卫队和其他安全机构就业，或是在城市中就业，如当出租车司机、机修工，甚至业务经理。莫洛尼（Moloney）博士于1977~1985年在利雅得大学教授医学，他描述游牧民现在的职业是以前职业的升级版。他写道：游牧民过去大部分时间都是劫掠者，倾向于加入军队和安全部队；那些率领驼队的人倾向于当出租车司机；帐篷修理者变为机修工；部落领导者成了业务经理。① 虽然这种描述稍微有些简单化，但它表明了贝都因人希望迁移到永久定居地的总趋势，在那里他们的生活水平将得到提高，他们获得的国家社

---

① Dr G. E. Moloney, *A Doctor in Saudi Arabia* (Cambridge and New York: Oleander Press, 1985), p. 52.

会服务将更多。

逐渐削弱的部落酋长的政治地位

自 20 世纪中叶以来，部落酋长逐渐失去了他们的权力以及作为与沙特家族政治联盟组成部分的重要性。导致他们权力削弱的因素很多：石油收益的增加使王室家族的自主性增加，并有条件拓展中央行政机构；部落酋长经济资产的损耗；沙特社会持续的人口变化，尤其是城市化进程的加快和教育程度提高；沙特的王子们掌控王国的关键职位使他们的能力增强，而以前这些职位都是由部落酋长和地方权贵担任的。部落酋长地位与影响力的下降反映在如下方面：

1. 兄弟会（khuwiya, 即 akhuwiya 的简写）的消失。兄弟会被马达维·拉希德（Madawi al-Rasheed）定义为"两个不平等伙伴之间的准兄弟关系"[①]，包括忠诚的部落酋长和地方权贵，他们驻守在利雅得，他们参与王室的会议并被视为皇家的随从人员。1957 年，在阿美石油公司工作的人类学家 F. 维达尔（F. Vidal）在备忘录中对兄弟会一词做了简单的描述。维达尔提及谢赫班达尔·达维什（Bandar al-Dawish），他的家族与穆泰尔部落（Mutair）的费萨尔·达维什（Faysal al-Dawish）家族有亲缘关系，也是伊赫万的显赫领导人之一，他在萨比拉（Sabilla）战斗中被沙特家族所击败。在备忘录中，谢赫班达尔被描述为"强力和富有的领导人"，他夏季在利雅得（他家族居住地的一部分）避暑，冬季在利哈巴（al-Lihaba）附近的营地度过。依据备忘录的说

---

① Madawi al-Rasheed, *A History of Saudi Arabia* (Cambridge, UK: Cambridge University Press, 2002), p. 127.

第五章　沙特家族：对部落主义的矛盾态度

法，当他在利雅得时，会像其他贝都因谢赫一样定期前往宫廷，并被认为是国王的兄弟会的成员。①重要的是，这一备忘录表明在20世纪50年代后期，兄弟会的组织框架仍然存在。但此后就没有了它还存在的进一步信息。

兄弟会不仅仅是一个象征性的框架，相反它在治理过程中是很重要的。王室宫廷中部落显贵的存在，使他们能够和国王直接对话，并给予他们一定程度的对决策进程的影响力。从60年代开始，兄弟会作为一种治理框架，似乎让位于王室家族与部落的其他沟通渠道。然而，王室家族继续对部落酋长提供各种利益，如经济和商业利益，还有其他奖赏。

2. 王子取代部落权贵担任省长，削弱了部落酋长影响地方决策的能力，这曾是他们具有重要影响力的领域。这一过程始于伊本·沙特的征服活动。1906年，伊本·沙特任命来自王室家族分支的阿卜杜拉·伊本·吉拉维（Abdullah Ibn Jilawi）担任卡西姆省的省长。1913年征服哈萨（Al-Hasa）后，伊本·吉拉维被任命为东方省省长，直到1936年去世他一直担任这一职务，此后的接替者是他的儿子。吉拉维分支的其他成员，阿布德·阿齐兹·伊本·穆萨德（Abd al-Aziz Ibn Musa'id）于1925年被任命为海里省（Ha'il）的省长。根据马达维·拉希德的说法，伊本·沙特让吉拉维进入政府是为了在政治上削弱其分支，以确保他们对政权的忠诚。②同时，任命吉拉维为省长也就在决策过程中排除了先前的统治者和部落显贵，这使王室家族能够掌控这些省的地方事务决策。随着汉志被征服，伊本·沙特任命他的儿子费萨尔负责这一地区，他的另一个儿子沙特则掌管内志地区，因而确保他对王国东部地区、内志

---

① F.S. Vidal, 10.8.57, in *Mulligan Papers,* Roll #2, Box #1, Folder #70.
② Al-Rasheed, 73.

和汉志这三个主要地区的控制。①

20世纪30年代末，沙特主要城市中开始形成行政区划，伊本·沙特逐步将控制权移交给他的儿子们。1945年，他的儿子纳赛尔被任命为利雅得的统治者（后来的利雅得省），该省直到今日均由其儿子治理：苏丹1947~1953年治理，纳伊夫1953~1954年治理，萨勒曼1955~1960年和1963~2011年治理。他们是"苏德里七兄弟"中的三个，并成为伊本·沙特的儿子中最具影响力的家族成员。2011年，随着萨勒曼被任命为国防大臣，萨勒曼的副手，其同父异母的兄弟萨特姆（Sattam）也被任命为利雅得省省长。任命王子作为地方统治者以取代地方部落显贵的政策，在伊本·沙特的继承者统治下仍持续着。1970年，费萨尔国王任命他的儿子哈利法·费萨尔（Khalid Al Faysal）为王国南部的阿西尔省省长。20世纪70年代早期，伊本·沙特的其他儿子——王子阿布德·穆赫辛（Abd al-Mohsin）和法瓦兹（Fawwaz）被任命为麦加和麦地那省省长。1979年，在圣地大清真寺被朱海曼·乌塔比占领后，法瓦兹辞去了麦加省省长的职务，其他王子接替了他的职位。大清真寺被占领事件的一个教训是，迫使王室家族强化对地方省份的控制，这一过程持续了20余年。20世纪80年代，有更多的王子被任命为各省的统治者——泰布克（Tabuk）和巴哈省（al-Baha）——以及巴哈和卡西姆省的副省长。在法赫德国王执政末期，当所有王子被任命为省长或副省长后，王室家族完成了对国内各省的接管。

3. 随着国王停止对部落的年度拜访，部落酋长地位的衰落显而易见。年度拜访是王室家族统治传统的重要组成部分，通过这些拜访，国王倾听这些部落酋长的特别诉求并给予他们拨款。伊本·沙特及其儿子沙特国王和哈立德

---

① 在那些年，沙特王国仍被划分为地区而不是省。

第五章　沙特家族：对部落主义的矛盾态度

国王都进行过这样的拜访。然而，在 1964~1975 年费萨尔任国王期间，这些拜访被取消了，这是费萨尔寻求建立国家机制政策的一部分，从而削弱了部落在国家中的作用。

4. 在军事领域部落酋长的权威也在被废除。国家建立的军事机构（武装部队、国民卫队以及边防军）替代了部落的军事单位，而听从国王的指挥。部落仍在不同军事单位中构成战斗力量，但由国家而非部落酋长负责他们的招募与行动。

然而，部落酋长作为王室家族的两大主要支柱之一，并未完全消失。王室家族仍需要他们的支持，不只是作为合作伙伴，还要作为中间人以保证民众的忠诚。例如，1963 年底和 1964 年初，在国王沙特和王储费萨尔权力斗争最激烈的时候，部落酋长们被召集到宫廷，不是要让他们来做出决策，而是要使他们及其所辖民众继续忠诚于王室家族所选择的统治者。[①] 在接下来的几年里，部落酋长继续作为民众与王室家族的忠实中间人，尤其是在危机形势下，如国王或继承人去世，任命其他王子担任这些职位；在重大的抗议活动中，如 1979 年 11 月朱海曼·乌塔比（Juhayman al-Utaybi）和他的组织攻占麦加大清真寺[②]，或是 2011 年席卷阿拉伯世界的抗议浪潮。这些抗议迫使政权强化招募部落领导人以保证部落民众的忠诚，从而增强公众对政权的支持。

穿越部落主义的统治

政府控制着王国的发展布局与实施，以及将社会服务向边

[①] Yizraeli, *Politics and Society*, pp. 88-90; Hart, Ambassador Jidda to Secretary of State, 22.3.64 (Jidda 634, 638, 895)—*NARA,* POL15-1SA ʿUD; Colin Crowe, 5.1.64, *PRO,* FO371/174671, BS1015/12.

[②] 在朱海曼的极端主义组织占领麦加大清真寺后，沙特媒体发表了来自全国各地部落谢赫的数千份效忠声明。

缘扩展，逐渐减少部落民众要求部落酋长代表他们与政府打交道的需要，从而削弱了部落酋长作为联盟中的合作者的地位。然而，王室家族并不是要终结部落酋长的作用。尽管他们的地位在降低，但并未完全消失；当需要之时，政府还要向酋长们求助。

随着费萨尔的去世，政权意识到在某些地区和领域，部落显贵必须继续参与涉及相关发展进程的政府决策与决策的实施。加齐·戈萨比（Ghazi Al gosaibi）——从1975年开始任工业和电力部大臣，80年代早期任卫生部大臣——在其政府任职经历的回忆录中，描述了部落的竞争者如何对政府提供的服务设置障碍，诸如电力和卫生事业，有时候当地居民企图阻止向居住着敌对部落的邻近城镇供电；或是民众要求建立各自独立的医院，因为他们不愿在敌对部落地盘上建立的医院中就诊。戈萨比还列举了部落主义对行政效率的抑制作用，描述了血缘关系怎样阻止低效率的员工被解雇，对某个雇员的态度又是如何冒犯了其家庭或宗族。根据这些，戈萨比的结论是，在试图解决分属于不同部落或敌对部落派系之间的民众矛盾、促进政府关注的重要问题时，省长和部落权贵的帮助是必须的。①

1979年麦加大清真寺被占领后，政府对部落和部落主义的矛盾态度发生了转变。在此之前，至少从表面上看，沙特政权一直试图向世人散布部落衰落和影响力下降的印象。这是沙特阿拉伯向现代化体制国家努力的一部分。虽然没有公开这么说，但王室家族认为部落主义是建设现代国家以及经济和社会现代化的一个阻碍。与此同时，它仍认为部落主义对于社会存续和凝聚具有重要作用，并且意识到部落认同依旧是传统社会关系以及政府与民众关系的主导因素。正如上文戈萨比所言，它证明了政府认识到部落主义不仅没有褪色，而且王室家族别无选

---

① Ghazi Algosaibi, *Yes, (Saudi) Minister! A Life in Administration* (English edition) (London: Centre of Arab Studies, 1999), pp. 176-7, 190-1.

第五章 沙特家族：对部落主义的矛盾态度

择，只能利用部落机制来处理重要问题。

的确，王室家族继续利用部落机制来保证它的存续。在王子阿卜杜拉的指挥下，20世纪60年代中期沙特国民警卫队重组，建立了以部落为基础的常规和预备部队；军队也从忠诚于王室家族的部落中招募士兵。70年代初期，为了支持政府的发展计划，政府将行政权力移交给联系紧密并忠诚于王室家族的内志人。他们取代了以前在公职机关任职的汉志人。虽然汉志人有更高的教育水平，并且更熟悉西方人，但他们对沙特家族的忠诚不能得到保证。

近些年王室家族继续保卫着部落主义。例如，1993年建立的马基里斯-舒拉（*Majlis al-Shura*，协商会议）成员的一个任命标准便是从属关系。虽然前两届协商会议中没有部落代表，但从第三届协商会议开始，受过教育的部落代表开始出席。在2005年和2011年的市政委员会选举中，部落主义也发挥了作用。政府监督选举进程，但没有阻止部落组织对其候选人的支持。

部落主义还表现在基于部落姻亲关系的政府职位招聘的惯例中。尽管没有公开承认，但这是沙特社会中的普遍做法。王室家族对部落将忠诚者任命于政府和官僚职位上的做法予以制度化和完善。例如，从1953起每一届政府中的某些大臣职位和与安全有关的职位都由王子把持。他们被任命到最敏感的部门，包括首相、国防大臣、内政大臣、外交大臣、国民警卫队司令、情报与国土安全大臣。这些忠诚的大臣确保他们有一个儿子在其掌管的部门中担任要职。在近10年时间中，大臣儿子的官方头衔均为大臣助理，尽管他们没有晋升到副大臣或继承大臣职位，因为这些职位要依照伊本·沙特的遗训——根据资历和能力在其儿子中传嬗。这种保留着部落习俗的做法也渗透到官僚机构之中。即使在今天，官僚机构的许多岗位都是从父亲传到儿子。这种方式在宗教机构中尤其普遍，同时也在公共部门中经常出现。

变化的中东部落与国家

王室家族通过部落机制治理的另一个表现是，传统的马基里斯（Majlis，由国王、王子和其他显贵主持的非正式会议，公众可以在此提出申诉）的传统。经过一段时间的回潮，国家、地区和地方机构都建立了马基里斯会议，目的在于为民众提供政府援助，防止官僚的歧视行为。私人的马基里斯传统在王室家族、各省或部落酋长层面，也都得到恢复。马基里斯也许是部落统治机制复兴的最明显案例。民众利用国王和王子经常和定期召开的马基里斯会议以及部落酋长的马基里斯会议，提出他们的问题。在这些马基里斯会议上，不仅可以讨论行政和官僚问题，而且可以讨论商业交易问题。[1] 2012 年，一份关于东方省省长穆罕默德·本·法赫德（Muhammad bin Fahd）王子的马基里斯活动报告提及：

……王子在每周一下午接见从全省各地来的一群民众。在马基里斯会议上，他召集政府各部门的领导、商人、大学教授、部落首领和学生。他们讨论许多问题，尤其是地方事务，包括：教育、医疗以及基础设施项目。参加会议的任何民众都可以与王子私下交流。每次会议结束时，参会者一起进餐并继续交谈……在沙特王国所有 13 个省中，马基里斯会议每周都会举行。所以，所有省的每名公民都能够与高级行政官员直接对话。[2]

马基里斯传统的复兴，是国家中央体系及其对民众控制削弱的最大迹象。为了加强治理，王室家族政治钟表回摆，对传

---

[1] Sultan al-Qassemi, "Tribalism in the Arabian Peninsula: It Is a Family Affair," *Jadaliyya*, 1 February 2012; *al-Arabiyya*, 3 February 2012; Carmen Bin Ladin, *Inside the Kingdom: My Life in Saudi Arabia* (New York: Warner Books, 2004), p. 113.

[2] Abdulateef al-Mulhim, "The Eastern Province, Land of Opportunities," *Arab News*, 4 April 2012.

统的部落统治机制予以合法化，使马基里斯成为国家机构之一。

保护和培育文化——部落规范与传统

1932年现代沙特王国建立后，部落和文化规范仍然存在，这在很大程度上是因为王室家族按照其所设定的标准予以鼓励的结果。这些传统中最显著的是婚姻风俗。近亲结合（endogenous marriage）是普遍的部落习俗，例如表亲之间的婚姻和在扩大的家族内的婚姻延续至今。王室在这方面起了带头作用。伊本·沙特的儿子和女儿与表亲结婚的案例很多。随着王室家族的成长与扩展，由于健康原因表亲之间的婚姻减少了，但时至今日，家族中的近亲结合仍被认可。

尽管存在遗传疾病的风险，但民众仍然喜欢表亲之间或扩大的家族内的传统婚姻行为。鉴于此，政府和宗教机构开始鼓励在结婚之前进行基因检测。的确，近十年来，虽然第一代和第二代表亲婚姻的部落风俗减少了40%，但是仍有90%近亲结合的夫妻将遗传疾病传给了他们的子女，[1] 另外，或许令人惊讶的是，家族内部婚姻比例降低的原因被解释为希望维持家庭的完整。有时候家族更喜欢他们的儿子与其他家族圈的人结婚，以防止在离婚时损害家族的凝聚力。[2] 这种原因可能在富人和高阶层家族中更为普遍，他们易受西方人的影响，并且愿意放弃某些部落传统以保护他们的财产。在过去，选择家族内婚姻的另一原因是希望将财富保留在家族内部。

---

[1] Howard Schneider, "Saudi Intermarriages Have Genetic Costs," *Washington Post*, 16 January 2000; A Scandinavian Princess in the Magic Kingdom, "Saudi-Arabia's Epidemic: Tribalism," *Blue Abaya*, 15 July 2010, http://blueabaya.blogpost.com/2010/07/Saudi-arabias-epidemic-tribalism.html.

[2] 这是作者与一位在美国攻读博士学位的沙特人谈话中提到的，他是沙特一个显赫家族的成员，其姓名暂不公布。

部落传统支配权的另一个表现是,结婚夫妻之间的血统要对等。有关父亲或兄弟向法院请求取消他们的女儿或姐妹与比自己地位低的部落成员婚约的现象,被新闻媒体广泛报道,以便阻止这种请求。① 这一现象或许可以用经济或其他考量做掩饰。但事实是,这些请求被法院所受理,它反映了部落主义在沙特社会中的深刻根源。与此同时,政府试图阻止其他传统现象的发生,如未成年女孩嫁给年长的男人,或者与患有致命疾病的亲属结婚。②

沙特的伊斯兰法律体系也在刑法中保存着传统的部落风俗。因此,沙里亚法也是部落社会的习惯法,例如刑事法(*hudud*)③ 惩罚谋杀、偷窃或通奸的行为,包括斩首和断肢等刑罚持续在执行。近年来受西方思想的影响,王室家族开始通过鼓励敌对双方支付抚恤金(*diya*)来抑制这些行为。2009 年,阿卜杜拉国王颁布皇家谕令,适度限制被谋杀者亲属的抚恤金要求,这便取代了刑事法对谋杀者的惩罚。他宣布建立部落之间的调解委员会以防止依照部落习俗进行复仇,尤其是对于谋杀事件。④ 在调解过程中,有时需要花费数年,年长的王子也会涉及其中,从国王⑤ 到基层都会涉及。⑥ 要取得受害人亲属的

---

① See footnote 14; Walaa Hawari, "Guardian's attempt to stop woman from marrying genuine suitor a crime," *Arab News*, 6 February 2011.
② *Arab News*, 18 July 2009.
③ 《古兰经》和训奈中规定了惩罚严重罪行的类别。
④ *Arab News*, 7 February 2009.
⑤ 例如:2012 年斋月,阿卜杜拉国王会见了哈巴·本·萨利姆·纳杰拉尼,纳杰拉尼向国王宣布,他已原谅杀害其女儿的凶手。*Arab News*, 11 March 2012. 这种公开的仁慈,类似于之前的许多事件,在通常情况下需要经过很长时间的调解,目的在于向公众表明王室反对复仇的传统。另一个事件是,伴随媒体的密集报道,2011 年 1 月,阿卜杜拉会见了沙马尔部落的显贵,他们同意赦免杀害儿子的凶手。*Arab News*, 26 January 2011. 2012 年初,有报道称阿卜杜拉正在进行干预,以防止对 17 名被控谋杀的男子处以死刑。同时,阿卜杜拉要求受害者家属原谅凶手。See *Arab News*, 30 July 2012.
⑥ 纳季兰省统治者埃米尔米沙尔·伊本·阿卜杜拉成功平息了两个部落因谋杀案而发生的长达 7 年的冲突。See *Arab News*, 3 June 2011.

第五章　沙特家族：对部落主义的矛盾态度

原谅，显然是杀人犯及其家人要向受害者家族支付抚恤金。当谋杀者的家庭支付不起所要的数额时，王室家族或其他富人将提供帮助。①

1979年朱海曼·乌塔比及其组织占领麦加大清真寺的事件，震动整个王国与王室家族，导致政权对部落主义的态度发生转变。事件之后，朱海曼·乌塔比及其组织成员的部落来源被公开，王室家族试图强化他的部落忠诚网络。在其他事例的证明下，这一转折表明了部落传统文化的复兴，如沙特国民警卫队在王室家族的支持下举办（在1985年）年度的贾纳德里亚节（*Janadriyya*）。这些节日强化了部落文化传统与社会的纽带。与此同时，出于同样的理由，在王室家族的资助下，20世纪50年代以前很流行的赛骆驼和骆驼选美比赛得以恢复。

态度的转变还表现在行政机关和经济领域。沙特家族再次给予政权忠诚者以某些职位，例如政府机关招聘其部落成员到政府部门任职，或者向亲属和忠诚的宗族提供各种利益。王室家族鼓励这种由显赫王子倡导的动向。"苏德里系"的王子，尤其是苏丹、纳伊夫和萨勒曼，将他们在内志的部落支持者提拔到官僚机关任职，或者帮助他们扩大商业利益。其他王子，如后来的哈立德国王（1975~1982年在位）的亲兄弟穆罕默德和同父异母兄弟阿卜杜拉（2005~2015年任国王——译者注），则被认为在提拔他们的支持者方面比"苏德里系"兄弟要保守。众所周知的例子是，保守的拉吉西家族（al-Rajhi）因为保守派王子和宗教机构的支持而声名鹊起。这一家族从事货币兑换生意，但并不是王国的主要商业家族。20世纪80年代，商业家族开始拓展，一直到20世纪末其能力稳步增长，在受到王室家族保守派王子的鼓励和支持后，他们在王国各地开设了一系列

---

① 例如，仲裁涉及金额及其收取方式。See *Arab News,* 5 August 2012.

伊斯兰银行。①

强化部落认同与国民对话

21世纪第一个十年的情况表明，部落从属关系与部落认同的重要性日趋增强。部落年轻人撰写网络日志诉说他们部落的故事，并试图与其他部落的成员联系。②实际上，部落认同从未消失；它被沙特家族作为重要性低于国家和宗教认同的次要认同而维持着，并且也不认为它会威胁政权的存续和稳定。

沙特的人类学家萨德·索瓦扬（Saad al-Sowayan）专长于贝都因人口述史，他最近认为部落认同事实上在增强；他还进一步宣称部落的复兴会使王国陷入动荡。可以证实的是，一名乌泰巴部落（al-Utaiba）的领导人解释说，贝都因人可能会放弃沙漠中艰苦的生活，但仍会保留部落的从属关系，尽管它不会像王国的早期时那样显著。索瓦扬和乌泰巴部落的领导人都承认，部落主义作为一种经济结构已经消失，部落的独立军事力量以及领导人的作用和影响力也都大幅减弱。但根据他们的说法，部落领导人仍扮演着政府与部落民众间的中间人角色，是地区争议的最主要的调停者，或是帮助部落成员寻找工作，或是减轻对他们的惩罚。他们都声称，近些年来部落主义在沙特的复兴，受到伊拉克和也门内战的影响，这些内战都是由部落的相互敌对所催化的。伊拉克和也门内战中的一些部落在沙特有分支，部落成员也参与到伊拉克和也门的战斗中。他们还提及国家对部落主义的保护，包括20世纪60年代沙特国民卫

---

① 伊斯兰银行不收取利息，相反他们主营大宗商品资产的交易。
② For example, some tribal blogs given to me by Nahum Shiloh: http://alshuweir.com; http://johina.net; http://www.al-harbitop.pom/vb/; http://www.gazzaz.nct/index.pdp.

队的建立，以及鼓励诸如骆驼选美、剑舞等部落传统活动。①

很难确定部落是在何时开始重新觉醒的。政府最早意识到部落纷争不断发展的情况是在2007年，当年部落网站开始围绕着部落纷争报道；当年有一份报告是关于王储苏丹对部落马基里斯会议（不同于作为协商会议的马基里斯-舒拉）的私访；还有一份是关于警方在2008年禁止在汽车上粘贴部落标签的报告。2010年，政府关闭了一家播放颂扬部落敌视诗歌的电视台。2011~2012年，媒体报道政府干预部落和宗族冲突，这些冲突偶尔也在教育体系中发生。但媒体直到最近才开始报道这些纷争和部落的表态，这些现象很可能已变得更加普遍和频繁。然而，政府一方面试图阻止这种部落敌视，尤其是与部落相关的暴力冲突；另一方面，政府继续鼓励其他部落主义的表现，诸如部落马基里斯会议，并且把它们作为政府机制的一部分。②

直到2007年，政府尚未意识到部落复兴的范围。它所表现出的事实，就是在时任王储、后来成为国王的阿卜杜拉的倡议下于2003年在沙特开幕的国民对话（*al-khiwar al-Watani*）论坛（官方名字为阿卜杜勒·阿齐兹国王国民对话中心，KACND），但直到2010年论坛才召开讨论部落主题的会议。③论坛的一个目标是，通过组织研讨会，促进王国不同地区内各个民众群体间的理解与包容。这些会议对决策者评估不同地域的民众意见提供了另一种手段，该问题在"9·11"事件以及2003年春天"基地"组织在沙特发动的一系列恐怖袭击后变得

---

① Angus McDowall, "Saudi tribalism lingers for kingdoms settled Bedouin," *Reuters,* 25 January 2012.

② 王储兼国防大臣于2007年对部落马基里斯进行私访。See al-Qassemi, "Tribalism in the Arabian Peninsula," op. cit.；还有一份报道是关于东方省的统治者王子穆罕默德·本·法赫德召开马基里斯会议，参见 Ghazi Algosaibi, *Yes, (Saudi) Minister! A Life in Administration* (English edition), London: Centre of Arab Studies, 1999, pp. 176–7, 190–1。

③ King Abd al-Aziz Center for National Dialogue, http://KACND.org.

很重要，它们证明了极端主义在沙特盛行。

国民对话论坛汇聚了各领域的知识分子，全部由国家挑选，旨在讨论哪些问题是主要的社会政治问题。截至 2010 年，该论坛在王国的不同地区已举行 9 次会议。这些会议探讨了一系列有关国家与社会关系的问题，包括对诸如国家团结、反对狂热和极端主义的斗争、妇女的社会地位、对其他文化的社会态度等问题的总原则。会议也对一些实际问题进行讨论，如教育改革、青年的期望、就业、医疗服务。由于国民对话论坛都要选择参与者和会议主题，因而一些敏感主题，诸如部落主义只是偶尔涉及，并非会议的中心议题。

2009 年底，阿卜杜拉·阿齐兹国王国民对话中心宣布设立一个新的论坛——沙特文化对话论坛，目的在于鼓励公民社会机构在管理文化方面发挥作用，并且拓展沙特地区和省份之间的对话与理解。新的论坛每年在沙特不同地区召开两次会议。与会者人数与讨论的主题也相应增加。诸如部落主义、宗教意识形态这些敏感的话题首次允许讨论。2010 年 11 月底，阿卜杜勒·阿齐兹国王国民对话中心在沙特文化对话论坛中，组织讨论了部落主义和地区主义对国家团结的影响。与会者试图确认部落主义与地方主义根深蒂固的程度，以及在面对"当前变化"时它们怎样影响社会和国家的团结；他们也期望尝试"将国家团结与积极的部落和地方忠诚整合在一起"①。在第一次讨论中，组织者询问了部落主义是否在增强，或是否削弱了国家团结的问题，以及这一现象近期凸显的原因是什么；部落主义的积极与消极因素都有哪些方面；依照部落主义的观点，未来的沙特国家文化需要什么。② 第二次讨论的主题是与地方主义

---

① "National Dialogue Tackles Tribalism and Regionalism Impact on National Unity," http://www.susriblog.com/2010/12/28/national-dialogue-tackllestribalism-and-region.

② *OkaZy*, 26 December 2010.

第五章　沙特家族：对部落主义的矛盾态度

有关的认同问题，聚焦于部落主义是否代表了狂热主义或其他消极的趋势。①在这些讨论中，参与者提及通过法院系统取消不同部落背景的夫妻婚姻问题，以及互联网推动部落主义与部落认同的现象。②

这些讨论的主题表明，政府承认部落主义和地方主义已经加强，并且注意到这一现象可能危及政权的稳定，成为政府渴望发展国家认同的障碍。然而，讨论的主题也反映了政府对部落主义的矛盾态度。这些讨论并不表明政府要认真尝试应对部落主义和地区主义的现象，当然更没有严厉打击部落主义的意图，而是渴望遏制部落主义及其察觉到的消极因素。与此同时，这些会议还反映了政府希望继续利用部落主义的"积极方面"。

结论：部落认同是对政权的威胁

沙特家族产生于一个独特的部落社会，并在这一环境下运作。它渴望建立一个拥有中央集权政府的现代国家，以便在面对部落政治权力的挑战时能够确保统治家族的存续。因此，为了达到这一政治目标，王室家族审慎地采取行动来限制部落领导人的政治权力：在整个王国地方政府的关键职位上任命亲信，取代部落领导人；利用国家机构向先前负责任的部落领导人提供必要的财政支持和物质享受；废除部落所拥有的军事力量，重新招募部落成员进入国家建立的军队或其他安全部队；鼓励游牧的贝都因人定居，以便将他们整合为现代国家的生产要素。

无论是1932年沙特王国建立之前，还是随后在1953年建立第一个政府及此后建立的国家机构，沙特家族为实现其政治愿望所使用的机制都是部落。但采取现代治理机制的企图并不

---

① *Okazy*, 26 December 2010.
② *OkaZy*, 28 December 2010.

总能取得成功。

与此同时，王室家族将继续在文化上坚持维护部落特征与传统的重要性。并且认为，它对形成文化同质性和培育对政权的忠诚是必须的。① 这种对部落主义的矛盾态度将部落认同作为一种维持在有限范围内的政治认同，它低于王室家族所采用的作为王国主要政治认同的国家—宗教认同。

然而，政府所采取的减弱部落主义的所有举措，诸如兴建现代基础设施，建立现代行政机构，都未能替代根深蒂固的政治与文化传统。部落认同和部落从属关系，虽然因现代国家和体系制度的扩张而削弱，但仍是社会关系中的一个重要因素。如上文所述，部落主义经历了复兴。尽管如此，部落主义的复兴几乎没有超出文化领域，也没有重要的政治含义。仅有很少一部分新媒体的使用者，利用他们的媒介去传播政治思想，或是以反对派的话题来纪念其部落或部落领导人的政治形象。

沙特阿拉伯的部落主义仍处于控制之下。只要政府能够成功维持中央权威，就可以控制部落主义，抑制将部落认同作为主要的个人认同的膨胀，并减弱对政权稳定性的一切威胁。然而，伊拉克和也门政权的瓦解，突出证明了当政府权威衰败时，就会出现部落主义内生的分裂势力。一旦政府的中央权威削弱，沙特阿拉伯也不会幸免此类事件的发生。

---

① Sarah Yizraeli, "Saudi Arabia—Politics and Society," in Cohen, Amnon Cohen (ed.), *Democracy, Islam and the Middle East* (Jerusalem: Harry S. Truman Research Institute for the Advancement of Peace, Hebrew University, 2005), pp. 169–81.

第六章 也门：部落、国家和瓦解
J. E. 彼得森（J. E. Peterson）

对于部落主义的重要性和部落在也门国家中的作用，人们在任何时候都很难做出合理的评价。但2011年的动乱和此后几年的情况已经表明这样的经历是非常具有挑战性的。也门政府并不是一个部落政权，但部落主义遍及也门社会，它具有的影响力限制了也门的政治。阿里·阿卜杜拉·萨利赫（'Ali 'Abdullah Salih）政权延续了1/3个世纪，但它依赖的核心支持力量仅仅是两个较小的部落，尽管它期望依靠部落主导整个军队和安全部队。这些机构中部落民的驱动力，很可能更多的是来自职业考量，而不只是部落认同。一些谢赫也是政府官员，但他们对自己部落的控制力却经常受到质疑。

在后萨利赫时代，政权似乎减少了对部落支持的依赖，即使它还必须克服对部落缺乏控制力的问题。许多部落通常基于自治和自身的利益而反对政府。萨拉·菲利浦（Sarah Phillips）指出，"部落和国家的关系是……彼此之间的矛盾经常伴随时间逐渐增长，两者的力量对比常常是此消彼长，但同时也都强化了对方的特点，从而给国家建设带来相当大的障碍"[①]。不管在北部地区还是在南部地区，也门共和国的政府如果采取侵略性

[①] Sarah Phillips, *Yemen's Democracy Experiment in Regional Perspective: Patronage and Pluralized Authoritarianism* (New York: Palgrave Macmillan, 2008), p. 90.

或不当行动的话，都将面临部落的抵抗。但应该强调的是，部落态度与其他也门人的态度不存在根本性的区别，而且部落常常寻求能够像其他选民阵营和政治党派那样在也门政治中运作。部落主义是也门的一股强大力量，但并不是一个具有全球观的整体。

这里有两个对立的——但同时又是互补的——棱镜，通过它们可观察也门的部落和国家的关系。第一个是部落在国家中的作用，例如它们怎样与国家合作，为国家权威做出贡献，以及如果政权没有合法性，它们又该怎样为其提供支持。第二个是双方的关系恰恰相反，即部落与国家处于对抗状态。本章在扼要介绍也门部落的现状后，将轮流聚焦于每一个棱镜，并对后萨利赫时代的部落主义可能意味着什么，给出一些尝试性的结论。但首先的任务是对2011~2012年整个也门的重大变化进行简要梳理。

也门的瓦解

由于2011~2015年事件，关于部落在也门政治中扮演重要角色的结论变得更加模糊。2011年1月和2月，受突尼斯和埃及民众起义的催发，萨那首先出现民众抗议活动，此后传遍全国。这些抗议活动迅速暴露出也门政治体系的脆弱性，并在此后一年中不可阻挡地酿成了多个反对现政权的新的中心，强化了现有反对派的力量，它们甚至削弱了国家的社会、经济和政治结构。

2011年之前，总统阿里·阿卜杜拉·萨利赫在其30年的统治生涯中，面对过无数次挑战。这在一定程度上源于历史上的治理困难，比如疆域、地形复杂，民众具有坚定的独立思想，尤其是大部分民众仍然效忠于部落；加之在如此令人气馁的环境中还有军事政权以及包括合法反对党在内的边缘势力争夺权

第六章 也门：部落、国家和瓦解

力等。萨利赫描述他的处境是"在刀尖上跳舞"，这也就不足为奇了。

然而，总统的政治存续同时还要面对三个明显的、有组织的威胁——这在也门国家中也存在。这些威胁在很大程度上是萨利赫自己制造的。依据时间顺序看，第一个威胁是由于他对所谓的"阿富汗阿拉伯人"的矛盾态度。这些也门人在20世纪80年代前往阿富汗作为"圣战者"与苏联入侵军队战斗。他们之中的许多人最终变得极端化，并在回国后致力于在也门建立一个伊斯兰国家。萨利赫似乎将他们看作抵御其反对派的盟友，即使这些人的最终目标是要取代他自己。但他的战略具有两面性。在接受伊斯兰主义群体作为心照不宣的盟友时，他又决定采取行动反对他们，以便赢得美国和西方国家对其反对恐怖主义的支持。

第二个威胁来自一个最初自称沙巴布·马米宁（Shabaab al-Mu'minin，信仰青年党）的组织，即后来的安萨尔·安拉（Ansar Allah，神的同伴）运动，但这一运动在创始人侯赛因·巴德尔·丁·胡塞（Husayn Badr al-Din al-Huthi）死后，更加广为人知的名称是胡塞武装。[①] 胡塞武装最初是一场复兴运动，目的在于恢复什叶派中栽德派的地位以及在国家中的作用，这在某种程度上是由于萨拉菲运动在也门北部的萨达省（Sa'dah）传教成功所引起的。2004年，政府军攻击胡塞武装位于该省西部山区的要塞；这次进攻未能取得效果，但对村庄和人们的生活带来了极大的破坏。胡塞武装成功保住了自己的地盘，接下来的几年双方陷入僵局，随之而来是新一轮战斗和新一轮停火的交替出现。也门政府军尽管大量使用了空军和火炮，但无法

[①] 对胡塞武装最全面的研究是：Barak A. Salmoni, Bryce Loidolt, and Madeleine Wells, *Regime and Periphery in Northern Yemen: The Huthi Phenomenon* (Santa Monica, CA: Rand Corporation, National Defense Research Institute, 2010), prepared for the Defense Intelligence Agency.

取得任何值得炫耀的胜利。后来的局势很混乱,但似乎在2009年沙特允许也门政府军通过沙特边境从后方攻击胡塞武装。这导致胡塞武装对沙特军队进行攻击,沙特军队则使用更强大的火力恢复了对边境地区的控制,尽管效率不高。

2010年2月,在卡塔尔的斡旋下,冲突双方签署了停火协议。尽管冲突不断,但不稳固的停火协议却一直在延续着,这可能对胡塞武装增加资金、兵工厂和支持有利。关于胡塞武装是否一开始就是狂热的,或者说随着冲突的发展他们采取了反政府、反美和反犹的立场是有争论的。胡塞武装得到的大部分支持来自伊朗,也得到了也门政府的支持。也门成为沙特阿拉伯(支持也门政府)与伊朗(支持胡塞武装)之间代理人战争的战场。然而,几乎没有证据表明伊朗提供了实质性的支持,更没有证据表明胡塞武装在伊朗的压力下从什叶派的栽德派转奉贾法里教派(Ja'fari)。

第三个主要威胁是1990年独立的南也门对萨利赫政权的不满情绪加剧。南方对北方实行的控制政策的不满,引发了1994年的内战,但在战争中南部未能成功脱离北方。尽管萨利赫政权能够重新获得对南部地区的行政控制权,但积压了很多民怨。2007年,反对派在"南部运动"(al-Hirak)的旗帜下松散地组织起来,示威活动开始以一定的频率出现,这比2011年也门其他地区出现的抗议活动要早得多。南部持不同政见者的目标涵盖从寻求自治到要求彻底独立。2012年,该运动尚未出现具有连续性的领导层,在接下来的几年依然如此。①

也门的政治局势总是危机四伏。从2011年2月起,国家进一步滑向无政府状态。随着一些新的角色的出现,反对派的

---

① On the Southern Movement, see Stephen Day, "The Political Challenge of Yemen's Southern Movement," (Washington, DC: Carnegie Endowment for International Peace, March 2010); Carnegie Papers, "Yemen on the Brink," Middle East Program, No. 108.

来源范围不断扩大,并陷入进一步的分裂。其中最突出的是示威者本身,沙巴布(shabaab,青年人)在萨那的变革广场、塔伊兹的自由广场,以及国家的其他城市中宿营。反对派的活动持续了几个月后,一个松散的、非正式的领导层在这些主要的年轻抗议者中出现。其中最重要的是塔库曼·卡曼(Tawakkul Karman),她最终获得了为表彰其突出作用而颁发的诺贝尔和平奖。由于从推翻侯赛尼·穆巴拉克总统的埃及革命中得到启示,民粹主义示威者要求驱逐阿里·阿卜杜拉·萨利赫总统,并建立一个没有被现有知名政治人物和反对派所玷污的民主政府。

多年来,由以斯拉(al-Islah)领导的有组织的合法反对派,包括伊斯兰主义者、部落势力和意识形态党派联盟,共同组建了联合会议党派(Joint Meeting Parties)。也门社会党(Yemeni Socialist Party)也是联合会议党派的一个组成部分,也门社会党和以斯拉都参加了萨利赫的人民代表大会,但他们都因为萨利赫无视其存在而被迫退出。2011年抗议活动伊始,联合会议党派开始改变他们的要求,这些要求包括取代总统萨利赫,以及由人民代表大会推选自己的领导者。虽然这是一种可信赖的方式,而且当萨利赫辞职后联合会议党派推选的总理也是有效的,但该党和以斯拉都未能得到民粹主义运动的支持,并指责他们是旧腐败体系的一部分。

2011年3月,当总统的近亲和第一装甲师师长阿里·穆辛·萨利赫·艾哈迈尔('Ali Muhsin Salih al-Ahmar)少将叛变后,权力争夺变得更加复杂。作为西北军区的司令,阿里·穆辛是政府进攻胡塞武装的指挥官,有人猜测他最初发动进攻是因为他具有萨拉菲派的倾向。也有许多人认为阿里·穆辛希望继承萨利赫的总统之位,但当萨利赫似乎要举荐自己的儿子艾哈迈德继位时,阿里·穆辛的幻想破灭了。因此,阿里·穆辛宣布反对总统也就不令人惊讶了。他还宣布为变革广场反对政府军的抗议者提供保护,这同样也不足为奇。除了在竞选总统时拥有强大的军事实力外,阿里·穆辛的这些举措似乎也是为了提高他在民粹主义力量中的地位。

谢赫哈米德·本·阿卜杜拉·本·侯赛因·艾哈迈尔（Shaykh Hamid b.'Abdullah b. Husayn al-Ahmar）与他的哥哥联手，加上哈希德部落联盟的领导人萨迪克（Sadiq）一起要求萨利赫总统辞职，混乱局势进一步升级。当阿里·穆辛转向反对派并威胁到总统的军事支持时，艾哈迈尔兄弟的行动则威胁到总统的部落基础。一段时间以来，哈米德·艾哈迈尔觊觎总统的野心路人皆知，他在联合会议党派中的影响力被视为达到这一目的的手段。他与阿里·穆辛心照不宣地联盟，为的是驱逐居住在总统官邸的萨利赫，也就是他们共同的敌人。在2011年6月3日的爆炸袭击中，萨利赫受伤，他的高级官员要么受伤要么被杀，当局立刻指责哈米德·艾哈迈尔和阿里·穆辛发动了此次袭击。

与此同时，因受其他阿拉伯国家局势，以及萨那与塔伊兹抗议者范例的鼓舞，南部持不同政见者越来越多。但由于伊斯兰保守主义者的活动突然增多，形势变得混乱。这些人来自伊斯兰捍卫者组织（Ansar al-Shari'a），该组织如果不是由"阿拉伯半岛基地组织"（AQAP）实际控制的话，也与其有同盟关系。伊斯兰捍卫者组织占领了数个南部城镇，在亚丁掌控了相当大的权力，甚至短暂地占领过萨那与塔伊兹之间的重镇拉达。萨利赫的反对者指控他将安全部队撤离，故意使伊斯兰捍卫者组织扩大势力范围，以便证明只有他才能够控制持续动荡所引发的骚乱。

2011年12月，新的"民族团结"政府建立，联合会议党派的政治家穆罕默德·萨利姆·贝辛达沃（Muhammad Salim Basindawah）成为总理。萨利赫继续对辞职问题闪烁其词，因此触怒了也门的反对派、海合会以及西方国家。据推测，逐渐增大的强大外部压力是促使萨利赫于2012年2月辞职的决定性因素。萨利赫软弱的副总统阿布德·拉布赫·曼苏尔·哈迪（'Abd Rabuh Mansur Hadi）在唯一候选人投票中，以压倒性票

第六章　也门：部落、国家和瓦解

数当选总统，任期两年。除此之外，萨利赫继续居住在也门，并保留人民大会的领导职务。他的许多亲属——包括儿子、侄子和堂兄弟等——仍在军队中保留原有职位，这又进一步将也门的继承人问题拖入混乱的复杂局面。

　　萨利赫辞职后的几年里，也门在政治和经济上似乎都出现了螺旋式的加速下滑之势。软弱无势的哈迪总统的连任，对政权的基础造成更大威胁，同时上文提到的任何势力也都无法夺取权力，甚至不能产生强大的影响。这种脆弱的形势在2014年夏天裂变为更加明显的碎片化局势。胡塞武装继续要求清除萨那的贪腐政客，他们的队伍也由于其他反对现存国家和部落秩序的部落民众的加入而壮大。因此，壮大了的胡塞武装开始扩张领地，并于2014年9月控制萨那。有人说，他们快速且毫无征兆的行动得到了阿里·阿卜杜拉·萨利赫的帮助，军队指挥官决定不动用军队来阻止胡塞武装的行动。不久之后，胡塞武装进入萨那南部城镇，并占领红海的主要港口荷台达（al-Hudaydah）。

　　由于对国家政治的持续僵局感到沮丧，胡塞武装加大对当局的压力，要求着手建立新的政府体系，取消将也门划分成6个联邦区域的提议。2015年1月，胡塞武装分子成功控制总统哈迪和新总理哈立德·巴哈（Khalid Bahah），并将他们囚禁。总统、总理和内阁拒绝在胡塞武装的压力和武力下做出任何改变，于是迅速宣布集体辞职。这些事态的发展导致也门形势进一步恶化。"阿拉伯半岛基地组织"对胡塞武装的据点发起袭击，并暗杀胡塞武装成员。其结果是，一场几乎公开的国家战争在两大组织之间爆发。希拉克和其他南部人的立场变得十分强硬，并决心寻求独立。海合会国家在经过一段不成功的调停后，遂采用"胡塞武装叛乱"一词对其进行谴责。胡塞武装的兴起及其实施控制的后果之一，似乎是部落权力和部落管理的再现。北部栽德派部落逐渐恢复团结；东部和南部逊尼派部落抗击栽德派胡塞武装，因而这也是对"阿拉伯半岛基地组织"的支持。

也门的部落性质

也门也许比阿拉伯世界中的其他国家拥有更多的部落社会和国家基础。① 也门的社会地位在很大程度上是由部落成员所决定的。部落分类是社会的规则。其他也门人要么与部落民有着大致平等的地位，例如赛义德家族（居于萨达）、卡迪家族，以及城市民众；要么地位低于部落民，如穆扎因人（*muzayyin*）和阿克达姆人（*akhdam*）。② 也门部落对国家的重要性远远超过其他地方，并且继续在不同层面挑战国家。与此同时，栽德·沙斐仪派（Zaydi-Shafi'i）分割了也门中部的大片地区——包括塔伊兹的北部和南部高地以及提哈迈的海岸平原——这里是更加农业化的社会，部落纽带与依赖被削弱。除此之外，"部落组织解体"后的农民仍然拥有一定的部落认同。

需要强调的是，也门部落在社会和政治方面的重要性，因为它为绝大部分也门人提供基本的参照点。部落主义（*qabaliyyah*）不仅确保集体单位的成员资格，而且规范部落民众与周边的关系，并在任何需要的时候提供保护和帮助。家庭、宗族、部落

---

① 关于部落性质和定义的讨论超出了本章的范围。本章的重点是部落政治互动的性质，而不是族群问题。也门之所以存在部落，是因为也门人明白他们在做什么，而部落主义的概念在整个也门社会也得到承认和应用。2011年3月17日，在卡塔尔半岛电视台的网站上，也门分析人士阿布德·甘尼·埃里亚尼指出："我对部落的定义是指将部落作为主要认同的那些人，也就是说，如果谢赫召唤他们参战，他们就会前来参战。在也门有20%的人口属于部落，剩下的80%人口要么是城市居民，要么是农民，而且他们不是部落成员。因此，对也门部落性质的过分夸大是错误的。"

② 赛义德家族是先知穆罕默德的后裔，他们为北也门提供伊玛目及主要的追随者。卡迪意为法官。在也门，卡迪的社会地位是半世袭性质的。穆扎因人是也门农村地区的一个次阶层，成员从事某些"不洁净"的职业；阿克达姆人也是一个独立的社会下层，在传统上他们负责清扫街道以及从事类似的活动。

和联盟，构成了个人在社会各层级的位置以及政治背景的依据。部落假定由共同的世袭群体组成，宗谱远不及现存的和正在运行的互为交错的网络重要。这不仅界定了成员和地位，还界定了领地。因为也门的大部分地区都被精确地划分为复杂的部落地理区位。就部落而言，他们的领地总是相同的。因此，部落认同也是领地认同。①

部落民众因部落成员资格而享有权利和利益，同时也承担义务，当部落的地位或领地受到威胁时他们将响应"召唤"。部落的流动性也应牢记，虽然领地边界线已被固定了几百年，但部落之间和部落各部分之间的联盟却可能发生极为迅速的变化。这在很大程度上取决于一个特定部落濒临危机的局势和部落单元的领导。部落单元对某种特殊情况采取一种回应，也很有可能在此后的相同情况下做出其他的或是截然相反的回应。保罗·德雷施（Paul Dresch）指出："然而，没有团结一致的惯例，没有永久的强制结构，也没有与一个地区或部落相一致的持久性权威；因此依照共同'祖先'所认定的人群与特定场合下实际形成的群体之间的关系是不确定的。"②

人们很容易认为，部落谢赫可以操纵相当大的权力。在某些情况下这也许是真实的，要么是由于部落谢赫的个人魅力，

---

① Paul Dresch, "The Tribes of Hashid wa-Bakil as Histprical and Geographical Entities," in Jones, Alan, ed., *Arabicus Felix: Luminosus Britannicus; Essays in Honour of A. F. L. Beeston on his Eightieth Birthday* (Oxford: Ithaca Press for Oxford University, Board of the Faculty of Oriental Studies, 1991), p. 11; Shelagh Weir, *A Tribal Order: Politics and Law in the Mountains of Yemen* (Austin: University of Texas Press, 2007).
② Paul Dresch, *Tribes, Government, and History in Yemen* (New York: Oxford University Press, 1989), p. 88. 另一种解释认为"部落"不是固定的，而是具有内在特性的静态群体。此外，这个词是指一个概念范畴，在某些方面与宗教派别没有什么不同，但定义不断变化，并在不同的语境中表示不同的政治目的。这并不是说部落和宗教派别的运作方式相同，它们之间也有不同的含义。Lisa Wedeen, *Peripheral Visions: Publics, Power, and Performance in Yemen* (Chicago: University of Chicago Press, 2008), pp. 173–4.

要么在于谢赫家族居于主导地位，或者两者兼有。但谢赫权力较小，甚至不是领袖的情况也很普遍，他们只不过是引人注目的人物，能够在特定情况下以有限的方式施展某些权力。

也门的部落在很大程度上发挥着基本的社会和文化作用。部落是一个共同体。由于缺乏强大的中央权威和足够的国民经济支持，以及也门人作为公民的全面的社会化，部落认同与效忠对部落成员而言仍然是最重要的。部落对其成员提供保护，同时要求部落成员为保护部落提供援助。尤其是通过谢赫，部落可以向所需的成员提供福利体系内的某些帮助。部落采用传统的方式组织自身的事务，包括个人和集体的事务，以便减少国家的干预。沙里亚法和世俗权威在规范行为方面发挥着不同的作用，英拉·卡拉皮科（Sheila Carapico）准确地观察到，部落主义（例如道德行为准则）和习惯法（'urf）的结合，在传统上为也门社会中较小群体之间"冲突的和解提供了道德准则和机制"。① 许多也门人一直很喜欢部落的裁断和谢赫的调解，而不喜欢低效且往往伴有腐败的正式司法体系。

部落也是一个经济单位。据估计，19世纪初大约3/4的也门人是部落成员，他们从事以种植谷物和饲养牲畜为基础的农业。家庭不能自给自足，而是聚集在部落社区，共享水源、灌溉设施、必需品、牧场以及救灾资源，并为当地的"公共工程"提供劳动力。即使这些人口已经"去部落化"而成为农民，但他们仍然采取集体行动来应对紧急情况。有时候这些群体也会持有共同财产。②

在更近的年代，个别部落创立了更加广泛的共同自助计划：塔温（ta'awun）或合作（通常被称为当地开发协会）。民众期

---

① Sheila Carapico, *Civil Society in Yemen: The Political Economy of Activism in Modern Arabia* (Cambridge: Cambridge University Press, 1998; Cambridge Middle East Studies, No. 9), p. 64.

② Ibid., pp. 63–4.

第六章 也门：部落、国家和瓦解

望的增加、政府提供援助能力的低下，以及前往沙特或更远地区务工的部落民寄来的汇款或带回的现金，促使20世纪70年代也门北部地区广泛建立了当地开发协会。这些协会通常修建学校、道路、饮水体系以及其他当地需要改善的设施。政府的援助极少，例如政府安排外国开发机构为主要由当地工人铺设的道路提供推土机。

许多经济活动受到部落谢赫的监督，谢赫还充当了与其他部落以及与政府打交道的联络人。虽然没有什么条件要求，但在大多数情况下谢赫一般出身于谢赫家族。家族中没有严格的继承规则，主要依靠个人的品格。谢赫的职位通常对部落民众仅有很少的权威，或是没有什么权威。它通常代表的不是一个等级，而是一种功能：谢赫是实现部落愿望、解决内部争斗以及代表部落与其他部落或外部世界打交道的人。[1]

当然也有一些例外情况，那些最高的谢赫（shaykh al-mashayikh）往往在他们的部落内和部落联盟中具有很大的影响力，他们的权力因其财富和在部落领地外所掌管的土地而增强。他们的职位和地位也由于并入国家体系而提高，从而有机会获得更多的财富和更大的影响力。最显赫的谢赫包括哈希德部落联盟中艾哈迈尔氏族、德赫·穆罕默德部落的阿布·拉斯氏族、德赫·侯赛因部落中的沙伊夫氏族的谢赫。尽管如此，少数势力大的谢赫仅是例外。在部落正式结构没有变化以及同盟未发生重大变化时，这些人的影响力会增长或下降。除了最小的部落外，所有部落都有许多谢赫，他们既不按等级，甚至也不按先后顺序排位，这对确定其地位就更加困难。的确，谢赫家族的成员数量异常庞大。[2]

传统上，也门北半部地区主要有四个显赫的部落联盟。其中最重要的是哈希德部落联盟和巴基尔部落联盟（Bakil

---

[1] Dresch, *Tribes, Government, and History*, pp. 89, 102.
[2] Ibid., p. 102.

Confederation)。马达杰部落联盟排名第三，它在 20 世纪丧失了重要地位（部分原因是巴基尔部落联盟吸纳了它的一些成员）；排名第四的扎拉尼克部落联盟已被瓦解。严格地说，哈希德部落联盟和巴基尔部落联盟都源于哈姆丹部落，它是中世纪也门的强大部落。这两个部落联盟占据了也门北部的大部分地区，直达萨那的北部和东部。两个部落联盟都由数量众多的附属部落组成，全部人口估计超过 50 万人。[1]哈希德部落联盟中，包括尤撒马特、艾达尔、巴尼·苏拉姆、卡里夫、哈姆丹·萨那、桑汉以及比拉德·鲁斯部落。巴基尔部落联盟包括科威兰、萨达和阿尔阿玛尔部落，以及一个被称为达姆的次部落联盟。其中又包括阿尔萨里姆、阿尔萨马利、杜穆罕默德、杜胡赛恩、巴尼·纳夫夫部落，还有瓦伊拉、萨豪兰、苏富杨、亚哈伯、莫西巴贾、尼姆、伊安·耶齐德、巴尼·哈什什以及豪兰·提亚尔部落。马达杰部落联盟则包括了穆拉德、安斯、哈达和凯法部族。

哈希德部落联盟处于支配地位的部分原因是，尤撒马特部落的哈姆伦分支艾哈迈尔部族所实行的长期有效领导。20 世纪早期，纳赛尔·艾哈迈尔（Nasir al-Ahmar）是地位崇高的谢赫。他的儿子侯赛因继承了其职位，并且直到 1960 年他被伊玛目艾哈迈德处决前，一直是部落和联盟的领导。侯赛因的儿子阿卜杜拉后来接替了他的职位，阿卜杜拉运用自己的权力基础在国家舞台上发挥了重要作用，直到 2007 年底去世。在 20 世纪 60 年代北也门的内战中，谢赫阿卜杜拉·艾哈迈尔是共和国事务中的一个显赫人物，后来他担任立法院院长，并创立了革新党（al-Islah party）。应该说，谢赫阿卜杜拉·艾哈迈尔是 20 世纪 60 年代以来，差不多 50 年的时间里在国家层面具有重大影响力的唯一一人。同时也可以推测，哈希德部落联盟，特别是尤撒马特、卡里夫和巴尼·苏拉姆部落由于谢赫阿卜杜拉的

---

[1] Dresch, *Tribes, Government, and History*, p. 24.

第六章　也门：部落、国家和瓦解

稳定领导而成为持续紧密团结的群体。

巴基尔等其他大型部落联盟，缺乏同样的凝聚力，其谢赫的权威与艾哈迈尔部族比较则相形见绌。应该指出的是，20世纪80年代，纳吉·本·阿布德·阿齐兹·沙伊夫（Naji b. 'Abd al-'Aziz al-Shayif，来自德赫·侯赛因部落）作为巴基尔部落联盟当时的最高谢赫，无法对自己的部落施加强大的影响力，更不用说他在部落联盟中的影响力了。因此，阿卜杜拉·艾哈迈尔拥有召唤巴基尔部落联盟参战的能力。[①] 然而，巴基尔部落联盟中的尼姆部落的阿布·鲁姆家族（Abu Luhum），自1962年革命以来在国家舞台上发挥了显著作用。下文将论述。

像其他大多数中东国家一样，在过去的几十年，也门部落的凝聚力和影响力削弱——尽管不像其他国家的削弱程度那样大，部分原因是政府也在削弱。这种状况的背后有许多原因。在北部的部落中，数十年来向沙特进行劳工移民的结果颠覆了传统的社会秩序，部落民众携带他们的积蓄回国后也不太愿意追随以往的谢赫们。与此同时，许多谢赫家族定居在城镇，失去了与部落的联系及其影响力。这为政府提供了一个介入曾被认为是部落内部的事务的潜在突破口。

虽然部落是也门社会的规则，谢赫们使部落充满活力，并且有时还能引导部落，但强调也门社会中两个其他群体赛义德家族和卡迪家族的重要性，同样非常必要。赛义德家族传统上被认为是先知穆罕默德的后裔。从历史上看，他们在也门，特别是在北也门的政治中扮演关键角色。千余年来，栽德派伊玛目是大部分也门人传统的宗教和政治领导，他们必须是赛义德家族的后裔，并且通常任命其他赛义德家族的成员作为代理长官和省长。一般来讲，赛义德家族成员担任部落间的中立仲裁者与宗教学者。然而，1962年的革命以及在随后的内战中保皇党的失败，严重影响了赛义德家族的地位和作用。在南部诸地，赛义德家族目睹了

---

① Dresch, *Tribes, Government, and History*, pp. 103–5.

其地位因独立和许多人逃离也门而变得岌岌可危。他们随后在也门政治中扮演的角色大多是萨那政府的反对派。

卡迪家族在北部也门同样发挥着重要的历史作用。不同于赛义德家族那样的世袭制，任何人都可以通过自身的功绩与宗教学习成为卡迪。然而更多时候，卡迪的职位也只在某些特定家族中传嬗。此外，卡迪家族在革命后没有遭遇像许多赛义德家族成员那样的命运，部分原因在于他们早在1962年之前就倾向于反对哈米德·丁（Hamid al-Din）伊玛目。或许最显赫的卡迪家族是埃里亚尼家族（al-Iryani）。阿布德·拉赫曼·埃里亚尼（'Abd al-Rahman al-Iryani）从1967年至1974年一直担任也门阿拉伯共和国总统，他的表兄弟阿布德·卡里姆（'Abd al-Karim）在阿里·阿卜杜拉·萨利赫就任终身总统期间长期担任总理。在伊玛目统治时期和也门阿拉伯共和国与也门共和国政府中，广泛分布的安西（al-'Ansi）家族成员则担任政府官员和部长。由于他们不能保全其卡迪地位，这个家族便和德赫·穆罕默德部落的艾哈迈德·本·库尔部族约定，将他们全部接纳为部落民众。① ［不能将安西家族与阿尼西（al-Anisi）家族混淆，它们的名字都源于著名的阿尼斯（al-Anis）部落。］

也门部落与国家的较量：背景

在也门，部落与国家在动荡中已共存了数个世纪。在过去的一个世纪中，部落在同也门先后建立的四个国家（这四个国家分别为：1918年11月也门宣布独立后建立的穆塔瓦基利亚王国；1962年9月建立的阿拉伯也门共和国，即北也门；1967

---

① Gerd-R. Puin, "The Yemeni Hijrah Concept of Tribal Protection," in Khalidi, Tarif, ed., *Land Tenure and Social Transformation in the Middle East* (Beirut: American University of Beirut, 1984), p. 488.

第六章　也门：部落、国家和瓦解

年建立的也门人民共和国，即南也门；1994年南北也门实现统一后建立的也门共和国——译者注）的对抗中扮演了有争议的角色，抵御着国家对其控制领地的扩张。而且看似矛盾的是，部落也在协助推翻抑或支持着当前的国家制度。

在1962年前的也门北部，哈希德部落联盟与巴基尔部落联盟被认为是"教长国的两翼"。教长国在20世纪50年代才拥有常备军，伊玛目被迫征召部落兵源来保护领地，抗击竞争对手和维持秩序。为确保部落的顺从，伊玛目将谢赫的儿子作为人质扣留在萨那，在这里他们的儿子接受了教育。1948年，伊玛目叶海亚被刺杀，他的儿子艾哈迈德不得不在北部村镇巡游，以便团结支持他的部落。这使他重获对萨那的控制，但付出的代价却是允许这些部落人质离开首都。这就是伊玛目艾哈迈德选择居住在塔伊兹，以及萨那在20世纪60年代的内战中支持共和派的一个原因。

部落在也门南部也同样重要。英国于1839年占领亚丁港，并在1932年宣布将其作为女王的殖民地。为保护亚丁，英国逐步与内陆势力弱小的统治者和谢赫签订保护条约。由此形成的亚丁保护国（Aden Protectorate）是一个由当地控制和英国监管的东拼西凑的保护国体系。在一些区域，特别是在亚丁保护国西部，很容易就接受了保护国的地位，而英国对东部的控制则很少。此外，在拉德凡山区（Radfan Mountain），亚丁北部和与之相邻的也门北部地区，则持续挑战英国的权威。英国皇家空军负责保护亚丁和保护国，出动空军力量迫使那些被视为顽固不化的部落和统治者服从管理。1919年至1949年，这些行动旨在攻击苏拜希部落（Subayhi tribe）、曼苏里部落（苏拜希部落的一支）以及奎塔比部落，每个部落至少被攻击了五次。[①]

北部和南部地区的部落在各自政权的更替中再一次起到

[①] J. E. Peterson, *Defending Arabia* (London: Croom Helm; New York: St Martins Press, 1986), pp. 35, 82.

了重要作用。1962 年 9 月，暗杀新伊玛目穆罕默德·巴德尔（Muhammad al-Badr）的企图失败，也门北部地区引发了共和派（受埃及支持的革命者）和保皇派（教长国的保卫者）之间长期的内战。尽管埃及军队直接参战支持共和派，沙特阿拉伯则为保皇派提供强大的间接支援，但战争的起伏在很大程度上取决于变化的部落忠诚。哈希德部落联盟支持共和国，这是伊玛目艾哈迈德与艾哈迈尔部族争斗的结果。谢赫纳赛尔·本·马布赫特·艾哈迈尔（Shaykh Nasir b. Mabkhut al-Ahmar）是哈希德部落联盟中最重要的谢赫，他在 20 世纪初期叶海亚·哈米德·丁（Yahya Hamid al-Din）当选伊玛目的过程中发挥了重要作用。但谢赫纳赛尔的儿子侯赛因却成功继承了最重要的谢赫职位，并在 1960 年与伊玛目艾哈迈德发生冲突。尽管他们处于伊玛目的保护之下，愤怒的伊玛目还是判处谢赫侯赛因及其儿子死刑。因此，拜提·艾哈迈尔和哈希德部落联盟支持共和派对抗艾哈迈德的儿子穆罕默德·巴德尔。

巴基尔部落联盟也倾向于共和派。伊玛目艾哈迈德处决了阿布·拉斯家族的成员，该家族是德赫·穆罕默德部落的谢赫家族，从而导致他们与艾哈迈尔出于相同的原因支持共和派。另一个巴基尔部落联盟的著名谢赫是尼姆部落的希南·阿布·鲁姆（Sinan Abu Luhum），为躲避伊玛目艾哈迈德而逃到亚丁，并在内战中返回北部地区支持共和派。但这些谢赫对教长国的反对，却使他们在其部落中失去了相当重要的地位。

在南部地区，许多谢赫和苏丹与英国签订条约，加入试图成立的南阿拉伯半岛联邦（South Arabian Federation），或者加入保守的南阿拉伯联盟（South Arabian League），寻求英国撤军。① 随着 20 世纪 60 年代中期反英斗争的加剧，这些谢赫越来越被边缘化。1966 年至 1967 年，那些未能逃走的人，被民

---

① Noel Brehony, *Yemen Divided: The Story of a Failed State in South Arabia* (London: I. B. Tauris, 2011).

族解放阵线（National Liberation Front）和解放被占领南也门阵线（Front for the Liberation of Occupied Southern Yemen）所杀害。许多人逃往位于吉达的安全住所中，只有少部分人继续密谋反对亚丁南部的新政府。

他们付出了艰苦的努力来抵抗新成立的南也门人民共和国（1970年更名为也门人民民主共和国），以便建立一个广泛的反社会主义阵线。但抵抗运动的本质反而削弱了部落的凝聚力。民族性促成了共同的认同，而不是部落主义。反对南也门政府的部落，大体上属于来自鲁卜·哈里沙漠地区的游牧或半游牧部落。它们包括萨尔、迈纳希勒以及马赫拉的部落民，其中许多人迁移到海湾。由于沙特阿拉伯的支持和捐赠，以及从海湾务工的部落民中招募新兵，反政府运动大多存续下来。因此，在亚丁独立后的最初几年中，有几次大规模的部落袭击，随后部落逐渐失去了其重要性。1994年，部落对也门民主共和国分离势力的支持已微不足道。

从官方层面看，其实在许多方面，亚丁的新政权是反部落的。部落和宗教与封建主义一起，被视为应该废除的旧秩序的一部分。因而，在民族解放阵线领导人、军官和公务员阶层中占有很大比例的是部落民也就无须惊讶了。由于民族解放阵线的团结变为互相残杀的战争，部落民团结起来保护（或者报复）处于领导地位的部落成员。阿瓦利克（'Awaliq，有人称为奥拉基 'Awlaqi）部落的民众被大量招募进军队和警察队伍，成为它们的中间阶层。大量高级官员和警察是阿瓦利克部落成员，但他们在独立初期又被清洗。尽管如此，阿瓦利克部落民在军队和警队中的人数优势仍持续了数年。

尽管部落主义与导致1994年内战的氛围没有太大关系，但它确实在两个方面发挥了截然相反的作用。在也门人民民主共和国时期，南部的部落主义能量似乎被逐渐削弱。尽管以前的南方军队中有许多部落民，但在实际战斗中部落发挥的作用很少。在前线的部落中，比较出名的是阿瓦利克、亚菲和拉德凡部落，但它们只是谨慎行事而不参加战斗，在与哈德拉毛和东部地区的部落交战时，则以失败告终。

然而，萨那政府招募北部的部落是为了提供支援。部落作为集体单元参加了战斗，大批部落民使用自己的步枪和交通工具，从前线一直涌向南方。北方的胜利给予北方部落一项古老的部落特权：抢劫。另外，部落似乎与伊斯兰主义者和"阿富汗阿拉伯人"合作，破坏了包括啤酒厂和贸易公司在内的南方财产。但是，部落民不太可能是伊斯兰主义者，他们参与了针对清真寺和坟墓的大规模破坏行动。巴基尔部落联盟有可能渴望采取行动反对萨那，并与也门社会党（源自民族解放阵线）结成松散的联盟，他们与马德杰部落联盟一样也没有参加战斗。①

也门共和国中的部落

也门共和国政府面临一个自相矛盾的困境。一方面，它希望通过承担法律和秩序的责任，提供社会服务和加强征税，以便在全国范围内增强中央权力。另一方面，也门大部分地区有自立和自治的历史，是一个具有部落特色的社会。在国内的一些领域，任何政府的存在都受到质疑——要么是强大的部落对外来干涉的抵抗（尤其在北部和西部地区），要么是出于对政府政策的不满——尤其是南部地区对1994年内战的结果以及经济不景气产生的不满。因此，也门相当多的地区仍然强烈抵制政

---

① On the war, See Chuck Schmitz, "Civil War in Yemen: The Price of Unity?," *Current History* 94:588 (January 1995), pp. 33–6; Fred Halliday, "The Third Inter-Yemeni War and its Consequences," *Asian Affairs* (London) 26:2 (June 1995), pp.131–40; Jamal S. al-Suwaidi (ed.), *The Yemeni War of 1994: Causes and Consequences* (London: Saqi Books, 1995); Emirates Centre for Strategic Studies and Research; and Joseph Kostiner, *Yemen: The Torturous Quest for Unity, 1990–94* (London: Royal Institute of International Affairs, 1996; Chatham House Paper).

第六章 也门：部落、国家和瓦解

府的渗透。这并不是什么新鲜事。与奥斯曼帝国、英国、埃及一样，伊玛目面临的是对部落控制所遭遇的相当大且顽固的抵抗。菲利普指出，特别是在阿里·阿卜杜拉·萨利赫的统治下，谢赫们被认为"与国家存在循环关系，代表他们的部落与国家谈判，从中获取好处，而在当地又代表国家。在有关谢赫的政治财富与其部落的凝聚力之间，一直被明显的交替使用"[1]。

政府与部落打交道时有多种政策选项。它可以通过主动的武力行动（减弱自治或者粉碎抵抗）、哄诱行为（提供直接的财政或发展援助）或鼓励方法（颂扬更紧密地团结到民族共同体中的好处）来削弱部落的独立性。或者，基础薄弱的政权，可以选择依靠部落提供的实际支持，来对抗持怀疑态度且逐渐增加的城市人口，南方的不满情绪，或是"基地"组织以及宗教政治观点相近的反对派。

实际上，萨利赫政权采用了两手战略。国家在许多领域逐步减少部落的自由行动。政府的存在和监管在整个也门南部得到加强，并使地区实现了安定。与此同时，国家的逐渐削弱，尤其是经济的削弱，要求将谢赫们作为参与者纳入体系，并且依靠他们确保与部落民众的合作。有人声称，在萨利赫统治时期，差不多4500名谢赫从政府领取月薪，这被视为控制他们的一种手段。[2] 政府也有依靠部落的个人和集体来支持武装部队的历史传统。这在1994年内战中表现得很明显，这一策略在最北部地区与胡塞武装的战斗中再次发挥作用。此外，萨利赫政权蓄意在南部地区鼓励重新建立部落领导人和部落的团结，作为削弱南方反对派策略的一部分。

虽然萨利赫政权的垮台改变或减少了国家对部落的极端信赖和依靠，但部落并没有消除它的核心政治角色。很明显，前总统萨利赫拥有部落背景。同样明显的是，他建立了一个来自

---

[1] Phillips, *Yemen's Democracy Experiment*, p. 91.
[2] Ibid., p. 104.

变化的中东部落与国家

其家族、宗系、他的同胞桑汉部落成员支持的内部网络。此外，他还与一些哈希德部落联盟以及哈姆丹·萨那部落的重要人物进行合作。

但是，不应由此推断萨利赫是在部落基础上进行统治的。认为这一政权是栽德派与哈希德部落联盟利益的共管体制的想法也是错误的。由于部落作为一个整体和某一部落，或部落分支，与萨利赫政权有一些亲密关系，它们只不过是在更大的政治行为体中争夺优势，并对政府的政策尤其是对那些掌控政权的人感到愤怒或不满。这种情况在某种程度上是过去数十年来也门社会经济的改变，以及主要谢赫们的城市化、国家化和全球化进程所造就的。他们中的许多人现在居住在萨那，一些人在政府和军队中担任职务，大多数人从事商业活动。

阿里·阿卜杜拉·萨利赫的权威主要依靠三个同心圆式的圈子的支撑。[1] 第一个圈子是直系亲属。他的兄弟穆罕默德·阿卜杜拉·萨利赫（Muhammad 'Abdullah Salih）被任命为中央安全机构（Central Security Organization）的负责人，后来萨利赫的侄子叶海亚·穆罕默德·阿卜杜拉·萨利赫（Yahya Muhammad 'Abdullah Salih）接替了该职位。萨利赫的同父异母兄弟阿里·萨利赫被任命为共和国卫队指挥官。最重要的是，他重用其儿子艾哈迈德。许多也门人都认为艾哈迈德会像巴沙尔·阿萨德接替其父亲哈菲兹的位置一样，接替萨利赫的总统职位。总统的内圈还包括他的长女拜莱盖丝（Bilqis），尽管她未担任任何重要职位，但是有相当大的影响力，萨利赫的女婿穆罕默德·达维德（Muhammad Duwayd）担任总统府领导。这个网络既是商业的也是政治的：总统被认为是也门最大的赫尔·赛义德公司的合伙人；他的侄子陶菲克（Tawfiq）掌管着烟草和火柴

---

[1] Dresch, *Modern Yemen*, pp. 189, 201–3. See also April Longley Alley, "The Rules of the Game: Unpacking Patronage Politics in Yemen," *Middle East Journal* 64:3 (Summer 2010), pp. 385–409.

公司；他的表兄弟阿卜杜拉·卡迪（'Abdullah al-Qadi）开始垄断医药行业；他的女婿阿布德·哈利克·卡迪（'Abd al-Khaliq al-Qadi）是国家航空公司的总经理。

第二个圈子由总统的艾哈迈尔宗族成员组成。或许这个更广泛的宗族中的最重要成员是阿里·穆辛·艾哈迈尔（'Ali Muhsin al-Ahmar）。第三个圈子包括两个部落，一个是总统自己的桑汉部落，另一个是与哈希德部落结盟的哈姆丹·萨那部落。这两个部落的成员在国民政府和军事/安全机构中占据关键位置。许多人通过结婚成为总统家族的成员。萨利赫总统明显倾向于依靠自己的桑汉部落成员。与政权联系的哈姆丹·萨那部落源自艾哈迈德·加什米（Ahmad al-Ghashmi）总统的部落，他是易卜拉欣·哈姆迪（Ibrahim al-Hamdi）总统的继承人，可能是他下令杀害的哈姆迪总统。在加什米总统短暂的任期（1977~1978年）中，阿里·阿卜杜拉·萨利赫成为其不可或缺的帮手，在许多也门人眼中，他是刺杀哈姆迪兄弟的真正凶手。

在刺杀前后，加什米与萨利赫携手共事，任命他们两个部落的许多成员来削弱哈姆迪及其追随者、相关的改革者、革命指挥委员会（Revolutionary Command Council）中的官员同事的影响。与此同时，通过征召和晋升桑汉部落和哈姆丹部落成员在军队的各级职位来巩固他们自己的地位。虽然两个部落在历史上都是很小的部落而且并不重要，但它们在当时的崛起可能得益于邻近萨那，并因此具有拱卫首都抵御内部威胁的能力。一般而言，也门人尤其是部落民众更倾向于将这种统治方式描述为恩惠（mahsubiyyab）而非部落主义。①

在同心圆式的信任和直系亲属、宗族及部落的支持方面，也门政权似乎类似于萨达姆·侯赛因的伊拉克的结构，而不是一个以部落为基础的统治体系。但是，较之伊拉克的部落，也

---

① Paul K. Dresch, "The Tribal Factor in the Yemeni Crisis," in al-Suwaidi, *The Yemeni War of 1994*, pp. 41–2.

门的部落在政治上更为强大。萨利赫对于他的政策影响和行为要比萨达姆小心得多。与此同时，人们注意到萨达姆在20世纪90年代对事态的控制力不断退化，他采取越来越多的措施将部落——或者至少是部落谢赫——纳入体系。萨利赫有时依靠部落提供武装力量，并通过支付薪酬、给予政府和官方职位、议会席位以及提供经商机会将主要的谢赫纳入体系进行合作。但是，萨利赫未对整个国家施加与萨达姆相同程度的控制。也门的部落在萨利赫掌权时也没有被整合到政治体系中。相反，部落构成了也门政治大博弈的一个参与者或支持者。萨利赫未能控制它们：他与部落进行交易、激励部落并与部落争论。①

阿里·阿卜杜拉·萨利赫时期，也门部落与国家关系变化的显著影响是，许多重要的谢赫转变了作为自己部落或联盟部落的首领或领袖的传统角色，也不再作为自己部落与其他部落或国家打交道的代言人。他们的兴趣越来越转向商业领域，而政治的关注点常常放在了确保议会席位、连任全国人民大会代表上。

这种转变的最初诱因之一是所谓的"青年谢赫"的出现。他们和部落成员一起到国外工作，携带财富以新的身份回国，其中一些人开阔了眼界。这些人中的许多人曾是当地开发协会的成员。的确，阿卜杜拉·艾哈迈尔（'Abdullah al-Ahmar）和穆贾希德·阿布·沙瓦利卜（Mujahid Abu Shawarib）共同创建了哈希德合作社（Hashid cooperative）。就连易卜拉欣·哈姆迪也认为参与和促进当地开发协会是一个进步途径。对于"青年谢赫"的抱负而言，另一个选择是当一名军官。穆贾希德·阿布·沙瓦利卜便是很好的例子，巴基尔部落联盟中阿布·鲁

---

① 萨利赫擅长平衡复杂的部落、家族和地区利益，而个人往往被当作其分而治之的更大政治战略中的棋子。从部落的角度看，总线在考虑不同联盟以及其内部的部落和显赫家族之间的关系后，对利益进行相应分配。Alley, "Rules of the Gamer," p. 397.

第六章 也门：部落、国家和瓦解

姆部落的很多民众都是如此。

因为萨利赫未能得到联盟部落中另外阶层的支持——甚至在哈希德部落联盟内——他决定培养同盟谢赫。菲利普将这种方式的一个层面描述为："部落谢赫作为国家权力与社会力量之间调解者的地区合作关系。"① 这些人中最重要的是谢赫阿卜杜拉·侯赛因·艾哈迈尔（Shaykh 'Abdullah Husayn al-Ahmar），他无疑也是上述提到的变化的最显著案例。20世纪60年代的内战后，阿卜杜拉在国家舞台上发挥多重作用。② 他早期的权力基础是哈希德部落联盟的最高谢赫，在60年代的战争和也门阿拉伯共和国和解之初，最高谢赫忠诚地为阿卜杜拉服务。但他最终变为萨那的政治家。他在哈希德部落联盟中无疑仍具有极大的影响力，他是也门最主要的部落谢赫，也是部落事务中最重要的仲裁者和调停人，不管是部落的大事还是小事。

然而，更重要的是他和他的儿子在萨那定居，并入股了利润丰厚的商业公司。阿卜杜拉·侯赛因·艾哈迈尔早期与阿里·阿卜杜拉·萨利赫结盟，赢得议会议长的职位，同时也是也门政府中与沙特联系的核心人物。沙特的支持者鼓励或协助他创立了也门改革组织（Yemeni Reform Grouping）或称革新党。革新党曾经是第一个支持萨利赫反对南部也门社会党的组织，成为萨利赫的全国人民会议的低层合作者。当萨利赫认为不需要这个联盟时，革新党被抛给了反对派。但这并不意味着萨利赫与阿卜杜拉的决裂，虽然他们之间可能存在摩擦。1994年内战期间，谢赫在团结北部部落方面起到重要作用，而且阿卜杜拉仍然是沙特阿拉伯与萨利赫之间的重要联络人，与利雅得关系的冷淡则是沙特在1994年战争中秘密支持南部的主要原因。但是，阿卜杜拉的离世在国家事务中留下一个真空，并且也失去了对尤撒马特部落和哈希德部落联盟的有效领导。作为萨那政

---

① Phillips, *Yemen's Democracy Experiment*, p. 90.
② See a biography of Abdullah on the family's website, www.alahmar.net.

治的一部分，其作用和状态的变化，最有可能意味着他的儿子萨迪克没有能力以同样的方式代替他成为最高谢赫。

无论是在政治上还是在商业上，其他谢赫也都被吸纳进萨那的网络。有些人在不同的政府部门中担任部长。卡里夫部落的穆贾希德·阿布·沙瓦利卜是阿卜杜拉·侯赛因·艾哈迈尔的亲戚（也是对手），从一个顺从于谢赫阿卜杜拉的较小的部落位置晋升到重要的军事职位上，并且成为也门复兴党的领导人。虽然1978年艾哈迈德·哈什米遇刺后，穆贾希德争夺总统时得到了一些来自哈希德部落联盟的支持，但他没有成功，只是得到了副总理以及后来的总统顾问这些空头衔。作为一名部落谢赫，穆贾希德的声望与地位也来自他的军事职位和参与1974年的政变，这导致指挥委员会的变化，从而使易卜拉欣·哈姆迪成为它的领导人。

20世纪60年代的内战中，另一位富有传奇色彩的人物是希南·本·阿卜杜拉·阿布·鲁姆（Sinan b. 'Abdullah Abu Luhum），他是尼姆部落的谢赫，曾担任巴基尔部落联盟的最高谢赫。希南是共和派的保卫者，曾暗中图谋反对伊玛目艾哈迈德，甚至短暂地担任过总统委员会成员和新的也门阿拉伯共和国的部长。希南反对共和国的第一任总统阿卜杜拉·萨拉勒（'Abdullah al-Sallal），并且支持领导着埃利尼亚政府的"第三力量"。他得到的回报是长期担任荷台达省的省长，而实际上他将荷台达作为一个封地来管理。希南被视为政府的创造者，也是破坏者。尽管他是绝对的保守派，他的女儿却嫁给了自称复兴党人的连任总理穆辛·艾尼（Muhsin al-'Ayni），同时希南时常支持他在政府中的女婿。但是，希南在巴基尔部落联盟中的领导权受到他在60年代支持共和派的影响，当时联盟中许多人是保皇派。迪拉姆（Dirham）和阿里（'Ali）两兄弟都是军官，也是希南的表兄弟，他们成为1974年指挥委员会的成员，但不久便被清洗。的确，包括希南的两个兄弟在内，阿布·鲁姆部族的许多成员追求军事职位。但在萨利赫担任总统之初，该部

第六章 也门：部落、国家和瓦解

族似乎逐渐衰落。另一个家族成员穆罕默德·阿里·阿布·鲁姆（Muhammad 'Ali Abu Luhum）在20世纪90年代早期积极参与创建联合巴基尔委员会（United Bakil Council）。

巴基尔部落长期存在领导不稳固的问题。沙里夫家族是德赫·侯赛因部落世世代代的谢赫，并且有数名谢赫在19世纪或20世纪因反对奥斯曼帝国和伊玛目而死亡。谢赫纳吉·本·阿布德·阿齐兹（Shaykh Naji b. 'Abd al-'Aziz）是1981年选举出的巴基尔部落联盟的最高谢赫，但他很快就被阿里·阿卜杜拉·萨利赫收买，并在萨那平静地度过一生。另一个沙里夫家族成员穆罕默德随后获得巴基尔部落联盟的领导权。

德赫·穆罕默德部落的阿布·拉斯家族在巴基尔部落联盟和国家层面的地位同样突出。20世纪50年代，谢赫阿明（Shaykh Amin）团结巴基尔部落联盟支持共和派，之后成为帮助谋划埃利亚尼政府①的"第三力量"中具有影响力的人物。直到1978年去世前，阿明一直担任部长职务。他的儿子萨迪克曾在当地发展协会工作，这成为其担任农业、公务员和地方行政部门部长职务的奠基石，但是在国家政治方面或者巴基尔部落联盟中，他并不是最高层人物。

所有这些谢赫中，最重要的人物是阿卜杜拉·本·侯赛因·艾哈迈尔（'Abdullah b. Husayn al-Ahmar），他于2007年12月29日去世。阿卜杜拉的去世产生了许多关键问题。首先的问题是谢赫阿卜杜拉在国家政治中的地位和影响力是否能够被其他人替代，诸如他的某个儿子？阿卜杜拉的四个儿子都拥有议会职务（两个在全国人民会议中，两个在革新党中），并在萨那广为人知且很有权势。在也门，像中东其他地区一样，儿子继承父亲衣钵的情况并不罕见。

阿卜杜拉的儿子哈米德在革新党和联合会议党派中具有较

---

① 埃利亚尼政府（Iryani government），是指1971~1974年由埃利尼亚作为北也门共和委员会主度执政时期的政府。——译者注

高地位。近些年，他对总统和全国人民大会的批评越来越多。2006年6月，他预测和平的民众革命将推翻由军事家族联盟主导以及商人、军火商和走私者支持的政权体系。在这种情况下，他建议将总统选举推迟两年，并组建过渡政府进行宪法改革，同时将联合会议党派纳入联合政府。在2006年的总统选举中，哈米德支持费萨尔·本·谢姆兰（Faysal b. Shamlan）和联合会议党派，革新党在联合会议党派中的地位上升。这其中包括2009年要求总统辞职。①2011年大规模的示威爆发不久，哈米德声明反对总统，并且要求总统辞职。两个人之间的不和于2011年5月底升级为在哈米德兄弟萨迪克位于萨那的哈萨巴街区住所附近展开的战斗。不久后（6月3日），总统府的一次爆炸事件使萨利赫严重受伤。当局指责哈米德和阿里·穆辛·艾哈迈尔将军策划了袭击事件。

侯赛因·本·阿卜杜拉·艾哈迈尔是来自全国人民大会的前任议会成员。2005年，艾哈迈尔在其党派选举中未能进入常务秘书处，于是暗示要创立一个新党派。2007年，由哈希德部落联盟的谢赫、商人、学者所主导的民族团结委员会（National Solidarity Council）成立，侯赛因·本·阿卜杜拉·艾哈迈尔任主席。作为一个尚未充分发展的党派，民族团结委员会声称将利用公民社会组织在政权不愿意和没有能力去做的事务方面引领发展。

阿卜杜拉的长子萨迪克在其父亲去世后，当选哈希德部落联盟的最高谢赫，但他远离国家机构。然而，萨迪克对萨利赫总统持批评态度，并支持驱逐他下台。阿卜杜拉的其他儿子中，希米亚·艾哈迈尔（Himyar al-Ahmar）也是议会成员，他担任全国人民大会的副议长；马德杰·艾哈迈尔属于革新党。

由于谢赫阿卜杜拉·艾哈迈尔有许多儿子在国家机构担任重要职位，任何人都很难取代他的地位。他是真正拥有独一无二地位的（*sui generis*）人物。阿卜杜拉在部落至上的年代声名

---

① Alley, "Rules of the Game," pp. 401-2.

第六章 也门：部落、国家和瓦解

鹊起，并依靠20世纪60年代内战的胜利使其部落顺风顺水。现在，部落形式只是也门国家政治中的一个组成部分。此外，阿卜杜拉赢得的声誉是在也门演变的关键和独特时期，即也门阿拉伯共和国和解的初期、哈姆迪政权的巩固时期以及1994年的内战。对于另一个自我塑造的个体而言，这样合适的环境可能永远不会再出现。

他的儿子或许拥有雄心壮志，但没有机会达到他的成就。艾哈迈尔宗族在也门政坛中拥有的影响力不太可能像阿卜杜拉去世前那样强大。阿卜杜拉的儿子们不具有他们父亲那样的领导品格。例如，早在2011年事件发生之前，他们中的几个人便在萨那与安保人员发生枪战。此外，未来也门的领导者似乎也不太需要阿卜杜拉这样拥有独一无二地位的人物。总之，也门部落集团在支持政府的作用上已降低了其重要性。

可以这样说，也门局势的易变性，足以让其他人崛起。有没有其他谢赫能够团结部落，支持或是反对政权呢？穆贾希德·阿布·沙瓦利卜（Mujahid Abu Shawarib）是阿卜杜拉·艾哈迈尔所属的哈希德部落联盟成员和女婿，他非常想取代阿卜杜拉，甚至萨利赫，但未能取得成功。另外，他不幸早于阿卜杜拉逝世。穆贾希德的儿子纪伯伦，虽然现在是卡里夫部落的首领，但没有他父亲那样的地位。阿布德·马吉德·津达尼（'Abd al-Majid al-Zindani）无疑希望施展同样的影响力，但他的派系（激进的伊斯兰主义派别）从未控制过革新党；同时，尽管津达尼也是巴基尔部落联盟的成员，但他在部落联盟中的地位不高。没有人能够执掌泛部落的领导权，如果有的话，这个人肯定也不是哈希德部落联盟之外的人。

老一辈核心谢赫的儿子们，如纪伯伦·穆贾希德·阿布·沙瓦利卜（Jibran Mujahid Abu Shawarib），萨巴·本·希南·阿布·鲁姆（Saba b. Sinan Abu Luhum），以及穆罕默德·本·纳吉·沙伊夫（Muhammad b. Naji al-Shayif）都很难追寻他们父亲的足迹，因为从国家独立的初期，环境已发生变化。部落

132

在也门依然极其重要，但部落主义已不再是同一回事。正如一名观察家早在 21 世纪初便提出：

> 谢赫阿卜杜拉曾是也门的最高谢赫（shaykh mashayikh al-yaman）。这句话人们已不再能够听到。10 年前，众人皆知，哈希德部落民为他们的部落而吹嘘，不像其他人，他们团结得"像一支军队"。我已经很久没有听到哈希德部落民众那样夸耀自己了：事实上，他们中的许多人现在看起来士气低落。虽然，很难想象部落民会反对谢赫——他应该理所当然地备受尊重——但同样也很难想象部落民（包括哈希德部落）会像 20 年前那样追随他一起行动。毫无疑问，谢赫的影响与传统的阿萨比亚（'asabiyyah，基于联盟的团结）关系不大。①

萨利赫集团还会有任何长期的继承人吗？阿里·阿卜杜拉·萨利赫急于提携其儿子艾哈迈德继任他的职位，确实也有一定的可能性，但最终的继任者很可能是与萨利赫关系密切的其他人。阿里·穆辛·艾哈迈尔的名字已被推出若干年，他背叛萨利赫集团可能是出于机会主义的动机。阿里·穆辛无疑看上去在与胡塞武装的斗争中太具对抗性，太具伊斯兰性，污点也太多。即使他从萨利赫阵营中叛变，自封抗议者的保护者，也未能提升他在大多数也门人心中的地位。2014 年胡塞武装进军首都时占据阿里·穆辛在萨那的住所，阿里·穆辛开始衰落。

继承问题仍可能是一个根本性的问题，它源于过去 30 年其自身的薄弱基础，这一基础具有浓厚的部落成分。在这一背景下的"部落"，指的仅仅是两个具有优势的部落，即萨利赫自己的桑汉部落以及联盟部落哈姆丹·萨那，甚至不包括哈希德部落联盟的其余部落，当然也不包括巴基尔部落联盟。两个部落联盟在

---

① Dresch, "Tribal Factor," p. 40.

未来似乎很难维持其重要性,即使它们都支持来自萨利赫集团的继任者。另外,武装力量和安全机构为政权提供了必要的保障,但它们实际上只是狭义的"部落"。尽管大多数士兵和许多军官属于部落,但他们认同并且忠诚于也门共和国政府,而且社会化并融入更广泛的也门各领域,从而使部落分支在政治方面无关紧要。军事和安全机构对也门的下一届总统很可能具有重要的影响力,这些机构未必依照部落准则和团结来行动。

南北也门的统一也引发了南部部落主义的复兴,促使南部谢赫重新发挥作用。丽莎·韦登(Lisa Wedeen)指出:

> 在统一后,许多南方人开始谈论"再部落化";也门人民民主共和国(PDRY)承诺的现代"国家法制和秩序",与据称是原始的和传统的无秩序的北部合并在一起。有证据表明,南部经历了也门人称之为部落结构的复兴,它们出现在亚菲、阿比安、沙巴瓦和哈德拉毛省的部分地区。自1994年内战以来,高级公共职位的任命表现为一个新的精英阶层的出现,该阶层主要由拥有部落谢赫头衔的领导人组成。这些人享有在很大程度上凌驾于法律之上的自由量裁权。①

如果断言也门集合了部落政治意识则大错特错。相反,部落和部落民众组成了具有更广泛政治聚合性的选举群体。在这方面,部落在也门政治中的作用也许类似于美国政治中的"工人阶级中的白人男性"或者"福音派基督教徒"。当然,部落利益在全国人民会议中有其代表,而且很像部落利益在安全部队中所体现的那样。部落民众和其他也门人一样,都追求政治和军事职位。正如上文所指出的,重要的谢赫和谢赫的儿子占据着全国人民大会中的席位。据估计,在 2003 年马基里斯 – 舒拉(协商会议)的选

---

① Wedeen, *Peripheral Visions*, p. 175.

举中，谢赫所占席位比例差不多为总数的 1/3，他们大部分人来自全国人民大会。① 即使按照某些标准来说，部落民众并非占绝大多数，但他们在也门人口中占有很大比重。因此，一些特定部落成员在他自己的部落选区选举中进入议会也就不足为奇了。此外，也并不奇怪，野心勃勃的个人，无论是否属于部落，都会与也门最具权势的党派、总统萨利赫的政党——全国人民大会结盟。

革新党的部落色彩被格外强调。但说这个政党是部落主义的机构是不准确的，正如质疑它是伊斯兰主义政党一样不准确。在许多方面，它的产生与延续归功于阿卜杜拉·本·侯赛因·艾哈迈尔与阿布德·马吉德·津达尼的合作。阿卜杜拉在1979年成立伊斯兰阵线的过程中发挥了作用，当时伊斯兰阵线作为支持政府的武装力量，竭力压制在北也门南部地区的民族民主阵线。不久之后，阿布德·马吉德开始展示他的实力。在短暂担任教育部长期间，他创建了数个宗教机构，据称经费来自教育部和沙特阿拉伯。虽然两个人以及他们各自的追随者有一些共同利益（如他们反对阿里·阿卜杜拉·萨利赫），但他们合作建立革新党似乎主要出于权宜之计。合并后的网络和资源更强，也更有能力对付萨利赫的全国人民大会。

然而，矛盾的是，革新党在选举中衰落为无效的反对派，或许这也是它经久不衰的原因：如果革新党上台掌权，部落与伊斯兰主义阵营之间的分歧可能很快加深并且注定联盟的失败。尽管在社会和政治方面两派均具有保守倾向，较之当前的孱弱和贪腐的世俗国家，部落不太能够接受一个严格的伊斯兰国家。此外，一般来说，逊尼派、萨拉菲派、瓦哈比派这些主要的伊斯兰主义派别直接威胁着北部的栽德派部落。这似乎也是胡塞武装叛乱和政府镇压的原因。

总统萨利赫一方面依靠军队中同族和同盟的部落民众来维持他的地位，另一方面又驳斥安全力量在本质上属于部落的这

---

① Wedeen, *Peripheral Visions*, pp. 85–6.

第六章 也门：部落、国家和瓦解

一观念，这或许是自相矛盾的。重复一下上述内容，萨利赫权力的基础依赖于小集团的支持，而不是大型的部落联盟。事实上，部落民众在安全部队各个阶层中拥有广泛代表，并不一定是因为萨利赫及其同伙把他们安插到那里，而是因为军队长期以来一直有着很好的就业和晋升途径。据称军队中部落成员的比例占 70%~80%。①

可以说只有两个与萨利赫结盟的部落在其亲密的政治关系中获利。大多数的哈希德部落未能获利，尽管卡里夫和巴尼·苏拉姆部落据称获利很多。甚至还可以说，桑汉和哈姆丹·萨那部落在军队中的主导地位引起包括哈希德部落在内的其他部落的怨恨，甚至是发动叛乱的企图。武装部队中的部落民更有可能是伊斯兰主义者，而不像是总统的部落支持者，因此他们与津达尼的关系更为密切，而且也许还有其他更极端的人物。② 毫无疑问的是，南部的部落在军队和安全力量中没有发挥重要作用。他们更有可能对政权施加威胁，而不是支持它，尤其是军队中的南方人在萨达外围抗击胡塞武装的战斗中被当作"炮灰"后。

上述情况表明，也门政治中的部落作用受到一系列社会和经济发展的影响。当地发展协会的活动提供了一个例子，即如何提高部落民众的生活水平，以便达到与外部相同的水平，或者至少与传统的部落方式相匹配。此外，部落的忠诚面临着来自政治党派的出现以及泛阿拉伯主义和伊斯兰意识形态不断增强的竞争。

所有这些都未被普通部落成员或他们的谢赫所忽视。人们曾多次试图将部落团结在共同或联合利益的旗帜之下。在20世纪60年代的内战期间，在阿姆兰和哈米尔举行的重要会议，试图解决战争造成的分裂问题。阿卜杜拉·艾哈迈尔寻求成立一个全也门的部落会议，并且举行了很多分会议，旨在恢复巴基

---

① Phillips, *Yemen's Democracy Experiment*, p. 95, citing the head of a local NGO.
② Dresch, "Tribal Factor," pp. 41, 107n22.

尔部落联盟的应有地位。

在1990年统一和1994年内战爆发之间，至少举行了四次会议。这些会议探讨的问题，包括也门劳工在1990年伊拉克入侵科威特期间遭到沙特阿拉伯驱逐的问题，起因在于也门反对联合国授权军事打击伊拉克的决议。另一个会议是探讨对习惯法的保护和保存问题。还有一次会议试图在巴基尔部落的框架下包揽对部落的广泛关注。正如保罗·德雷施所阐释的，这些会议广泛关注的本质并不局限于部落问题，它所导致的其他全国性会议叠加在一起展现出的更像是公民社会，而不是狭隘地试图去维护一个神秘的部落历史。①2007年成立的民族团结委员会也有类似的特征。虽然该委员会是一个主要由部落和谢赫组成的联盟，但它承诺要将公民社会作为工具，来改革腐败政权所掌控的也门政治，促进也门的发展。

鉴于上述概括，部落到底是一种支持政权的力量，还是整齐划一的"忠诚反对者"，以这种思维来思考部落的基本结构是有问题的。首先，前北也门部落的集体力量在过去1/4个世纪中明显减弱，同时在1967~1990年，前南也门部落被中立化和边缘化。任何先前存在的部落力量基础受到了更多限制，也更加碎片化。其次，长期以来为也门政府提供"天然"支持和影响力的部落集团，哈希德部落联盟和巴基尔部落联盟已经分裂，只是后者分裂的程度较轻。

部落对抗也门共和国

20世纪90年代以来，也门部落和部落主义性质发生的重

---

① Dresch, "Tribal Factor", pp. 49–54. 斯蒂芬·戴提到20世纪90年代末在南方举行了部落会议，以便和平解决部落间的争端。Stephen W. Day, *Regionalism and Rebellion in Yemen: A Troubled National Union* (Cambridge: Cambridge University Press, 2012), p. 177.

第六章 也门：部落、国家和瓦解

大变化，在很大程度上是历史进程的产物，由于这一进程使谢赫们与他们部落之间的距离更远，部落民也获得更多的自由。这一变化产生了三个影响。第一个影响是也门日益浓厚的无法律制约的氛围。部落制度和法典遭到严重破坏，盗窃和抢劫活动猖獗。例如，当萨迪克·本·阿卜杜拉·艾哈迈尔在父亲去世后成为哈希德部落联盟最高谢赫的典礼上，他恳求其部落民众停止报复性杀戮和拦路抢劫，他认为战争造成了无法解决的危机、羸弱的国民经济和发展的困阻。

　　第二个影响是部落民众倾向于依靠他们自己的方式和政府打交道或向政府施压。这一点在绑架外国人和最近这些现象的激增中表现得最明显。以前这种做法是被严格禁止的，但现在几乎变得司空见惯，特别是焦夫省和马里卜省的部落，在萨那街头明目张胆地绑架外国人和误入他们地盘的旅行者。许多绑架事件和相关的石油管道破坏事件，目的都是要求为部落提供更多的工作机会，因为石油是从部落领地开采的。同时也是对政府施压，以便释放被官方拘押的部落民众。所有这些绑架事件几乎不会持续很长时间，人质也不会受到什么伤害，通常在支付赎金之后就会放人。值得注意的是，穆拉德部落绑架外国人的部分原因是获得本地发展项目的资金，还有一部分原因是确保能够罢免驻守在当地的贪腐的军事长官。贾赫姆部落不仅绑架外国人，还绑架其他部落的民众，特别是绑架与部落纠纷有关的桑汉部落的民众。

　　第三个影响涉及与伊斯兰极端主义在实践或意识形态方面联盟的发展，或者说它促使部落民众的转变。这一现象的明显后果是暴力行为。例如，巴尼·达比恩部落至少一开始便与之有牵连。1998年12月，6名游客被亚丁－阿比恩伊斯兰军（Aden-Abyan Islamic Army）绑架，最终有4名人质死亡。另一个突出的例子与希南·哈里西（Sinan al-Harithi）及其同伙有关，他们是"基地"组织的成员，在加瓦夫部落避难时，被美国的一枚地狱火导弹（Hellfire missile）炸死。阿比德部落拥

变化的中东部落与国家

有长期为绑架人质、毒品走私人员以及为极端组织提供庇护的传统。2001年12月，也门特种部队在阿比德部落领地里搜寻极端主义分子时，与部落民众发生交火，双方均有伤亡。

部落领地上还有其他极端分子活动的事例。在2001年12月发生交火事件的同时，阿比达部落领地的达尔·哈迪斯宗教机构中的80名外国学生和教师，被也门政府驱逐离境。部落纵容是极端分子在马里卜省活动的必要条件，2007年7月，7名西班牙游客和陪伴他们的也门司机与导游被杀害。2008年1月，一些比利时人在希巴姆部落地区被炸死或被炸伤，部落对发生这种事件的可能性肯定知晓。出于联盟的现实原因，或者个别部落成员已变为极端主义者，很难说部落在多大程度上参与其中。

一个看似矛盾的结果是，由桑汉和哈姆丹（Hamdan）氏族（可以扩大为哈希德部落联盟）主导的也门共和国，是两个更加虚弱的部落联盟的再度出现。有些人试图重新塑造巴基尔部落联盟的凝聚力，包括各个相互竞争的谢赫都在进行尝试。更有趣的是，前也门阿拉伯共和国（former Yemen Arab Republic,南北也门统一前的北也门——译者注）南部几乎要消亡的马德杰部落联盟的再现。一些人积极谋求马德杰部落联盟与巴基尔部落联盟，甚至要与赛义德家族组建的人民力量联盟或也门社会主义党联合。南部的部落表达也有所增强，不是为了反对国家，而是为了与国家讨价还价。当然，这些发展的一个原因，是为了努力挑战哈希德部落联盟的主导地位。另外，马德杰部落在国家层面的重新出现，归因于1990年国家的重新统一，以及与以前边界以南的部落传统联系的恢复。[①]

鉴于国家的羸弱和无力改善人民的生活条件，部落和部落民众对政府越来越恼怒，对新形成的城市官商谢赫这一现象也怨声载道。因此，他们寻求其他的挣钱方法。通过与沙特阿拉伯的边境走私毒品、外汇和武器，北部和东部的部落获得丰厚

---

① Carapico, *Civil Society,* pp. 203–4; Dresch, "Tribal Factor," pp. 45–56.

利润。除这些行为外，它们还抢劫财物和绑架人质勒索金钱。另外，资金通过谢赫从海湾邻近国家流入部落的同时，富有的海湾伊斯兰主义者通过资助宗教机构和慈善机构，促使农村伊斯兰主义情绪的增长。这有助于解释为什么2011年部落民众涌入萨那，加入抗议示威活动来反对政府及其领导人，因为民众认为他们贪腐和无能。①

统一后，尤其是1994年内战之后，萨利赫统治南方的很多方式与统治北方时非常相似：是一种分而治之的政策。斯蒂芬·W. 达伊（Stephen W. Day）通过观察认为，"自也门内战以来，萨利赫政权试图建立一个完整的新的南方部落等级制度，任命相对不重要的谢赫担任有权力和有影响的职位"②。因此，他的政策非但没有加强对南方的控制，反而强化了南方社会内部的分裂。

南方部落的动荡可能因为两个重要因素而加剧。其一，北方对南方的主导将会持续下去，这将激起包括部落在内的大多数南方人的不满。其二，经济的衰退将会持续，尤其是石油生产力开始下降。可用于农作物和牲畜饲养的水资源总量预计将快速下降，部落与部落、部落与政府之间的斗争几乎是不可避免的。

鉴于也门共和国政府实力的相对加强（正如1994年内战中它的胜利所表现出的那样），南方部落不大可能联合起来反对它。如果发生叛乱，部落可能会像1994年那样参与其中或是袖手旁观。然而，1994年开始的也门南部的分裂企图，破坏了现有领导层的基础——也门社会党和被招募来参与的更广泛的流

---

① 不仅是北方部落中的普通部落成员反对萨利赫，2011年4月有报道称，百余名哈西迪和巴克里部落的谢赫及其他反对派组织会面后发表声明，要求萨利赫下台。Associated Press, 16 April 2011.

② Stephen W. Day, "Power-sharing and Hegemony: A Case Study of the United Republic of Yemen" (PhD dissertation, Georgetown University, 2001), p. 446. See also the same author's "Updating Yemeni National Unity: Could Lingering Regional Divisions Bring down the Regime?" *Middle East Journal* 62:3 (Summer 2008), pp. 417–36.

亡人士联盟——很难确定新的领导层将从哪里出现。一种可能性是将从伊斯兰主义运动中出现。然而，目前来看，赛义德家族和国家伊玛目，以及更具极端倾向的穆斯林领导层之间还有很大分歧。无论是"阿拉伯半岛基地组织"，还是其下属组织如"安萨尔·沙里亚"，或是"亚丁－阿比恩伊斯兰军"，似乎都没有获得广泛的公众支持。这些组织设法争取部落支持，特别是通过支持石油开采区的部落要求获得更多石油收入和维护部落荣誉来争取部落支持。当然，极端主义者的目的是，诸如建立吉哈德极端主义的领土实体，逐步与部落目标背道而驰，并且将部落降低到无关紧要和从属的地位。①

部落与伊斯兰主义者及其运动的联系，往往基于其他因素而非狂热，比如不满政府的贪腐和政策。例如，也门主要的伊斯兰主义者阿布德·马吉德·津达尼（'Abd al-Majid al-Zindani），就被认为在也门部落中没有地位和吸引力。进一步说，加入"亚丁－阿比恩伊斯兰军"的部落成员，似乎是出于与非部落成员同样的原因而加入的。该组织于 1998 年绑架了一群西方游客，在与军队的交火中一些人质被杀害。

虽然部落为伊斯兰主义运动提供了许多兵源，但部落提供的领导者或意识形态的拥护者却很少。事实上，20 世纪 80 年代许多也门人去阿富汗与苏联作战，所谓的"阿富汗阿拉伯人"就是部落成员。一些从阿富汗回国的人加入了"阿拉伯半岛基地组织"，他们对该组织的影响不应被低估。萨拉·菲利普斯（Sarah Philips）和罗杰·沙纳汉（Rodger Shanahan）甚至认为，"'阿拉伯半岛基地组织'在也门的未来与部落联系在一起，

---

① Sarah Phillips and Rodger Shanahan, "Al-Qa'ida, Tribes and Instability in Yemen", Sydney: Lowy Institute for International Policy, November 2009, pp.6–7. See also Sarah Phillips, "What Comes Next in Yemen? Al-Qaeda, the Tribes, and State-Building" (Washington, DC: Carnegie Endowment for International Peace, March 2010; Carnegie Papers, "Yemen on the Brink," Middle East Program, No. 107).

第六章 也门：部落、国家和瓦解

如果能够与部落合作，那么'阿拉伯半岛基地组织'未来的安全会得到互让性的解决——如果他们不愿意合作，西方将面对'基地'组织的长期威胁。"[1]

当然，部落荣誉和好客的准则，可能会导致一个部落向伊斯兰主义部落成员提供帮助；有报告称，一些谢赫如塔里克·法理德（Tariq al-Fadli）于2014年6月加入了"阿拉伯半岛基地组织"，他也许会利用他的身份或地位团结部落民众。但是，塔里克投身伊斯兰主义运动是有疑问的。近年来，他更加靠近萨利赫的全国人民大会，据说是为了增加收回家族财产和自己财产的机会，然后转而公开反对萨利赫。支持伊斯兰主义者甚至有可能适得其反。例如，如果部落想在议会中有它的代表，全国人民大会的候选人要比革新党有更大的机会。[2]

在萨达赫地区抵御信仰青年党，即更加广为人知的"安萨尔·安拉"，或者胡塞武装的行动，有助于增强外界对他们的关注力、吸引力及其自身的韧性。政府指控该组织谋求颠覆政府和试图重建栽德派教长国。但很明显该组织是被政府，特别是被阿里·穆辛·艾哈迈尔点名攻击的，据称是因为其瓦哈比－萨拉菲主义的狂热。目前，还没有可靠的数据显示该组织的人数。但现在所知道的是，在早些年有成千上万名青年男性，通过栽德派传统地区附近的一系列夏令营接触了这些信仰。有理由认为许多胡塞武装分子属于当地的部落，政府在行动中杀害了当地的部落民，他们的部落便加入胡塞武装进行抵抗。

由于政府的高压手段和无能，胡塞武装在多大程度上引起全国民众的同情心，这是无法准确估量的。然而，这一组织有能力继续在萨达赫省对府展开持续的军事行动，这些军事行动

---

[1] Phillips and Shanahan, "Al-Qaʻida, Tribes and Instability in Yemen," p. 9.
[2] Elizabeth Mechelle Langston, *The Islamist Movement and Tribal Networks: Islamist Party Mobilization Amongst the Tribes of Jordan and Yemen* (PhD dissertation, University of Kentucky, 2005), pp. 203-4.

受到亲政府部落的支持，表明胡塞武装设法获得了额外的支持。更令人困惑的是，胡塞武装有能力在阿姆兰，特别是萨那郊区的巴尼·哈什什部落地区与军队进行激烈战斗。巴尼·哈什什部落民是否加入胡塞武装尚不可知，与巴尼·哈什什部落相关的赛义德·维奇尔家族（Sayid al-Wazir）参与了周期性的反政府活动。

2014 年，胡塞武装在国家层面的突然崛起，预示着也门局势将发生重大变化。胡塞武装的能力和影响力灌输到乡村的夏令营中，无论是栽德派还是逊尼派的，在也门其他地方也可能有类似的活动。对政府的不满——它的贪腐，小集团的统治，无力推动必要的发展和社会服务——是普遍存在的，而且也门低迷的经济形势、普遍贫困和年轻人缺乏机会，使形势更加严峻。在整个阿布德·拉布赫·曼苏尔·哈迪（'Abd Rabuh Mansur Hadi）领导时期，民众对政府的消极看法一直持续。这些体系性的抱怨，很容易被极端主义组织借助与胡塞武装采取的相同方式来发挥作用。

虽然政权可能意识到，至少需要在某种程度上对如阿布德·马吉德·津达尼这样的伊斯兰主义者加以安抚，但这不太可能对极端主义组织产生任何影响。这些组织认为政府不受欢迎，并想利用萨那与美国的不受欢迎的关系来做文章。而且不费什么力气，便可大规模招募心怀不满的年轻人。可以推测，城市年轻人更容易受到这种招募的影响。同时，正如胡塞武装的扩张以及极端主义者与焦夫省、马里卜省和舍卜沃省部落之间的相互关系那样，它们也可以表明，乡村的年轻人同样很容易被招募。事实上，这种通过联盟和部落规范来约束部落民众异常行为的做法，在过去的一二十年恶化了，它为疏远部落关系和招募被意识形态定义的群体敞开了大门。

最后，应该记住的是部落在也门境外的联系和影响。也门部落与沙特阿拉伯的联系长久而复杂。也门人几乎一致认为沙特的纳季兰省、阿西尔省和吉赞省，是在 1934 年的沙特与也门的战争中被夺走的。部落、教派以及文化的联系仍然大量存在。在过去的三四十年中，据统计有数百万也门人到沙特阿拉伯工作；当然，许多人因为伊拉克入侵科威特后的政府立场被驱逐出来。部落之间跨边境的联系由于走私合作而被加强。这给也门政府带来一系列问题，因为它侵蚀了政府在这些地区本来就薄弱的控制。由于武器走私和伊斯兰极端主义者的渗透，利雅得（Riyadh）感到这些问题甚至更为严重。沙特与也门两国政府之间的关系时常很紧张，但两国的部落关系却很紧密。1962年以来，沙特的政策就是保持也门的孱弱，并向部落提供大量援助，这一政策受到部落和谢赫们的欢迎。谢赫阿卜杜拉·侯赛因·艾哈迈尔一直将自己视为在萨那的沙特人（至少是他们中的一员）。[1] 与此同时，在全也门的部落地区，萨拉菲教派的改宗情况激增，在北部地区尤其明显。无论是否得到沙特世俗政府的支持（与其伊斯兰外交政策机构形成鲜明对比），也门的看法是沙特在整个国家传播瓦哈比主义。

也门与阿曼的部落联系同样重要。由于阿曼部落很自然地陷入20世纪六七十年代南部佐法尔省的激烈战争中，也门部落也略微涉及其中。马赫拉省的一些部落从也门叛逃到阿曼，很大原因是在阿曼境内的生活会更好，而在也门人民民主共和国的生活则是贫困的。阿曼和也门边境两侧的卡希尔部落之间也有古老的联系。

也门觉醒和分裂对部落作用的影响

2011年初之后，也门的政治形势经历了剧烈转变，但直到

---

[1] 沙特在20世纪90年代初每月向阿卜杜拉提供187万美元补贴。由于1994年内战，该补贴被中断，后来恢复到每月提供80万美元。Phillips, *Yemen's Democracy Experiment*, p. 100.

2015年初，政局依然动荡不安。也门的部落仍保持着其社会重要性，特别是在认同方面，即使不再需要依靠部落的帮助或保护。部落至少还有一定程度的自主权，2011～2015年的事件甚至进一步增加了其自主性，至少目前是这样的。

如果从"国家的部落"的角度来评估其影响，人们可以推测，部落也许在也门未来的作用会受到更大限制；然而，确切的结果取决于当前不可知的环境。在减少部落影响方面，很可能会有积极的进展。但应该指出的是，国家军队在应对这种局面时能力虚弱。有两个因素支撑这一结论。其一，部落民众逐渐成为个人政治行为者——作为公民而不是部落民。其二，谢赫作为部落领导人的作用不可否认在减弱。

关于"部落对抗国家"的动态性影响也许不会改变。部落持续反对国家的行动预计还要持续一段时间，包括劫持事件、攻击石油管道、储存武器以及不允许政府军和官员进入飞地的现象将继续存在。也门在2014~2015年的近乎崩溃，进一步鼓励了部落依靠自己的资源和力量。此外，只要极端主义在也门存在，部落与极端主义分子的联盟也可能会持续存在。正如上文所述，这与部落向极端主义转变的观点没有多少联系，而是传统的好客规则和现实的部落联盟，使其共同反对也门共和国政府以及它的外部合作者，特别是美国对部落事务和领地的干涉。

在目睹2011~2015年的骚乱后，人们可能会猜想也门的未来需要一个占卜的水晶球。在后萨利赫时代，部落的重要性取决于不久的将来各种发展的相互作用。也门的未来有两种前景。一种前景是阿里·阿卜杜拉·萨利赫可能仍然干涉也门政治；这种态势下的胡塞武装、南部以及极端主义分子的问题将是不稳定的和无法解决的；政府承诺的2015年的总统选举也不会产生一个民主政府。在这样的骚乱氛围中，似乎有理由假设部落主义仍将是许多部落成员生活中的一个重要标识和组成部分。对于动荡形势的认知，可能更有助于恢复也门部落民的部落认同。事实上，2014～2015年胡塞武装在也门全国扩张的浪潮，表明了部落影响力的恢复。但胡塞武装尚未强大到足以对新政权发号施令，更不用说他们自己掌权了（目前尚不清楚他们是否愿意这样做）。然而，他们与其北部部落的联盟，或许在未来几年将在也门国家政治中扮演强大且具有影响力的角色。

另一种前景是，萨利赫和他的亲属以及盟友将会保持中立。主要的权力掮客——诸如哈米德·艾哈迈尔、阿里·穆辛·艾哈迈尔、阿布德·马吉德·津达尼、全国人民大会和联合会议党派，以及数量众多的南方人和胡塞武装分子——都发现自己陷入了僵局，为阻止对手，他们将接受一场没有预先决定的总统选举，随后建立一个相对中立的政府。这样的政府不可避免地会衰败（如同20世纪70年代初期的埃利亚尼政府）。这将产生一个权力真空，可能使部落主义在稳步融入更广泛的社会的道路上倒退。

一种符合逻辑的假设是，未来将是两种前景的结合。这样的形势可能使部落处于和今天同样的处境，而且它也很可能在任何国家权力的斗争中成为局外人。只有强大的中央政府才有能力提供社会服务和安全，以及治理部落的能量，并对部落主义的政治作用产生有效影响。

第七章　当代叙利亚的贝都因部落：对权威、管理和控制的另一种视角

道恩·查蒂（Dawn Chatty）

几年前，唐纳德·科尔（Donald Cole）写道："贝都因人都到哪里去了？"[①] 提出这一反问为分析视角的转变设定了条件，即它从以往的观察一种生活方式转变为识别一种认同。就叙利亚的贝都因人而言，情况非常相同。但对这一反问则可以回答："无处不在，我们只是视而不见。"本章将要论述，叙利亚的贝都因部落延续着真实和虚构的亲缘联系的组织功能，这些纽带使部落成员团结并具有凝聚力，尽管数十年来国家一直试图抑制部落，但是事与愿违。叙利亚的贝都因人，确实构成了一个有组织的"族群"，并以支离破碎的部落组织形式表现出来。他们把自己塑造成一个精神社会的群体，这个群体建立在对与错的清晰概念的基础上，并且主要通过铸就诸如团结、好客、慷慨、荣誉等行为观念来体现。

在当代叙利亚政府的报告和国际研究中，"贝都因人"一词逐渐在公共领域消失。他们通常被归入广义的分类中，诸如赌金保管者、使用者、当地的社团，以及低于国家和国际发展

[①] Donald Cole, "Where Have All the Bedouin Gone?" *Anthropology Quarterly* 76 (2003), pp. 235–67.

第七章 当代叙利亚的贝都因部落：对权威、管理和控制的另一种视角

机构指定财富指标的乡村贫民。本章的许多分析，是基于数年来对黎巴嫩和叙利亚边境地区，以及位于叙利亚中部的霍姆斯（Homs）、哈马（Hama）和帕尔米拉（Palmyra）省交界处，有着大量部落活动和与国家互动的巴迪亚地区的访谈和实际考察的结果。

本章首先简要考察大叙利亚地区（Bilad-al-Sham）贝都因部落的情况及历史。接着审视其20世纪所受安抚、反抗和复兴的历史（1900～1970年）。随后探讨过去30余年中，在复兴党执政下，特别是哈菲兹·阿萨德（Hafiz al-Asad）的纠正运动（Correctionist Movement）之后，及其儿子巴沙尔当政期间叙利亚贝都因部落社会的显著变化。它表明，尽管1958年的叙利亚法律中正式取消了贝都因部落的法律地位，并在复兴党的党章中做出了努力消灭部落主义的决定，但那些拥有权力和威望的部落领导人，却以另一种形式在复兴党的叙利亚巴迪亚地区继续存在。相对于国家法律（qanun），这种对习惯法（'urf）的忠诚和偏好，最终得到国家非正式的承认和容忍。通过这种做法，国家避免了其自身权威在部落地区接受测验。因此，在部落冲突中依靠习俗调解和谈判受到国家机构的非正式支持。在巴迪亚地区无法对冲突进行治理，反映了国家的无能。同时，国家还意识到没有什么手段能够将其意志强加于部落社会。

过去和现在的贝都因部落情况

"bedu"一词来源于阿拉伯语中的"badia"，指的是阿拉伯半岛北部半干旱和干旱的草原，以及指居住在巴迪亚（Badia）地区的人。在阿拉伯传统文化中，"bedu"（沙漠居民）的反义词是"hadar"（城市居民）。其他词语中通常涉及贝都因人则使用"'Arab"一词。

贝都因部落的社会组织被许多人描述为，基于现实和虚构

的各个层面上的对立和平行的分割单位。阿拉伯语中的表述"我反对我的兄弟；我和我的兄弟反对我的堂兄弟；我、我的兄弟和我们的堂兄弟反对这个世界"，精准地描述了联盟中分层的观点，以及家庭、世系和部落中的团结和敌意。整个部落的起源神话，可以追溯到基于真实和虚构的血缘纽带的最早祖先——阿德南人（Adnan）或葛哈坦人（Qahtan）。这种分割是指将部落划分为更小的平行单位——阿什拉斯（ashiiras）和阿夫哈德斯（afkhadhs）——次部落或家族以及世系。然后在这个基础上，那些大型的已扩大的相关家庭群体有时被称为贝兹（bayts）或者阿克瓦姆（qom/aqwam）。最小的单元通常由追溯四五代到曾祖父母、有着共同祖先的相关亲属所组成。这一群体通常迁移到或者一同居住在相邻的小村庄；他们牧养牲畜，共享牧场和水源。若要使用邻居或非亲属关系的牧场或水源，则需与其他相似的部落单元谈判。在最高层，由"谢赫"血统中最强大和最有魅力的男性组成部落领导，与其他部落及其领导进行谈判或博弈，以便为整个部落获取自然资源。同时代表部落与国家的中央政府建立联系。这种领导还会被贝都因部落民众给予一种道德权威，但这种权威也会由于其尊重或不尊重部落习俗而加强或丧失。[①]

贝都因部落肯定起源于前伊斯兰时期，可以追溯到数千年前。重要的是要牢记，贝都因人的游牧生活是农业的一个分支，而非农业的前身。这表明，从进化的角度看，这是对中央集权的环境和政治压力的一种复杂的适应。[②] 欧内斯特·盖勒纳（Ernest Gellner, 1958）以及近期的詹姆斯·斯科特（James Scott, 2008）都认为，这些"边缘"部落与"原始"部落不同，因为越来越多的证据表明，一个复杂但又颇具适应力的组

[①] Dawn Chatty, "Land, Leaders, and Limousines: Emir vs Sheikh," *Folk* 16:4 (1977), pp. 385-97.

[②] Brian Fagan, *Peoples of the Earth: An Introduction to World History* (Boston: Little, Brown, 1986).

第七章　当代叙利亚的贝都因部落：对权威、管理和控制的另一种视角

织是在反对中央集权并且经常受国家权威压制的情况下发展起来的。

地中海沿岸半干旱的叙利亚草原，可以从事旱作农业，也可以放牧绵羊、山羊和骆驼。因此，在整个历史上，叙利亚地区一直是农业和放牧活动之间的冲突和竞争地带。这一地区处于农业定居点（Ma'moura）和巴迪亚地区之间，是一个没有固定形态的过渡地带，在这里能够找到一些最好的牧场，在适合的条件下也可以进行大范围的耕作。公元14世纪蒙古人入侵后，几乎摧毁了一切中央政府机构。此后，贝都因部落向阿拉伯半岛北部的巴迪亚地区、幼发拉底河下游和地中海沿岸大举扩张。这导致大量农村人口向主要的城市中心迁移，一些农民也转变为部落游牧民。16世纪，随着奥斯曼帝国对该地区的重新征服，阿拉伯半岛北部地区经历了一段时期的农业扩张。一些"高贵的"远途放牧骆驼的贝都因部落撤离该地区，或被驱赶到阿拉伯高原的腹地，叙利亚地区只留下"普通的"牧羊部落，其中最主要的是麦瓦利（Mawali）、哈迪迪（Hadidiyin）以及法德（Fadl）部落，它们位于邻近农业地带的巴迪亚地区。[①]

17世纪中叶，奥斯曼帝国为支持对奥地利的战争，从沙漠边境地区，特别是大马士革和霍姆斯之间撤出大量军队。[②] 结果导致农业的衰落，伴随农民逃往城镇或加入贝都因部落成为游牧的牧羊人，村庄和农田被遗弃。[③] 许多饲养骆驼的贝都因部落，开始从阿拉伯半岛北部内陆地区向北迁徙，实际上是填补了叙利亚地区的真空。贝都因部落的扩张一直持续到19世纪

[①] 贝都因部落中"高贵的"饲养骆驼的部落和"普通的"牧羊部落之间从来没有严格准确的区别。麦瓦利部落和法德部落一直声称自己是"高贵的"部落，尽管他们一直在牧羊。因此，在努力摆脱当局和中央权力的管控时，这两个部落受到限制，无法进入巴迪亚干旱地区的腹地。See Max Oppenheim, *Die Beduinien* vol. 1 (Leipzig: Otto Harrassowitz, 1939).

[②] Albert Hourani, *Syria and Lebanon* (London: Oxford University Press, 1946).

[③] Antony Nutting, *The Arabs* (London: Hollis and Carter, 1964).

末，奥斯曼帝国再次通过定居或与贝都因部落首领们合作，对部落实施控制。在两个世纪中，大型的安萨（Aneza）和沙马尔（Shammar）游牧骆驼的部落确立了在大叙利亚地区内的巴迪亚和贾兹拉（Jazira）的地位，其中的部分原因是有机会同那些依然存留的农业定居点建立庇护关系 [支付贡金（khuwa）或是受到袭击（ghazu）]。在北部地区的活动，也是对日渐加强的伊斯兰教重要的一神论改革运动的一种逃避性回应，该运动就是源于阿拉伯半岛中部的瓦哈比主义。[1]沙马尔部落联盟第一个进入叙利亚，但未能成功地挑战巴迪亚地区长期存在的麦瓦利和法德部落联盟。随后沙马尔部落联盟向北部和东部迁移，并在幼发拉底河对岸的贾兹拉地区安营扎寨。[2]安萨部落联盟后来抵达巴迪亚地区，其中包括哈桑那（Hassanna）、费德安（Fed'aan）、萨巴（Sba'a）(Btaynat 和 'Abdah)、鲁瓦拉（Ruwalla）、乌尔德·阿里（Wuld Ali）和阿马拉特（Amarat）部落。

当地的牧羊部落依附于当地的庇护者，诸如奥斯曼帝国在阿勒颇的统治者。他们向国家缴税，以保护其在贸易和农业上的利益。这些小型的部落对国家没有构成威胁。19 世纪中期，阿勒颇市注册了 100 个这样的小部落，它们定期纳税——以代替向更强大的贝都因部落支付保护金（khuwa）。每个小部落都有一名经奥斯曼帝国承认的谢赫，他扮演部落与政府之间的正式调解人角色。在阿勒颇注册的有麦瓦利部落和哈迪迪部落。较大的部落

---

[1] See Antony Toth, *The Transformation of a Pastoral Economy: Bedouin and States in Northern Arabia, 1850–1950* (DPhil dissertation, University of Oxford, 2000).

[2] 部落谱系是用来解释历史的，但实际上被用来证明或使部落间强弱现状合理化。部落之间的关系通常被简化为亲缘关系，即使在解释一个氏族（或扩展为一系列相关的家族群体）被驱逐，以及它依附于另一个部落时也是如此。因此，有一份资料显示，沙马尔人最初是麦瓦利部落的祖先，但在一次事件后一些麦瓦利血统的人被驱逐，并在阿拉伯半岛北部腹地的杰贝·沙马尔附近的沙马尔部落避难。此后，他们带着新发现的沙马尔部落回到叙利亚，并试图报复在叙利亚巴迪亚地区的麦瓦利部落。

第七章　当代叙利亚的贝都因部落：对权威、管理和控制的另一种视角

如费德安和萨巴部落联盟并不认为自己是奥斯曼素丹[①]或其主要城市统治者的臣民；他们不缴税并认为应该"减免"税收。大型的和组织化的部落对中央政府是一种威胁，但它们也在国家的地区安全战略中发挥作用。这些部落控制着主要的军事区域，那里的通信线路很重要。部落被授予"控制"这些地区的权力，素丹则支付所需钱款，有时还需要向部落配发给养和食物。对安全地区的持续控制，还赋予部落对过往车辆征收通行税的权力。[②]

及至19世纪中叶，安萨部落在巴迪亚地区建立自己的定居点。他们成功地将沙马尔部落赶到幼发拉底河另一边，完全控制了巴迪亚地区，并且与当地的牧羊部落如麦瓦利、法德、哈迪迪部落签署暂时性的妥协协定。这些部落，特别是放牧骆驼的安萨部落和沙马尔部落都是格纳尔（Gellner）所构想的"边缘"部落，因为它们控制着边缘地区和边界，因此也控制着大马士革与巴格达以及大马士革与麦加之间重要的跨城市贸易和朝圣商队路线。有时候，当奥斯曼帝国认为部落的要求是敲诈行为时，或者部落内部为控制重要水源和牧场出现战争和掠夺行为（尤其是在19世纪六七十年代），从而扰乱叙利亚城市，特别是霍姆斯和阿勒颇以及定居区的安全时，会进行惩罚性的打击。[③] 这些活动对19世纪七八十年代奥斯曼帝国的坦齐马特改革造成了严重破坏。因此，奥斯曼帝国派军队驻扎在阿勒颇到豪兰（Hauran）一线的边境地区，以应对混乱的局势。此外，

[①] 本书在提到奥斯曼帝国首领时统一采用"素丹"一词，书中其他部落首领用"苏丹"表示，以示区分。——译者注

[②] Jonathan Rae, *Tribe and State: Management of the Syrian Steppe* (DPhil dissertation, University of Oxford, 1999), p. 64.

[③] 安萨部落联盟对巴迪亚地区无可争议的控制权可以追溯到19世纪30年代，当时阿里帕夏担任奥斯曼帝国巴格达省总督。阿里帕夏得到安萨部落的帮助，以控制沙马尔部落的贝都因人，后者当时正在蹂躏该地区，致使其商业和交通陷入瘫痪。安萨部落攻击巴格达附近的沙马尔部落，然后在叙利亚的巴迪亚地区以同样的方式进行打击活动。Gertrude Bell, *Syria, the Desert and the Sown* (London: Heinemann, 1907).

变化的中东部落与国家

150　奥斯曼帝国开始有目的地将土俄战争中的穆斯林难民安排在边境地区定居，并为其提供武器。1870～1900年，切尔克斯人（Circassians）、阿巴齐人（Abhazi）和车臣人被迫沿着定居地一线定居下来，这一片地区从幼发拉底河的拉斯·艾因（Ras al 'Ain）一直延伸到安曼。在戈兰高地，这些定居者和其他新来的人（黎巴嫩山区战斗中逃亡的德鲁兹人）组成了一支有战斗力的部队，并打破了贝都因人的权力控制。在霍姆斯、哈马和萨拉米亚附近地区，刚刚军事化的切尔克斯人的定居点包围了麦瓦利、哈迪迪和法德贝都因人部落，这便给予了其他归来的农民社团继续从事农业生产的勇气。①

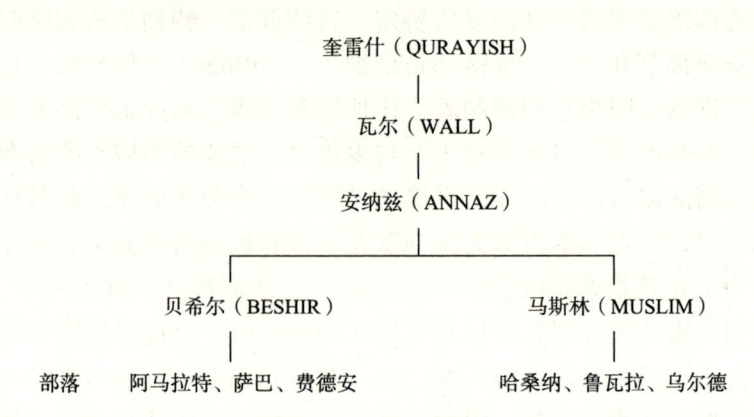

```
              奎雷什（QURAYISH）
                   │
                瓦尔（WALL）
                   │
               安纳兹（ANNAZ）
               ┌───┴───┐
      贝希尔（BESHIR）    马斯林（MUSLIM）
              │                │
部落   阿马拉特、萨巴、费德安   哈桑纳、鲁瓦拉、乌尔德
```

图1　安萨部落联盟

资料来源：John Glubb, *Handbook of the Nomads, Semi-Nomads, Semi-Sedentary Tribes of Syria,* GSI Headquarters, 9th Army, 1942.

叙利亚土地所有权和使用权的基础

法律多元化或许是理解叙利亚巴迪亚地区财产权的最佳途

---

① 格特鲁德·贝尔在访问该地区时称，尽管哈桑纳部落和鲁瓦拉部落的一些酋长在干旱季节仍频繁地过来，但大部分贝都因人已被赶走 (Bell, 1907)。

第七章 当代叙利亚的贝都因部落：对权威、管理和控制的另一种视角

径。长期以来，国家的正式法律体系与部落习惯法并存。正式法律是成文的法律，而部落习惯法基本上是不成文的法律。近代以前，从法国委任统治开始，正式法律往往认可现存的地方习俗（在某些情况下仍然如此，因为习俗是伊斯兰法律，即沙里亚法的来源之一）。贝都因人很少服从正式法律。直到独立初期（有些人至今还在争论），习惯法在所有事务上都是最重要的，包括结婚、离婚、杀人和财产权。在巴迪亚北方（叙利亚、黎巴嫩、约旦和伊拉克），部落机构被称为"'urf were"，"因其复杂性和文化中心的特征而闻名"[1]。除非争议和冲突威胁到定居区的总体安全，中央政府很少干涉巴迪亚地区的部落事务。

在伊斯兰法中，国家将种庄稼和植树的土地的全部所有权（mulk）授予那些耕种者。在水的利用方面，诸如从凿井到开挖水池所获水源的相同权利也被认可。永久灌溉区、果园和宅基地的土地也可为私人所有。根据1858年奥斯曼帝国的土地法典（Ottoman Land Code），所有剩余的土地都被划分为卧格夫（waqf，宗教或慈善基金土地）、米里（miri，国家土地）、穆沙（musha'，通常用于放牧的共同受益的国家土地）、马图卡（matruka，公共土地）或马瓦特（mawat，荒地）。国家对马瓦特不收税，所有人都可以"为获得燃料或用于建筑进行砍伐……采集牧草……不受任何人的阻拦"[2]。对于农牧交错地带的贝都因人和村民来说，存在同样的基本权利观念，许多牧羊部落寻求在这些地区占有土地。有些人每年都要回到自己耕种的土地上收割庄稼，但这种农牧过渡地带大多是牧场，奥斯曼帝国承认这些地区几百年来或自古都由部落或分支部落所有。在1858年的奥斯曼帝国土地法典中，这样的牧场则被视为国家财产。

---

[1] Frank Stewart, *Bedouin Boundaries in Central Sinai and the Southern Negev* (Wiesbaden: Otto Harrassowitz, 1986), p. 489.

[2] Ottoman Land Code: Art 104, as explicated in Rae, *Tribe and State*, p. 77.

由于这些地区经常发生土地纠纷，并且是在农民之间发生冲突，国家对这些牧场进行管理具有切实的必要性。例如，奥斯曼帝国承认哈迪迪和麦瓦利部落在阿勒颇南部地区拥有"习惯性的"夏季牧场。贝都因部落首领通常期望奥斯曼帝国的阿勒颇省总督能够分配给他们一块夏季牧场。因此，在19世纪中叶，费德安部落谢赫与阿勒颇省总督谈判，要求把更好的牧场给予其部落。这些传统部落区域的面积和边界并不固定，常常与邻近的贝都因部落重叠（例如哈迪迪部落和麦瓦利部落传统的牧场与费德安和萨巴的部落牧场就是如此）。

巴迪亚地区的习惯法经常是模糊的和具有弹性的，因此一直处在谈判中。理解这些权利的起点是先知穆罕默德所说的那句话："人类有三种共需之物：水、植物和火。这些资源的最终所有权属于真主，但它们的使用权属于所有人。"① 由于牧场、水源和木柴每年都是有限的，其数量也是波动的，对它们的管理及对其不断减少的担忧主要集中于使用习惯和使用权利。在巴迪亚地区，没有水，放牧是不可能的；而且在大多数情况下，只有投入人力凿井或维护水井和蓄水池才能获得水。通过这种方式才能拥有水的使用权。对长期存在的水源和牧场的权利，可以借助军事力量由一个部落夺取另一个部落的资源，或是实际上放弃对资源的拥有权（例如，贝都因部落在若干季节会离开领地）。强大的部落酋长还可以不定期地将特定的水源和牧场分配给特定的分支部落或宗族。②

19世纪末，一些部落离开农业区周边的边缘地带，迁移到巴迪亚地区腹地，以逃避奥斯曼帝国中央政府的控制。这样做往往被视为他们放弃了对某些水井和牧场的所有权。其他的部

---

① John Wilkinson, "Traditional concepts of territory in south east Arabia," *Geographical Journal,* 149 (1983), p. 306.
② 奥斯曼人在19世纪下半叶建立的部落管理机构在整个法国委任统治时期（1920~1944）和独立初期（1945~1958）大部分被保留着。

第七章　当代叙利亚的贝都因部落：对权威、管理和控制的另一种视角

落组织，尤其是阿勒颇地区的部落开始定居于此，并从事农耕。另有一些部落的分支也开始一边从事农业（通常种植大麦和其他饲料作物），一边牧羊。总的来说，牧羊部落与农业定居点的关系良好，但它们往往与更强大的"高贵的"饲养骆驼的部落保持着庇护关系。

部落领导阶层，也就是贝都因人的精英，实际上几乎没有变化。从倭马亚王朝到现在，贝都因人的领导者与权力中心一直保持紧密联系，而没有不可逆转地屈服于这种生活方式。几个世纪以来，贝都因人的酋长们舒适地生活在沙漠中的帐篷里，以及在都市精英们的大都会沙龙里，他们在这两个世界之间架起了桥梁。19世纪时，奥斯曼帝国在君士坦丁堡（伊斯坦布尔）为整个帝国境内的部落酋长的儿子们建立了一所特殊的寄宿制学校。到20世纪初，许多贝都因部落的酋长都在那里接受教育。[1] 例如哈迪迪、麦瓦利和萨巴部落的谢赫在伊斯坦布尔上学，并在奥斯曼帝国的军队中服役，之后被奥斯曼帝国素丹任命为其部落的谢赫。[2] 他们经常出现在奥斯曼帝国的主要城市，他们温文尔雅的复杂礼仪，时常受到西方旅行作家的评论。例如，后来成为伊拉克哈希姆王国埃米尔费萨尔政治顾问的格特鲁德·贝尔（Gertrude Bell）曾在20世纪初写道：

> 在大马士革，富裕部落的谢赫有他们的联排别墅；你可能会遇到哈桑纳部落的穆罕默德或是巴尼·拉希德部落的巴森姆（Bassem）穿着绣花斗篷，戴着紫色和银色的头巾在集市上招摇过市……大步穿过人群给避让的通道，仿佛大马士革是他们的城市。[3]

---

[1] Aref Abu Rabia, *Bedouin Century: Education and Development among the Negev Tribes in the Twentieth Century* (Oxford: Berghahn Publishers, 2001).

[2] Eugene Rogan, *Frontiers of the State in the Late Ottoman Empire* (Cambridge: Cambridge University Press, 2000).

[3] Bell, *Syria, the Desert and the Sown*, pp. 134-5.

近期历史上的安抚、拒绝与复兴
（1900～1970年）

许多贝都因酋长和他们的部落民众，支持第一次世界大战中的阿拉伯人起义，而后在叙利亚的部分地区建立了一个由埃米尔费萨尔统治的独立的阿拉伯国家。[①]三个贝都因部落——鲁瓦拉（Ruwalla）、法德（Fadl）、哈桑纳（Hassanna）——的领导人都与大马士革有着紧密的联系，首先格外积极支持叙利亚的哈希姆王国（1919～1920年），此后还抗议法国委任统治当局的政策。法德部落支持埃米尔费萨尔摆脱奥斯曼帝国统治的独立运动；鲁瓦拉部落的努里·沙兰（Nuri Sha'laan）却同奥斯曼当局合作，据称每月从艾哈迈德·贾麦尔·帕夏（Ahmad Jamal Pasha）那里获得2万金镑（gold pounds）的津贴。[②]费德安部落武装沿着幼发拉底河在拉马丹·查拉克（Ramadan Challach）的指挥下控制着代尔祖尔（Dayr al Zawr）和拉卡（Raqqa）之间的地区，为埃米尔费萨尔抵抗入侵的法国军队。[③]1918年，鲁瓦拉部落的努里·沙兰和哈桑纳部落的特拉德·梅尔辛（Trad al Melhim）跟随埃米尔费萨尔的军队进入大马士革，建立了叙利亚王国。这些贝都因酋长与奥斯曼帝国、法国、英国的代理人之间有着各种联系，在某一特定"边缘"地区维护他们的领导权，同时支持建立一个非殖民性质的中央

[①] 正如1915~1916年侯赛因—麦克马洪书信中记载的那样，英国人也做到了这一点。

[②] 1910年，埃米尔费萨尔与奥斯曼帝国官员发生冲突后，他被流放到了伊斯坦布尔。1916年，他改变立场，接受现实，回到了大马士革。劳伦斯表示支持埃米尔费萨尔拥有叙利亚主权（Chatty, 1986, p. 19）。

[③] See Meriem Ababsa, *Idéologies et Tmritoires Dans un Front Pionnier: Raqqa et le Project de l'Euphrate en Jazira Synenne* (PhD dissertation, University of Tours, 2004), pp. 358–9.

第七章 当代叙利亚的贝都因部落：对权威、管理和控制的另一种视角

政府，这些都突出了他们的政治手腕。①

1920年埃米尔费萨尔被法国人击败，法国（也包括英国）在奥斯曼帝国的前阿拉伯行省确立委任统治后，这些部落酋长及其支持者各奔东西。法国的委任统治被叙利亚的许多人认为是非法的，并且通过大罢工和武装斗争来表达不满和反对他们统治。哈桑纳部落的谢赫特拉德继续为建立一个独立的国家而努力。法德部落的谢赫则抗议在他们的领土上建立法国委任统治，并且流亡到新成立的英国委任统治下的外约旦。沙兰（Sha'laan）则在法国和英国之间摇摆不定，直到他们最终与法国的卡特鲁上校（Colonel Catroux）达成协议，协议规定部落保护巴迪亚地区的商队和部落的和平，法国则每月支付2000金镑的津贴。

在委任统治时，法国寻求增强自己的力量，并且采用经典的"分而治之"政策。因此，法国人明确支持所有的宗教少数派，竭力削弱阿拉伯民族主义运动。法国委任统治当局把黎巴嫩山区和贝卡谷地从大叙利亚地区分离出来。叙利亚的其他地区被划分成五个具有宗教和文化差异的半独立的辖区（如杰贝尔·德鲁兹、阿勒颇、拉塔基亚、大马士革和阿列克谢列塔）。巴迪亚地区的贝都因部落则被分离出来，并鼓励其建立自己的民族国家，这是一个受监督的法国的特别单位，被称为"受控制的贝都因人"（Contrôle Bedouin）。这个半自治的机构：

……在随后几十年的治理下，通过哨所、巡逻队和机

---

① 正当贝都因人的注意力被吸引到关于奥斯曼帝国各阿拉伯行省政治前途的谈判上时，他们自己的家园、阿拉伯半岛北部的巴迪亚地区却被《赛克斯－皮科协定》所瓜分。英国和法国人为设定的边界并不是沿着如河流这样的自然边界，而是划分在巴迪亚地区的"开放"领土上。穿越宽阔沙漠的路线成为英国的一条横跨约旦和伊拉克的走廊地带，并将叙利亚的巴迪亚地区与其位于沙特阿拉伯的天然南部地区分割开来。在地图上的几笔，致使贝都因部落基于季节性迁徙、牧场和水井的生存方式受到明显破坏。这些新的边界使人们丧失了经济、商业和社会的基本要素。

械化军队维持沙漠中的良好秩序。部落民众重新纳税，议会中有他们的直接代表，彼此间的争执得到和解，部落的武器受到控制，他们在沙漠中挖井，开办了季节性的沙漠学校，流动的医疗诊所也建立起来。①

这些将贝都因人隔离出来的举措，虽然完全是为了在精神上使部落"边缘化"，并让他们远离中央政府，但从长期来看却对贝都因人不利。在1920年开始的委任统治时期，法国给予贝都因人特殊地位的政策不仅仅是一种简单的浪漫主义政策，法国人需要与贝都因人合作。首先，法国人不能让新获得的2/3的委任领地（巴迪亚地区）脱离其控制。他们要确保持续和安全地通过这一地区前往巴格达开展商贸活动和旅行。此外，通往摩苏尔和海法的石油管道也必须得到保护。法国人有两种选择，要么通过武力来平定该地区，要么通过满足部落酋长的要求来"收买"部落的支持。这两种方法同时进行了尝试，产生了一些意想不到的结果。

法国委任统治的前几年，进行了大规模的强制移民，并且对定居人口和贝都因人加以驱逐。随着奥斯曼帝国被瓜分，亚美尼亚人、库尔德人、亚述人以及其他基督教社团被强迫迁移。沙马尔贝都因部落（据称有4万顶帐篷）在纳季德地区的海里（Hail）被阿卜杜拉·阿齐兹·沙特所击败，集体逃亡到叙利亚的贾兹拉和伊拉克避难，其他的贝都因部落则不满法国委任统治，从叙利亚的巴迪亚地区迁移到了阿拉伯半岛中部。这些部落包括安萨部落联盟中的鲁瓦拉、哈桑纳、费德安和萨巴部落。1919~1921年的两年中，法国试图建立对叙利亚城市以及沙漠和定居农业区之间过渡地带的控制。1920年建立的"受控制的贝都因人"开始试图解决贝都因人的争端，同时规范其移民。

---

① Stephen Longrigg, *Syria and Lebanon under French Mandate* (London: Oxford University Press, 1958), p. 283.

第七章　当代叙利亚的贝都因部落：对权威、管理和控制的另一种视角

虽然这项工作受法国东叙利亚领地指挥部（French Territorial Command of East Syria）的直接管辖，但"受控制的贝都因人"除了鼓励贝都因人以传统方式来处理其事务、避免扰乱定居人口外，对确保定居区一定程度的安全作用却很小。这意味着要求贝都因人不能在定居区携带武器，其内部的争斗必须远离和平的定居区，只能在定居区外进行。当然，这些要求并没有得以遵守。1921年，法国建立了第一家勒格雷斯沙漠公司（Compagnies Legères du Désert），它是法国军官指挥的当地军队，也称骆驼兵（Camel Corps, Meharistes），用以加强他们的统治。然而在代尔祖尔建立的第一支骆驼兵的前哨基地，遭到了阿格达特（Ageheidat）贝都因部落的袭击。次年，在邻近霍姆斯－哈马地区的麦瓦利部落和哈迪迪部落因长期争斗，导致贯通大马士革和阿勒颇的铁路线被切断。一支法国骆驼兵纵队来到该地区，采用异乎寻常的暴力惩罚这些部落。一些冬季的部落定居点被烧毁，羊群四散，许多人被杀。[①]法国当局和一些贝都因部落领导人在资金和政治上达成谅解，从而对偶尔的袭击和冲突予以容忍。[②]

1925~1927年的德鲁兹起义（也称阿拉伯人大起义）极大地改变了法国对贝都因人的政策。贝都因人因为同情阿拉伯人大起义而加强了袭击活动，普遍将枪口转向法国人。例如在霍姆斯－哈马地区，哈迪迪部落袭击并劫掠了哈马，切断了通信并毁坏了许多政府财产。法国当局实施空中轰炸和紧急调动部队投入行动，只用了两天便恢复了控制。第二年春天，当哈迪迪部落和一些麦瓦利部落民从沙漠中的冬季牧场返回时，再次遭到法国军队的轰炸。由于担心阿拉伯人大起义会得到部落的

[①] John Glubb, *Handbook of the Nomads, Semi-Nomads, Semi-Sedentary Tribes of Syria* (London: GSI Headquarters, 9th Army, 1942).

[②] Fadl Al-Faour, *Social Structure of a Bedouin Tribe in the Syria-Lebanon Region* (PhD dissertation, University of London, 1968); Glubb, *Handbook of the Nomads*; Oppenheim, *Die Beduinien*.

变化的中东部落与国家

支持，法国主动采取行动，在部落对城市中心造成破坏之前对其进行轰炸。① 到 1927 年，法国人对这块边缘土地施加了足够的压力，迫使哈马的谢赫们一起参加会议，以便实现部落彼此之间的和解，结束对当地安全的敌视和威胁。和平的努力使每个部落谢赫每月获得了津贴补助（与几十年前为保护定居点免受各方袭击而支付的保护金没有什么区别）。会议结束时，哈迪迪和麦瓦利部落、鲁瓦拉与萨巴部落、法瓦尔（Fawara）与巴尼·哈立德部落，以及费德安和沙马尔部落之间实现了和平。

第二个和平会议于 1930 年举行，安萨和沙马尔部落联盟聚集在一起，导致法国采取更严格的措施来控制贝都因人，这一犯罪控制体系，将巴迪亚地区的事务，不仅是传统领导负责的，而且还有"受控制的贝都因人"负责的事务，都纳入控制范围。② 这些事务包括将种植区的部落民置于日常的政府法庭（ordinary government tribunal）的司法管辖下。③ 然而，仍有许多部落民拒绝服从控制，并脱离了部落。例如，鲁瓦拉部落的分支在法尔汉·米舍尔（Farhan-il-Meshour）的领导下，带着数千顶帐篷离开大马士革地区，加入内志的阿卜杜拉·阿齐兹·沙特的队伍中。费德安和阿格达特部落联盟中的其他氏族也出现了分裂，并迁移到阿拉伯半岛中部地区。那些仍然忠于法国委任当局的部落谢赫，在法国委任统治的国民议会中自动获得代表权。更强大的部落在议会中分到 9 个席位，包括哈迪迪、

---

① Ministère des Affaires Etrangères, Rapport sur la situation de la Syrie et du Liban soumis au Conseil de la Societe des Nations, 14 volumes (Paris, 1923-1938).
② Ministere des Affaires Etrangères, Rapport, 1930, 1931.
③ 法国人把叙利亚部落分为游牧部落和半游牧部落。游牧部落包括安萨和沙马尔部落联盟，以及更强大的如哈迪迪、麦瓦利和海布部落。半游牧部落包括如巴尼·哈立德等所有其他牧羊部落。直到 1934 年，这种区别意味着除了在定居地区，游牧部落的民众可以自由携带武器。游牧民中的犯罪行为通过习惯法来解决。另外，将他们归类于半游牧种族，意味着其必须经过政府允许才可能携带武器，同时他们可以根据国家法律而不是部落习惯法被起诉和审判。

第七章 当代叙利亚的贝都因部落：对权威、管理和控制的另一种视角

麦瓦利、费德安部落（独立后处于政治力量复兴中的许多领导人，将作为选举出的议员重返议会）。此外，法国还正式承认准备通过建立补贴制度来应对部落的谢赫们；但法国每月提供的补贴却使谢赫们疏远了其民众权力基础。①

随着时间的推移，法国人阻遏了贝都因人曾经流动的社会和物质世界，以便更好地管理和控制这一地区。部落对特定牧场和水源所在地的权利，被认定属于特定的谢赫，他们的部落由法国人巡逻，以确保不会再发生争斗和暴力事件。例如，1943 年法国将哈迪迪的 47 个分支部落分为三个不同群体，并将迪拉斯（diras）或移民区大致划分为与其现有的内部放牧区和水源地相类似的区域。② 然而，在这些干旱土地上，部落生活方式的本质在于，承认不断的流动和适应的需要，并在环境条件能够促成必需的要素时，通过谈判来获得资源。

20 世纪 30 年代初，法国建立了一套新的土地法和产权制度，从而取代了延续数百年的奥斯曼帝国的旧制度。在巴迪亚地区，传统上由部落共同拥有的牧场开始以个人——通常是以部落谢赫的名义进行登记。虽然法德和费德安部落在奥斯曼帝国时期，曾经以其谢赫的名义对土地进行登记，但巴迪亚地区的大部分部落土地是在法国人的统治下以这种方式登记的。例如，在霍姆斯－哈马地区，包括 20 个村庄在内的土地，登记在谢赫特拉德·梅西姆（Shaykh Trad al Melhim）名下。在 1940 年和 1941 年的"紧急法令"中，耕种区边界以东的未登记的土地（国家土地）被分配给部落机构。"紧急法令"授予部落谢赫所获大片土地的所有权。沙马尔部落以部落谢赫的名义，在贾

---

① 在法国从叙利亚撤军并由英国军队进驻叙利亚时，部落领导人获得可观补贴，这与他们对授权机构的忠诚相一致。支持法国的主要是除哈迪迪部落之外的"高贵的"养羊部落。20 世纪下半叶，与叙利亚复兴党政府合作的主要是普通的牧羊部落。
② 53 年后，瑞伊的一项研究表明，这些牧区并没有发生本质上的变化 (Rae and Arab, 1996)。

兹拉地区登记了超过200万公顷的土地。这种以牧场为代价的快速的农业发展对贝都因部落产生了很大影响。一些人离开了叙利亚，也就是迁移出法国的政治统治区域，他们包括哈桑纳、鲁瓦拉、萨巴和费德安部落的分支部落和氏族。[①]

那些留在巴迪亚和贾兹拉地区的部落民，开始从事一些耕作活动，特别是种植大麦。部落谢赫以他们个人的名义占有用于耕作的大部分土地。1928年，萨巴·布塔纳特（Sba'a Butaynat）部落谢赫拉坎（Rakan）在包括瓦迪·哈斯那（Wadi Hasna）和瓦迪·阿扎比（Wadi al-Azaib）的萨安（al-Sa'an）地区建立了自己的庄园。这片区域在19世纪60年代末被奥斯曼帝国当局批准为其部落的夏季牧场。庄园里的劳工是从布·哈桑·哈迪迪（Bu Hasan Hadidiyin）部落雇佣的部落成员，还有一些来自周边地区从事农业的伊斯梅里（Ismaili）社团的成员。对其他贝都因人来说，有一种日益增长的现象最早是在20世纪30年代报道的，当时由于饲养骆驼变得不那么有利可图，人们逐渐放弃饲养骆驼而去牧羊。许多以前"高贵的"饲养骆驼的部落开始牧羊，这导致他们与传统的牧羊部落（如麦瓦利、法德和哈迪迪部落）之间的竞争加剧。后者往往被进一步推向农业区的更深处，同时调整其放牧体系以便利用定居区的边缘地带，并签署协议准予传统牧羊部落的畜群在收获后的庄家茬地上放牧。

及至1940年，议会中的部落谢赫越来越担心政府会逐渐深入干涉他们在巴迪亚地区的事务，并向法国请愿寻求支持。6月4日，第132号法律载入法令全书（statute books）。第132号法律通常被称为《部落法》（Law of the Tribes），它将过去20年来为支持贝都因人的"国中之国"所制定的全部相关法律整合在了一起。不久，民族主义的代表又提交了一份法案，呼吁结束法国的委任统治，当时9名贝都因代表中只有1人参加投票，这个人就是麦瓦利部落的埃米尔。总的来说，法国人成功

[①] Ministère des Affaires Etrangères, *Rapport,* 1938.

第七章 当代叙利亚的贝都因部落：对权威、管理和控制的另一种视角

地把大多数贝都因人的酋长拉拢到他们这一边。这些酋长没有为把叙利亚从法国的委任统治下解放出来而去战斗，而是在很大程度上退出并放弃自己的立场，满足于仅仅保住法国给予他们的特殊地位。①

《部落法》条款中包括一项在定居区之外授予土地的"特别制度"。翌年，巴迪亚和贾兹拉地区的部落领导人获得大量土地。萨巴部落开始争取艾斯里（Esrieh，亦称 Isriyyah）和图亚南（Tuyanan）井泉的权利。麦瓦利部落则对贾巴尔·沙尔（Jabal Shaer）的井泉提出所有权。哈迪迪部落和麦瓦利部落对萨巴部落的主张感到震惊，它们认为这是在破坏其对这些关键井泉的一贯主张。②1941年，由于法国军队逐渐被英国军队取代，哈迪迪部落和麦瓦利部落联合起来，向萨巴部落发起挑战。巴尼·哈立德部落加入了萨巴部落，同时加入的费德安部落则袭击了伊里吉勒（Irjil）、拉贾兰（Rjailan）和贾尔·曼苏尔（Jafr al-Mansur）的海布村庄（Haib villages）。哈迪迪部落指责英国在萨巴和费德安部落从伊拉克进入叙利亚时为它们提供武器，从而加剧了这场危机。在一系列冲突后，鲁瓦拉部落的埃米尔法瓦兹·沙兰（Emir Fawwaz Sha'laan）和哈桑纳部落的谢赫特拉德·梅西姆被请来进行仲裁。同年年底，《部落法》中相关的土地赠与条款被废除，除了定居区之外再没有给予部落任何新的土地。1944年，通过部落仲裁达成了一项协议，但这项协议使巴迪亚地区在萨巴和哈迪迪部落间的争端中出现明显分裂。③

1946年，当法国人离开叙利亚时，他们将7000人的沙漠特别部队移交给叙利亚当局。然而，据估计游牧部落和半游

---

① Ministere des Affaires Etrangeres, *Rapport*, p. 108.
② 法国委任统治初期，巴迪亚地区大约只有80万只羊。1943年法国人离开时，大约有325万只羊。但关于资源，特别是水资源的争端已根深蒂固。
③ 这在后来的1956年的《大马士革条约》中有记载。该条约涉及10万公顷土地，划分了麦瓦利、哈迪迪和萨巴部落的资源范围。

牧部落的规模要大得多。据说安萨部落有8000多顶帐篷并有12000人装备步枪。哈迪迪、麦瓦利和巴尼·哈立德部落能够指挥的部队至少也有7000名步兵。但尽管拥有这些军事力量，贝都因人脱离中央政府的自治时代已经结束了。当法国人被迫离开叙利亚时，他们的"分而治之"政策已深深扰乱了这个新独立国家的稳定。贝都因人没有起义，但他们仍不愿意向叙利亚当局屈服。反之，法国委任统治当局给予贝都因部落的特殊和自治地位，却使新独立的政府对贝都因部落产生了很大的怀疑。如果说法国委任当局像1937年一些"受控制的贝都因人"的官员们所做的那样，策划建立一个分离出来的牧区国家①，那么独立的政府只想把这个国家的所有元素都集合成一个单一的统一整体。

独立国家及其与贝都因部落的关系

　　法国赋予贝都因部落类似国家性质的自治地位，这成为叙利亚独立的民族主义统治者的眼中钉。法国人在贝都因人和其他叙利亚人之间人为建立了物质和行政的隔离，知识分子和阿拉伯官僚对贝都因人的游牧生活及需要虽未表现出轻蔑的态度，却显露出对他们的冷漠。②法国利用部落作为对抗民族主义者的筹码，叙利亚政府的新政策是要把这些"野蛮的"人口转变为叙利亚公民，让他们遵守国家法律。因此，民族主义政府推行了一项激进的部落政策，最终目的是废除所有部落特权和权力。安置贝都因人是这一进程的关键。此外，有人认为，贝都因人流动的牧羊方法不仅原始，而且在巴迪亚地区资源"匮乏"

---

① Hourani, *Syria*.
② Dawn Chatty, *From Camel to Truck: The Bedouin in the Modem World* (New York: Vantage Press, 1986), p. 32.

第七章　当代叙利亚的贝都因部落：对权威、管理和控制的另一种视角

的情况下也不可行。转向农业和集约化牧羊被认为是适当的模式，并得到许多国际发展机构的支持。①

1950年，叙利亚宪法颁布，同时确立了部落政策框架。第十章——过渡措施（Transitory Measure）中第158条规定：

（1）政府将负责安置牧民；

（2）在安置之前，政府应制定一项保护游牧民中贝都因人习俗的特别法律，并规定部落应遵守该法律；

（3）应在法律中制定逐步解决贝都因人的方案，并应连同提供的必要资金一起进行表决。

1953年，法国委任统治时期的《部落法》（1940年）宣告无效，取而代之的是第124号法令所公布的新的《部落法》，该法继续允许贝都因人在巴迪亚地区携带武器，但只限于划为"游牧民"的群体（安萨部落和沙马尔部落联盟的部落以及哈迪迪部落和麦瓦利部落，还有其他15个半游牧部落）。叙利亚内政部部长在他认为的合适情况下，有权将部落从名单上移除，并将部落重新登记为定居社团。政府禁止重返游牧生活。法国委任统治时期给予贝都因部落在议会中的9个席位现在减少到6个。在这些部落中，有4个被确定为特定部落：阿勒颇选区的麦瓦利部落和哈迪迪部落，贾兹拉选区的沙马尔部落联盟和大马士革选区的哈桑纳部落。

新的《部落法》、《土改法》和政府的定居政策都是对贝都因酋长们的极大冒犯。1956年，人民党和复兴党在议会中提出一项法案，进一步削弱部落特权。经过激烈的辩论和多次博弈后，各部落的代表现在统一为部落集团（kitlat al-asha'ir），得到了国

---

① See Riccardo Bocco, "The sedentarisation of pastoral nomads: International experts and the Bedouin question in the Arab Middle East," in Chatty, Dawn (ed.), *Nomadic Societies in the Middle East and North Africa* (Leiden: Brill, 2006).

变化的中东部落与国家

家党的支持，他们能够通过谈判对《部落法》进行有利于自己的修改，从而将某些权力归还给部落谢赫和贝都因人。现在一个部落需要有 2/3 的人口定居，才能从游牧部落名单上予以删除；谢赫们也由部落长老选举，而不是由内政部部长任命。

1958 年，在经历了近 10 年的国内外政治动荡之后，叙利亚议会投票支持与埃及组成联邦。1958 年 9 月 28 日，埃及总统纳赛尔废除了 1956 年的《部落法》，并宣布从此部落将不再拥有任何单独的法律身份。这是最后一项针对贝都因部落的法律，标志着中央政府与贝都因部落及其谢赫之间长期斗争的最终法律行动的结束。对一些贝都因部落来说，这是他们离开叙利亚的信号。安萨部落的一些分支，特别是费德安部落和萨巴部落迁往沙特阿拉伯。许多部落直到 1973 年才离开。而与埃及的联邦也没有维持多久，便于 1961 年解体了。

两年后的 1963 年，复兴党执政。该党意识形态的基本要素是，民族经济发展和泛阿拉伯团结。① 出于改变从城市中心到农村地区权力平衡的愿望，复兴党着手制定了一项激进的土地改革政策。这项政策的最终目的是要取消城市名流和部落谢赫的权力，以便在所有民众中建立一种民族认同，克服所有宗教、社群、部落、种族或地区因素，使他们融合成一个单一的国家。②

部落谢赫被视为旧秩序的一部分，在现代的复兴党执政的国家中，游牧经济是不合时宜的。此时，许多贝都因部落的谢赫们拥有大量土地，并对大量贝都因家庭保持着政治控制。例如，哈迪迪部落的卜拉欣（al-Brahim）家族估计拥有约 40000 公顷土地，而萨巴部落的拉坎·伊本·马哈德则拥

---

① Robert Hinnebusch, *Peasant and Bureaucracy in Bathist Syria* (Boulder, CO: Westview Press, 1989).
② Article 15, Constitution of the Arab Ba'ath Socialist Party（in Haim, 1962, pp. 223-41）.

198

有 30000 公顷土地。在复兴党执政初期，内政部的部落管理部（Directorate of Tribes）对主要部落的人数进行了粗略统计，其中哈迪迪部落有 30500 人，萨巴·布塔伊内特（Sba'a Btayinat）部落有 6000 人，费德安·乌尔德（Fed'aan Wuld）部落有 13000 人，鲁瓦拉部落有 16000 人。[①]

复兴党开始剥夺贝都因部落谢赫的土地和权力，就像对其他土地所有者所做的那样。效忠于国家之外的任何其他组织或机构，都被认为是反动的。一份复兴党的官方文件对政党中的教派主义、地区主义和部落主义进行了阐述："任何基于地方主义、教派主义和部落主义的社会斗争，都将成为一场威胁人民生计和生存的斗争。"[②] 该文件最后宣称，在一个党派中，从教派、地区或部落立场看待事物的那些人将是一种犯罪行为。沙漠以及在其中生活的民众，因为游牧和半游牧经济而受到特别攻击。复兴党认为游牧是一种原始的生产方式，因而生产效率低下。《复兴党党章》中规定：

> 游牧是一种原始的社会形态。它减少了国家的产出，并使国家中一个重要部分陷于瘫痪，成为发展和进步的阻碍。复兴党要为游牧民的定居化而奋斗，使游牧民获得土地，废除部落习俗。[③]

正如西方国家和国际发展援助机构所宣称的那样，这种言辞与西方现代化是完全契合的。重点是从"野蛮"到文明的单一演进过程。贝都因人及其生活方式远离最美好的社会，需要

---

① 这些数字出现在 1956 年大马士革部落会议的增补文件中。较之其他部落及政府的粗略估计，这些数字并非基于任何人口普查的数据，只是反映了部落首领及其民众的相对力量。

② Nicholas Van Dam, *The Struggle for Power in Syria* (London: I. B. Tauris, 1996), p. 146.

③ Aritcle 43, Ba'ath Party Constitution.

逐步引导他们走上现有的文明道路。部落精英的土地被分配给部落家庭，以便"他们可以从定居条件中获益"。① 但这些计划并不完全成功。政府在 1967 年对第二阶段定居计划的内部评估报告中指出："定居并接受土地改革的贝都因人，又回归到他们以前的生活方式。"② 报告认为，这种倒退是部落领导人对其追随者施加压力的结果，迫使他们站出来反对复兴党的改革。贝都因人、他们的部落社会和文化被明确视为复兴党着力建设新国家的障碍。20 世纪 60 年代末，已有 150 多万公顷土地被征收，其中大部分是部落谢赫的土地。一些土地分配给了无地农民，另一些则被用于安置贝都因家庭。

贝都因部落谢赫和其他部落显贵，失去了他们的大部分土地，以及相对于国家的任何正式政治权力的痕迹。在贾兹拉地区失去绝大部分土地后，费德安·乌尔德部落的谢赫努里（shaykh Nuri）因对这些政策感到失望，于 1967 年第二次也是最后一次迁移到了沙特阿拉伯。同年，哈迪迪部落的谢赫费萨尔被监禁，原因是其父亲（谢赫纳瓦夫·萨拉赫，Shaykh Nuwwaf al Salah）在 20 年前法国委任统治期间帮助过法国人，而谢赫费萨尔本人也是一个大地主。两个月之后，谢赫费萨尔被释放，并与其亲缘家族一起前往约旦，他在那里受到侯赛因国王的欢迎，侯赛因国王向他及其家族提供了 3000 约旦第纳尔的津贴以及马夫拉克（Mafraq）周围的土地。

国家努力改变贝都因人土地的使用

1958 年至 1961 年，阿拉伯半岛北部经历了一场严重干旱。

---

① Ahmed El Zoobi, *Agricultural Extension and Rural Development in Syria 1955–1968* (PhD dissertation, Ohio State University, 1971), p. 120.

② Directorate of Land Expropriations, Ministry of Agriculture and Agrarian Reform (Damascus: Syrian Arab Republic, 1967).

第七章 当代叙利亚的贝都因部落：对权威、管理和控制的另一种视角

据官方估计，80%的骆驼死亡，绵羊的数量下降了近50%，从1957年的600万只下降到1961年的350万只。① 许多贝都因家庭失去了他们所有的畜群，而且他们除了接受政府提出的"土地改革"的定居方案并作为耕种者开始新生活外，别无选择。为了应对粮食短缺，政府在农业和土地改革部（Ministry of Agriculture and Agrarian Reform）内成立了草原（巴迪亚）管理部（Steppe/Badia Directorate）。有关巴迪亚地区及其贝都因部落的官方职责也从内政部转归农业部（Ministry of Agriculture）。

由于没有任何实证研究可供研判，最早的一位和后来的几位国际发展专家加入政府工作，他们宣称巴迪亚地区的牧场由于过度放牧和对土地贫瘠管理不善而严重退化。② 到1968年，经过四年的惨淡经营，政府的放牧制度难以为继。③ 同年，联合国粮农组织（FAO）的一些专家发起了一场运动，劝说叙利亚政府，如果叙利亚政府要使其政策获得成功，就必须考虑贝都因牧群的重要性。这些专家认为，除非发展计划与贝都因部落游牧民的习俗和生活方式相协调，否则所有这些巴迪亚地区发展计划最终都会失败。奥马尔·德雷兹（Omar Draz, 1971, 1977）提出了一个聪明的建议，即恢复贝都因人的资源保护传统，他认为这是一种叫作"赫玛"（Hema）的现代贝都因实践。④ 然

---

① J. P. H. Van de Veen, "Report to the Steppe Directorate: Grazing Trial, Wadi ai Azaib Range and Sheep Experimental Station" (Rome: FAO, 1963–6), p. 3.

② See FAO, "Land Policy in the Near East" (Rome, 1965); International Labour Office, "Technical meeting on problems of nomadism and sedentarisation" (Geneva, ILO, 1964).

③ Rae, *Tribe and State*, p. 212.

④ "赫玛"一词的意思是保护或保卫。在伊斯兰教早期传统中，大片牧场和粮田作为"赫玛"而保留下来，以便为服役于帝国扩张的贝都因军队提供饲料。See Omar Draz, "An Approach for the Settlement of Nomads through Revival of the Ancient Hema System of Range Reserves in the form of Co-operatives within an Integrated Programme of Range Improvement in Syria" (FAO, UN Expert Consultation of the Settlement of Nomads in Africa and the Near East, Rome, 1971), p. 9.

而，这意味着正式将牧场管理权从农业部归还给贝都因人。正如当时普遍存在的国际发展学术界的观点（至今仍是如此），政府及其国际顾问们假定，巴迪亚地区的牧场使用权不再由贝都因人控制——是十年前所有部落土地国有化的结果——造成了一个"公用土地悲剧"（tragedy of the commons）的出现，导致这些土地因为过度放牧和过度使用而退化。[1]

当然，这个假定是不正确的，原因在于它基于错误的理解，即政府的"国有化"计划实际上已经生效，巴迪亚地区的牧场使用权实际上是开放的，先来先得。事实上，贝都因人继续像几个世纪以前那样使用巴迪亚牧场，部落内部之间就获取资源和维持传统的社会资本及合作进行谈判，以保障它们共同的生计。新近的政府法令破坏了这种土地使用制度的基础，但它并未被摧毁。德雷兹关于回归部落所有制的建议，事实上是间接承认了存在一种可替代的部落资源分配制度，虽然从技术上讲可能是不合法的。他的建议符合叙利亚政府的阿拉伯社会主义取向，因而他根据"赫玛"原则建立政府牲畜合作社的提议便被采纳了。

1970年至1973年，叙利亚仅建立了6个合作社，这一糟糕的表现使政府感到震惊。1974年，为了努力推动这一计划，政府将合作社运动的控制权从农业部转归农民联盟（Peasants' Union）。农民联盟决定合作社领导人从其成员中选出，并且立即在少量存在的赫玛合作社中"选举"谢赫和部落显贵作为领导者。其他贝都因部落的谢赫于是开始鼓励他们的部落民众张贴申请，注册新的合作社。因此，"赫玛合作社运动"迅猛发

---

[1] Garrett Hardin, "The Tragedy of the Commons," *Science* 162 (1968), pp. 1243-8. 这篇论文对国际"牧场专家"及中东北非政府产生了深远的影响。由于每个理性的人都急于追求其利益最大化，向所有使用者开放"共同土地"将承受灾难。这一说法被奇怪地当作草原土地退化的根本原因。它没有考虑贝都因社会真实的集体行动，也没有考虑到贝都因人在这些受极端天气影响的广大半干旱土地上维持生计时长期合作的历史。

展，并在几十年的时间里建立了 400 多个"赫玛合作社"，覆盖巴迪亚地区约 500 万公顷的土地。①

哈菲兹·阿萨德、纠正运动和贝都因部落

1970 年，复兴党已分裂成两派。一派强调国内社会主义改革的重要性，另一派则放眼外部，寻求建立一个务实、值得信赖的力量来挑战以色列。哈菲兹·阿萨德（Hafiz al-Asad）是后一派的领导者，他通过一场内部政变成功清除了其在复兴党内的对手。阿萨德需要扩大自己的政权支持基础，并采取政治和经济的自由化政策，来调和心怀不满的各社会阶层。为了淡化他自己与近期已过去的政治事态的关联，阿萨德大力颂扬 1925~1927 年由德鲁兹领导人苏丹帕夏阿特拉什（Sultan Pasha al-Atrash）领导的阿拉伯人反抗欧洲主要强国即法国委任统治的起义，这次起义吸引了许多叙利亚少数民族的参与。阿萨德还邀请部落谢赫及其他持不同政见者返回叙利亚，包括流亡约旦并在侯赛因国王保护下的哈迪迪部落谢赫费萨尔·斯福克（Shaykh Faysal al Sfuk）。②阿萨德认为，如果叙利亚想要对以色列构成挑战，民族团结与和解是至关重要的。

---

① Syrian Arab Republic, 1996. 乔纳森·雷在 1995~1996 年对阿勒颇和哈马之间巴迪亚地区牧民进行的调查中，96% 的牧民表示他们加入合作社是为了获得饲料补贴，另外 4% 的人是因为他们的谢赫指示其这么做（Rae, 1999, p. 228）。这些发现使人们对舒普（Shoup, 1987, pp. 195-215）和其他观察家著作中所提到的说法感到怀疑，即依据现代牧场原则实际管理巴迪亚牧场的方式可能没有取得成功。相反，在管理和维护自然资源分配基础上的社会和文化系统方面，传统部落的领导地位仍然存在。

② 1970 年 10 月，哈菲兹·阿萨德在复兴党内部发动政变后，亲自派遣阿拉维派使节赴约旦寻找谢赫费萨尔，承认他受到了恶劣的对待，并请求他返回叙利亚。最终谢赫费萨尔回到了叙利亚。

吸纳包括他自己所属的少数族群阿拉维派在内的不满群体，是阿萨德为巩固政权所做的努力。在很短的时间内，阿萨德采取行动确保阿拉伯复兴社会党中央委员会的主要成员及其关键的军事精英是阿拉维派。[①]作为寡头政治/军事和政治专制体制的绝对领袖，阿萨德利用并扩大了叙利亚社会的传统庇护网络，控制资源并决定谁能获得经济机会。他能够就这些不同社会群体的相对优势和权力进行谈判，他还能够创建一个国家资源分配体系，其基础是对权力和忠诚的政治估算，并且对威胁联盟的力量进行先发制人的打击。[②]为了巩固这一体系，阿萨德扩充国家的军事和安全机构。因此，及至20世纪90年代，这些部门吸纳了全国15%的劳动力。[③]安全部门变得无处不在，它们的权力往往不受制约，只是偶尔会受庇护关系的制约。

政府权威的公共形象——维护法律和秩序——不可能因无法解决的争端或在法庭上的失败而面临削弱或蒙羞的风险。因此，与贝都因部落的关系变得更加稳固，而且阿萨德时代宣布了解决冲突的务实方法。与1958年的法律不同，他废除了贝都因部落按照习惯法原则解决争端的权力，但阿萨德鼓励通过传统渠道解决部落成员之间或涉及部落成员的争端。[④]例如，据报道，1977年阿萨德曾派遣一名关系密切的顾问阿里·阿迪勒（'Ali 'Adil）前往哈迪迪部落去解决一场持续了数十年的血亲复仇。在这场血亲复仇中，十多名部落成员被杀。当地警察在

---

① Van Dam, *Struggle for Power in Syria*, p. 122.
② Sami Zubaida, *Islam, the People and the State* (London: I. B. Tauris, 1993), p. 164.
③ Volker Perthes, *Political Economy of Syria under Asad* (London: I. B. Tauris, 1995), p. 147.
④ See "Minutes of meeting to resolve dispute between Muharrab Rakan al Murshed, the representative of the Sbaa tribe and members of the Hadidiyin, represented by Faysal al Sfuk" (Homs: Homs provincial administration, 1975); "Minutes of a Meeting between the Sbaa and the Hadidiyin over the lands of al Del'a al Gharbieh"(Homs: Ministry of Interior, 1981).

试图处理这一骚乱时，曾多次遭到猛烈的炮火驱赶。阿里·阿迪勒倡导依据习俗推动和解进程，并于1978年实现和解。阿勒颇、哈马省的省长和拉兹·盖扬①以及国内安全部队的其他成员会见了哈迪迪两个分支部落的酋长。双方达成和平协议，并支付了血债赔偿金。②另一个案例是1994年涉及麦瓦利和哈迪迪两部落之间的谋杀，尽管警察目睹了这一案件，但也只能远距离监控。后来允许一名部落仲裁人在国家的支持下按照部落习俗来解决。这起案件最后以支付10万叙利亚里拉（约合2000美元）作为血债赔偿金而终结。这几个例子凸显了阿萨德统治的复杂性，以及他对贝都因部落社会和社会结构具有的潜在力量的认知。尽管复兴党的哲学形态是为了废除宗教和部落的利益，以便发展成为更高级的社会主义形态，但哈菲兹·阿萨德的改革允许贝都因部落和其他少数群体作为一种替代性的权威体系，因而也能使权力继续运行，只是这种权力是同国家相联系的。

哈马起义和哈迪迪－阿拉维派的联盟

1979~1981年，哈菲兹·阿萨德政权经历了其唯一的严重的内部挑战。这种反政府的挑战，几乎完全是由穆斯林兄弟会（Muslim Brotherhood）的宗教激进主义者所煽动。1979年和1980年，针对重要政府官员的暴力、爆炸和暗杀活动不断增加，最终结果是1982年军队镇压了以哈马为中心的伊斯兰叛乱。据估计，这次行动至少造成3000人死亡，最多可能达到3万人。在政府与穆斯林兄弟会持续3年的战斗中，有一些证据显示，而且贝都因精英的坚定信念也表明，至少有一个贝都

---

① 20世纪90年代，拉兹·盖扬曾任黎巴嫩国内安全与情报机构负责人。
② 据与谢赫海卡尔·莱康·穆尔希德的私人交谈。

变化的中东部落与国家

因部落曾呼吁帮助政府。在同哈迪迪部落中关键信息提供者的交谈中，雷（Rae）确定总统的兄弟贾米尔·阿萨德（Jamil al-Asad）访问了哈迪迪省的首府布西达尔（Boueidar），要求部落谢赫们成为政府在巴迪亚地区的眼睛和耳朵，并且监控哈马和阿勒颇市周边的活动。[①] 政府要求部落领导人鼓励部落成员检查从伊拉克边境流入的武器，并且防止巴迪亚地区成为穆斯林兄弟会成员的避难所。据说哈迪迪部落同意加入所谓的阿里·穆塔德（'Ali al-Murtadd）联盟。该组织因为共同的信仰来到了哈马和阿勒颇附近的巴迪亚地区，这些地区的民众最初属于阿拉维派，但在奥斯曼帝国时期被迫皈依逊尼派。[②] 无论哈迪迪部落的起源如何，它在历史上与阿拉维派的关系一直很紧密。我们知道，在19世纪中期和20世纪中期，阿拉维派在哈迪迪人与麦瓦利人的冲突中支持哈迪迪人。因此，在20世纪末，叙利亚的复兴党政权（主要是阿拉维派）需要并获得了哈迪迪部落的支持。作为回报，贝都因部落即使没有得到官方的承认，也得到了事实上的承认。与早期复兴党的社会主义意识形态和同质化的民族统一运动相反，在巴迪亚地区的贝都因部落体系的权威和领导权似乎被允许继续运行，在某些情况下，为共同利益而聚合成国家结构，尤其表现在管理巴迪亚地区的传统领地和政府的赫玛合作社问题上。

自1982年以来，阿萨德家族的叙利亚政权似乎没有制定任何明确的部落政策。同时也没有出台有关半游牧或游牧的贝都因部落的新的定居计划。20世纪70年代，在定居区的土地改革仅限于同巴迪亚接壤的边境地区，该范围几乎没有进一步扩大。为了保护传统的牧区，巴迪亚地区通过了禁止耕作的法

[①] Rae, *Tribe and State*, p. 221.

[②] Van Dam, *Struggle for Power in Syria*, p. 123. 一些部落成员认为谢赫部落家族最初来自阿拉维家族或"部落"。这种"历史"关联在解释当代贝都因人的政治联盟时很常见。See also Boucheman, 1934, p. 39.

第七章　当代叙利亚的贝都因部落：对权威、管理和控制的另一种视角

律，特别是禁止种植大麦。这项禁令旨在禁止大规模的农业活动，而贝都因人往往不从事这些活动。然而，受影响最大的是贝都因部落定居下来的少量农民，他们传统上种植的作物仅够养活其牲畜。20世纪七八十年代大麦种植面积越来越大，直到1989年巴迪亚地区所有大麦的种植都被总统强制禁止。然而，即使有这一重要法令，也未能在巴迪亚广大地区全面推行。在这些地区，偶尔还有一些依靠雨水灌溉的农作物。曾有一段时间，政府也禁止贝都因人种植大麦，但总的来说这些部落民在条件允许的情况下会继续种植大麦以喂养牲畜。耕种禁令不断实行，然后又被撤销，这种反复通常取决于谁担任农业部长，以及他与贝都因部落谢赫们的庇护关系如何。①

国际发展、复兴党的说辞和贝都因现实

在与埃及组成联邦以及在后来的复兴党政权下，国家政策要求打破贝都因部落谢赫的传统权力和权威，并将其排除在国家政治之外，以便将贝都因人的忠诚从部落谢赫转向国家。从1958年到1970年，叙利亚的贝都因部落在政治上基本上被政府所孤立。正是由于阿萨德的统治和他务实的纠正运动，国家和部落之间的政治联系在默许中得以重建，并在"赫玛合作社运动"的"面纱"下营造了更为正式的沟通和赞助渠道。

在巴迪亚广大地区普遍存在的替代性权威和权力制度的现实主义政策，仍然是阿萨德政府的一个核心特征，包括老阿萨德及其儿子巴沙尔的政策都是如此。阿萨德政权持续邀请贝都因人返回叙利亚，并让他们在建立与放牧区和水源争议有关的

---

① 近年来，农业部长一直由贝都因人（来自哈迪迪部落）担任。而且在部落和巴迪亚地区事务委员会的矛盾中，他经常站在贝都因人一边。1997年和2001年，农业部长取消种植禁令，允许巴迪亚地区具备雨水灌溉条件的小农户有限地种植大麦。

习俗仲裁制度中发挥积极作用。从 1978 年至 1981 年，政府调解了萨巴部落和哈迪迪部落之间关于水井的争端，前者在流亡沙特阿拉伯期间放弃了水井。政府还介入了海布和哈迪迪部落之间的争端，以及麦瓦利部落的北部与南部两个分支部落之间内部冲突的解决，该冲突直到 20 世纪 80 年代才结束。20 世纪 90 年代，在经过几个月的仲裁后，对定居区边界和属于海布部落的土地进行的大规模重新调整付诸实施，海布部落的一些土地最终出售给了哈迪迪部落。在贝都因人中间，对巴迪亚地区资源控制和领土概念的基础是对该地区的控制权而不是正式的所有权。所有权问题的 9/10 要通过法律解决，剩余的 1/10 则要通过占领（或投资）使其要求合法化。因此，当代巴迪亚地区贝都因领导层的权力和权威不仅来自部落民的个体忠诚，而且来自国家对部落领导者顺利管控自然资源分配以及按照习俗解决冲突能力的承认。这种承认并未写入法律之中（1958 年废除的《部落法》的法律类别仍有效，《复兴党党章》对游牧群体的否定观点也同样保留着）。这种合作关系赋予了军事和安全部门、内政部和农业部各部门以及总统办公室的工作特点。在所有这些领域，贝都因人开始变得重要起来。总统经常任命贝都因人担任农业部部长，内政部和复兴党地区司令部（Ba'th Party Regional Command）的重要职位也经常由贝都因人担任。①

尽管贝都因部落的领导层与复兴党政权和国家机构之间的关系越来越明显，但叙利亚的一些部门和一些在叙利亚工作的

---

① 例如，由内政部部长任命的德拉省现任省长是阿赫达特部落的谢赫。据报道，许多复兴党党员声称自己是贝都因人。例如，复兴党的地方组织领导人和叙利亚国家安全机构的几名重要成员都以贝都因人自称。有传言称，巴沙尔·阿萨德的妹夫阿塞夫·沙卡特与巴尼·哈立德部落有关联。直到 2008 年 4 月，沙卡特还是叙利亚国内安全部门的负责人。这表明当前的一些贝都因领导人自我承认有强烈的追随巴迪亚的意识，这可能在当前的地区和国家背景下有利于复兴党和叙利亚政府。

第七章 当代叙利亚的贝都因部落：对权威、管理和控制的另一种视角

国际机构，却很少使用贝都因或部落一词。对于政府和复兴党官员来说，考虑到复兴党对于部落或少数民族身份问题上的"官方"立场，这种情况是可以理解的。在国际发展专家看来，这种做法的根源不尽相同，但没有多大意义。因为"使用者"、"利益相关者"和"当地社群"，诸如此类的用词在国际发展文件中已司空见惯①，它反映了一种将土著的、传统的和地方的族群同质化的全球化趋势，以便努力促进参与和平等的普遍观念。然而，当这一趋势应用于叙利亚时，它是危险和容易失败的。就好像不再提出的贝都因和部落体系那样，它很可能被否认，并且难以识别，但它的替代体系在巴迪亚地区继续存在，并在初期的叙利亚国家、执政的复兴党以及最后的阿萨德家族的纠正运动中控制着土地和资源的使用。

叙利亚没有关于贝都因人口的官方统计数据。叙利亚国家统计局也没有贝都因人的分类——这符合复兴党的意识形态——但有可能从牲畜的数量中推断出贝都因人的观念及其对国家政治和经济的重要性。②1999年，当时的卫生部部长估计，叙利亚有90万名贝都因人。由于叙利亚农村卫生服务及其在世界卫生组织支持下实施的"健康村"项目，叙利亚在提供全国农村卫生保健方面可能是该地区最成功的，因此叙利亚卫生统计部门拥有相当可靠的统计数据来支持这一估计。贝都因人占全国总人口的5%~7%。如果考虑到1943年议会中135个席位中有10个席位（占总数的7%）是留给贝都因代表的（沿袭了法国委任统治时期的做法），那么目前的情形出现了很大变化③：今天议会250个席位中的30个席位（占总数的12%）属于贝都因人。这不是政府政策的反映，而是贝都因人在巴迪亚地区力量

---

① Lisa Triulzi, "The Bedouin between Development and State: a Syrian Case Study," *Arab World Geographer* 5:2 (2002), p. 99.
② See, for example, UNDP, *Poverty in Syria: 1996-2004. Diagnosis and Pro-Poor Policy Considerations* (Damascus, 2005).
③ 1956年的《部落法》中，贝都因人的代表席位被减少到6个。

的表现。这一代表数量表明,如果议会席位仅仅基于人口数量而非领土控制面积的话,贝都因人在议会中的发言权应是现有数量的两倍。

结 论

  几个世纪以来,贝都因部落一直占据着叙利亚半干旱和干旱的草原地区。他们一直与领地附近的民众保持着联系。贝都因部落无法做到完全的自给自足,这意味着他们总是通过经济、社会和政治关系与其他非牧区社会联系在一起。在叙利亚当地,"贝都因人"是畜牧养殖方面的专家,其最密切的社会和政治关系是他/她的牧区亲属(即部落)。贝都因人也有可能是商人、跨国界运输专家,甚至是农业工人。贝都因部落民生存策略的关键是改变和适应,在当前的全球经济中,许多贝都因人寻求多样化资源的策略,并在叙利亚、黎巴嫩、约旦、沙特阿拉伯和海湾国家的交通与商业等相关活动中成为领取薪金的劳工。一些贝都因部落的妇女和男子进入了非熟练的日薪结算的农业劳动力市场。一些贝都因人转向建筑业寻找工作。还有一些贝都因人定居下来,他们变得不那么具有流动性,并且专注于农业生产。然而,无论他们的职业和居住方式如何多样,只要他们与牧区亲属保持密切的社会联系,并保留当地的语言和文化标识,他们就仍然是文化上的贝都因人。"贝都因人"一词最初被一些人指认为沙漠居民,但由于与部落世系、起源神话、道德社会和领导阶层的联系,它已具有一种重要的文化认同感。

  对于那些主要从事放牧的贝都因人来说,过去30年已发生巨大变化。贝都因游牧民认为属于自己使用的土地已被合法剥夺,并赠予或出售给城市企业家或部落上层。对一些贝都因人来说,这意味着从一种流动的生活方式向一种更稳定的生活方式的转变。他们在种植大麦和其他作物的同时,还要饲养日

第七章 当代叙利亚的贝都因部落：对权威、管理和控制的另一种视角

益减少的羊群。20世纪70年代，卡车和其他机动车辆开始取代骆驼的役畜地位[1]，这使一些贝都因人比过去更愿意从事游牧活动，因为他们可以使用机动车辆来维持其游牧生活。[2] 今天，卡车经常被用来为巴迪亚地区深处的牲畜带去饲料和水，或是把牲畜运到遥远的市场。现代卡车运输已同贝都因人联系在一起，尤其是在跨国的商业和贸易中。贝都因人通常的经营方式是，当价格差异显著时，便将商品（甚至西瓜和柠檬也属于这一类）从一个市场转移到另一个市场，特别是在各国之间。此外，卡车已使贝都因人的活动更具机动性，一些人（尤其是幼童和老年人）可以在永久性的村庄定居大半年，也可以接触水源、草场、畜群和工作地以外的他们的干旱草原之家。

当今半干旱地区的大多数冲突发生在国家和贝都因社会之间。这种冲突集中于两个相关领域：干旱草原土地的退化和全球关注的保护世界生物的多样性。几十年来，叙利亚政府和该地区的其他政府一样，鼓励贝都因人离开干旱的草原而定居。这一政策经常是依据贝都因部落对环境造成的"损害"来制定的。尽管几乎没有实际证据来证实这一观点，但贝都因人往往会受到现代政府的压力，不得不放弃被认为是落后、原始、与现代安定社会格格不入的生活方式。[3]

几十年来，当代叙利亚国家的贝都因部落在官方立法的情况下，设法保持了他们的认同和领导层的权威，但政府几乎没有真正干预他们的事务以及对叙利亚巴迪亚地区的资源实施管理。在过去的几十年中，政府越来越多地与贝都因领导人达成

---

[1] Chatty, *From Camel to Truck*.
[2] Marina Leybourne, Ronald Jaubert, and Richard Tutwiler, "Changes in Migration and Feeding Patterns among Semi-nomadic Pastoralists of Northern Syria," *Pastoral Development Network* (London: Overseas Development Institute, 1993), pp. 1–20.
[3] Dawn Chatty, *Mobile Pastoralists: Development Planning and Social Change in Oman* (New York: Columbia University Press, 1996).

协议，以维持巴迪亚地区的"法律和秩序"，并且保障1982年围攻哈马后不久在哈马和阿勒颇周围建立的封锁线。哈马事件以及阿萨德家族和叙利亚安全部队的直接参与，也就是承认了部落领导人对贝都因人的控制，尽管政府几十年来一直在努力削减他们的权力。显然，贝都因部落领导人与政府当局（内政部）达成的协议是为了限制那些心怀叵测者的武器运输。作为回报，他们被国家"重新认定"为叙利亚巴迪亚地区的贝都因部落领导人。此后，他们在"赫玛合作社运动"中作为民选的政府工作人员的地位也得到认可。今天，贝都因部落领导人的权威和权力，在巴迪亚地区得到当地民众和国家安全机构的承认。这些领导人中的许多人现在也是国会议员。在目前国民议会的250名议员中，有30人被认定为贝都因部落领导人。[1]其中的一些领导人，特别是哈迪迪、麦瓦利、萨巴和费德安部落的领导人，由于他们的部落规模及其控制的村庄、牧区和水井的战略位置，其地位更加突出。

2011年的前几个月中，叙利亚的和平抗议演变成抗议者和安全部队之间的暴力冲突。2011年3月，抗议者和叙利亚安全人员在德拉（Der'a）发生冲突，不久后又蔓延到霍姆斯和哈马地区。爆发抗议的一连串城镇都有强大的部落势力。显然，这些动乱地区的贝都因社团采取了武装自卫的手段，一些部落领导人（如哈桑纳部落）发表了反对阿萨德政权的声明；他们的追随者也在受到安全部队攻击的前线城市，保卫着他们的社区和住所。其他少数部落领导人（如哈迪迪部落）则与叙利亚安全部队结盟。许多贝都因部落领导人都有自己的社交媒体网站，并在网站上展示领导层所需要的道德权力。大多数部落民都追

---

[1] 1943年，135个席位中有10个席位留给贝都因部落代表（约7%）；而在2008年，250名当选的叙利亚议会成员中有30人自称为贝都因人（12%）。2008年6月，贝都因领导人在大马士革的讨论揭示了当代复兴党/阿拉维派和贝都因人的政治联系程度。

第七章 当代叙利亚的贝都因部落：对权威、管理和控制的另一种视角

随领导人，但领导人不能盲目满足：一个错误的举动就会失去其追随者。目前看来，大多数贝都因部落领导人的政治立场是反对当前的国家政权的，似乎这些替代权威的来源正在得到加强和激励。

第八章 伊拉克的部落：国家形成中不可忽视的因素

罗恩·赛德尔（Ronen Zeidel）

2003年，美国的入侵给伊拉克历史带来了一些戏剧性的变化。最大的变化之一是国家萎缩到与20世纪20年代初期类似的规模。可以预期的是，部落将作为一种替代性的政治结构来填补真空，至少在乡村地区伊拉克已成为另一个也门。但这种情况并未发生。本章试图解释这一结果，因为在20世纪部落一直是伊拉克国家形成中不可忽视的因素。与20世纪20年代相反，那时的部落对巴格达政权构成了一系列挑战。但2003年后，它们已无法为盛行的教派主义意识形态、政治伊斯兰、伊拉克民族主义甚至是自由主义提供替代的选择。在复兴党政权的最后十多年中（1991~2003年），部落仍在运用自己的权力，它们（仅有逊尼派部落）在2006~2008年赢得抗击"基地"组织的战争中起着关键作用；但这只是在美国援助激励下的一小段插曲而已。

2014年，随着"伊斯兰国"（Islamic State）占领伊拉克大部分地区，人们普遍预料，逊尼派部落将与"伊斯兰国"战斗。这一极端的逊尼派吉哈德组织在其控制区被所有的主要部落疏远，但后者在反抗"伊斯兰国"的过程中并未出力，部落区几乎所有的主要战斗都是由伊拉克军队、什叶派武装以及得到西方军事援助的库尔德自由战士（Kurdish Peshmerga）进行的。

第八章 伊拉克的部落：国家形成中不可忽视的因素

基本信息

伊拉克的部落几乎都处于乡村地区，而不在主要城市。伊拉克部落分布在整个阿拉伯人（逊尼派和什叶派）、库尔德人和其他群体中。部落和部落形态也可以在城市中找到，但本质上伊拉克的部落是一种农业和游牧单位。自19世纪以来，部落分支和组织的城市化导致部落凝聚力的削弱。作为乡村的社团，部落民对中央政府和主要城市有其自己的看法，而且对他们来说有两种情况是无法摆脱的。一些部落成为巴格达基本食品的供应者，有时能够利用这一地位获得更多的自主权和更好的价格。其他部落主要是游牧民，他们对安全及商业形成了持续不断的威胁。在这两种情况下，部落对于中央集权的施政来说是一件棘手的事。因此，尤其是从19世纪中期以来，政府逐步加强了对辖区的控制，包括对部落势力的成功镇压。

所有伊拉克部落的结构都是分层级的。这种社会单位的底层是"拜提"（*bayt*），基本上是一个大家庭。数个大家庭在一起成为"费赫兹"（*fakhdh*），一种小型的分支部落。这一单位具有重要的社会性，因为它的成员经常居住在一起，并且比大型的部落单位更能体现出部落团结。它也可能具有政治上的重要意义：萨达姆·侯赛因（Saddam Hussein）任命其"费赫兹"成员担任政权中最重要的职位。若干分支部落构成一个"亚舒拉"（部落），由一名谢赫掌控。部落的结构是多变的，分支部落可能加入，或者离开去投奔其他部落。部落的血统有可能是真实存在的，也可能是想象出来的，但是相信血统的联系则构成了部落意识形态的基础。数个部落相互合作形成一个部落联盟（*qabila*），由最高谢赫（*shaykh almashaikh*）统领。这一单位是一种旨在简化部落关系的政治安排。所有先前的单位，都是最孱弱的。然而，当前伊拉克较大的部落［贾布尔（Jabbur）、贝倍德（'Ubeid）、杜莱姆（Dulaim）、阿布·穆罕默德（Albu Muhammad）、沙马尔（Shammar）、哈扎（Khaza'a）］是经受了时间冲击的部落联盟。很明显，这里的阿拉伯部落（什叶派和逊尼派部落）极其重视他们的血统，但库尔德部落的定义并非根据谱系而是根据他们的领地。

关于现代伊拉克所承袭的结构断层线，有丰富的文献资料，但这些文献资料主要由西方学者撰写。2003年后，在将伊拉克重建为一个松散的联邦国家的政治争论背景下，这些工作引起了巨大反响。总的来说，以结构为焦点的研究常常表明，通过建立现代伊拉克，英国当局将不同宗教、种族、部落群体所形成的不相干的地区人为地统一在一起，并为之戴上民族国家的帽子，但伊拉克却从未发展成真正的国家。[1]

然而，现代伊拉克拥有领土和行政核心：奥斯曼帝国的巴格达省。从北部的提克里特（Tikrit）延伸到巴士拉（Basra）南部的法奥（al-Fao），这个省主要由定居区和灌溉区组成，在历史上就很富庶。在整个18世纪的大部分时间里，巴格达省实际上独立于伊斯坦布尔，处于马木路克王朝（1747~1831年）的统治之下。与此同时，邻近的摩苏尔省有许多更小的内陆省区，它们处在当地的阿拉伯贾利利斯（Jalilis）王朝的统治下。在奥斯曼帝国于1831年重新占领巴格达后的第一个十年中，巴

---

[1] For example, see: Christopher Catherwood, *Churchills Folly: How Winston Churchill Created Modem Iraq* (New York: Caroll and Graff, 2004); Toby Dodge, *Inventing Iraq: The Failure of Nation Building and a History Denied* (London: Hurst & Co, 2003); Peter Sluglett, *Britain in Iraq: Contriving King and Country* (New York: Columbia University Press, 2007); Liora Lukitz, *Iraq: The Searchfor National Identity* (London: Frank Cass, 1995). Eli Amarilio, *Tribalism, Sectarianism and Nationalism in Iraq 1920–1958* (Tel Aviv: Moshe Dayan Center, 2011). Amatzia Baram, Achim Rohde, and Ronen Zeidel (eds.), *Iraq between Occupations: Perspectives from 1920 to the Present* (New York: Palgrave Macmillan, 2010), pp. 1–11.

第八章 伊拉克的部落：国家形成中不可忽视的因素

士拉附属于巴格达；只是在1884年才成为独立的省。① 这三个省——巴格达、摩苏尔和巴士拉——通过一系列经济、社会及文化联系形成了此后伊拉克社会的框架。例如，摩苏尔是巴格达和其他地区的"面包篮"（bread basket），谷物贸易是摩苏尔经济的支柱。与之类似，稻米从隶属于巴格达省和巴士拉省的幼发拉底河地区的南部和中部运抵。

伊拉克的马木路克时期，巴格达省和今日伊拉克的大部分地区都处于伊利亚·哈力克（Ilya Harik）所称的"军事官僚寡头"的统治之下。② 在此时期，巴格达确立了霸权并对国家的其他地区实施控制。基于军事力量和相互的经济利益，统治精英与乡村地区的部落联盟之间形成了一种暂时的联系。一些马木路克的统治者甚至反抗奥斯曼苏丹。③ 总之，在此期间，国家与社会之间的安排能够延续国家对于伊斯坦布尔的独立性。甚至一些伊拉克的历史学家认为，最后两任马木路克统治者苏莱曼·帕沙（Suleyman Pasha, 1780~1812年在任），特别是达乌德·帕沙（Daud Pasha, 1816~1831年在任）相当于他们同时代的埃及的穆罕默德·阿里（Muhammad 'Ali）。④

这些历史学家将历史的眼光转向18世纪奥斯曼帝国的东翼：巴士拉和海湾地区。他们并不认为在奥斯曼人眼中巴格达和巴士拉省处在边缘地位，相反，这些地区位于奥斯曼人与波斯人之间的边界，同时也是与印度和远东地区开展商业活动的

174

---

① Reidar Visser, *Basra: The Failed Gulf State* (Münster: LIT Verlag, 2005).
② Ilya Harik, "The Origins of the Arab State System," in Luciani, Giacomo (ed.), *The Arab State* (Oakland, CA: University of California Press, 1990), pp. 1–28.
③ Tom Nieuwenhuis, *Politics and Society in Early Modem Iraq: Mamluk Pashas, Tribal Shaykhs and Local Rule Between 1802–1831* (The Hague: Martinus Nijhoff, 1982).
④ Thabit A. J. Abdullah, *A Short History of Iraq: From 636 to the Present* (London: Pearson Longman, 2003).

门户。① 依据哈里克（Harik）的观点，部落和宗教王朝最先出现在阿拉伯世界的外围：阿拉伯半岛、海湾、马格里布地区。伊拉克从不属于外围地区。

奥斯曼时期的伊拉克（1831~1914年）

从1831年奥斯曼帝国重新占领巴格达直到第一次世界大战，巴格达省加快了特殊的开发进程。奥斯曼帝国建立第六特殊部队，驻扎在巴格达附近，极大地增强了奥斯曼帝国中央政府的力量，同时还吸纳了伊拉克新兵。整个19世纪的其余时间，奥斯曼帝国试图通过中央集权和提高国内效率的政策来重新控制各省。正是在米德哈特帕夏（1869~1872年执政）作为巴格达瓦利②（Vali）的短暂执政时期，这些改革得以实施。在米德哈特帕夏的领导下，巴格达以及巴士拉和摩苏尔的官僚机构实施了现代化，规范了行政区划，建立了新的世俗和公立学校，实行了鼓励私人拥有土地的法律，并且改善了交通。政府认为安全问题是巴格达省的首要障碍，并为全面解决这一问题付出了相当大的努力：启动对边远地区的运输，鼓励游牧部落定居，同时为此目的至少建立了20个城镇。③ 另外，第六特殊部队加强了中央政府的军事能力，并奉命在全部三个省区加强帝国的权威。④

---

① See Ihabit Abdullah, *Merchants, Mamluks and Murder* (New York: State University of New York, 2001); Abdullah, *A Short History of Iraq*, op. cit.; Hala Fattah, *The Politics of Regional Trade in Iraq, Arabia and the Gulf 1745-1900* (Albany, NY: SUNY Press, 1997); Hala Fattah, "The Question of the 'Artificiality' of Iraq as a Nation State," in Shams, Inati (ed.), *Iraq: Its People, History and Politics* (Amherst, NY: Humanity Books, 2003), pp. 49-62.
② 土耳其的州知事。——译者注
③ Amarilio, p. 40.
④ Thabit A. J. Abdullah, *Dictatorship, Imperialism and Chaos: Iraq since 1989* (London: Zed Books, 2006), p. 9.

第八章　伊拉克的部落：国家形成中不可忽视的因素

此外，巴格达、摩苏尔和巴士拉三个相对孤立的地区，在 19 世纪融入不断增长的世界经济中，从而打破了孤立局面。起初贸易增长迅速，主要是进口贸易，尤其是在苏伊士运河开通之后。巴士拉港与印度进行的有利可图的贸易，促进了英国对伊拉克市场的渗透。事实上，贸易中心所涉及的事务促使伊拉克成为"军事官僚"类型的国家，并阻止了巴格达以外地区任何竞争力量的崛起。

与此同时，伊拉克农村地区的部落也处于剧烈变化之中。在伊拉克，部落王朝与宗教权威结为联盟的例子很少，并且通常是在库尔德地区。19 世纪之前，伊拉克的部落社会由部落联盟（qabila）所掌控。这些联盟将南部灌溉区的弱小部落或沙漠地区的贝都因部落聚合在一起。幼发拉底河中部和巴士拉地区的蒙塔菲克人（Muntafik），以及幼发拉底河下游和萨玛瓦地区（Samawa）的哈扎伊尔人（Khaza'il）是灌溉区部落联盟的典型代表。在 18 世纪和 19 世纪，两个部落联盟控制着它们的地区，并在那里实现了自治。由于它们对巴格达提供所需的大部分大米，因而在面对马木路克和奥斯曼统治者时，它们拥有一定的权力地位。它们还可以攻击巴士拉。然而，即使在最强盛的时候，它们也从未想过与巴格达分离，主要是因为双方的经济是互相依赖的。

皮埃尔·让·卢泽德（Pierre Jean Luizard）采用哈利克的分析框架，描述了前现代伊拉克国家的支柱蒙塔菲克联盟的崛起与衰落。[1] 蒙塔菲克是一个小型农耕部落联盟，受萨顿（Sa'dun）家族的领导，该家族是放牧骆驼的游牧的逊尼派家族，起源于汉志地区。最初，萨顿人为部落提供保护，以抵抗政府和从内志来的瓦哈比部落。后来，当瓦哈比教徒被击败，奥斯

---

[1] Piere Jean Luizard, "La Confédération des Muntafik: une Representation en Miniature de la 'question Irakienne,'" *Monde Arabe Maghreb Machrek* 147 (Jan.-Mar. 1995), pp. 72–92.

曼人重新夺回巴格达的控制权时，蒙塔菲克及其他部落联盟的半独立状态与奥斯曼帝国的目标发生冲突。蒙塔菲克部落联盟在萨顿家族的领导指挥下，袭击了巴士拉，这对当地安全构成了重大威胁，并导致奥斯曼帝国采取军事报复行动。但蒙塔菲克部落联盟并没有被奥斯曼军队打败。不过，萨顿人后来因受奥斯曼人的利诱而归顺了奥斯曼帝国。他们利用奥斯曼土地法，将部落土地登记为私有财产，成为土地所有者，并雇佣部落民作为他们的佃户。19世纪，最重要的萨顿谢赫是谢赫纳西尔（Shaykh Nasir），他于1875年被任命为巴士拉省省长。① 奥斯曼人在这一地区建立了许多城镇，以便安置联盟部落的定居。

奥斯曼人试图削弱部落权力，实施了一些结构性变革，同时还结合其他的措施，伊拉克南部的部落迅速转向什叶派。② 教派转变有许多原因。由于血仇和日益减少的水源所引发的战争致使各个部落走向分裂，伊拉克部落社会承受着日益分裂之苦。而什叶派却能提供另一种身份认同和抚慰的办法。此外，在19世纪七八十年代素丹阿卜杜拉·哈米德二世（Sultan Abdul Hamid II）的统治下，奥斯曼帝国对伊拉克部落实行伊斯兰化，乃至"逊尼化"的政策，再加上对奥斯曼统治者的普遍反感，促使伊拉克部落转而皈依什叶派。当时越来越多的部落定居在纳杰夫和卡尔巴拉附近，邻近的什叶派圣地以及该地区不断变化的生态条件，也促使他们改信什叶派。以蒙塔菲克为例，改宗的进程使基层农民（逐渐转宗什叶派）反对逊尼派的萨顿人。蒙塔菲克联盟在一系列的内部叛乱和内讧中土崩瓦解。正如卢泽德（Luizard）所言，一旦蒙塔菲克联盟不再履行其统一职能，那将时日无几。③ 奥斯曼人耐心而顽强地击败部

---

① Amarilio, 41.
② Yitzhak Nakash, *The Shi'is of Iraq* (Princeton: Princeton University Press, 1994), pp. 25–49; see Amarilio, pp. 36–8.
③ Luizard, p. 91.

落联盟，为将来建立一个以巴格达为基础的中央集权的伊拉克创造了条件。

我们是否可以称伊拉克的部落联盟为"前现代国家"？哈力克在前现代阿拉伯国家中发现了类似于国家的要素：不仅有主权和领土的核心概念，而且有合法的思想观念。在伊拉克的部落联盟中，可以找到一些要素：主要是一些领土的核心要素，一种已经形成的民族精神，以及执掌领导权力的世袭血统。然而，这些要素大部分是不稳定的。在绝大多数前现代阿拉伯国家中，国家的中心在主要的城市，而在伊拉克，联盟则仅限于农村地区。无论何时何地，只要奥斯曼帝国的力量薄弱或者出现权力真空，这些前现代国家就会兴旺。在19世纪的大部分时间里，伊拉克的情况并非如此：奥斯曼帝国的力量要比部落联盟更强大。此外，没有任何一个披着宗教外衣的联盟能够吸引那些不属于这一教派的人。另外，不像海湾沿岸的部落，它们被限制在伊拉克内部，直到19世纪末期伊拉克的部落才与欧洲人建立联系。

英国委任统治下的国家形成（1921~1932年）

英国的委任统治在许多方面延续着肇始于奥斯曼帝国在巴格达实施的国家集权化进程。这一进程对部落也不利。英国在巴格达继续以逊尼派统治为基础。在他们的监护下，伊拉克当局仍保留了米德哈特帕夏的称呼，并且按照层级结构和中央集权的路线进行管理。伊拉克当地政府优先招录学校毕业生，他们主要是逊尼派和城市居民。由于公路、铁路的发展和安全力量的增强，更多农村地区的交通日趋便捷。

近代以来的边界轮廓发生了很大变化，这对伊拉克的部落产生了深远影响。部落没有参与边界的划定，虽然有时协定中也会提及他们的利益。从长远看，边界实际上斩断了已处在衰落中的游牧生活。[1]边界将伊拉克的主要部落一分为二：与叙利亚的边界将贾比尔（Jabbur）和沙马尔·贾巴（Shammar Jarba）部落分开[2]，与土耳其的边界分隔了库尔德、土库曼和雅兹迪部落，与伊朗的边界则将一些阿拉伯什叶派部落分离了出去。[3]

奥斯曼帝国和英国对待部落的方法在许多方面是相似的。奥斯曼人任命部落谢赫作为当地行政机构的政治代表，有时甚至在伊斯坦布尔议会中也给予他们席位。在英国委任统治时期（1921~1932年）和整个君主制时期（1921~1958年），部落谢赫在伊拉克议会中占据超出代表比例的席位，但他们在日益专业化的地方政府部门中供职的人却没有这么多。奥斯曼人鼓励部落谢赫将部落土地登记在他们的名下，从而把谢赫们变为国家的税收农民。英国进一步鼓励谢赫获得更多的土地，以便把他们变为大庄园主和土地贵族。谢赫利用他们在议会中的投票权来增加收入，减轻自己的税收负担，并且进一步剥削那些没有土地的部落民众。奥斯曼人承认部落法在农村地区据首要地位，而英国人在1916年已起草了"部落刑事和民事纠纷条例"（TCCDR），英国政治官员的监督和后来的伊拉克官员所承担的职责是相同的。"部落刑事和民事纠纷条例"于1925年成为法律，并在伊拉克有效创立了两套法规：以城市为中心的国家法和适用于农村的部落法。实际上这种法律体系被日益壮大的中产阶级所痛恨，并在1958年的革命后废除。

然而，在其他中东国家，委任统治为少数群体或是当地人口中的某些群体登上领导职位创造了条件。法国促成阿拉维派（Alawite）在叙利亚以及马龙派（Maronite）在黎巴嫩的主导

---

[1] Ronen Zeidel, "Tribus Irakienne: Facteur Negligeable," *Outre Terre* 14 (2006), pp. 169–82.

[2] John F. Williamson, "A Political History of the Shammar Jarba Tribe of the Al Jazira" (PhD dissertation, University of Indiana, 1975), p. 158.

[3] Zeidel, p. 172.

第八章 伊拉克的部落：国家形成中不可忽视的因素

地位；英国提高了哈希姆家族和贝都因人在约旦的地位。英国在伊拉克短暂的委任统治时期对部落的态度也是相对支持的。此外，大部分农村地区仍为部落。那么为什么部落滞后于政治进程呢？为什么部落中未能产生新国家的政治领袖呢？为什么国家的部落模式——部落联盟——从来就没有被用作国家形成和国家机构的基础呢？

英国的委任统治激起了一系列反抗，英国与伊拉克新出现的政治家和知识分子之间的斗争就是一种反映。英国的一些措施是保守的。以费萨尔为国王的君主政体，是对伊拉克实施委任统治的保守解决方案，其他措施也是保守和务实的：给予谢赫们特权既是给予被保护人的实惠，又是维持部落和潜在不稳定地区秩序的一种方法。建立一个以间接投票为基础的议会，是一种新的"民主"制度和允诺保守因素和部落谢赫需求之间的一种妥协。①然而，其他措施则产生了不同效果：现代行政机构的建立，公共教育需求的增长以及接受公共教育越发容易，伊拉克军队的建立，20 世纪 20 年代数百名沙里菲（Sharifiyan）官员返回伊拉克。②（直到 1958 年，这些官员一直是伊拉克政治生活的支柱。）英国对于这些措施的影响力很小，但这些措施塑造了伊拉克的未来。

伊拉克的新国家延续了 19 世纪奥斯曼时期开始的中央集权化进程：巴格达和逊尼派城市的精英，对这一集权化的国家进行规划，其大部分权力由国家行政机构和区域中心所掌控，而省级领导人几乎没有权力。这一进程永远不会彻底完成，但这是大势所趋。部落谢赫很难适应这种模式。作为部落一员，他们对每一项现代化措施都持怀疑态度。他们不欢迎在其领地开办公立学校。除个别情况外，他们并未认真地把教育作为个人

178

---

① 福拉讨论了这些矛盾的发展趋势，见 Sluglett, *Britain in Iraq*。
② 这些人曾在 1916 年的阿拉伯起义中与麦加的谢里夫侯赛因并肩作战，并在 20 世纪 20 年代初从叙利亚返回伊拉克。

进步的动力。部落谢赫们没有在政治上发挥领导作用,而总是与城市的主要政治家结盟。大多数什叶派部落认为,军队是对他们军事力量的挑战,是可能终结其自治权的因素之一。因此,他们强烈反对总体规划。逊尼派部落民众与逊尼派政府密切的传统关系,可以追溯到奥斯曼帝国时期,他们会以逊尼派身份加入军队,并与其他逊尼派结盟,希望通过服兵役而不是以部落成员的身份促进自身发展。

君主制时期(1932~1958年)

伊拉克的部落体制在20世纪初期已处于解体状态中,伊拉克建国前20年遭受了一系列沉重打击。在英国对1920年革命的镇压中,皇家空军对部落地区发动了多次惩罚性袭击。1935年至1937年,随着伊拉克军队镇压幼发拉底河中部地区的一系列部落起义,军事手段达到高潮。谢赫们参加了1920年革命,但未能为他们自己在巴格达争取到强大的政治地位,因此他们投身革命的原因主要是表达不满。谢赫们动员其部落破坏巴格达政府的稳定。然而,发生在什叶派控制地区的起义都失败了,这使越来越多的什叶派成员被纳入国家管辖范围。对起义的镇压成为削弱部落并加强国家统治的重要一步。镇压起义的伊拉克军队后来也成为政治上的主导力量。

城市化进程的提速进一步削弱了部落认同。从20世纪20年代到40年代,一些部落谢赫成为大土地主,在他们的残忍剥削下,成千上万的无地农民逃往城市,尤其是巴格达。这损害了部落控制大量人口的能力。旧部落被分裂,其他部落也不再能够作为一个单位发挥作用。城市化是部落民众反对其谢赫所投下的"不信任票",谢赫因此被剥夺了大部分权力。蜂拥而来的部落民众形成的新的城市群体,开始寻找另一替代的身份认同。

第八章 伊拉克的部落：国家形成中不可忽视的因素

伊拉克共和国：概览（1958~2003年）

相比于马木路克和奥斯曼时期的自治状态，君主制时期的部落谢赫及其代表的部落体系，几乎全部依靠城市政治精英和英国。因此，当君主制在1958年被废黜时，谢赫们发现自己是与失败者结盟。对于新的政治精英来说，谢赫是"反动的社会因素"和"过去的残余"，或者说是"敌人"。1958年的土地改革是革命政府首先采取的措施之一，它通过分配谢赫的土地财产，打击了这个群体的经济支柱。起初为了报复，谢赫们与其他保守派结盟反对共和国政权，但这些企图均以失败告终。最终，谢赫们不得不顺从政府制定的几乎可以使他们消亡的政策。关于谢赫是"反动的"这一说法，在今天的伊拉克仍然盛行。各部落党派参加了2005年1月的大选，但遭到惨败。主要原因在于，伊拉克民众拒绝谢赫所提出的要求，即返还谢赫们的土地财产，恢复农村的"部落法"，并承认他们对乡村地区的控制。2003年萨达姆政权倒台，这给谢赫们创造了一个要求恢复其地位的机会，但教派立场与伊拉克民族主义在伊拉克民众认同中拥有更大的影响力。谢赫再次与反对中央政府和统一国家的人结盟，或者换句话说，是逆潮流而行。①

1958年以来，部落因素在伊拉克政治生活和其他领域中出现的时间很短。伊拉克有时候似乎正在经历着重新部落化的过程。②这种情况在2003年前出现过两次。第一次是在阿里夫兄

---

① Zeidel, pp. 180–181.
② 首次讨论这一现象的著作见 Amatzia Baram, "Neo-Tribalism in Iraq: Saddam Hussseins Tribal Policies 1991-1996," *International Journal of Middle East Studies* 73 (1997), pp. 1–31. 此后进一步细化研究见 Amatzia Baram, *Building Toward Crisis: Saddam Husayn's Strategyfor Survival* (Washington, DC: Washington Institute for Near East Policy, 1998). 也可见 Faleh Abdul-Jabar and Hosham Dawood (eds.), *Tribes and Power: Nationalism and Ethnicity in the Middle East* (London: Saqi, 2003).

弟('Aref brothers, 1963 年 11 月至 1968 年 7 月在任)的领导下。在 20 世纪 60 年代的关键时期,军人出身的阿布德·萨拉姆·阿里夫('Abd al-Salam 'Aref, 1963~1966 年在任)和他的兄弟阿布德·拉赫曼('Abd al-Rahman, 1966~1968 年在任)担任伊拉克总统,并统治伊拉克。当时伊拉克政治局势并不稳定,他们任命自己的朱玛拉(Jumaila)部落的成员和来自伊拉克西部的其他官员,来填补政权中最敏感的职位。但是,阿里夫兄弟最终被同一地区的人所驱逐,这些人并不是阿里夫兄弟的部落的成员。在这一时期和接下来的一段时间里,部落成为对统治者或实权派效忠的源泉。部落忠诚是一系列忠诚的核心,其中还包括地区忠诚(伊拉克西部)和逊尼派的教派忠诚。这些忠诚共同支撑着政权。

第二次是在萨达姆·侯赛因统治时期。始于 20 世纪 80 年代末,截止到 1991 年,萨达姆在军队、共和国卫队和其他安全部门中安插自己的部落即奥贾('Auja)的阿尔布·纳西尔(Albu Nasir)部落的成员。通过这种方式,围绕在他身边的都是他信任的人。同时,萨达姆也奖掖那些希望得到其帮助的部落民众。部落裙带关系通常在颇具戏剧性的事件(1958 年革命、1963 年事件、两伊战争和海湾战争以及 1991 年伊拉克南部的什叶派起义)发生后出现,这时的政权并不自信和稳固。部落的复兴伴随替代性的意识形态和认同的破产,例如 20 世纪 60 年代的伊拉克民族主义和共产主义,以及 90 年代复兴党的意识形态。萨达姆时期比第一个时期长,出于安全问题的考虑,萨达姆开始更广泛地依靠提克里特人(Tikritis,包括那些来自提克里特城镇和地区的人,这里是萨达姆的出生地,但是这些人并不全部来自萨达姆的阿尔布·纳西尔部落),最终依靠的却是萨达姆大家族中的核心成员。

但是,政治层面的再部落化是浮于表面的:部落民仅被任命到安全部门或是政府和军队中的权力岗位。其他国家机构并不受他们的影响。伊拉克在国家层面也从未正式接受过部落的

第八章 伊拉克的部落：国家形成中不可忽视的因素

规范。然而，始于20年代并在80年代达到顶峰的伊拉克国家强化进程，则在20世纪90年代因军事失败和国际制裁而停止。低于政治权力第一层级的部落，却被鼓励为国家服务，以保卫"公共秩序"，同时还要与敌对势力的渗透做斗争。部落也被作为替代机构在国家无法提供服务，或是国家机构（法院、警察系统）不存在，或是过于腐败的领域发挥作用。

1958年后，部落为其民众提供了一些必要的服务。部落的流动性值得注意：一个分裂的部落会迅速变成两个（或更多）部落，每个部落都有自身的结构、内部合法性和一定的凝聚力。这对农村民众移居大城市是一个巨大帮助。第一代移民需要部落架构来帮助他们适应新的城市环境。这些架构对部落成员提供公司、关系网、住房和金融帮助，协调与政府的关系，保护部落民，以及在陌生环境中为部落成员提供许多其他服务。20世纪90年代，像贾布尔（Jabbur）、乌贝德（'Ubeid）和达莱姆（Dulaim）这些逊尼派部落联盟为阴谋推翻政权提供网络。这些阴谋者包括来自这些部落的军官，有时也包括他们的亲戚，据称他们组织了反对政权的军事政变。这些阴谋最终被当局发现，相关人员被处决。至少在1996年，一名来自达莱姆部落的军官因其在拉马迪（Ramadi，伊拉克西部达莱姆地区的主要城市）煽动叛乱而被处决，叛乱遭到共和国卫队的镇压。

部落的影响力主要局限在社会范围。然而，由于许多受过教育的伊拉克人对部落存在负面认知，他们认为部落是"反动的"，所以没有多少伊拉克人认同部落，甚至谢赫在伊拉克文化中的影响也不被广泛认同。尽管如此，伊拉克的民俗学明显包含强烈的部落元素。部落歌手如哈代利·阿布德·阿齐兹（Khdairi 'Abd al-'Azizi）和达克希尔·哈桑（Dakhil Hassan），赋予伊拉克音乐独特的声音。如上所述，1920年的"伟大民族革命"，基本上是一场部落起义，它为伊拉克历史上的万神殿增添了诸如塔瓦利姆部落（Thawalim）的谢赫沙兰·阿布·乔（Shaykh Sha 'lan Abu al-Jon）和扎巴部落（Zawba'）的谢赫达里（Shaykh Dari）这样的民族英雄。这一事件是部落和国家叙事的独特融合，但后来在伊拉克独立时期的部落起义，却有害于国家叙事，因此被以伊拉克国家为中心的历史编纂工作所掩盖。这意味着部落与国家的两种叙事方式是完全不一样的。

2003年4月之后：后萨达姆时期的伊拉克

自2003年以来，伊拉克中央集权国家的衰弱之势加剧，这便给了部落繁荣的机会。1991~2003年，在萨达姆·侯赛因统治时期，伊拉克的部落成了虚弱国家的分包商，帮助政权维持乡村地区的秩序，并保护其部落成员的安全。2003年后，特别是2006~2008年，部落要么与国家作战，要么是受到美国人的怂恿而与"基地"组织作战。总体而言，他们并未取代国家的作用，只是为他们的民众提供国家无法提供的公共服务，如司法、安全、保护、资金援助和团结。

2003年4月美国入侵伊拉克以来，伊拉克的部落，尤其是经历了20世纪90年代萨达姆12年统治的阿拉伯部落，因过于显眼而无法让人忽视。伊拉克西部的一些逊尼派部落在2003年之前参与了美国入侵的准备工作，并与美国人有联系。但在入侵后，由于美国战斗机误炸达莱姆部落的一户人家，致使多人死亡，从而导致部落与美国人的关系恶化。伊拉克的抵抗运动在宗教和教派的旗帜下展开。抵抗运动的成员主要是伊斯兰教逊尼派激进主义者，前复兴党人员和伊拉克爱国主义者。然而，抵抗运动的发源地是伊拉克西部的安巴尔省（Anbar），并且很快具有了部落色彩：抵抗运动的组织单位由部落和分支部落组成，作战区域依据部落领地部署，检查站由部落成员管理。这一部落化的过程也在逊尼派的其他地区上演。

与此同时，什叶派部落试图在新的政治框架下寻找自己的出路。以什叶派为主的部落联盟和伊拉克阿拉伯部落仍处在解

第八章 伊拉克的部落：国家形成中不可忽视的因素

体过程中。在伊拉克南部的什叶派地区，有人冒充部落谢赫，还有极少部落保留着尚未受到挑战的王朝。美国人和英国人试图解决这个问题，但结果事与愿违。在2005年1月的大选中——伊拉克第一次民主选举，却遭到大多数逊尼派的抵制——有两个部落党派参选，分别是沙玛尔部落的逊尼派党派和什叶派党派，它们都在选举中惨败。更重要的是，部落的什叶派党派要求收回在1958年土地改革中被没收的部落土地，并恢复部落地区的部落法，这些要求与1958年7月革命之后出现的共和国建国原则相矛盾。因此，通过拒绝这些政党的主张，伊拉克选民表明了他们拒绝重回1958年之前部落社会的现实。

2006年2月，伊拉克经历了一场前所未有的教派内战。部落承受着来自逊尼派和什叶派民兵、政府、美国人，以及并非不重要的"基地"组织的多重压力。"基地"组织存在于逊尼派部落地区，推行恐怖主义策略，例如针对部落民众（尤其是谢赫）发动袭击，这对逊尼派部落构成真正的威胁。安巴尔省遭受巨大损失。因此，安巴尔省建立了部落武装来对抗"基地"组织的兴起。达莱姆部落的阿布·里沙（Abu Risha）分支部落的谢赫与美国人接触，请求给予武器、训练和财政援助，以便帮助招募部落民兵成立"复兴运动"（Sahwa）或"伊拉克之子"（Abnaa al-Iraq）组织。美国决定支持他们，并给予其充分授权，来镇压"基地"组织和伊拉克抵抗运动，以及平定敌对活动。然而，部落民兵的活动仅限于逊尼派地区。在什叶派部落控制地区中并未建立民兵组织，而政府则通过军队和安全部门依旧保持对权力的垄断。

此后，随着美国撤军，招募部落民兵的其他后果暴露无遗。在不需要部落民兵的情况下，部落军官和逊尼派政客试图确保民兵在军队、警察和安全部门中就业。然而，只有少部分人重新就业，大多数人没有工作或收入来养家糊口。这对安巴尔省、迪亚拉省（Diyala）和摩苏尔省这些由部落民兵维系的地区安全构成威胁。退役民兵的不满，是逊尼派省份目前抗议政府的主要动因。

然而，将这一时期的部落完全与武装冲突联系在一起，却又忽略了一个关键问题。不同于2003年以前，今天的省级议会在伊拉克发挥着重要作用。这些议会由各省的民众选举产生，反映了地方权力的平衡。在这一层面上，部落和他们的代表施展着影响力。例如，"复兴运动"的联合创始人建立了一个政党，并赢得2009年的安巴尔省的地方选举（他们在2010年的伊拉克大选中未获成功，因此其影响力没有超出省界）。但是，人们也完全有理由认为，省级议会是一个"利诱陷阱"（honey traps），它把部落局限于省级政治，甚至在地方层面鼓励其分裂。

2014年6月，极端组织"伊斯兰国"（Islamic State）占领了摩苏尔市及伊拉克西北部的大部分地区。逊尼派部落最初感到很满意，但不久便发现"伊斯兰国"及其建国计划与先前的国家一样，是中央集权的、压制性的和强制性的政权。部落和"伊斯兰国"之间的冲突和战争很快接踵而至。目前，"伊斯兰国"已疏远了其控制区所有主要的逊尼派部落，这些部落正在进行一场低调的战争，来抗击这一激进组织。最好的结果是，部落民兵能够阻遏"伊斯兰国"，直至伊拉克军队或库尔德自由战士的到来，其间，部落会遭受重大伤亡。部落民兵未能解放任何一个城镇或地区。他们对再一次"增兵"的企盼，逐渐被失望所取代。逊尼派部落指责巴格达政府未能提供武器弹药，并忽视西线的作战。美国试图重组部落单位的想法也得不到信任。无论在何种情况下，这些部落都无法与"伊斯兰国"这样的现代组织相抗衡，更无法替代政府军。

结　论

正如科斯蒂纳和库利所言，伊拉克"这个现代国家的基础，建立在旧的帝国机构框架之上"，而不是建立在现存的部落结

第八章 伊拉克的部落：国家形成中不可忽视的因素

构之上。①伊拉克不是一个"酋长国"或"谢赫国家"。它自19世纪初期以来的历史，会聚而成的一个主要进程是，乡村服从于巴格达或伊斯坦布尔的中央集权和压制性当局。这一进程在1920~1921年伊拉克正式建国后仍在继续。在20世纪，国家掌控着越来越多的权力，直到20世纪90年代。那时候，由于军事上的失败和国际社会的严厉制裁，国家权威开始削弱。目前，国家和社会正在协商一种新的妥协方式。

因此，哈力克将伊拉克的表现定义为前现代阿拉伯国家的"军事官僚"模式。这种模式要比伊拉克乡村地区若干部落联盟所构成的模式要强大得多，事实上伊拉克的农村在20世纪初就不复存在了，它们归属于一个越来越强大的以巴格达为中心的国家。伊拉克国家同样建立在城市中心和对权力垄断的基础上，当然与海湾国家（如沙特阿拉伯）相比，伊拉克可能是最具现代性的阿拉伯国家之一。从这个意义上看，伊拉克政府既没有留恋于传统，也没有将传统因素奉若神明地纳入政治架构。问题是，伊拉克国家形成的过程，在国家和社会之间造成了一个很深的裂痕，而且往往是极具压制性的。这种对立在20世纪表现得更加明显。绝对的集权是伊拉克国家构建的特征，城市逊尼派精英的主导地位，乡村什叶派和库尔德人被剥夺权利以及他们的屈服，这些都体现出国家越来越渴望控制缺乏热情的社会。自20世纪50年代以来，石油财富也仅仅用于国家的集权。

作为本质上的传统主义元素，部落及其领导人都未能控制国家建构的进程。在伊拉克历史的关键时期，他们缺乏适应时代变化的远见卓识，因此理应得到"反动的"恶名。部落不仅被新兴国家边缘化，还被伊拉克民族主义、教派主义以及阿拉伯民族主义等意识形态边缘化。然而，当国家实行过度的压迫

---

① Philip S. Khoury and Joseph Kostiner, "Tribes and the Complexities of State Formation in the Middle East:" in Klioury, Philip S. and Joseph Kostiner (eds.), *Tribes and State Formation in the Middle East* (London: I. B. Tauris, 1991), p. 13.

或过于虚弱时，部落会重新获得一定的自治，并使他们远离国家的管辖。21世纪初，伊拉克国家持续解体的长期进程仍影响着部落。中央政府和国家的虚弱，以及其他因素的衍生，造成部落成员间的混乱。在农村地区，部落价值观仍是一种强大的社会因素，但由于裙带关系和血亲复仇的传统，部落价值并未蔓延到政治领域。忠诚于部落、教派、激进组织和政治党派之间的冲突，也在撕裂着部落社会。对许多伊拉克部落民众而言，这意味着存在一种世间的矛盾情感。一方面部落价值观决定着日常生活；另一方面部落却不能提供有效的工具来表达个人的政治选择。令人惊讶的是，随着2015年的到来，伊拉克正处于同20世纪20年代类似的境地：中心任务是打击外来掠夺者，但农民和部落民又被夹在中间。部落变得越发弱小，甚至很难在省级层面协调行动。[①] 所有这一切都表明了部落不能有效地抗击"伊斯兰国"。

[①] 例如，由于省议会中部落成员之间的分歧，安巴尔省最近未能更换省长，http://www.niqash.org/articles/?id=3597。

第九章 巴林：酋长国体系对抗"阿拉伯之春"的血腥堡垒

安东尼·B. 托斯（Anthony B. Toth）

当政治变革之风挟裹着"阿拉伯之春"从突尼斯向东、西方向蔓延之时，处于希望氛围之中的许多巴林民众却遭到了驱赶。2011年2月，巴林爆发了一系列抗议活动，成千上万的民众涌上街头呼吁变革。哈利法统治家族的成员起初猝不及防，但他们很快就以惯用的手段做出回应：谈判的胡萝卜与国家机器的大棒兼而用之。巴林警察与军事力量残暴地镇压了民众不满的浪潮，数十人死亡，数百人受伤，数千人被监禁，其中多人遭受酷刑。

本章旨在考察巴林的部落与国家问题，将对从英帝国体系中的海上酋长国直到可称为独立的"酋长制国家"的演进过程进行历史综述。这些统治家族将传统与现代的政治实践和制度结合在一起，以确保其统治的存续。在历史上，巴林与它的邻国有许多共同点，尤其是基于王室家族主导的统治体系。然而，巴林也有许多不同点，特别是他宣称拥有部落认同的人口比例很小。因此，巴林部落与国家的叙事，主要是关于哈利法家族的政治和经济霸权是如何随时间而变化的。从哈利法家族统治巴林伊始，民众在很大程度上不具有部落特征，因而会定期出现民众的抗议活动，其中多为暴力事件。这一动态的演变说明，部落酋长的政治基因在决定统治者如何回应变革诉求时一直发挥着重要作用。

本章还将就哈利法家族及其盟友对成千上万的巴林人发起"阿拉伯之春"的企图做出的回应进行分析,并对其进程提供一种广阔的视野,同时给出结论。巴林颇具争议的历史之最新事件,凸显了埃米尔统治的存续和反对派起而反对这种统治的一系列政治现实。过去人们都采用"食利国"理论来解释这一现象,即石油工业的收入通过资助有效的安全机构,或为民众提供工作和其他服务,以保证统治者的最高权力。然而,历史表明,这一理论对解释诸如卡塔尔这样的政治霸权的国家最为恰当,但对于像沙特和巴林这样的人口更加多样、历史更加复杂的国家却没有使用价值。其结果导致对食利理论框架的批评越来越多。因此,本章论证了海湾国家的学者日益认识到的观点:通过对当地和地区政治的透视,会比透过资源再分配的观察更富有成效。借助对统计概要和政府预算的钻研来辨析民众的历史、愿望、动机与行为,以及对政治行为、权力关系、国家稳定的探究,可以发现更细微的差别并获得更精确的见解。[1]

这种自下而上的分析将证明,诸如政府的许多治理方法与模式,以及王室家族与民众关系的性质,早在石油发现之前便已存在。因此,就国内政治而言,新的收入来源开始大量流入埃米尔金库所带来的变化是政治优势的急剧增强。此外,石油财富并没有为"食利国"创造新的政治体系,因而允许酋长国采用传统统治方法进行更大规模和更有效的统治,无论这种传统方法是好还是坏。

---

[1] See Gwenn Okruhlik, "Rentier Wealth, Unruly Law, and the Rise of Opposition: the Political Economy of Oil States," *Comparative Politics* 31:3 (April 1999), pp. 295-315. 对食利理论的缺陷和解释力不足的更详细剖析见 Justin J. Gengler, "Ethnic Conflict and Political Mobilization in Bahrain and the Arab Gulf" (PhD dissertation, University of Michigan, 2011), pp. 14-48。

第九章 巴林：酋长国体系对抗"阿拉伯之春"的血腥堡垒

那么，当酋长国面临大量民众的不满时又该怎么办？最简单的是：通过任何能够使用的方式进行自我保护。就巴林"阿拉伯之春"这一案例来说，2011年2月14日抗议伊始，哈利法家族的一些成员便寻求对反对派的让步，以便控制这一事件的政治影响；其他成员则动用安全部队来施展拼死的努力。此外，这一危机还显示，在紧急救援方面，沙特阿拉伯在巴林国家体系中发挥着主导作用：沙特军队介入巴林危机释放出强烈的信号，即决不允许哈利法家族倒台。这清晰地表明，阿拉伯国家和海湾地区延续至今的部落统治的一个最重要特点是，统治者决心使用谢赫阶层古老的手段，来保卫他们在政治、经济与社会地位方面的特权，甚至在应对大量民众的变革呼声时依然如此。巴林部落统治的第一阶段，为审视当前政治制度的根源提供了一个窗口。

海上酋长国的兴起，1766~1923年

海湾的谢赫是阿拉伯半岛内地谢赫们的后裔。他们的故事很相似，他们一旦获得生存的必需品，就要去追求财富和权力。酋长们在阿拉伯半岛沿岸建立的政权，深受部落环境的影响。这些部落社会的风俗习惯，已在主宰半岛大部分地区的放牧骆驼的贝都因人中延续了数百年。严酷的环境和有限的资源意味着绝大多数民众的生活水平很不稳定，谢赫及其盟友为经济生活的剩余资源展开激烈竞争。谢赫的畜群是他们最具声望的财富来源，但是一些显赫家族还会侵吞其他收入——无论是通过和平的还是武力的方式。当谢赫及其盟友能够控制定居地时，他们能够从商人、工匠以及农业生产者那里获得额外的支付款项。当旅队和贝都因人的畜群跨越谢赫所管辖的地域时，如果旅队配合的话，谢赫将获得钱财；如果旅队不配合的话，谢赫

的武装人员将对旅队实施劫掠。① 从 18 世纪开始，野心勃勃和强有力的部落群体抓住了新的收入来源，即被称为闪闪发光的白色珍宝的海湾珍珠。

巴林部落政治秩序的创立以及它的大部分邻国，都是在 18 世纪的"大珍珠浪潮"（Great Pearl Rush）中出现的。利润丰厚的海湾珍珠贸易在 19 世纪经历了稳定增长，但自 20 世纪 20 年代起却走向迅速和持续的衰落。从 18 世纪上半叶开始，阿拉伯部落所获珍珠利润与波斯在海湾地区的影响力一道下降，尤其是作为地区珍珠中心的巴林。巴尼·奥图卜（Bani Utub）部落的分支哈利法部族于 1766 年在卡塔尔半岛的祖巴拉（Zubarah）首次成为地方统治者，并在那里建立了珍珠和商业中心，然后于 1783 年开始统治巴林。在此期间，阿拉伯部落群体在科威特和阿布扎比建立了其他的珍珠中心，并将诸如沙迦、阿治曼和哈伊马角这些已有的港口连接起来。② 当哈利法家族在祖巴拉地区的财富和影响力增长时，他们与卡塔尔半岛的部落成员形成持久的联系，多次在阿治曼、阿布·艾纳恩（Al Bu'Aynayn）、马迪德（Ma'adid）、马萨勒姆（Al Musallam）以及纳伊姆（Na'im）地区收取贡金。③ 支付贡金意味着部落接受哈利法家族的保护，并在征召时会责无旁贷地输送战士。祖巴拉时期哈利法家族酋长国的部落影响力达到顶峰。这是由于处在发展中的各酋长国具有相对的同质性：从埃米尔到贫穷的乡镇居民或贝都因人，绝大部分居民存在某种部落联系，并且信奉逊尼派伊斯兰教义。但这并不意味着他们永久和谐，只是

---

① 19 世纪贝都因社会概览见 Anthony B. Toth, "Last Battles of the Bedouin and the Rise of Modern States in Northern Arabia: 1850–1950," in Chatty, Dawn (ed.), *Nomadic Societies in the Middle East and North Africa: Entering the 21st Century* (Leiden: Brill, 2006), pp. 49–59。

② Robert Carter, "The History and Prehistory of Pearling in the Persian Gulf," *Journal of the Economic and Social History of the Orient* 48:2 (2005), pp. 150–3.

③ James Onley, "The Politics of Protection in the Gulf: The Arab Rulers and the British Resident in the Nineteenth Century," *New Arabian Studies 6* (2004), p. 44.

第九章 巴林：酋长国体系对抗"阿拉伯之春"的血腥堡垒

共同的社会背景促使统治者和被统治者普遍接纳共有的部落风俗与行为。然而，一旦统治家族使贝都因人永久定居下来，酋长国中居民所受的部落影响将会削弱，因为岛上居住的绝大部分人没有部落背景，几乎全部是居住在乡村的椰枣种植者，他们信奉什叶派。巴林的原住民称自己为巴哈纳人（Baharna）。另外，还有大量的巴哈纳人聚居在巴林内陆的卡提夫（Qatif）和胡富夫（al-Hofuf）绿洲。在巴林岛上，其他独特的群体由宗教、语言和血统而团结在一起，他们是波斯的城镇商人、印度人、内志人。在国家建立后，哈利法家族的部落风俗习惯在与这些新的群体接触中出现了细微变化。酋长国的政治也开始受到新因素的影响。①

当哈利法家族于1796年永久移居巴林时，他们继续实施着使其成为海上酋长国的计划。这个部落酋长国的模式，与那些处于内陆的具有统治权的谢赫及其盟友的霸权地位，存在共同之处。同时，像其他酋长国一样，统治家族居于定居民之上，这些民众从事农业、手工制造、服务、贸易和商业活动。然而，与海洋的紧密联系在某种程度上造就了海上酋长国，因为珍珠、海上贸易以及对海军装备的需要，会衍生一系列不同的政治经济关系，其中有一些削弱了部落的作用，另一些则会增加这些作用。

珍珠业是巴林经济的支柱，并对哈利法家族的统治有很大影响。为了使其利益最大化，统治者寻求营造有利的商业环境，包括各地珍珠海岸的安全和解决争议或分歧的司法制度。经历数个世纪的发展，珍珠业形成了其特殊的制度和文化。珍珠业的财政支柱，是那些有能力为每个捕捞季提供船只和物资需求

---

① 1750年至1820年，随着阿拉伯部落群体在海湾沿岸确立统治地位，部落间冲突和海上袭击频繁发生。以广泛而深刻的墨笔将这一时期的政治秩序勾勒出来的著作是 Louise Sweet, "Pirates or Polities? Arab Societies of the Persian or Arabian Gulf, 18th Century," *Ethnohistory* 11:3 (Summer 1964), pp. 262-80.

的人。这些投资者（对于珍珠业而言他们是彻头彻尾的投机者）通常是商人，但他们也可能是地主或王室家族的成员。他们经常接触统治者，他们的利益往往是政治议程的重中之重，因为巴林最富有的人是除统治家族之外的最重要的群体。如同其他酋长国，最富裕的商人与王室家族之间有着紧密的经济联系和社会关系，彼此涉及贷款、投资、有利的协议和通婚。船长、船员和潜水员也是珍珠业的主要力量。一些潜水员和船员是部落成员，尤其是与内陆的亲属保持联系的达瓦希尔部落。这些贝都因潜水员夏季在珍珠海岸工作，冬季放牧季节又返回到他们的牧场。珍珠业的船长（nakhodas）具备某种群体认同，有实体企业，因此也有一定的政治影响力。在较小范围内，潜水员也存在类似情况，并借此就工作条件和债务等问题（长期债台高筑和压迫使他们被称为"债务奴隶"）向船长和统治者施压。简言之，哈利法家族的统治者们必须熟悉自身在经济活动中发挥的作用，并使酋长制度适应巴林的需求。①

由于被水环绕，巴林的统治者必须以海洋经验与军事实力为基础，打造商业和防卫体系。在陆地上，保护商队线路和酋长国的安全，很大程度上要依靠统治者与贝都因人的关系。因此，部落政治很重要。然而，这种情况并没有在巴林以相同的程度和相同的方式出现。例如，整个19世纪，哈利法家族聚焦于发展以巴林岛为中心的海上酋长国。但他们在陆地上也保持着与贝都因部落，尤其是与纳伊姆部落的联系，该部落为王室家族宣称拥有主权的祖巴拉以及内陆地区提供保护，甚至在1878年该城镇被毁灭很久后依然如此。此外，在哈利法家族统治的最初几十年中，部落的确控制着海上航线并参与海洋作战，当英国在海湾水域的影响力不断增长时，巴林的统治者决定对其统治进行适当调整。1820年后，随着与海湾酋长国逐一签订

---

① Salwa Alghanim, *The Reign of Mubarak Al-Sabah, Shaikh of Kuwait, 1896–1915* (London: I. B. Tauris, 1998), pp. 18–29.

第九章 巴林：酋长国体系对抗"阿拉伯之春"的血腥堡垒

条约，英国海军的活动范围扩大。在此后的年月，英国在海湾的作用，从主要的军事和商业领域扩大到政治领域，从保护自己的船只扩大到保卫酋长国自身免受外部攻击。这当然意味着伴随时间的推移，哈利法家族已不再依赖于将贝都因战士作为酋长国防卫力量的一部分。[1]

尽管如此，哈利法家族继续利用贝都因卫队和部落民，将他们投入19世纪整个酋长国历史上屡次发生的互相残杀的战斗。有一种说法是："哈利法家族各派系之间的内战，对巴林社会与经济造成的损害，要比其敌人的入侵所造成的损害更大。这些遭受苦难的群体大多为生活在村庄和城市的什叶派。"即使在和平时期，什叶派的巴哈纳人也必须忍受哈利法家族谢赫们残酷的压迫、虐待和苛捐杂税，这些谢赫掌管着酋长国的大部分椰枣林。毕竟，处在首要地位的是握有统治权的谢赫世袭制度，使用武力、宗教与政治歧视是埃米尔统治的特点，这种实践与风俗是一种复杂的混合物，它还包括协商、法治、共识与妥协。[2]

英国越来越多地参与海湾事务，也带来其他重要影响。其一，阿拉伯统治者成为帝国体系的一部分，英国新发现的这个被保护者，在充满危险与不安的政治环境中，为确保英国的绝对统治而提供帮助。归根结底，这些条约不是英国与主权国家签订的，而是与统治者个人及其继承者签订的。因此，在英国的保护下，外部力量要驱逐埃米尔几乎是不可能的。这种安全感对当地政治产生的结果是，统治者拥有了一个对付国内不满情绪的新依靠。海湾地区不断发展的帝国体系的另一个影响是，统治家族间的集体认同感上升了，这种认同感的刺激，不仅来

---

[1] Onley, "Politics," p. 38.
[2] Fuad Khuri, *Tribe and State in Bahrain: the transformation of social and political authority in an Arab state* (Chicago: University of Chicago Press, 1980), pp. 29, 36.

自他们彼此之间为获得英国青睐的争夺,还因为他们相互与英国签订的相同条约所带来的共同的政治与经济利益。他们不再是阿拉伯半岛的埃米尔,而是海湾地区的埃米尔,受到世界上最强大海军的保护。他们不仅是帝国商业和通信系统的受益人,而且是具有官方头衔和荣誉的高尚领导者。哈利法家族为新的政治活动领域创造了空间,并远离他们的部落根脉。①

新生的酋长国与不情愿的帝国保护国,1923~1971 年

从刚刚发现石油到独立的这段时期,帝国主义、石油、阿拉伯民族主义在中东地区引起巨大转变。在巴林,这些因素对巴林的统治家族及其部落联盟产生了各不相同且持久的影响。英国对酋长国政治介入的加强,开始于20世纪20年代兴起的政治改革、国家机构创立和法律体系变革。统治家族的地位从未受到过英国的质疑,但它的权力和特权却被严重削弱。另外,旨在提高巴林人生活水平的政治改革,遭到部落群体的反对。石油收入的流入加快了由英国主导的国家建设计划的实施,但政府收入的增加最先使哈利法家族受益,并且加强了统治家族挑战其权力的能力。最后,巴林民众如同许多阿拉伯国家一样,通过提高抗议之声来反对压迫和挑战其愿望的行为。他们开始呼吁寻求一种将民众置于第一位的民族国家叙事,而不是强力的、富有的、反复无常且冷漠的统治家族的叙事。

1904 年第一任英国政治代表抵达巴林后,英国加强对巴林国内事务的介入。多年以来,政治代表以牺牲统治者的利益来加强他们的权威,首先是对英国臣民的,然后是对麦纳麦市政

---

① 简述英国在巴林保护者角色的文章见 Onley, "Politics," pp. 74-5。

第九章 巴林：酋长国体系对抗"阿拉伯之春"的血腥堡垒

治理和珍珠业信用制度的事务。此外，由于统治者及其部落联盟控制着绝大部分巴林的农业土地，英国对其推行特别恶劣的强制性征税的改革。埃米尔国的这些椰枣种植园归统治家族及其部落联盟的成员所有，他们中的一些人强迫什叶派农民在他们的土地上劳作，并将饲料、鸡蛋、木柴等农产品据为己有。当农民试图反抗时就会遭到逮捕，施以镣铐和鞭打，更糟糕的是被当地埃米尔的部落武装所镇压。统治者伊萨·本·阿里（'Isa bin 'Ali）拒绝英国的政策和改革，并和他的支持者结为联盟。20世纪20年代初期，巴林民众和哈利法家族分裂后，组成亲英国和亲伊萨的阵营，乡村和城市的什叶派与英国结盟，部落群体、逊尼派商人和从事珍珠业的船主则支持统治者。1923年春，这种紧张态势升温到爆发热战的地步，达瓦希尔部落攻击了什叶派村落，这一事件转而在麦纳麦的内志和波斯社团之间引起骚乱。随后爆发的暴力行动造成许多人死伤，房屋被烧毁，财产被掠夺。两艘英国军舰被派遣到巴林帮助恢复秩序。5月，英国迫使伊萨交出其权力，并同意由他的儿子哈马德来接替。[1]

在某种程度上说，这是旧部落秩序的最后喘息。酋长制度中一些最严厉的暴行被废除。哈利法家族的哈马德派系断定，对于酋长国而言，最好的出路就是采纳英国的改革措施，建立法治和公平对待所有巴林人。随着他们中许多人的经济特权被削弱，他们的政治地位也受到质疑。依照福阿德·库利（Fuad Khuri）的说法，除了哈利法家族保留外，"巴林没有保留任何重要的'部落酋长'"。这些剩余的人进入城市，加入了逊尼派商人的行列。达瓦希尔部落民退回到半岛内陆其祖先的土地上，他们在那里受到伊本·沙特的欢迎，并被免除了税收。沙特统治者一直密切关注巴林的冲突，并且支持伊萨和他的部落以及内志联盟。最终，哈利法家族没有失去他们的地位，但是巴林

---

[1] Khuri, pp. 46, 86–107.

社会的部落群体从此失去了政治主导权。①

　　巴林实施令人激动的改革的消息迅速扩展到它的邻国。例如，科威特受到巴林以及其他阿拉伯国家（尤其是伊拉克）的民族主义和反殖民主义的影响，在酋长国推行政治变革。1938年夏季，科威特成功进行选举，并建立立法委员会，从而取代了埃米尔的一些最重要的权力。这是海湾酋长国通向政治改革的最剧烈的步骤，它遭到科威特统治者艾哈迈德·本·贾比尔·萨巴赫（Ahmad bin Jabir Al Sabah）的坚决反对。这一政治变革也被视为对沙特统治者在海湾地区的酋长制度的直接威胁；当伊本·沙特的同辈埃米尔萨巴赫向其求助时，他果断采取行动，通过武力清除了这一委员会，并重新控制了科威特。1938年12月，沙特统治者派遣阿贾姆和玛塔尔（Mutayr）贝都因人的武装部队进入科威特，以支持艾哈迈德夺回权力。另外，伊本·沙特还从汉志调集数千名士兵，搭乘机动车进驻科威特，这支部队在萨法水井（al-Safa wells）危机时，便驻扎在沙特境内距科威特西南部150英里的村镇中。这或许是沙特国家首次运用其强大的军事力量去保卫邻国的埃米尔统治。但这肯定不会是最后一次。②

　　巴林及邻国石油工业的发展，同样削弱了部落在巴林人口中的重要性。有三个主要因素不仅减少了部落的人口数量，而且加快了去部落化（或者说部落认同减弱）的历史进程。其一，历史上从事渔业和采珠业等海上劳作的部落民众，现在成为石油工业的劳动力，更加认同他们作为工人而非部落成员的新的

---

① Khuri, pp. 97, 239.
② St. Antony's College, Oxford, UK, Middle East Centre Archive, Private Papers Collection, Dickson Papers, Box 4, Kuwait Diaries, December 1938, "An account of the Political Situation in Kuwait"; British Petroleum Archive, University of Warwick, Coventry, UK, Records of the Kuwait Oil Company, BPA, ArcRef 23907, Kuwait Oil Company, Company Local Representatives Monthly Report, December 1938.

第九章 巴林：酋长国体系对抗"阿拉伯之春"的血腥堡垒

利益。其二，大量巴林人迁移到对工人需求量不断增长的邻国，如沙特和科威特。其三，石油收入对城市剧烈的爆发式发展提供了资金，促使许多巴林人由乡村迁往城市，这也严重稀释着部落认同意识。①

石油时代对巴林政治最显著的影响，是哈利法家族财富的增加和权力的加强。1934年石油商业出口后，政府收入猛增，挽救了因珍珠市场衰落和全球经济萧条导致的20年代末处于财政悬崖边缘的哈利法家族和巴林。经济灾难的感受和民众对政治不满的增强，是英国政府能够在第一次世界大战结束和巴林发现石油之间成功地以统治者及其盟友利益为代价而推动改革的原因。此后，埃米尔在一定程度上重新掌握权力，最明显的是成了酋长国首要的经济力量。这是一个从商人经济至上时代开始的巨大逆转。例如，在采集珍珠的时代，埃米尔总是向商人借贷，他们的债务给予商人以政治影响力。石油时代到来后，这一势态发生逆转，所有的石油工业收入直接或间接地流入埃米尔及其家族和盟友手中。同样的逆转也出现在统治者与英国的关系上。石油发现后，统治者与英国有更多的共同利益，因此帝国的政治压力得以减轻。

石油收入同样促进了巴林由一个海上酋长国向英国当局希望创立的酋长国家的政治演进。正如科斯蒂纳所分析的，这一进程在其他酋长国和沙特阿拉伯以不同的方式展开。②审视巴林发生的变化需要关注两个互为交错的现象：酋长国的官僚机构化，以及官僚机构的"埃米尔化"。

酋长国官僚机构的发展包括两条主线。第一条主线涉及政府机构的建立或扩展，以便应对诸如教育、医疗、市政等事务。第

---

① Khuri, p. 136.
② Joseph Kostiner, "Transforming Dualities: Tribe and State Formation in Saudi Arabia," in Khoury, Philip S. and Joseph Kostiner (eds.), *Tribes and State Formation in the Middle East* (Oakland, CA: University of California Press, 1990); and *The Making of Saudi Arabia, 1916–1936* (New York: Oxford University Press, 1993).

二条主线涉及建立单独的规则和制度来管理王室家族的事务。这凸显了埃米尔统治的一个核心问题：分离与不平等，哈利法家族高于其他人。在埃米尔制度中，一套法律与实践无法适应所有人。实际上这里存在两个政府，一个是埃米尔的高等级人的政府，一个是其余巴林人的政府。因此，20世纪30年代建立的哈利法委员会（Al Khalifa Committee）使所有王室家族成员在财政、社会和法律领域拥有监督官僚机构的职能。通过这种方式，统治家族的特权、统治、习俗及优先权，便从官僚制度和法律上与其余的巴林社会相隔离，免除了可能的公众监督与问责。①

官僚机构的"埃米尔化"意味着，埃米尔的利益、习俗与实践凌驾于所谓的政府"现代结构"之上。首先，它保证了统治者的权威在任何政府体系的变化中都会得到增强。最重要的是，它通过新建立的处理外交事务的部门、武装力量、情报机构、警察以及边防安全机构，保持对国防和政治高压手段的垄断。与前石油时代一样，统治者通过家族成员和可信赖的盟友直接控制着武装力量，并以部落联系和宗教（逊尼派）认同为准则，从被视为忠诚的群体中招募基层士兵。埃米尔统治的另一个主导权是控制经济资源，因此统治者总是保持对石油工业的绝对控制。

在这一时期，地区的政治思想潮流，影响着那些曾接受正规教育和获得专业职位的一代巴林人，但是他们对自己国家的政治现状感到沮丧。阿拉伯民族主义开始以俱乐部和其他团体的形式在巴林出现。这些团体的领导人利用会议和出版物散播改革思想，包括结束逊尼派和什叶派的教派冲突，支持劳动阶层，反对殖民统治，以及废止政府的埃米尔制度。逊尼派和什叶派改革者的首要诉求是平息巴林的教派紧张态势，这曾导致20世纪50年代初期的暴力事件。此后，他们自己组织高等执行委员会（Higher Executive Committee），并提出实施法律改

---

① Khuri, p. 237.

革、成立经选举产生的议会、自由组织劳工工会等方案。统治者及其代表与民族主义领导人进行了一系列漫长而复杂的谈判。但最终由于1956年苏伊士运河危机的爆发，巴林阿拉伯民族主义者支持埃及的示威活动酿成暴力事件，导致所有改革都未能实施。因此，这一时期的改革尝试戛然而止。然而，它却勾勒出巴林埃米尔统治的两个循环性现实的鲜明轮廓。其一，民众能够利用的反对统治家族的最有力的武器之一是逊尼派与什叶派的统一阵线。其二，像世界上其他精明的政客一样，哈利法家族的统治者是拖延和看似妥协的大师。一直以来，他们都扮演着最高的政治角色，拒绝使统治家族服从于普遍的法律体系，也不会轻易被真正的代议制政府所挫败。毕竟，酋长制度建立的目的是让统治家族在法律及政治上不受限制。①

这些情况也表明埃米尔之间保持着紧密联系。无论是安排信使、电报，还是面对面的会谈，阿拉伯统治者们使用的最强有力的权力工具是信息。他们也知道符号的力量。在这一时期，统治者们将自己塑造成比石油时代前更为崇高和尊贵的形象以及领导者的角色。统治者交换着奢华的礼物，忙于精心筹划的访问，建造更多精美华丽的宫殿，以便在同辈埃米尔中显示其地位。随着世界范围内大众媒体传播到阿拉伯地区，统治家族无疑控制着媒体的内容，并利用媒体宣传他们的形象，传播他们的消息。

沙特影响下的有争议的埃米尔国，1971~2011年

1971年，巴林从日益削弱的英帝国治下获得自由并取得独立，统治者必须进行政策调整，解决孱弱的国家所面临的两个

---

① Khuri, pp. 198–214.

最大的政治问题：如何确保免受外部的威胁，如何在民众呼吁更多政治参与的挑战下保证酋长制度的存续。

应对外部威胁是一个比较容易解决的问题。在世界权力层面，从英国的保护国倒向美国是很容易的，也是很自然的。哈利法家族统治下的酋长国，自第二次世界大战以来，已经受益于美国的战略保护伞，这要感谢其位于盛产石油的海湾地区。英国的军事和政治势力退出海湾后，统治家族同意美国海军的扩张，并允许它进驻以前英国皇家海军位于麦纳麦岛上的朱菲尔的军事基地，这里成为美国海军第五舰队的母港。在地区层面，哈利法家族在历史上与沙特家族就有着紧密联系，而在经济、政治、军事和文化领域的一系列联系，使双方的关系越发牢固。在巴林与地区最强大的埃米尔国沙特的关系方面，内部和外部的安全问题相互重叠或交叉。①

首先，石油与安全是海湾地区最普遍的问题。巴林紧邻沙特的石油设施，其政治稳定问题对沙特家族至关重要。随着1979年革命和伊朗伊斯兰共和国的建立，外部威胁似乎真实存在。为了提高协调能力来面对这种可以感觉到的威胁（以及其他事务），海湾地区的埃米尔统治者强化其共同的认同意识，并于1981年建立海湾合作委员会（伊拉克不是该组织的正式成员）。

除了相邻之外，还有其他两个因素对这一时期哈利法家族的政治及其与沙特的关系具有重大影响：巴林有限的石油储量和占多数的什叶派人口。1972年起，通过先前与沙特签订的协议，巴林获得阿布·萨法（Abu Safah）海上油田一半的收入。在油田生产中断时，沙特从其他方面对巴林的损失予以弥补。此外，沙特开始将原油输往巴林的石油精炼厂。当巴林的石油收入开始削减到近乎为零时，从上述来源获得的收入对巴

---

① 有关巴林与美国军事关系见 Richard Weitz, "The U.S. Military and Bahrain," http://www.sldinfo.com/the-u-s-military-and-bahrain/。

第九章 巴林：酋长国体系对抗"阿拉伯之春"的血腥堡垒

林政府的预算至关重要。这些款项立刻成为哈利法家族与沙特家族关系的象征，而且经过审慎的战略预测，巴林的金融支付能力对沙特的安全同样至关重要。20 世纪 50 年代两国还曾设想，通过修筑法赫德国王高架公路，为两国之间的贸易和旅游业提供巨大的便利。法赫德国王高架公路于 80 年代建成，它对伊朗革命后沙特影响力的上升具有重要战略意义。[1]巴林本土与沙特东部的什叶派，为哈利法家族与沙特家族提供了另一种联系。在石油发现前的很长时间里，由于其宗教和非部落身份，以及他们作为农民、商人和采珠人的有限作用，地区的埃米尔或多或少地将巴哈纳人区别对待。相比于哈利法家族对巴林巴哈纳人的态度，沙特家族对东方省的什叶派更为严厉。但两国的什叶派都遭到政府的歧视和政治压制，以及文化上的边缘化。沙特家族在政治和经济上的主导权对哈利法家族的总体影响是，沙特家族鼓励哈利法家族对巴林的什叶派采取不信任的态度并实施压迫。

酋长制中固有的社会分层、歧视、威权主义与压制，扩大了现代时期统治家族面临的难题：如何确保体制的延续和政治的稳定呢？当大部分民众甚至连政府答应提供工作岗位、社会福利以及免税承诺都无法"收买"时，巴林的情况就像其大部分石油时代的历史那样，政治动荡是不可避免的。

这种状况并没有阻止巴林王室实施大大小小的解决方案，包括制度改革以消除民众不满的根源。巴林独立后的第一个主要举措是 1973 年 12 月颁布的第一部宪法，它规定了建立普选的国民议会。在议会与统治者的冲突中，伊萨·本·萨勒曼·哈利法（'Isa bin Salman Al Khalifa）提出了《国家安全法》，

---

[1] "The Saudi Arabian Protectorate of Bahrain," posted 27 June 2011, *The Oil Drum: Discussions about Energy and our Future,* http://www.theoiidnim.com/node/7682; Anthony H. Cordesman, "Iranian and Saudi Competition in the Gulf," *The Iran Primer,* United States Institute of Peace, 27 April 2011, http://iranprimer.usip.org/blog/2011/apr/27/iranian-and-saudi-competition-gulf.

但被选举产生的立法者所否决；1975年埃米尔解散了议会，短暂的改革插曲至此终止。解散议会所酿成的怨恨情绪，一直持续到90年代中期，那时候巴林被突然爆发的因政府压制导致的动乱所震荡。1999年新任统治者哈马德·本·伊萨（Hamad bin 'Isa）接管政权，他缓解了大部分压制性措施，并对反对派组织摆出安抚姿态。2002年，政府与反对派一道制定了新宪法。然而，当最终文本将要颁布时，统治者却抛弃了先前的全部善意，并削弱了经选举产生的国民议会成员的权力。

对于哈利法家族不能推行富有意义的政治改革、无法实施大量改革举措的原因，有一种解释是，王室家族成员无法达成共识，而且他们也面临来自反对改革的沙特家族的压力。在政治不稳定和缺乏普遍的跟进发展的时期，持续积压的政治气氛预示着即将到来的灾难。

民众不满的另一个问题是，哈利法家族针对什叶派民众的文化战争。巴林政治一直存在教派因素，但自1979年伊朗革命和伊斯兰共和国的什叶派意识形态对外实施扩张主义以来，哈利法家族和其他海湾统治者，通过将宗教政治置于其国家中心地位进行回应。其中的一种方式是积极推广国家的逊尼派－埃米尔（Sunni-emiri）遗产。哈利法家族控制了现代巴林创建的叙事，统治家族居于社会的顶层，并且依然无视什叶派的存在。在书籍、电视节目和其他文化与传媒中，巴林被描绘成一个在哈利法家族英明治理下的成功而繁荣的逊尼派国家。占人口多数的什叶派却被排除在外，他们的祖先在哈利法家族到来之前便长久地生活在巴林岛上。在本质上，统治家族成功地对巴林历史予以"部落化"，并主张其他民众及他们的故事都是无稽之谈。这一政策的其他方面是对巴林什叶派的忠诚和爱国产生怀疑，甚至疑心重重。①

在这一时期，哈利法家族还寻求以多种方式玩弄政治把戏，

---

① Gengler, pp. 54–8.

第九章 巴林：酋长国体系对抗"阿拉伯之春"的血腥堡垒

包括利用国家资源使统治家族获利。为了确保逊尼派候选人在议会选举中获得最多的代表人数，政府不公正地划分选区。他们还使用传统的埃米尔策略，对巴林进行所谓的"再部落化"。正如前文所指出的，阿拉伯统治者建立其政权，保持着军事控制，并通过与贝都因部落的联盟拓展他们的领域。第一次世界大战之后，伊本·沙特实施了重建先前的沙特国家的战略。此后数年中，海湾的埃米尔为适应其需要，争先恐后地吸引部落群体。虽然巴林20世纪的历史并没有被部落事务所主导，但如前文所述，祖巴拉的纳尼姆部落和阿拉伯半岛东部的达瓦希尔部落仍然发挥着重要作用。

因此，为了应对不断增长的什叶派反对哈利法家族，乃至反对埃米尔在巴林的统治的威胁，王室家族恢复了寻求部落支持的传统实践。就2002年巴林的国家选举而言，政权通过培植新的部落支持者以求影响选举结果。例如，集中居住在达曼的达瓦希尔部落的成员中有一些人很可能是20世纪20年代离开巴林岛的部落成员的后裔。在2002年6月统治者颁布法令规定海合会国家的民众可具有双重国籍后，估计有2万名达曼地区的达瓦希尔部落民迅速获得了巴林护照，从而使他们能够参与选举投票。统治者聚拢投票选民的努力还涉及该地区的其他沙特部落。[1]

这种策略的变化是授予其他逊尼派阿拉伯人公民权，他们被哈利法家族视为国家人口中的忠诚群体，并且常常在安全机构中给予他们职位。这些人包括叙利亚人、也门人和巴基斯坦人。这一政策的推行能够使国家实现人口平衡，并且更有利于统治家族，这种做法被称为"政治归化"(*tajnis siyasi*)。其他的策略，正如班达尔报告中所揭露的，还涉及向媒体、情报人员、亲哈利法家族的公民社会组织提供资金，支持逊尼派获得

---

[1] Gengler, p. 60.

政治利益和压制什叶派的努力。①

海湾地区"阿拉伯之春"的爆发与消亡

统治者与被统治者之间的政治斗争,在任何酋长国历史上都不像巴林这样极具色彩。考虑到国家体系兴起之前,对巴林埃米尔权力的两个主要制约因素是移民和支持更顺从的哈利法家族以便取代统治者,这种充满冲突的历史也就不令人意外了。一旦英国着手建立现代国家结构,以及巴林的经济形势变得较为稳定,制约埃米尔权力的旧方式就会消失,而新的方式便开始被采用。这包括示威、罢工,偶尔还有暴力事件。然而,最终的结果是,哈利法家族在每一次事件中,都学会了用新的方法来加强对权力工具的控制,并通过妥协或压迫手段来应对政治挑战。这些生存技能在2011年2月14日开始的动乱中经受了严峻考验,当时巴林民众渴望变革,并加入了整个阿拉伯世界的兄弟姐妹的行列大声疾呼反对当权者。

巴林起义的规模以及引发埃米尔体系的反应,都是前所未有的。起初,抗议者的行动主要集中在珍珠广场,这是巴林的主要地标建筑之一,但示威活动随后向其他地区蔓延。虽然绝大多数示威者是什叶派,但他们的口号是要求改革和团结,巴林国旗是这场运动的象征之一。哈利法家族动员了所有可利用的政治、经济和安全资源。王室家族成员会见反对派领导人,努力寻求化解危机的方法。但是哈利法家族的其他成员却采取强硬的手段,并督促安全部队实行严厉的镇压,从而加大了抗议活动的强度和规模,尤其是在伤亡人数不断上升的情况下。

---

① Gengler, pp. 59–66; Zara Al Sitari, "Al Bander [sic] Report: Demographic engineering in Bahrain and methods of exclusion," Bahrain Center for Human Rights, September 2006, http://www.bahrainrights.org/ node/528.

第九章 巴林：酋长国体系对抗"阿拉伯之春"的血腥堡垒

统治者的军队摧毁了位于环岛中心的纪念碑，它象征着镇压行动的残酷性。行动中有数人死亡、多人受伤。这次起义显示出民众愤懑程度之深，但哈利法国王为维持公共秩序宁愿使用残暴手段。①

在以统治家族政治为背景的 2 月 14 日的起义中，或许最显著的特征是沙特阿拉伯对危机的强烈反应。沙特明显将巴林的大规模骚乱视为对整个酋长国体系的严重威胁，这将对哈利法政权产生了重大影响。但每个海湾合作委员会成员国的反应，都受到各自国内形势和地区利益的影响。沙特迅速做出回应，并采取有力措施，以免巴林的抗议活动在沙特什叶派群体中引发不满。海湾合作委员会"半岛之盾"部队的庞大车队于 3 月 14 日晚上穿越法赫德国王高架公路进入巴林，部队主要部署在石油设施周围。这支部队基本由沙特皇家卫队组成，大约有 4000 人。此后几天，阿联酋和卡塔尔也派出数百人的军队进行支援。科威特对巴林起义的最初反应是要进行调解，后来统治者受到本国什叶派少数群体的影响，科威特开始向巴林提供医疗援助。但由于遭到国内保守的逊尼派和其他海合会成员国的批评，科威特派遣了一支小型海军部队在巴林海域巡逻。滥用武力纯粹是统治家族的政治表演。虽然为数众多的手无寸铁、爱好和平的示威者暂时扰乱了巴林的日常生活，但他们从未对哈利法家族或他们的重要经济资产构成威胁。手持钢管和石块的人对巴林安全部队的袭击，很容易被击退。大规模调动军队取得的成果是，支持了政权所声称的受到伊朗威胁的说法，并且描述自己易受外部攻击，抗议者的行动与外部威胁存在联系。此次行动还表明，沙特在巴林的安全事务中发挥着至关重要的作用，其他酋长国也愿意再次伸出援手，帮助巴林的统治者。

---

① 对巴林起义关键阶段的权威总结见 "Report of the Bahrain Independent Commission of Inquiry," Mahmoud Cherif Bassiouni, Chair, Bahrain, 23 November 2011, http://www.bici.org.bh/ BICIreportEN.pdf。

巴林被视为酋长国体系中最脆弱的多米诺骨牌,特别是沙特及其盟友不允许它垮台。①

海湾合作委员会的反应不仅在军事方面。海湾合作委员会还同意向巴林提供总计 200 亿美元的巨额经济援助。这些资金被指定用于提供就业、住房和经济发展项目,以帮助缓解民众的不满。然而,及至 2012 年夏天,这笔钱仍未付给巴林。如果这笔巨额资金真正付给了巴林,还有许多有趣的问题有待回答。支付是否是透明的?这些钱真的能够按照承诺使用吗(为抗议者提供经济发展的机会)?还是会再次被用来扩大压迫性的安全机构?考虑到哈利法家族在财富分配方面不光彩的历史,这种慷慨的政治利益仍有待观察。2012 年 5 月,沙特宣布将与巴林讨论建立一个紧密的政治、经济和军事联盟,这是沙特渴望加强与哈利法家族的更具体、更持久关系的潜在表达。②

尽管在起义之前,哈利法家族试图通过归化来自沙特的部落成员巩固家族的政治地位。然而,关于这些归化部落民卷入起义的信息并不多。逊尼派确实组织了一些反示威活动,但这些人主要是逊尼派而不是部落成员。尽管如此,具有讽刺意味的是,鉴于什叶派对国家的忠诚受到怀疑而被诋毁,沙特国旗在一些逊尼派的集会上受到欢迎。显然,人群中有一些人鼓掌欢迎沙特在哈利法家族需要时向其伸出援助之手。③

---

① Gengler, p. 10.
② Jane Kinninmont, *Bahrain: Beyond the Impasse*, London: Chatham House, 2012, pp. 22-3; Kenneth Katzaman, "Bahrain: Reform, Security and U.S. Policy," Congressional Research Service, 13 August 2012, http://www.fas.org/sgp/ers/mideast/95-1013.pdf, p. 9. 该报告很好地总结了巴林与美国的安全合作,这是酋长政治生存的另一个支柱。
③ Justin Gengler, "Bahrain's Sunni Awakening," *Middle East Research and Information Project,* 17 January 2012, http://www.merip.org/mero/meroOl1712.

第九章　巴林：酋长国体系对抗"阿拉伯之春"的血腥堡垒

结论：永恒的酋长国

现在可以简单地扩展一下巴林如何符合"食利国"理论这一问题。吉恩格勒（Gengler）对这个问题进行了开创性的研究，他的两个观察结果应该足够了。首先，过去有关海湾地区所谓"食利国"是如何运作的假设，遭遇了一个简单事实的阻碍，即没有实证数据来检验这一理论。也就是说，如果假设统治者用石油收入"收买"民众，那么这究竟是如何发生的？其次，巴林的历史，甚至在石油时代之前便清楚地表明，重新分配财富与政治平静画上等号，这种论点往好里说过于简单，往坏里说则很不准确。

> 因此，我们在巴林的逊尼派和什叶派中观察到，关键的政治斗争不是沿着分配线，而是沿着政权非常明确的路线进行的：国家的历史和文化认同；公民的基础；入职政府和在军队服役的条件……很明显，在争夺群体地位和国家所有权的斗争中，食利国的分配政治已退居其次。①

最后，吉恩格勒的研究还剖析了传统的"食利国"理论对海湾国家政治构成和行为的假设，并为新的研究方向提出了建议。巴林目前的局势说明了为什么政治总是很重要。在海湾地区的大背景下，政治获得了压倒性的教派主义支持，甚而古老的部落认同也常常会被纳入其中。②

阿拉伯的部落社会是分阶层的，上层是谢赫世系，下层是部落的其他成员。这些部落以团体形式将它们自己组织起来。规模大小不一的部落依据其需要进行合并与分立。显然，这个社会的特点是，有能力采用和维持有助于它们生存的实践，而

---

① Gengler, p. 78.
② Gengler, pp. 347–52.

抛弃那些无助于生存的做法。因此，随着巴林这个海上酋长国发展成为一个埃米尔国，哈利法家族及其部落盟友也成了埃米尔国。统治家族学会了融合传统的谢赫实践和风俗习惯，形成了一个新的国家部门、预算体系、规章制度以及现代国家的其他特征。至于达瓦希尔、纳伊姆等古老部落，它们的影响时强时弱。它们的自我意识具有了新的形式。库利在撰写20世纪70年代的巴林局势时提到了贝都因人：

> 他们在两三代人之前是部落组织，但现在他们在日益增长的城市社会中已失去了"排他性"。然而，他们失去的"部落主义"仍然是就业和政治结盟相互影响的重要象征。由于他们的部落背景和作为统治家族的盟友，他们被招募到军队和特种安全部队中。日益增长的城市社会似乎促使部落组织和那些直接来自部落的人成为社会中一个独特的社会部分（*qabili*），并与社会的其他部分（*khdeiri*）相对立。在巴林历史上，这些以部落为基础的组织从未像今天这样受到集体对待。[1]

及至2012年，部落认同再次发生变化。哈利法家族在寻找达瓦希尔部落的成员，不是作为一视同仁的社会团体，也不是作为保卫统治家族的战士，而是作为新获得报酬的公民，以便支持忠诚的逊尼派联盟的投票队伍。逊尼派联盟反对要求变革的什叶派群体。据库利说，目前极端教派主义和政治分裂的氛围与不久之前哈利法家族实行的更加温和与宽容的政治策略形成了鲜明对比。那是一段统治家族成员在"都市社区"（metrocommunity）层面疯狂参与面对面"零售政治"（retail politics）的时期。

---

[1] Khuri, p. 242.

第九章 巴林：酋长国体系对抗"阿拉伯之春"的血腥堡垒

……统治家族对民众及其历史、职业生涯和政治观点有着密切的了解，并进行操纵，以防止不满和抱怨的蔓延。和我一起工作的具有很高地位的哈利法（Al Khalifa）谢赫几乎了解巴林的每一个家族，了解它的历史、规模和社会经济地位。通过对民众和家族的了解，以及重新分配各种各样的恩惠、赠礼和政府职位，政权获得了支持，权威也得到了巩固。①

从巴林"阿拉伯之春"动荡的局势中可以明显看出，各方充满火药味的言辞、民众暴力活动和政府压迫程度的上升，以及不稳定的安全局势，都预示着短期内任何政治进展都将无果而终。抗议已达到极限，政府划出了红线并进行防御。在起义期间（巴林近代史上一直如此），统治家族的政治复杂性得以明显体现。库利提到传统的统治家族的做法是，利用不同谢赫来发展与不同人群的政治和社会关系，确保统治者能够受欢迎，并且尽可能将它作为广泛的执政基础。简言之，统治家族有自己的派别，拥护各种政治倾向，愿意走不同的政治发展道路。但他们从不怀疑家族在国家结构中的核心和决定性作用。因此，在起义期间，一些哈利法家族成员挥舞着胡萝卜，而其他人则挥舞着大棒。对于巴林老一辈的改革者来说，这种情况似曾相识又令人沮丧，他们唯一的希望是可能有一天能够以缓慢的步伐进行改革。然而，数千名沙特士兵在巴林的驻扎，则是一个新的且更加不祥的征兆。它表明改革运动遇到了一个无法通过横幅、口号和大规模示威活动来克服的障碍。②

---

① Khuri, p. 245.
② See Reza H. Akbaxi and Jason Stern, "The Triangle of Conflict: How Bahrain's Internal Divisions Inhibit Reconciliation," IMES Capstone Paper Series, Institute for Middle East Studies, Elliott School of International Affairs, George Washington University, Washington, DC, May 2012, pp. 9-15; and Kinninmont, pp. 5-6.

第十章 部落与现代国家：另一种研究方法
菲利普·卡尔·萨尔兹曼（Philip Carl Salzman）

人们以多种方式思考或定义部落：作为一个"原始社会"，它被划分为文化和语言群体，或是种族群体；作为在狩猎者和更复杂的社会之间以亲缘和血统关系为特征的组织化和文化演进的一个阶段；作为以领土定义的政治群体。[1]但我认为，从部落和国家的安全、防御以及进攻策略来考量是最实用的方法。这种方法触及部落生活和国家形成的核心，突出了它们之间的差异。

这里有三种保障安全、进行防御和进攻的策略。

个人自助（Individual self-help）

在一场针锋相对的全体人的战争中，每个人都承诺作为一名战士抵御所有其他人，为自己和家人提供安全保障。这种策略的缺点在于个人可能发现自己受到更强大的人的挑战，或者抵挡不住任何临时形成的群体。

---

[1] Richard Tapper, "Anthropologists, Historians, and Tribespeople on Tribe and State Formation in the Middle East," in Khoury, Philip S. and Joseph Kostiner (eds.), *Tribes and State Formation in the Middle East* (Oakland, CA: University of California Press, 1990).

第十章 部落与现代国家：另一种研究方法

集体自助（Collective self-help）

个人基于集体义务而形成群体，互相扶持，都秉持着"人人为我，我为人人"的观念。群体成员的支持是一种责任，群体团结是一种美德。整个群体中漫布着强制手段。小群体在面对大群体时，为了防御会与其他群体结盟并根据需要形成大群体。这种高度分散策略的缺点在于，群体之间为寻求利益而产生的冲突可能是持续的，没有明确的解决方式和建立和平的机制。

等级权力（Hierarchical power）

权力以及安全、防卫和进攻的责任集中在社会的专门阶层之中，该阶层是整个社会的守护者。至少在某种程度上，这一专门阶层具有垄断的强制手段。这种策略的缺点是"谁来保卫守护者？"有什么措施能够阻止守护者因为利己而对他们的追随者或臣民产生不利影响呢？

这是一个基本点。部落建立在集体自助的基础上，国家建立在等级权力的基础上。个体自助存在于受国家权力制约的农民社会中。

可将部落界定为具有集体责任承诺的最大群体。也就是说，部落成员有义务帮助其他部落成员，例如提供防御、支付抚恤金和应对经济危机。次部落单位，诸如部落的某一部分、大部落群体和小部落群体，情况都是相同的，而小部落群体也是邻近的社团。通常是小部落群体首先进行动员，但小部落群体会要求其他群体动员更大的部落群体来制衡敌对势力。例如，当一场冲突涉及不同的大部落群体或部落某一部分，或其他部落成员时。

大多数中东部落被视为一种血缘组织，部落是最顶层祖先的后裔，如伊朗俾路支斯坦的亚拉马德宰部落（Yarahmadzai）声称它是亚拉马德（Yarahmad）的后裔。① 在这些"分支世系"制度中，每一个分支或是世系，无论小的、中等的，或大的，直到整个部落本身，在正常情况下都必须尊重"集体义务"，其他分支成员对同一血缘世系中的每个人都应一视同仁，同时也对任何成员的行为负有同等责任。在争论中，谁与谁站在一边，谁与谁对立都是由血缘上的亲近和世系远近所决定的，一个人有义务站在血缘近的一边而反对血缘远的一方。著名的阿拉伯谚语很好地说明了这一点：我反对我的兄弟；我兄弟和我反对我们的堂兄弟；我的兄弟、堂兄弟和我一起反对世界。

我观察到，在俾路支斯坦，达尔扎伊（Dadolzai）宗族动员一支队伍来支持一名棕榈树干被盗家族的成员。这一事件涉及达尔扎伊和卡迈勒·罕宰（Kamal Hanzai）的两个小宗族，并且差点兵戎相见。② 在冲突解决之前，有消息说这两个宗族的更大的部落分支索赫拉卜宰（Soherabzai）的受人尊敬的成员被拉玛宰（Rahmatzai）部落分支所袭击。其结果，达尔扎伊和卡迈勒·罕宰作为索赫拉卜宰部落分支的成员团结起来对抗拉玛宰部落分支。这显示了集体责任和宗族团结。

这些集体责任和宗族团结的规范性原则，得到广泛的接受和积极的支持。举止得体能够赢得荣誉，行为不当则会失去荣誉。但这并不是一成不变的体系，血缘世系也不是一成不变的。人们会根据许多因素做出决定，但行为规则总是会起作用。不过，行为并不总是符合规范的规则；务实的规则有时会被援引和遵守，比如为了赢得胜利。③ 但是，行为通常是由规范性规

---

① Philip Carl Salzman, *Black Tents of Baluchistan* (Washington, DC: Smithsonian Institution, 2000).
② Salzman, *Black Tents of Baluchiston,* op. cit, ch. 10.
③ Emrys Peters, "Some Structural Aspects of the Feud among the Camel-Herding Bedouin of Cyrenaica," *Africa* 37:3 (1967), pp. 261–82; Philip Carl Salzman, "Does Complementary Opposition Exist?" *American Anthropologist* 80:1 (1978), pp. 53–70.

第十章　部落与现代国家：另一种研究方法

则来评价的，即使在它们违背规则的情况下也具有一定的说服力。行动常常是兼顾规范和实用规则，并寻求一条中间道路。

人们常说核心家庭或"帐篷"是部落生活的"基本"单位。但是，尽管这种说法可能适用于生物繁殖，却不适用于经济生产或社会秩序。更确切地说，作为社会的"基本"单位，部落为部落社会提供法规或章程，保护其成员的生命安全，划定财产权利并保护财产。部落为家庭和社群的繁荣提供了"保护伞"。

部落中的领导类型因部落所处环境而异，尤其是与局外人的"外部"关系。最极端的事例是那些无依无靠的部落，如努尔人（Nuer）、索马里人（Somali）和土库曼人（Turkmen），他们不承认任何领导人，所有决策都是在个人层面或社群会议上做出的。这些部落要么是附近没有国家存在，要么与这些国家没有关系，或是只有敌对关系。另一个极端事例是部落首领及其家族与普通部落的精英形成独特阶层的部落，他们是地区或国家精英的一部分，如伊朗的巴赫蒂亚尔（Bakhtiari）[1]和恺加（Qashqai）[2]部落。在这两个极端事例之间，部落的领导人通常是部落民众中居于首要位置的人，如俾路支人[3]和他们的萨达尔（Sardar）[4]，昔兰尼加人[5]和拉瓦拉[6]贝都因人与他们的谢赫。

尽管各部落中的领导存在明显差异，但所有部落的政治进

---

[1]　Gene R. Garthwaite, *Khans and Shahs: A History of the Bakhtiyari Tribe in Iran* (London: I. B. Tauris, 2009, originally published by Cambridge University Press, 1983).

[2]　Lois Beck, *The Qashqai of Iran* (New Haven, CN: Yale University Press, 1986).

[3]　Salzman, *Black Tents of Baluchistan,* op. cit., ch. 11.

[4]　意为将领。——译者注

[5]　Edward E. Evans-Pritchard, *The Sanusi of Cyrenaica* (Oxford: Clarendon Press, 1949).

[6]　William Lancaster, *The Rwala Bedouin Today* (2nd edn, Long Grove, IL: Waveland Press, 1997, originally published by Cambridge University Press, 1981).

程基本上是相同的：需要基于部落民众的同意。① 这并非反映部落首领的仁慈，而是体现出普通部落成员所拥有的权力。所有部落民众至少是半日制的战士。他们中的许多人有马匹，可以组成一支不很正规的骑兵部队。狩猎是人们喜爱的一项休闲活动，而射击则是每个人必会的技能。换句话说，在部落中，抵御外敌的手段藏匿于每个普通部落民的身上。这意味着部落成员不能被他们的领导人所胁迫，永远只能被说服。部落成员只会跟随领导人去自己想去的地方。

此外，游牧社会中的部落民是流动的。他们及其家庭财产在空间流动，并作为他们年度生产活动的一部分。他们的金钱资本都用于畜群，而畜群也是高度流动的。部落民永远不会被困在一个空间里，如果他们愿意的话可以离开任何社团、群体或是领导人。无论是单独离开还是集体离开，部落民的做法都是司空见惯的。部落民可能会自己谋生，或者加入另一个部落，那些部落也经常欢迎新来者，这将有益于增强它们的政治力量。当游牧的部落民不愿意时，他们随时可以脱离领导人的管控。

基于这些原因，我对部落被描述为"酋长国"持保留态度。酋长们可能有助于形成国家，但必须始终遵循公众意见。这就是为什么酋长们，比如巴塞尔（Basseri）部落② 的酋长花费大量时间来取悦其部落民众的原因：检验公众的意见。这也是为什么在诸如恺加部落的部落法庭上，在首领的"判决"前，必须聆听所有发言者、所有基层部门负责人、所有高级部门领导发言，这些发言通常只是对已形成共识的首肯而已。③ 首领是

---

① Philip Carl Salzman, "Hierarchical Image and Reality: The Construction of a Tribal Chiefship," *Comparative Studies in Society and History* 42:1 (2000), pp.49-66, republished in Philip Carl Salzman, *Pastoralists: Equality, Hierarchy, and the State* (Boulder, CO: Westview, 2004), ch. 4.

② Frederik Barth, *Nomads of South Persia* (Long Grove, IL: Waveland Press, 1986, originally published by Oslo University Press, 1961).

③ Beck, op. cit., p. 218.

第十章　部落与现代国家：另一种研究方法

领导者，但不是统治者；部落民众只会跟随酋长到他们想去的地方。上述都是一些等级森严的部落。在更平等的部落中，如贝都因人的部落，谢赫几乎完全是解决部落内部矛盾的调解者以及与外界沟通的渠道而已。

我并不认为强调血统关系有助于定义部落的特征。构成集体自助和等级制权力的具体文化和体制形式各不相同，从分析的视角来看，它应该是次要的因素。许多部落被认为是以血缘为联系的群体（它们在真实或虚构之中指定了一个祖先），而其他部落则组织成为氏族群体（它们的祖先是未知的，或者是神话人物）。还有其他情况，如努尔人是以居住地来定义部落的。[①]

在等级制权力的建构过程中，也有各种各样具体的文化和制度形式。有些国家的统治者具有神圣的血统，有些人拥有军事实力，有些人则通过家族的声望，如用埃米尔、国王、哈基姆（Hakim）[②]、皇帝、总统等头衔来美化自己。这些形式在等级制权力中对维持其地位却是次要的。

我们应该牢记的是，上述强调安全、防御和进攻的策略，以及它们与部落、国家和农民之间的相互关系，如果我们希望美化它们而贴上"理论"的标签，这一理论应该被称为"试探性"理论。"试探性"理论与人类学家等提出的功能主义、结构主义、解释主义、唯物主义和后现代主义理论非常近似，它们都未能告诉我们任何关于世界运行的具体方式，却告诉我们如何最富有成效地观察世界，并且去发现关于世界运行原理的特定目标。以某种方式定义部落和国家，既不是能够验证、支持或反驳的事实，也不是可以证明或不能证明的富有成效的建议。

我将直接大胆地转入我所说的"实质性理论"，它是对世界

[①] Edward E. Evans-Pritchard, *The Nuer* (Oxford: Clarendon Press, 1940).
[②] 意为伊斯兰教学者。——译者注

上某些特殊事物的一种主张，并且可以用证据来支持或反驳。这些主张或命题陈述了两个或多个变量之间的关系。尤其是，我希望就部落与国家的关系，以及部落文化对普遍文化的影响提出一些看法。

前工业化的国家与其说是建立在有边界的领土之上，不如说是建立在权力中心之上，并且尽可能地加强对疆土的控制。国家在权力上的强弱随着时间推移，在一个时期内可能对地区和人口进行有效控制，而在另一个时期即使没有遭到彻底的拒绝也只是象征性的服从。在任何时期，国家机器与民众之间存在着被称为控制的一系列关系：有些处于直接和有效的控制下；有些承认国家的宗主权，在很大程度上服从国家；有些关系被国家认为是依赖性的，但民众则认为是联盟性的；有些声称自己是国家，但不具备任何国家要素。

纵观大部分历史，前工业时代、前石油时代、前福利时代的国家大多具有强制性和剥削性。统治者、他们的军队、他们的教士维持着国家的运行，并通过税收官从被控制的农民和商人手中攫取税收维持生计，同时还从事对外国土地的掠夺以盗取财物。欧内斯特·盖勒纳（Ernest Gellner）[①] 称，前工业化国家和帝国的统治者是"暴徒"，这种说法显然比我们过去认为的更直率也更贴切。

难怪独立的部落民众不喜欢被纳入国家，也不愿意成为精英及其执法者剥削的对象。当然，部落民希望保持独立，这样他们就可以通过敲诈勒索为自己牟取好处：包括劫掠外国人财物，保护和勒索非部落的弱小群体，征服外国土地以获得权力、财富、奴隶和统治权。在一定程度上，部落和国家是同样的欺凌弱小者的竞争对手。主要不同之处在于，在一些国家中民众也是受害者，而在同一个部落中的成员则不会受到伤害，团结

[①] Ernest Gellner, *Plough, Sword and Book: The Structure of Human History* (Chicago: University of Chicago Press, 1988).

第十章　部落与现代国家：另一种研究方法

和支持是部落内部关系的特点。部落之间的关系则是另一回事，它们相互掠夺牲畜，争夺领地控制权。大部分部落地区的历史是一段不断重复或延续的部落战争的历史，战争中获胜的部落常常驱逐被打败的部落。[1]

部落不可能总是不与国家接触，也不是所有的国家都想与部落接触。沙漠部落过于神秘莫测，山地部落又过于勇猛无畏，管控这两种部落都要付出高昂的代价，而且国家也不会获得多少利润。在更具吸引力的地区，部落可能更有价值，但这些部落也具有很强大的军事能力和机动性。有时这是一个亏本的买卖。但有时国家的财政和军队可以担负与部落的冲突，因为他们总是假设管控部落最终会得到利益。这产生了一系列的结果。部落可能被限制，承认国家的权威，但需要维护其组织和文化。部落也可以被纳入国家机构而废除某些部落机构。部落还可以融入国家民众的文化，从而失去其独特的部落文化。制造麻烦和反叛的部落可能被消灭。部落也可以组成联盟。一个又一个的可能性——联盟、限制、整合、同化、消灭——都可以用来说明国家与部落的关系。但这并不是一个演进方案，并不一定始终朝着一个方向发展。相反，从一个发展方向转向另一个发展方向的情况，在历史上并不罕见。此外，许多部落不仅保持着独立或准独立的状态，而且在历史上这些部落攻击和征服国家，取代国家精英并形成新的王朝，如伊本·赫勒敦王朝（Ibn Khaldun）[2]。

在所有前现代国家中，对部落的镇压政策是独立的部落与冲突国家的基本前提，例如中央和等级制控制，这样做的原因在于部落削弱了国家的力量。然而，在财政有限、军事实力弱小或机构组织不发达的弱国中，制定镇压部落的政策却不太可

---

[1] Andrea B. Rugh, "Backgammon or Chess? The State of Tribalism and Tribal Leadership in the United Arab Emirates," in this volume.

[2] Ibn Khaldun, *Muqaddimah* (Princeton: Princeton University Press, 1967).

能。而务实的政治是需要与部落结盟,以获得政治和军事上的支持,避免反对和对抗。沙特阿拉伯①、卡塔尔②和约旦③就是这样的例子。在约旦,"政权的部落支持一次又一次显示出其在维护王国的政治秩序时不可或缺"。④甚至连实力更强一些的叙利亚哈菲兹·阿萨德(Hafiz al-Asad)政权也与其部落达成某种临时妥协。

  及至20世纪末期,叙利亚的复兴党……政权需要部落的支持,并得到了这种支持。作为回报,贝都因部落获得了事实上的承认,尽管没有获得正式的承认……在巴迪亚地区出现了可持续的替代性贝都因体系的权威和领导阶层,在某些情况下,国家机构为了共同的利益,特别是在管理巴迪亚地区传统的国土以及政府的"赫玛合作社"(对土地的控制)时,与部落勾结在了一起。⑤

拥有大量财政和庞大军队的强大国家,可以作为独立的政治力量镇压部落,并将其置于国家机构的控制之下。例如,在礼萨·汗(Reza Shah)成为伊朗国王后开始以军事行动四处"安抚"国内的部落和民众,最先是西南部的恺加部落;之后是西部的巴赫蒂亚尔部落和鲁尔部落(Lurs),西北部的库尔德人,东北部的土库曼人;最后是东南部的俾路支人。⑥礼萨·

---

① Joseph Kostiner, "Transforming Dualities: Tribe and State Formation in Saudi Arabia," in *Tribes and State Formation in the Middle East,* op. cit.
② Jill Crystal, "Tribes and Patronage Networks in Qatar," in this volume.
③ Yoav Alon, "From Abdullah (I) to Abdullah (II): The Monarchy, the Tribes and the Shaykhly Families in Jordan, 1020–2012," in this volume.
④ Ibid.
⑤ Dawn Chatty, "The Nature, Role and Impact of Bedouin Tribes in Contemporary Syria: Alternative Perceptions of Authority, Management and Control," in this volume.
⑥ Hassan Arfa, *Under Five Shahs*, London: John Murray, 1964.

第十章 部落与现代国家：另一种研究方法

汗的继任者穆罕默德·礼萨·汗（Mohammed Reza Shah）采取了同样的举措。伊朗伊斯兰共和国也使用军事手段来平息这些不守规矩的部落地区。

无论是需要与部落结盟的弱国，还是优先压制部落使其保持平静的强国，贿赂始终是一个有效的工具。波斯统治亚拉马德宰人之后，萨达尔部落得到了定期的补助。① 在阿拉伯地区，正如科斯蒂纳所指出的：

> 伊本·沙特（以及继任者沙特）持续用补助来维持部落体系。这一体系使部落在不干涉国家事务的同时，又确保它们得到满足并被认为是忠诚的……用阿齐兹·阿兹梅（Aziz al-Azmeh）的话来说："沙特政府将其他氏族群体和不再游牧的部落纳为附庸，并将它们联系在一起……对沙特的财富进行重新分配；掠夺被给予补贴和公民权所取代。"②

有一种方法是将部落民招募到国民警卫队中，让他们获得固定的薪金。③ 约旦的情况也是如此，阿隆（Alon）告诉我们：

> 与国家政府保持友好和支持的关系可以保证其获得资源，而这些资源反过来又有助于保住部落首领的位置，因为分配恩惠的能力是首长相对于他的追随者的一个重要因素。④

卡塔尔、阿拉伯联合酋长国⑤和沙特阿拉伯等国向石油国

---

① Salzman, op. cit.
② Kostiner, op. cit., pp. 239, 245.
③ Ibid., p. 239. See also Donald Powell Cole, *Nomads of the Nomads: The Al Murrah Bedouin of the Empty Quarter*, Chicago: Aldine, 1975.
④ Alon, op. cit.
⑤ Rugh, op. cit., in this volume.

家的发展，为统治者收买部落提供了许多手段。在阿拉伯国家，食物得到大量补贴，教育是免费的，医疗也是免费的①。政府对民众的照顾似乎是无微不至的。部落民众不再仅仅依赖他们的部落同伴，因为集体责任是由政府和整个社会来承担的。正如鲁（Rugh）指出："部落认同不再像过去那样重要……血缘关系不再是组织更广泛的社会关系的主要基础。阿联酋人已经用国家认同取代了部落认同。"②我们可能希望推测，如果出现石油危机会发生什么情况，例如与伊朗进行战争，或是北美或其他地区的替代能源的发展，这可能导致阿联酋、卡塔尔和沙特再也不能承受对部落民提供食品、住房、工作等方面的补贴。石油能够起到润滑作用，但当它失去价值时，摩擦必然随之而来。"国家认同"会随着补贴变化而动摇吗？人们会回归到部落认同以获得支持及安全的联盟吗？在资源再次匮乏的情况下，部落会被动员起来成为这些资源的竞争者吗？

阿联酋的例子似乎是一种极端的发展：对部落进行同化。在卡塔尔和利比亚等其他石油国家，这种情况的程度要轻一些。尽管卡塔尔政府"为部落提供免费的住房和工作"③，部落仍然保持着他们的认同和凝聚力，并以街区的形式定居。他们的部落认同和团结依然保持着。根据沙维（Al Shawi）的研究，在市政选举中，64.45%的部落民众将选票投给本部落的候选人，33.44%的选民投给另一个部落的候选人，2.11%的人投给非部落候选人。④在利比亚，尽管许多部落民众定居在城镇，但他们仍保持着团结，听从部落长老而不是国家官员的指令，并将选票投给部落候选人。⑤最近对卡扎菲政权的成功的暴力反叛在一定程度上显示出部落的价值观、团结和动员力。

① Kostiner, op. cit, p. 248.
② Rugh, op. cit.
③ Crystal, op. cit.
④ Ibid.
⑤ John Davis, *Libyan Politics* (London: I. B. Tanris, 1987).

沙特阿拉伯的情况与卡塔尔和利比亚相似,科斯蒂纳告诉我们:

> 在伊本·沙特的政体中,部落价值观占主导地位;他们适应于世袭政权,并使旧的社会结构保持完整。因此,沙特国家的构建具有二元属性。但在20世纪20年代,中央集权和部落主义是替代性的竞争价值体系,此后的35年中,价值体系被集权化和发展政策所主导,而这些政策仍然包含着如火如荼的部落基础设施建设。
>
> 国家构建的一些阶段在整体上是相互衔接的。在政府决策过程中,非正式的部落做法已成为官僚程序和体制中的隐约可见的现象。[1]

以沙特阿拉伯为例,部落价值观的结合使国家构建变得容易,同时缓和了部落融入日益集权化和官僚化国家之中的矛盾。部落基于庇护关系帮助官僚机构为部落民众服务。[2]泛部落关系得以顺畅发展,"部落价值观也形成了全方位的部落精神气质,它囊括关于传统的、苦行主义的、保守主义的和宗教的不同群体的认同"[3]。

我将部落价值观定义为集体责任和亲缘团结,其中包含集体自助。我们能详细地说明部落价值观和美德吗?鲁说:

> 如果你向部落民众提问,是什么因素构成了其部落,他们可能会回答:是对部落价值观——勇气、慷慨、好客、忠诚以及调解、协商、自治和社群团结的信仰。[4]

---

[1] Kostiner, op. cit, p. 237.
[2] Ibid., p. 245.
[3] Ibid., p. 246.
[4] Rugh, op. cit.

依照查蒂的说法：

> 叙利亚的贝都因人确实构成了一个具有凝聚力的"族群"，并以分散的部落组织形式表现出来。他们将自己构建成道德社会的群体，其基础是对与错的清晰概念，这些概念主要通过塑造行为理念，诸如团结、好客、慷慨和荣誉等而表达出来。[1]

查蒂提示我们法语词汇"贝都因"源于阿拉伯语的"贝都"（bedu）：

> 该词用于在概念上区分那些曾经以饲养牲畜为生的民族……和那些拥有农业或城市基础的人（哈达尔人，hadar）……贝都人反对哈达尔人是独特的阿拉伯文化传统。[2]

此外，区分部落民、农民和城市居民已成为人类学的一个传统。[3]

我要解释的最后一个问题是部落文化对更普遍的阿拉伯文化的影响。换句话说，贝都因人（游牧民）的文化和哈达尔人（定居民）的文化之间真的有那么大的差异吗？勇气、慷慨、好客、忠诚以及调解、协商、自治和社群团结的价值观是贝都因人和哈达尔人相互区别的价值观，还是所有阿拉伯人共有的价值观呢？

鉴于贝都因文化是阿拉伯世界的基础文化，这个问题初看起来是合理的。从公元 7 世纪开始，正是由于阿拉伯的贝都因部落受到信徒和异教徒之间局部对抗的鼓励，并在劫掠和战利品许诺的刺激下，征服了黎凡特、北非、南欧部分地区、伊朗

---

[1] Chatty, op. cit.
[2] Ibid.
[3] Charles Lindholm, *The Islamic Middle East* (2nd edn, Oxford: Blackwell, 2002).

第十章 部落与现代国家：另一种研究方法

和印度北部地区，传播了伊斯兰教和阿拉伯文化。阿拉伯帝国时期发展起来的村落、城镇和城市中的定居区，与建设它们的贝都因人在文化上不同吗？即使在今天，哈达尔人是否已不再把勇气、慷慨、好客、忠诚、调解、协商、自治和社群团结视为价值观呢？集体责任和亲缘的团结能将哈达尔人排除在外吗？

克利福德·格尔茨（Clifford Geertz）针对摩洛哥的情况给出了一些启发性的评论：

> 摩洛哥伊斯兰文明形成的推动力源自部落，无论阿拉伯－西班牙的老于世故的城市宗教学者如何把他们自己与当地的潮流隔绝开来，他们的思想烙印仍然是部落，只需几个选定的角落和几个光彩的时刻，部落的影响便能显露出来。①

特别是关于摩洛哥的城镇和城市，格尔茨指出：

> 摩洛哥的城镇是在部落创造的基础上发展起来的，暂且不谈短暂的征服历史，大部分情况下仍然如此……
> 城市并不是无形大海中的水晶岛屿。城镇生活的流动性并不比农村生活的流动性差多少，只是在某种程度上受到更多限制。部落社会的形式像城市社会的形式那样，也被清楚地勾勒出来。事实上，在适应了不同环境之后，它们的形式趋于一致，具有同样的思想活力。②

格尔茨似乎认为部落文化在摩洛哥乡村、城镇和城市中无处不在。

---

① Clifford Geertz, *Islam Observed* (Chicago: University of Chicago Press, 1968), p. 9.
② Ibid., p. 7.

我曾在其他地方提出过①，部落文化的基本原则——集体责任和亲缘团结，在阿拉伯文化中的普遍性是显而易见的。显然，这些部落原则仍然在部落占多数的国家和地区具有影响力，包括阿拉伯半岛、伊拉克、叙利亚、利比亚、阿尔及利亚、摩洛哥、苏丹以及伊朗的周边地区，埃及的东部和西部沙漠以及西奈半岛（在中亚，包括土库曼斯坦、阿富汗、吉尔吉斯斯坦和哈萨克斯坦，情况也是如此）。但我想进一步指出，部落文化，尤其是集体责任和亲属团结，也反映在中东农民、城镇居民和城市居民的文化中。我们知道，在许多地区出现动乱的时候，乡村从耕者组织转变为游牧民的基本社会组织，尼罗河谷可能是个例外。但在许多定居的社团中，乡村民众被组织成为血缘群体，如在以色列的阿拉伯边境村庄哈姆拉斯（hamulas）。②在城镇和城市中，即使那些未定居的部落本身，有时也会将亲属聚集在一起，并且经常成为一个种族群体，在这个更大的群体中，集体责任和群体团结等原则是适用的。在黎巴嫩内战和伊拉克内战期间，交战的各种族之间出现了分裂，现在的叙利亚也是如此。

部落文化给现代社会带来的挑战在于，对某一特定小群体的绝对（有可能出现意外）承诺与其他小群体的利益相对立。在这里，冲突关系被视为一种零和博弈，以规则为基础的社会关系基本很难创造和平。阿拉伯人的荣誉观要求自治，但它却与等级制度相抵触。然而，现代社会就是建立在这种制度之上的，这使合法的权威几乎不可能建立起来。在没有合法权威的情况下，中东的各国政府转而使用强制手段来维护其地位，并通过寻求外敌来扰乱其臣民的注意力。中东国家被专制所统治，

---

① Philip Carl Salzman, *Culture and Conflict in the Middle East* (NY: Humanity Books, 2008), passim.

② Abner Cohen, *Arab Border Villages in Israel* (Manchester: Manchester University Press, 1965).

第十章 部落与现代国家：另一种研究方法

因为部落和部落价值观已被现代政府证明是不可接受的。部落价值观是对无国籍地区和前现代国家的创造性适应，它倾向于抑制和阻碍现代的、基于共识的治理，并且抵制具有普遍性的、基于规则的政策和政治。部落价值观在它产生的那个时代及其产生地是建设性的，但在现代社会已成为一个问题。

第十一章 部落社会中的国家：对 K.H. 纳吉布海湾研究的思考

约瑟夫·科斯蒂纳（Joseph Kostiner）

海湾社会在国家凝聚力的多样性方面是一个特殊案例：它由部落群体组成，也就是根据实际的或虚构出的亲缘关系而建立起来的世系群体。它们的认同和凝聚力似乎并不符合人们普遍认知的国家基础。这需要一系列不同的概念和分析手段。

赫勒敦·哈桑·纳吉布（Khaldun Hasan al-Naqib）的一些著作，激励着我去探究这个问题。纳吉布供职于科威特大学社会学系，他提出了一个有趣的理论来解释海湾地区国家与社会的关系。[1] 纳吉布所关心的不是民族主义本身的问题，而是部落主义在海湾地区构建统治政权时所起的作用。纳吉布的论文借鉴了以美国为主的西方社会科学的方法论和概念，并结合自

---

[1] 根据乔治敦大学当代阿拉伯研究中心网站显示的信息，赫勒敦·哈桑·纳吉布是科威特大学社会学和社会心理学副教授。1969年，他在肯塔基州路易斯维尔大学获得社会学博士学位。纳吉布博士担任科威特大学社会和社会工作学系主任（1991~1992年），科威特大学艺术学院院长（1986~1988年）。此外，他还担任科威特大学《社会科学杂志》主编（1983~1986年）和《阿拉伯人文杂志》主编（1979~1981年）。他撰写了大量中东方面的论文，包括 "The Predictive Value of lbn Khalduns Theses" in Arabic (*Al-Tkaqafa*, 1999); and "In the Beginning it was Conflict: The Debate of State and Nation, Ethnicity and Religion" in Arabic (*Daral-Saq*, 1997); "Tribalism and Democracy: the Case of Kuwai Daral-Saq" in Arabic (1996); "The Constitutional Crisis（转下页注）

己的批判观点，进行了原创性的和发人深省的分析。

在纳吉布的第一本书《海湾与阿拉伯半岛的社会与国家：一个不同的视角》（Society and State in the Gulf and the Arabian Peninsula, A Different View）中[①]，他将自己的研究建立在他所认为的"自然情况"（或国家）的恶化之上，即依靠区域贸易和采珠的部落统一体的长期承受力。在 19 世纪末和 20 世纪初，英国在该地区日益增长的影响力，导致海湾地区处于世界经济的边缘，同时把海湾地区的保护国置于英国的"帝国方略"之下。其结果是统治者的"自然情况"的恶化，取而代之的是一个由石油经济支撑的小型国家体系。有了石油收入，海湾地区统治者的能力得以提升。每个海湾国家都变成了"食利国"（al-Dawla alRayi'yya），即生活的收入来源并不依靠国家民众的生产而获得。因此，海湾各国政府的权力与权威来源，相对来说不同于其他国家。20 世纪 70 年代，随着石油收入的增加，海湾国家的政府比任何依赖税收和国内生产收入的国家政府都享有更大程度的行动自由。

因此，海湾各国政府可以实行一种基于几乎是无限开支的不寻常的经济政策，能够通过多渠道的计划来进行分配。包括大规模的基础设施建设、大量的福利服务（用于教育、医疗、住房和其他方面）、免费分配或象征性收费，以及鼓励商业和维持较高的生活水平。海湾国家的政府因此成为最终的权力中心：国家成为最高层级的经济驱动者和最大的雇主。例如在科威特，90% 的本土劳动力受雇于公共部门。国家还成为社会福利和人员流动的控制者以及商业合同的提供者。[②]海湾国家作为民众生

（接上页注①）in the Arab World: Secularism, Fundamentalism and the Question ofLiberty," *in Al-Mustaqbal Al-Arabi* in Arabic (June1994); and "The Authoritarian State in the Contemporary Arab Mashriq" (1991).

① K. H. al-Naqib, Al-Mujtama'wal-Dawlafil Khalijwal-Jazira al-'Arabiyya (Beirut, 1987).

② See H. Lackner, *House Built on Sand* (London: Ithaca Press, 1978).

活水平和社会地位的关键保障者,也需要对社会和政治进行控制。用纳吉布的话来说,海湾国家不仅在经济上具有分配和主导地位,而且还具有政治独裁或"威权主义"色彩（al Dawla al-Tasallutiyya）。纳吉布在他的第二本书中指出[1],在阿拉伯世界的整个中心地带,或者他所说的"阿拉伯的东方",实际上是独裁的。独裁政体的核心是社团式的社会结构（Tadamuniyya）。因此,社会被传统的部类:种族、部落、宗教少数派和庇护群体等所控制。这些因素割断了同更"现代的"因素,如阶层、政治党派和工会的混合。它们持续为个人提供基本的团结和服务。此外,社团群体也是被传统领导人,诸如部落谢赫、宗教圣贤和家族族长所领导。纳吉布强调,阿拉伯各国政府采取的普遍政策,就是依靠这些领导人及其社团的团结来维持社会政治的现状。

在海湾地区,这些社团群体居主导地位。然而,这种社团的团结,显然是以亲缘或部落为基础的。家族和部落群体在背后若隐若现,代表受过教育的中产阶级,也代表着如什叶派或伊巴德教派（居于阿曼）等少数群体。它们也主导着仍被认为是部落的、有着传统部落名称的群体,这些人生活在所有海湾国家,要么是贝都因游牧民,要么是定居民。纳吉布注意到,社团性的部落群体会将自己转变为适应性很强的机构,并与国家机构和相应的国家经济和政治条件相适应。部落成员与王室家族成员一起,成为高级官员、政治精英选拔的源头。王室家族成员是讨好和操纵的对象,也是形成主要政治阵营的政治联盟的组成部分。他们还构成了支持或反对政府政策的选区,或是在选举过程中提供候选人（在海湾国家中,只有科威特的选举流程比较规范完善）。

纳吉布坚持认为,社团性的部落群体有时是隐藏性的,有

---

[1] K. H. al-Naqib, al-Dawla al-Tasallutiyyafil al-Mashriqal-'Arabial-Mu'asir (Beirut, 1991).

第十一章 部落社会中的国家：对 K.H. 纳吉布海湾研究的思考

时是半官方的，甚至是完全官方的。在所有情况中，它们与国家机构交织在一起，并适应国家机构的功能和实践的"政治部落主义"（al-Qabaliyya al-Siyasiyya）。

纳吉布的分析得出的结论是，部落组织既是社会秩序的本质，又是政府控制社会的主要原则。因此，部落是连接政府和社会的一个支配体系，或者实际上是一种纽带。部落群体被直接淹没在和灌输到国家之中。不过，纳吉布对海湾社会的分析缺少国家要素：部落政治群体不像国家那样具体化。海湾的民族主义，是一种只有当某些反对派运动起而反对当地独裁政府时，才会偶尔出现的主义。例如，1938 年的科威特、巴林和迪拜的宪政起义，以及 20 世纪 50 年代巴林的劳工抗议运动都是如此。因此，纳吉布将民族主义视为海湾地区普遍存在的另一种凝聚力，它既包含大众成分，也包含阿拉伯民族主义的成分。民族主义者的抗议灵感，来自推动阿拉伯民族团结和平等的理念，因此受到海湾君主国政府的憎恨和镇压。民族主义在这里只能短暂兴起，一经镇压便立即消失不见。

1967 年阿拉伯军队被以色列击败。因此，这对主要的阿拉伯国家以及海湾地区的民族主义的希望无疑是一个挫折。在随后的几十年，政治部落体系盛行。在纳吉布看来，这一结果应该被视为一个可悲的现实，不仅标志着民族主义的孱弱，而且是"威权国家"的胜利。海湾国家不受其人民的统治，也不以民主为运行手段。政治部落主义是民主的主要障碍。在 1996 年出版的关于科威特的最新著作《科威特：部落主义和民主之间的斗争》[Kuwait, the Struggle of (beteeen) Tribalism and Democracy]（Sirac al-Qabaliyya wal-Dimuratiyya, Halat al-Kuwayt）中[①]，纳吉布对海湾地区民主化的实际可能性持有更具调解性的观点。他分析了 1992 年科威特国民议会的选举，并阐

---

① K. H. al-Naqib, Siracal-Qabaliyyawal-Dimuratiyya, Halatal-Kuwayt (Beirut, 1996).

述了选举的进展。然而,正如他对海湾社会不断发展的政体的评价一样,他对社团性的政治体制,尤其是对政治部落主义所持的批评观点在该书中仍然显而易见。

政治部落主义的社会形态

纳吉布对海湾社会的描述得到广泛认可。其他几位学者也强调,海湾社会是由类似部落的群体组成,盛行一种由群体情感('asabiyyat)构建的结构。[1]因此,社会分割为各个政治部落群体,可被视为海湾社会体系的本质。这是一种分散的系统,自20世纪60年代以来,即使这种原始的、有形的部落结构,在城市化和富裕生活方式的影响下已被侵蚀,这一系统中不同群体部分仍保持着各自独立的认同和群体意识。根据欧内斯特·盖勒纳对涂尔干(Durkheim)、韦伯(Weber)和伊本·赫勒敦学说的分析,我们可以认为部落的各个部分并没有相互融合或同化,从而形成一种新的、一体化的使原有认同消失的"有机统一体"。部落在相当程度上联合在一起,形成了一种"机械统一体"。[2]它们之间彼此联系,就像巢穴或鸽子笼一样,每一个群体都以最初的状态在统一体中保持独立。有趣的是,尽管它们具有相互同化的趋势,但这种联合与国家构建的过程存在联系。与克利福德·吉尔茨(Clifford Geertz)的说法相反,他表述

---

[1] See N. Ayubi, *Overstating the Arab State* (London: I.B. Tauris, 1996), pp. 224–55; the term *cas-abiyyat* is used by G. Salame, Introduction, in idem (ed.), *Democracy without Democrats* (London: I. B. Tauris, 1994), pp. 3–20; this term is also used by M. A. Tetrault, *Stories of Democracy, Politics and Society in Contemporary Kuwait* (New York: Columbia University Press, 2000).

[2] Ernest Gellner, *Muslim Society* (Cambridge: Cambridge University Press 1981), ch.2.

第十一章 部落社会中的国家：对 K.H. 纳吉布海湾研究的思考

的第三世界的"新国家"在吸纳"原始群体"方面存在困难[1]。实际上，国家就是通过吸纳这些群体而繁荣起来的，而且就海湾国家的情况而言，政治部落模式尤为明显。部落具有国家形成必不可少的几个要素：它们彼此组成联盟，经常充当战士和领土扩张主义者，在族长的旗帜和亲缘基础的权威下部落在不同成员中维持秩序和忠诚于命令，他们尊崇的个人主义（或世系）价值体系使人员管理层级的划分变得十分清晰。因此，纳吉布强调，在第一个伊斯兰国家及此后的伊斯兰帝国和现代阿拉伯国家的整个伊斯兰历史中，部落群体和群体情感在国家形成中发挥了至关重要的作用。事实上，纳吉布认为原始群体（*al-Wala'at al Washacihiyya*）是国家社会凝聚力的核心。[2] 阿尤比（Ayubi）进一步认为，国家是部落政治的延伸，部落政治反过来充实了国家的形式和存在。[3] 在这一背景下，不应该以成熟的"韦伯范式"来看待国家，这种范式是由理性的官僚机构所主导。J.P. 内特尔（J. P. Nettl）和乔尔·马加丹（Joel Migdal）的分析表明，国家可能具有不同程度的"国家性"（stateness），（或国家属性"state attributes"），并且必须与内部不同的团体进行各种政治妥协。和解是最常见的模式。[4] 在受到部落社会决定性影响而建立的国家中，尤其如此。

从诞生到今天为止，海湾国家在各个部落群体中以及部落群体与领导家族之间，已经演化成重要的契约关系。纳吉布描述的"自然状态"的衰落过程，实际上可以看作现代国家的形成过程。第一次世界大战之前，海湾国家是酋长国，没有明确的边界，也

---

[1] Clifford Geertz, *The Interpretation of Cultures: Selected Essays by Clifford Geertz* (New York: Basoc Books, 1973), particularly the first parts and pp. 234–310.

[2] Naqib, Siracal-qabaliyyawal-Dimuratiyya, pp. 19–20.

[3] Ayubi, *Overstating the Arab State*.

[4] P. S. Khoury and J. Kostiner, Introduction, in eidem (eds.), *Tribes and State Formation in the Middle East* (Oakland, CA: University of California Press, 1990), pp. 1–23.

没有功能复杂的政府,它们中的一些国家在名义上处于奥斯曼帝国的统治之下。一战之后,在英国的保护下,海湾国家获得国家属性,并成为更具组织化的君主制国家。随着20世纪60~70年代的石油繁荣,海湾国家成为富有的"食利国"。

部落群体和部落价值观所发挥的作用是整个国家构建过程的核心。游牧民、氏族和宗族等不同形式的部落群体,发挥着统治阶层和商业阶层的作用,并作为海湾国家的军事力量。作为宗教圣贤的乌莱玛也演变成一个家族,并且往往与统治家族或其他显赫家族通婚。甚至是工人、受过教育的中产阶级以及什叶派群体也以氏族和宗族的形式出现。部落和家族群体成为社会中维护宗法价值观的因素。海湾各国政府转而选择促进和强化与部落和家族群体领导人的合作,以维护社会稳定。由于政治党派和官方利益组织的活动被法律所禁止,以亲缘为基础的家族和部落成为社会上唯一合法的且得到认可的组织群体。因此,部落和类似家族的群体变得持久化、政治化并受到国家认可。[1] 在商业界,家族群体也是银行和贸易行业的主导力量。[2] 此外,即使是新成立的政治和商业群体也具有家族和部落的头衔、架构和家族群体式的正统性。这种亲密的、新型世袭的方式表现在巴林、科威特或沙特阿拉伯的统治者对待其民众和任命高级官员的过程中,这证明了部落、家族式原则在塑造海湾国家政治秩序、公共管理和经济方面的重要性。因此,科威特的政治集会(*Diwaniyya*)实际上是在家族的支持下进行的,国民大会的候选人往往由部落的初选所决定。[3]

---

[1] M. Field, *The Merchants: The Big Business Families of Arabia* (London: John Murray, 1984).

[2] S. Chabra, "Kuwait: Elections and Issues of Democratization in a Middle East State," *Digest of Middle East Studies* 2 (1993), pp. 1–27; F. Khuri, *Tribe and State in Bahrain* (Chicago: Chicago University Press, 1980), pp. 234–48.

[3] K. Chaudhry, "The Price of Wealth: Business and State in Labor Remittance and Oil Economies," *International Organization* 43:1 (1989).

第十一章 部落社会中的国家：对K.H.纳吉布海湾研究的思考

"食利国"的出现只是促进了国家和部落的共生。国家已成为经济扩张的驱动者，但是海湾国家却把它的经济禀赋用作"分配"政策。对部落的补贴是一种长久实行的政策，海湾的统治家族利用这种方法，既加强了与部落的合作，又增加了这些部落的福利。①"食利国"政策利用石油经济形成了一个更复杂的形式，即鼓励商业活动，分配福利资金，并且几乎是免费提供服务。这种被广泛使用的形式意味着创造了社会支持的基础，并减少了行业、职业、经济和社会群体之间的冲突。②国家机构和部落社团性群体的联系因而变得更加紧密。在海湾国家的传统中，家族、宗族以及其他部落群体相互促进友好关系，被认为是合法的。因此，一方面商人家族、部落政治组织和中产阶级家庭再一次在"食利国"经济模式中得以繁荣，另一方面又强化了它们与国家之间的庇护关系。实际上，在财富和"食利国"形式的主导下，国家与部落的共生关系得到强化，甚至依照阿尤比的说法，"在不断扩大的官僚体系以及其中一些具有贸易家族背景下"，出现了各种各样的"庇护主义和半官方的社团群体"。因此，部落庇护主义也在公共部门迅速发展，使部落与政府之间有机会扩大交流，同时有助于促进部落与国家的共生。

文化特征：与民族主义失配

部落与国家共生的根深蒂固和重现活力的特性，使其成为一种文化体系，支撑着行为规范和共同的价值观。正如福阿德·库利所解释的，经典"部落社会"依赖于大型的、自治的以及具有政治影响力的部落，但这种经典形式已经衰落，而以国家和社会关系为特征的"部落主义"，作为一种文化体系仍然盛行。

---

① W. Sharara, al-Ahlwal-Ghanima (Beirut, 1981).
② Ayubi, *Overstating the Arab State*, pp. 252-3.

因此，福阿德·库利指出，社会由以下因素所控制：

> ……它是一种社会组织形式，官僚主义兴起后出现或延续的"部落主义"具有以下性质：a.社会群体的排他性和非同化性；b.亲缘关系作为一种合作和分配财富、权力及利益的工具，具有突出地位；c.基于跨越国界的假定血统或婚姻联盟；d.无须通过正式和公开认定的国家机构，对部落同伴的行为实行集体控制；e.不必经过公共授权，而是根据历史上已获得的权利，提出统治的合法性要求。我使用"部落主义"一词，是因为我认为没有其他词语能够更好地对这些结合在一起的特质进行概括。此外，将"部落"这样一个有用的词语限定在一个发展的语境下可能也没有什么价值。[①]

这些价值观是相互联系和相互加强的。这种文化体系显然与民族主义的原则相矛盾。第一，部落与国家的共生关系支撑着一种个人化、准亲缘认同和团结（实际的或想象的）的方法。民族主义需要一定的公民团结，这取决于不依赖原始群体的认同。民族主义应该割断、压制和抹去那些前现代化时代的纵横交错的社会特征。在一篇引人入胜的文章中，盖勒纳引用欧内斯特·雷纳（Ernest Renan）的话说："……共同的忘却，集体的遗忘至少对我们现在所认为的国家的出现同样重要。在古代……我们并没有国家的观念。"[②] 因此，海湾国家原始认同的普遍存在，似乎与作为一种认同的民族主义相矛盾。

第二，部落与国家文化同民族主义的矛盾，是因为共同的

---

① F. Khuri, *Tribe and State,* p. 236 and passim.
② Ernst Gellner, "Nationalism and the Two Forms of Cohesion in Complex Societies," in idem (ed.), *Culture, Identity and Politics* (Cambridge: Cambridge University Press 1987), p. 6.

第十一章 部落社会中的国家：对 K.H. 纳吉布海湾研究的思考

大众合法性依赖于社团的或原始的团结，而这些团结每天都在加强。原始群体而非民族主义才具有合法性。正如萨拉梅（Salamé）所强调的那样，群体情感的主导地位及其所拥有的合法性，实际上阻碍了民族主义的出现。①

第三，民族主义即便是"建构的"（而不是"长期存在的"或"前现代的"）或是"想象的"，就其本身而言，也应该是一种有效的团结力量。用安东尼·史密斯（Anthony Smith）的话来说，在迎合埃利·克杜里（Elie Kedourie）和约翰·布鲁伊利（John Breuilly）的相关理论时，国家应该具有自身独特的性质，寻求对所有其他利益或价值的优势。这种学说成为动员和协调公民社会的基础。因此，要实现这一目标，应该有一个低层次的和逐步演进的"国家形成"过程（不同于有计划的"国家构建"），以便引导一种民族的，或是一种独立和典型的社会认同。② 这种认同通常是歌颂甘愿为祖国和"人民"牺牲的精神，以及由此催生的团结。然而，在海湾地区却有所不同：部落和家族的团结注入国家机体中，但没有凝聚成一个自治国家。他们依赖于国家，由国家动员并联合起来，但未能与国家结为一体。反过来说，国家不需要一个族群来执掌权威，也不需要它去建立政权。此外，与其他阿拉伯君主制国家一样，海湾国家的繁荣同样建立在多元主义和群体多样化的基础上，即使它们之中流行竞争。当然，没有人试图消除社团群体的界限，来构建一个健全的民族。最好的结果是，人们试图弥合彼此间的分歧并且能够凝聚在一起。在这种情况下，统治者扮演着仲裁者的角色，同时也是每个人的保护者。统治者及其统治方式是各领域统一的因素，却不适用于民族的统一。③

---

① Salamé, *Democracy*.
② Anthony Smith, "Nationalism and the Historians," in Balakrishnan, G. (ed.), *Mapping the Nation* (London: Verso Books, 1996), pp. 186–7 and passim.
③ A. Richards and J. Waterbury, *The Political Economy of the Middle East* (Boulder, CO: Westview Press, 1993), pp. 310–28.

第四，民族国家的中心是其"人民"本身，因此产生了某种文化和社会意识形态：人民构建了民族国家的主权，他们的奉献和牺牲赋予了其永恒的权利。人民被描绘成具有共同意志、传统和明确要求的个体，最明显的是试图为自己创造一个统一的历史叙事。因此，民族国家有责任并且必须应对挑战。然而，在海湾国家，统治家族是国家和人民的象征。沙特阿拉伯不仅是地区最重要的国家，而且以统治家族的名字命名。同时在所有这些国家中，统治家族在政府和社会中都拥有至高无上的地位。鉴于之前提到的统治方式，世系家族主导着社会文化意识形态。民众是大家族构架的成员，统治者是族长，他有义务通过"食利"政策供养他的大家族，或他的"群体"。作为回报，民众必须承认世系的等级制度，统治者的威望和主权。因此，民众还必须遵守家族的规则，保持家族的保守氛围。[1]这些情势都不利于民族国家的形成。

第五，那些具有某种民族主义观点的海湾国家民众，可能会以广泛的、泛阿拉伯主义，或者至少是地区性的阿拉伯观念来看待他们的国家。但应该指出，当被问及这些国家的民族主义的归属时，他们并没有体现出对民族国家的明确认同意识。然而，可以假定他们"本能的"认同核心，表现为语言、行为以及与宗教的相似性，这可能也是海湾阿拉伯人或更普遍的阿拉伯人大致的象征。[2]这意味着，种族的相似性对于民族主义不可或缺，海湾民众也许具有更宽泛的认同，但它却不利于民族国家的形成。以国家为基础的认同缺乏一种排他性或占主导地位的种族成分，这可能导致其本身成为一种分立的民族主义认同。

---

[1] See A. N. Longvas discussion in idem, *Walls Built on Sand: Migration, Exclusion and Society in Kuwait* (Boulder, CO: Westview Press, 1997).

[2] T. E. Farah and Y. Kuroda, *Political Socialization in the Arab States* (Boulder, CO: Lynne Rienner, 1987).

第十一章　部落社会中的国家：对 K.H. 纳吉布海湾研究的思考

什么样的凝聚力？

根据上述讨论，我们可以得出这样的结论，海湾国家与部落的共生或是政治部落主义，构成了一种具有自身优点的社会凝聚力类型，但未能最终导致国家的形成。虽然如此，政治部落主义的一些作用却使其颇具有效性和持久性。海湾的政治部落主义是连接国家与社会的有效纽带。它利用坚实的、相互交流的基础，很好地服务于国家统治者和社团性亲缘群体之间的利益。尽管它具有民主方面的缺陷，但似乎在海湾社会获得了广泛的社会支持和合法性，这也是纳吉布感到非常遗憾的事实。

海湾国家与部落的共生关系也构成了一种具有相当凝聚力的精神和社会政治秩序。它主张服从君主至高无上的统治，这种统治与其祖先所形成的以血缘为基础的家族紧密联系在一起。这一体系通过个人的忠诚、裙带政策以及世系价值观，主导着社会秩序、国家机构与官僚体系。此外，分配、食利政策使海湾国家的民众成为国家财政和服务的受益者。民众对高生活水平和持续的政府服务产生了期望，这与上述价值观相吻合。

政治部落主义同样有助于爱国主义，即对一个国家或某一政权表示忠诚，即使在缺乏种族民族主义的情况下也表现得很明显。爱国主义在 1990 年伊拉克占领科威特时得以体现。当时的科威特公民，甚至曾经批评过政权的人，都加入了支持流亡埃米尔反对伊拉克占领的行列。[①] 这一点在 1993 年至 1994 年巴林的什叶派起义中也表现得淋漓尽致。尽管面临镇压和锁链，那些暴动者仍重申其动机是改革政府和恢复议会活动，但并不

---

① See the chapters on Kuwait (by J. Kostincr) in the annual Middle East Contemporary Survey (MECS), published by the Moshe Dayan Center for Middle Eastern and African Studies at Tel Aviv (1990, 1991).

主张削弱他们的国家。①

因此,海湾社会的凝聚力是有效的,但这并不符合民族国家的标准。如何描述这种凝聚力呢?我认为有三个概念。其中之一是阿伦德·利法特(Arend Lijphart)的"联合社会主义"(consocialism):一种按比例代表政府各部门和议会机构的制度,在政府和议会各部门之间创造平衡,并且基于这种平衡组成分散的联盟。因此,联盟本身形成合作和凝聚力的动力。②需要强调的是,海湾国家的政权虽然依存于一个分散的制度,但并未建立在一个成熟的联合社会主义制度之上。萨尼·祖拜达(Sarni Zubaida)认为,国家通过提供至关重要的服务和功能来维系社会,这是另一个富有意义的概念。它把国家描绘成一个民族活动的竞技场,是一个通过对公民提供市政和经济服务,而不是通过意识形态和情感来联系公民的行政中心。③苏珊·雷诺兹(Susan Reynolds)在对中世纪欧洲君主政体的研究中提出了另一个有用的概念。她承认,将当时的君主制社会定义为"国家"是不恰当的。基于不同的地区团结和血统划分的各个群体占据主要位置,但它们被法律、税收、军事义务以及对君主、其他国家领导人和机构的忠诚联合在一起。这些元素的作用是促成联合的因素,并与分立性的部类共存。这种共存足以在每个国家形成一个民族或一个共同体。雷诺兹称这种构成是"王国共同体"(community of the realm)④。因此,我们可以在每个海湾国家中找到基于国家团结的共同体。每个共同体一方面依赖于部落之间的联合,另一方面又依赖于它们与国家的联系。

---

① Seethe chapters on Bahrain (by U. Rabi and J. Teitelbaum) *in MECS* (1993, 1994, 1995.1996).

② A. Lijphart, *Democracy in Plural Societies: A Comparative Exploration* (New Haven, CT: Yale University Press, 1977).

③ S. Zubaida, *Islam, the People and the State, Political Ideas and Movement in the Middle East* (London: I. B. Tauris, 1933).

④ S. Reynolds, *Kingdoms and Communities in Western Europe, 900–1300* (Oxford: Oxford University Press, 1984), pp. 250–332.

第十一章　部落社会中的国家：对 K.H. 纳吉布海湾研究的思考

在这种情况下，还应考虑每隔一段时间融入的意识形态和促进统一及爱国主义的内容，但不需要引入新的种族联系。帕塔·查特吉（Partha Chatterjee）在讨论印度的问题时，强调广泛的社会结构与发展的意识形态的传播所带来的影响。它围绕政府政策营造了一种社会参与和团结一致的氛围。[①]战争或反对派的起义，也可能产生类似的效果。统一的共同体形象很可能随之变化：它可能使自己成为一个国家形象，并且仍然依赖于国家鼓励的分散的政治部落制度。

这种暂时的现象，围绕不同寻常的事件或意识形态潮流而出现。这些偶尔加强的社会参与和爱国主义浪潮在多大程度上会唤起民族主义的叙事呢？答案很复杂。从对约旦这个以部落为基础的君主国的研究来看，部落的历史著述源自一个偏颇的观点，它没有反映出共同的、一致的论述。[②]此外，在约旦社会中部落主义的形象，引起了相互矛盾的观点或叙述：有些人认为部落主义是约旦社会的一个真实、独特的来源。另一些人则认为它是一种"原始的"、不体面的生活方式，破坏了现代的生存方式，他们认为应该根除部落主义。[③]

同样，在海湾的社会中，政治部落主义并没有在海湾每个共同体中，形成类似的国家叙事。在某种情况下，叙事成为国家发展所需的不同的意识形态：科威特类似于家族共同体（haduqratiyya），在萨巴赫统治家族的等级秩序下，科威特则是一个更文明的社会，并且持续寻求对萨巴赫家族权威的限制。[④]与之相似但又不同的是，沙特阿拉伯大多被描述为一个宗教的，

---

① P. Chatterjee, *The Nation and its Fragments, Colonial and Post-Colonial Histories*, Princeton, NJ: Princeton University Press, 1993, pp. 200–41.

② A. Shryock, *Nationalism and the Genealogical Imagination, Oral History and Textual Authority in Tribal Jordan* (Oakland, CA: University of California Press, 1997), pp. 311-28.

③ L. L. Layne, "Tribalism: National Representations of Tribal Life in Jordan," *Urban Anthropology* 16:2 (1987).

④ Tetrault, *Stories of Democracy*, pp. 208–38.

但并非贝都因的社会,这在沙特统治家族的契约中得以反映。换言之,沙特阿拉伯被描述为一个神圣的共同体,并受神圣的法律,即沙里亚法(*Siyasa Shar'iyya*)的指导,目标并不总是为了满足统治者,但应该能够体现统治者的认知。[1] 政治部落主义创建了功能完备的共同体,但没有清晰和特定的意识形态因子。

---

[1] See Mai Yamani, *Changed Identities, the Challenge of the New Generation in Saudi Arabia* (London: Royal Institute of International Affairs, 2000).

参考书目

Ababsa, Meriem. *Idéologies et Territoires dans un Front Pionnier: Raqqa et le Project de l'Euphrate en Jazira Syrienne*. PhD dissertation, University of Tours, 2004.

Abdulla, Khalid M. "The State in Oil Rentier Economies," in Abdelkarim, Abbas (ed.). *Change and Development in the Gulf*. New York: St Martin's, 1999.

Abdullah, Thabit A. J. *A Short History of Iraq: From 636 to the Present*. London: Pearson Longman, 2003.

Abu Rabia, Aref. *Bedouin Century: Education and Development among the Negev Tribes in the Twentieth Century*. Oxford: Berghahn Publishers, 2001.

Akbari, Reza H. and Jason Stern, "The Triangle of Conflict: How Bahrain's Internal Divisions Inhibit Reconciliation." Washington, DC: IMES Capstone Paper Series, Institute for Middle East Studies, Elliott School of International Affairs, George Washington University, May 2012.

Al Faour, Fadl. *Social Structure of a Bedouin Tribe in the Syria–Lebanon Region*. PhD dissertation, University of London, 1968.

Alghanim, Salwa. *The Reign of Mubarak al-Sabah, Shaikh of Kuwait, 1896–1915*. London: I. B. Tauris, 1998.

Alon, Yoav. *The Making of Jordan: Tribes, Colonialism and the Modern State*. London: I. B. Tauris, 2007.

Al-Naqeeb, Khaldoun Hasan, trans. L. M. Kenny. *Society and State in the Gulf and Arab Peninsula*. Routledge: London, 1990.

Al-Rasheed, Madawi. "Circles of Power: Royals and Saudi Society," in Aarts, Paul and G. Nonneman (eds.). *Saudi Arabia in the Balance*. New York: New York University Press, 2006, pp. 185–213.

———. *A History of Saudi Arabia*. Cambridge, UK: Cambridge University Press, 2002.

Amarilio, Eli. *Tribalism, Sectarianism and Nationalism in Iraq 1920–1958* (Hebrew). Tel Aviv: Moshe Dayan Center, 2011.

Anthony, John Duke. *Arab States of the Lower Gulf: People, Politics, Petroleum*. Washington, DC: Middle East Institute, 1975.

Bahry, Louay. "The Opposition in Bahrain: A Bellwether for the Gulf?" *Middle East Policy* 5:2 (1997), pp. 42–57.

———."The Socioeconomic Foundations of the Shiite Opposition in Bahrain." *Mediterranean Quarterly* 11:3 (2000), pp. 129–43.

Baram, Amatzia. *Building Toward Crisis: Saddam Husayn's Strategy for Survival*. Washington, DC: Washington Institute for Near East Policy, 1998.

———, Achim Rohde, and Ronen Zeidel (eds.), *Iraq Between Occupations: Perspectives from 1920 to the Present*. New York: Palgrave Macmillan, 2010.

Bell, Gertrude. *Syria, the Desert and the Sown*. London: Heinemann, 1907.

Bocco, Riccarrdo. "The sedentarisation of pastoral nomads: international experts and the Bedouin question in the Arab Middle East," in Chatty, Dawn (ed.). *Nomadic Societies in the Middle East and North Africa: Facing the 21st Century*. Leiden: Brill, 2006.

Boucheman, Albert de. "La sédentarization du désert de Syria." *L'Asie Française* (1934), pp. 140–3.

Butti, Obaid A. *Imperialism, Tribal Structure, and the Development of Ruling Elites: A Socio-Economic History of the Trucial States between 1892 and 1939*. Washington, DC: PhD dissertation, Georgetown University, 1992.

Carapico, Sheila. *Civil Society in Yemen: The Political Economy of Activism in Modern Arabia*. Cambridge Middle East Studies, No. 9. Cambridge: Cambridge University Press, 1998.

Carter, Robert. "The History and Prehistory of Pearling in the Persian Gulf." *Journal of the Economic and Social History of the Orient* 48:2 (2005), pp. 150–3.

Catherwood, Christopher. *Churchill's Folly: How Winston Churchill Created Modern Iraq*. New York: Caroll and Graff, 2004.

Chatty, Dawn. "Land, Leaders, and Limousines: Emir vs sheikh." *Ethnology* 16:4 (1977), pp. 385–97.

———. *From Camel to Truck: the Bedouin in the Modern World*. New York: Vantage Press, 1986.

———. *Mobile Pastoralists: Development Planning and Social Change in Oman*. New York: Columbia University Press, 1996.

Crystal, Jill. *Oil and Politics in the Gulf: Rulers and Merchants in Kuwait and Qatar*. Cambridge: Cambridge University Press, 1995.

Davis, John. *Libyan Politics*. London: I. B. Tauris, 1987.

Day, Stephen W. *Regionalism and Rebellion in Yemen: A Troubled National Union*. Cambridge: Cambridge University Press, 2012.

Dodge, Toby. *Inventing Iraq: The Failure of Nation Building and a History Denied*. London: Hurst & Co., 2003.

Draz, Omar. *An Approach for the Settlement of Nomads through Revival of the Ancient Hema System of Range Reserves in the form of Co-operatives within an Integrated Programme of Range Improvement in Syria*. UN Expert Consultation of the Settlement of Nomads in Africa and the Near East. Rome: FAO, 1971, p. 9.

———. *Role of Range Management and Fodder Production*. Beirut: UNDP Regional Office for Western Asia, 1977.

Dresch, Paul. *Tribes, Government, and History in Yemen*. New York: Oxford University Press, 1989.

———. *A History of Modern Yemen*. Cambridge: Cambridge University Press, 2000.

Ehteshami, Anoushiravan. "Reform from Above: The Politics of Participation in the Oil Monarchies." *International Affairs* 79:1 (January 2003), pp. 53–75.

El-Zoobi, Ahmed. *Agricultural Extension and Rural Development in Syria 1955–1968*. PhD dissertation, Ohio State University, 1971.

Evans, Peter, et al. *Bringing the State Back In*. Cambridge: Cambridge University Press, 1985.

Evans-Pritchard, Edward E. *The Sanusi of Cyrenaica*. Oxford: Clarendon Press, 1949.

Fagan, Brian. *Peoples of the Earth: An Introduction to World Prehistory*. Boston: Little, Brown and Co., 1986.

Fattah, Hala. *The Politics of Regional Trade in Iraq, Arabia and the Gulf 1745–1900*. Albany, NY: SUNY Press, 1997.

———. "The Question of the 'Artificiality' of Iraq as a Nation State," in Inati, Shams (ed.). *Iraq: Its People, History and Politics*. Amherst, NY: Humanity Books, 2003, pp. 49–62.

Food and Agriculture Organization. *Land Policy in the Near East*. Rome, 1965.

Fromherz, Allen. *Qatar: A Modern History*. Washington, DC: Georgetown University Press, 2012.

Gellner, Ernest. *Muslim Society*. Cambridge: Cambridge University Press, 1981.

———. *The Role and Organization of a Berber Zawiya*. PhD dissertation, University of London, 1958 (later appearing as *Saints of the Atlas*, 1969).

Gengler, Justin J. "Ethnic Conflict and Political Mobilization in Bahrain and the Arab Gulf." PhD dissertation, University of Michigan, 2011.

———. "Bahrain's Sunni Awakening." *Middle East Research and Information Project*, 17 January 2012. http://www.merip.org/mero/mero011712.

Glubb, John. *Handbook of the Nomads, Semi-Nomads, Semi-Sedentary Tribes of Syria*. GSI Headquarters, 9th Army, 1942.

Gray, Matthew. *Qatar: Politics and the Challenges of Development*. Boulder, CO: Lynne Rienner, 2013.

Haim, Sylvia. *Arab Nationalism*. Oakland, CA: University of California Press, 1962.

Hardin, Garrett. "The Tragedy of the Commons." *Science* 162 (1968): pp. 1243–8.

Harik, Ilya. "The Origins of the Arab State System," in Giacomo Luciani (ed.). *The Arab State*. Oakland, CA: University of California Press, 1990, pp. 1–28.

Heard-Bey, Frauke. *From Trucial States to the United Arab Emirates*. Harlow, Essex: Longman, 1996.

Hinnebusch, Robert. *Peasant and Bureaucracy in Ba'thist Syria*. Boulder, CO: Westview Press, 1989.

Hourani, Albert. *Syria and Lebanon*. London: Oxford University Press, 1946.
Ibrahim, Saad Eddin and Donald Cole. *Saudi Arabia Bedouin: An Assessment of their Needs*. Cairo: American University Press, 1978.
International Fund for Agricultural Development. *The Badia Rangelands Development Project*. Rome, 1998.
International Labour Office. "Technical meeting on problems of nomadism and sedentarisation." Geneva: ILO, 1964.
Katzman, Kenneth. "Bahrain: Reform, Security and U.S. Policy." Congressional Research Service, 13 August 2012, http://www.fas.org/sgp/crs/mideast/95-1013.pdf.
Khalaf, Abdulhadi. "The King's Dilemma: Obstacles to Political Reform in Bahrain." Paper presented at the Fourth Mediterranean Social and Political Research Meeting, European University Institute, Florence, Italy, 2003.
Khoury, Philip S. and Joseph Kostiner. "Introduction: Tribes and the Complexities of State Formation in the Middle East," in Khoury, Philip S. and Joseph Kostiner (eds.). *Tribes and State Formation in the Middle East*. Oakland, CA: University of California Press, 1990, pp. 1-22.
Khuri, Fuad. *Tribe and State in Bahrain: The Transformation of Social and Political Authority in an Arab State*. Chicago: University of Chicago Press, 1980.
Kinninmont, Jane. *Bahrain: Beyond the Impasse*. London: Chatham House, 2012.
Kostiner, Joseph. "The Formation of the Northern Saudi Arabian Frontier, 1922-1925," in Dann, Uriel (ed.). *The Great Powers and the Middle East, 1919-1939*. New York: Holmes & Meier, 1987, pp. 29-49.
———. "Transforming Dualities: Tribe and State Formation in Saudi Arabia," in Khoury Philip S. and Joseph Kostiner (eds.). *Tribes and State Formation in the Middle East*, Oakland, CA: University of California Press, 1990.
———. *The Making of Saudi Arabia, 1916-1936*. New York: Oxford University Press, 1993.
Lancaster, William. *The Rwala Bedouin Today*. Cambridge: Cambridge University Press, 1981; 2nd edn, Prospect Heights, IL: Waveland, 1997.
Lawson, Fred. *Bahrain: The Modernization of Autocracy*. Boulder, CO: Westview Press, 1989.
Layne, Linda L. *Home and Homeland: The Dialogics of Tribal and National Identities in Jordan*. Princeton: Princeton University Press, 1994.
Lewis, Norman. *Nomads and Settlers in Syria and Jordan, 1800-1980*. Cambridge: Cambridge University Press, 1987.
Leybourne, Marina, Ronald Jaubert, and Richard Tutwiler. "Changes in Migration and Feeding Patterns among Semi-nomadic Pastoralists of Northern Syria," in *Pastoral Development Network*. Overseas Development Institute, 1993, pp. 1-20.
Lindholm, Charles. *The Islamic Middle East*. 2nd edn, Oxford: Blackwell, 2002.
Longrigg, Stephen. *Syria and Lebanon under French Mandate*. London: University Press, 1958.

Lorimer, J. G. *Gazetteer of the Persian Gulf, Oman, and Central Arabia*, Vol. IIA. Calcutta: Superintendent Government Printing, 1908.

Lukitz, Liora. *Iraq: The Search for National Identity*. London: Frank Cass, 1995.

Ministère des Affaires Etrangères. *Rapport sur la situation de la Syrie et du Liban soumis au Conseil de la Société des Nations* (14 volumes). Paris, 1922-1938.

Nettl, J. P. "The State as a Conceptual Variable." *World Politics* 20 (1968), pp. 559-92.

Niethammer, Katja. "Voices in Parliament, Debates in *Majalis*, and Banners on Streets: Avenues of Political Participation in Bahrain." Italy: European University Institute Working Papers, RSCAS No. 2006/27, September 2006.

Nieuwenhuis, Tom. *Politics and Society in Early Modern Iraq: Mamluk Pashas, Tribal Shaykhs and Local Rule Between 1802-1831*. The Hague: Martinus Nijhoff, 1982.

Nutting, Anthony. *The Arabs*. London: Hollis and Carter, 1964.

Okruhlik, Gwenn. "Rentier Wealth, Unruly Law, and the Rise of Opposition: the Political Economy of Oil States." *Comparative Politics* 31:3 (April 1999), pp. 295-315.

Onley, James. "The Politics of Protection in the Gulf: The Arab Rulers and the British Resident in the Nineteenth Century." *New Arabian Studies* 6 (2004), pp. 30-92.

———. *The Arabian Frontier of the British Raj: merchants, rulers and the British in the nineteenth-century Gulf*. New York: Oxford University Press, 2007.

Oppenheim, Max. *Die Beduinen*, vol. 1. Leipzig: Otto Harrassowitz, 1939.

Perthes, Volker. "The Bourgeoisie and the Ba'th." *Middle East Report* (May-June 1991), pp. 31-7.

Peterson, J. E. *Oman in the Twentieth Century*. NY: Barnes & Noble Books, 1978.

———. "Bahrain: Reform-Promise and Reality," in Teitelbaum, Joshua (ed.). *Political Liberalization in the Persian Gulf*. New York: Columbia University Press, 2009, pp. 157-85.

Persian Gulf Historical Summaries, 1907-1953. Gerrards Cross, England: Archive Editions, 1987.

Phillips, Sarah, and Rodger Shanahan. "Al-Qa'ida, Tribes and Instability in Yemen." Sydney: Lowy Institute for International Policy, November 2009.

Political Diaries of the Persian Gulf, vol. 7, 1922-1927. Gerrards Cross, England: Archive Editions, 1990.

Rabi, Uzi. *The Emergence of States in a Tribal Society: Oman under Sa'id bin Taymur, 1932-1970*. Brighton: Sussex Academic Press, 2006.

Rae, Jonathan. *Tribe and State: Management of the Syrian Steppe*. DPhil dissertation, Faculty of Anthropology and Geography, University of Oxford, 1999.

Rae, Jon and George Arab. "Continuity is the Cousin of Change," in *Caravan* 3, ICARDA, Aleppo, 1996.

Rogan, Eugene. *Frontiers of the State in the Late Ottoman Empire*. Cambridge: Cambridge University Press, 2000.

Rosen, Lawrence. "What is a Tribe and Why Does It Matter?" in Rosen, Lawrence (ed.). *The Culture of Islam: Changing Aspects of Contemporary Muslim Life*. Chicago: University of Chicago Press, 2003, pp. 39-55.

Rugh, Andrea. *The Political Culture of Leadership in the United Arab Emirates*. New York: Palgrave Macmillan, 2007.

Rumaihi, Muhammad. *Bahrain: Social and Political Change since the First World War*. London: Bowker, 1976.

Salzman, Philip Carl. *Pastoralists: Equality, Hierarchy, and the State*. Boulder, CO: Westview Press, 2004.

———. *Culture and Conflict in the Middle East*. Amherst, NY: Humanity Books (Prometheus Books), 2008.

Scott, James. *Zomia: A Zone of Resistance. The Last Great Enclosure and Stateless Peoples in Southeast Asia*. Annual Elizabeth Colson Lecture, Refugee Studies Centre, University of Oxford, 21 May 2008.

Shoup, John. "Middle Eastern Sheep Pastoralism and the Hema System," in Galaty, John and Douglas Johnson (eds.). *The World of Pastoralism: Herding Systems in Comparative Perspectives*. New York: Guildford Press, 1990, pp. 196-215.

Shryock, Andrew and Sally Howell. "'Ever a Guest in our House': The Amir Abdullah, Shaykh Majid al-Adwan and the Practice of Jordanian House Politics, Remembered by Umm Sultan, the Widow of Majid." *International Journal of Middle East Studies* 33 (2001), pp. 247-69.

Sluglett, Peter. *Britain in Iraq: Contriving King and Country*. New York: Columbia University Press, 2007.

Stewart, Frank. *Bedouin Boundaries in Central Sinai and the Southern Negev*. Wiesbaden: Otto Harrassowitz, 1986.

Sweet, Louise E. "Arab Societies of the Persian or Arabian Gulf, 18th Century." *Ethnohistory* 11:3 (Summer 1964), pp. 262-80.

Syrian Arab Republic. "Statement on the Tribal Division of the Syrian Badia, made by Haza al-Fakaki and witnessed by the Commander of the Steppe Forces, Adnan Osman." Damascus: Ministry of Interior, 1956.

———. Minutes to the Damascus Tribal conference held in Damascus, "The Damascus Treaty," between the Sba'a, Mawali, Hadidiyin and dependent tribes. Damascus, 16 August 1956.

———. "Study on the Process of Land Expropriation in Agrarian Reform, SAR-MAAR." Damascus: Directorate of Land Expropriations, 1967.

———. "Minutes of Meeting to Resolve Dispute between Muharrab Rukan al-Murshed the representative of the Sba'a tribe and members of the Hadidiyin, represented by Faysal al Sfuk." Homs Province: Homs Provincial Administration, 1975.

———. "Minutes of a Meeting between the Sba'a and the Hadidiyin over the lands of al Del'a al Gharbieh." Ministry of Interior, 1981.

Teitelbaum, Joshua. *The Rise and Fall of the Hashimite Kingdom of Arabia*. New York: New York University Press, 2001.

———. *Holier Than Thou: Saudi Arabia's Islamic Opposition*. Washington, DC: Washington Institute for Near East Policy, 2001.

Tétreault, Mary Ann. "The Winter of the Arab Spring in the Gulf Monarchies." *Globalizations* 8:5 (2011), pp. 629–37.

Toth, Anthony. "Control and Allegiance at the Dawn of the Oil Age: Bedouin, Zakat and Struggles for Sovereignty in Arabia, 1916–1955." *Middle East Critique* 21:1 (2012), pp. 57–79.

———. "Last Battles of the Bedouin and the Rise of Modern States in Northern Arabia: 1850–1950," in Chatty, Dawn (ed.). *Nomadic Societies in the Middle East and North Africa: Entering the 21st Century*. Leiden: Brill, 2006, pp. 49–59.

———. *The Transformation of a Pastoral Economy: Bedouin and States in Northern Arabia, 1850–1950*. DPhil dissertation, University of Oxford, 2000.

Truilzi, Lisa. "The Bedouin between Development and State: A Syrian Case Study." *Arab World Geographer* 5:2 (2002), pp. 85–101.

United Nations Development Programme. "Poverty in Syria: 1996–2004, Diagnosis and Pro-Poor Policy Considerations." Damascus, 2005.

Van Dam, Nicholas. *The Struggle for Power in Syria*. London: I. B. Tauris, 1996.

Van de Veen, J. P. H. "Report to the Steppe Directorate: Grazing Trail, Wadi al 'Azib Range and Sheep Experiment Station, 1963–1966." Rome: Food and Agriculture Organization, 1996.

Visser, Reidar. *Basra: The Failed Gulf State*. Münster: LIT Verlag, 2005.

Wedeen, Lisa. *Peripheral Visions: Publics, Power, and Performance in Yemen*. Chicago: University of Chicago Press, 2008.

Weir, Shelagh. *A Tribal Order: Politics and Law in the Mountains of Yemen*. Austin: University of Texas Press, 2007.

Wilkinson, John. "Traditional concepts of territory in south east Arabia." *Geographical Journal* 149 (1983), pp. 301–15.

Wright, Steven. "Fixing the Kingdom: Political Evolution and Socio-Economic Challenges in Bahrain." Center for International and Regional Studies, Georgetown University School of Foreign Service in Qatar. http://qspace.qu.edu.qa/bitstream/handle/10576/10759/No_3_Fixing_the_Kingdom.pdf?sequence=1.

———. "Generational Change and Elite Driven Reform in the Kingdom of Bahrain." *Durham Middle East Papers* 81:7 (2006).

Yizraeli, Sarah. *Politics and Society in Saudi Arabia: The Crucial Years of Development, 1960–1982*. London and New York: Hurst & Co. and Columbia University Press, 2012.

Zahlan, Rosemarie Said. *The Creation of Qatar*. London: Croom Helm, 1979.

Zeidel, Ronen. "Tribus Irakienne: Facteur Négligeable." *Outre Terre* 14 (2006): pp. 169–82.

Zubaida, Sami. *Islam, the People and the State*. London: I. B. Tauris, 1993.

索 引

（索引条目后数字为原书页码，即本书边码）

Abdul Hamid II, Sultan: Islamization policy of, 素丹阿卜杜拉·哈米德二世的伊斯兰化政策 175

Abdullah of Saudi Arab: 沙特阿拉伯的阿卜杜拉国王 xix

Abdullah I of Jordan, King: 约旦王阿卜杜拉一世 12, 27-8, 33-4; arrival in Ma'an（1920）, 阿卜杜拉抵达马安（1920年）18; assassination of (1951), 阿卜杜拉遇刺（1951年）12; political relations of, 阿卜杜拉与英国的政治关系 23-5; tribal politics of, 阿卜杜拉的部落政策 19-23

Abdullah II of Jordan, King: 约旦国王阿卜杜拉二世 11,13,16-17, 31, 33; accession of (1999), 阿卜杜拉二世掌握政权（1999年）11

'Abidah(tribe): territory inhabited by, 阿比德（部落）的领地 137

Aden-Abyan Islamic Army: 亚丁阿比恩伊斯兰军 139; implication in kidnapping of tourists (1998), 阿比德部落绑架旅游者（1998年）137, 139

'Adwan(tribe): 阿德万（部落）17, 34; representatives of, 阿德万部落的代表 27

al-'Adwan, Majid: 马吉德·阿德万 24; death of（1946）马吉德·阿德万去世 26

al-'Adwan, Sultan: 苏丹阿德万 24

Afghanistan: 阿富汗 14, 216; Soviet Invasion of (1979-1989), 苏联入侵阿富汗（1979~1989年）113, 139

Ahmad, Imam: family of, 伊玛目艾哈迈德家族 122

al-Ahmar(clan): 艾哈迈尔（氏族）119-20, 122, 126

al-Ahmar, 'Abdullah: 阿卜杜拉·艾哈迈尔 128; death of (2007), 阿卜杜拉·艾哈迈尔去世（2007年）120; family of, 艾哈迈尔家族 120; paramount shaykh of al-Ahmar clan, 艾哈迈尔氏族最高谢赫 120

al-Ahmar, 'Abdullah Husayn: 阿卜杜拉·侯赛因·艾哈迈尔 129, 141; background of, 萨利赫的权力背景 134; death of (2007), 阿卜杜拉·本·侯赛因·艾哈迈尔去世

（2007年）130

al-Ahmar, General 'Ali Muhsin Salih: 阿里·穆辛·萨利赫·艾哈迈尔将军 130, 132; defection of (2011), 阿里·穆辛·萨利赫·艾哈迈尔的背叛（2011年）115; family of, 萨利赫家族 115

al-Ahmar, Husayn: 侯赛因·艾哈迈尔 130-1; family of, 艾哈迈尔家族 120; paramount Shaykh of al-Ahmar clan, 艾哈迈尔氏族最高谢赫 120

al-Ahmar, Madhhaj: 马德杰·艾哈迈尔 131

al-Ahmar, Nasir: family of, 纳赛尔·艾哈迈尔家族 120; paramount Shaykh of al-Ahmar clan, 艾哈迈尔氏族最高谢赫 120

al-Ahmar, Shaykh Hamid b.'Abdullah b. Husayn: 谢赫哈米德·本·阿卜杜拉·本·侯赛因·艾哈迈尔 143; defection of (2011), 阿里·穆辛·萨利赫·艾哈迈尔的背叛（2011年）115; family of, 萨利赫家族 115

al-Ahmar, Shaykh Nasir b. Mabkhut: 谢赫纳赛尔·本·马布赫特·艾哈迈尔 122-3

al-Ahmar, Shaykh Sabdiq b.' Abdullah: 谢赫萨迪克·本·阿卜杜拉·艾哈迈尔 136

'Ajman(tribe): 阿治曼（部落）190

al-Ainain(tribe): branches of, 艾乃（部落）的分支 40

Al bu Ainain(tribe): 艾乃（部落）190; territory inhabited by, 艾乃部落的领地 45

Albu Muhammad (tribe): 阿布·穆罕默德（部落）172

Aldu Nasir (tribe): presence in Iraqi Republican Guard, 伊拉克共和国卫队中的阿布·纳赛尔（部落）成员 180

Algeria: 阿尔及利亚 216

Algosaibi, Ghazi: portfolios held by, 工业和电力部大臣加齐·戈萨比 102

Bin 'Ali, Hamad: family of, 哈马德·本·阿里家族 194

Bin 'Ali, 'Isa: 伊萨·本·阿里 193-4; family of, 伊萨·本·阿里家族 194

'Ali, Muhammad: 穆罕默德·阿里 173

'Ali al-Murtadd: 阿里·穆塔德联盟 165

American University of Kuwait: faculty of, 科威特美国大学的人类学家 xix

Aneza (tribal confederation): 安萨（部落联盟）158-9; migration of, 安萨部落的移居 148-9, 159

Anglo-Jordanian Treaty (1928): signing of,《英国—外约旦协议》（1928年）的签订 22

Ansar Allah (Companions of God): as Shabab al-Mu'minin / Huthis, 作为沙巴布·马米宁/胡塞（信仰青年党）的安萨尔·安拉（神的同伴）组织 113

Ansar al-Shari'a: 安萨尔·沙里亚 139; affiliates of, 安萨尔·沙里亚的分支 115

Anthropology: 人类学家 xv; social, 社会人类学 xv-xvi

Arab Legue: 阿拉伯联盟 54

Arab Legion: 阿拉伯军团 19-21, 27; Desert Patrol, 沙漠巡逻队 23; personnel of, 立法委员会成员 26

Arab Spring: 阿拉伯之春 xix, 2-3, 6-7, 10-11, 31, 33, 51-52, 80, 89-90, 93-94, 101; Bahraini Uprising (2011), 巴林起义（2011年）51, 187-9, 201-2, 204-5; Egyptian Revolution (2011), 埃及革命（2011年）33, 112, 114; Emirati Protests (2011), 阿联酋的抗议活动（2011年）52; Libyan Civil War (2011), 利比亚内战（2011年）54; media coverage of, 媒体对抗议活动的新闻报道 66; Omani Protests (2011), 阿曼的抗议活动（2011年）52, 90; Syrian Civil Ear (2011-), 叙利亚内战（2011~）54, 170, 217; Tunisian Revolution (2010-2011), 突尼斯革命（2010~2011年）33, 112, 187;Yemeni Revolution(2011-2012), 也门革命（2011~2012年）54, 111-2, 114-16, 125

Arabic(language): 阿拉伯（语言）iv, 50, 84, 146

Arabic Network for Human Rights Information: 阿拉伯语人权信息网站 90

'Aref, 'Abd al-Rahman: background of, 阿布德·拉赫曼·阿里夫的家族背景 180; family of, 阿布德·拉赫曼·阿里夫家族 180

'Aref, 'Abd al-Salam: background of, 阿布德·萨拉姆·阿里夫的家族背景 180; family of, 阿布德·萨拉姆·阿里夫家族 180

al-Asad, Bashar: family of, 巴沙尔·阿萨德家族 126 , regime of, 巴沙尔·阿萨德政权 8, 54, 126

al-Asad, Hafiz: 哈菲兹·阿萨德 163-4, 213; family of, 哈菲兹·阿萨德家族 126; leader of Correctionist Movement, 纠正运动领导人 166-7; regime of, 阿萨德政权 126, 164

al-Asad, Jamil: family of, 贾米尔·阿萨德家族 165

al-Atrash, Sultan Pasha: role in Druze Revolt (1925-7), 苏丹帕夏阿特拉什在德鲁兹革命中的作用（1925~1927年）163

'Awaliq (tribe): presence in Yemeni military and police, 阿瓦利克（部落）在也门军事和政治中的存在 124

al-'Ayni, Muhsin: 穆辛·艾尼 129

al-'Aziz, Khdairi'Abd: 哈代利·阿布德·阿齐兹 181

al-Aziz, Shykh Naji b. 'Abd: 谢赫纳吉·本·阿布德·阿齐兹 129-30

Ba'ath Party (Iraq): 伊拉克复兴党 171; ideology of , 伊拉克复兴党的思想 180

Ba'ath Party(Syria): 复兴党（叙利亚）146, 163-4; Central Committee of,

复兴党中央委员会 163; Regional Conmmand, 复兴党地区司令部 167; rise to power(1963), 复兴党执政（1963年）159-60; targeting of Bedouin, 政府对贝都因人的政策 160-1

Ba'ath Party (Yemen): 复兴党（也门）129

al-Badr, Muhammad: 穆罕默德·巴德尔 123; attempted assassination of (1962), 试图暗杀新伊玛目穆罕默德·巴德尔 122

badu: 贝都因人 40, 146 , 215; Ibadhi depictions of, 阿曼伊巴德教派对贝都因人的描述 81; migration of, 纳伊姆部落移居巴林 44; rivalry with hadhar, 贝都因人与定居者的竞争 81

Bahah, Khalid: resignation of (2015), 哈立德·巴哈被迫辞职（2015年）116

Bahrain: 巴林 xix, 3-4, 7, 9-10, 38-9, 41, 43-4, 51, 53, 187-8, 190-1, 221, 223; British involvement in, 英国介入巴林事务 193-4; bureaucracy in, 巴林的官僚机构化 195-6; economy of, 巴林的经济 191-2; Higher Executive Committee, 巴林高等执行委员会 196; Independence of (1971), 巴林独立（1971年）197; National Assembly, 巴林国民议会 199; national dress of, 巴林的民族服装 75; oil infrastructure/resources of, 巴林的石油结构/资源 195, 198; Shi'a population of, 198, 巴林什叶派人口 201-2; Uprising (14 February uprising) (2011), 巴林起义（"2·14"起义）（2011年）51, 187-9, 201-2, 204-5

Bahrana: territory inhabited by, 原住民巴哈纳的领地 190

Bakhtiari (tribe): 伊朗巴赫蒂亚尔（部落）210

Bakil confederation: 巴基尔部落联盟 119-20, 132-3, 136-7; members of, 巴基尔部落联盟成员 120, 128-9, 131; role in North Yemen Civil War (1962-70), 部落在北也门内战中的作用 122

Baluchi (ethnic group): 俾路支人（族群）82; territory inhabited by, 俾路支部落的领地 213

Baluchistan: 俾路支斯坦 42, 209; Iranian: 伊朗人 208

Bandagate Scandal: 班达尔报告 200

Bani 'Adnan(tribe): migration of, 巴尼·阿德南（部落）的移居 80

Bani Dabyan (tribe): implication in kidnapping of tourists (1998), 巴尼·达比恩（部落）绑架游客（1998年）137

Bani Hajir(tribe): 巴尼·哈吉尔（部落）39; affiliation of, 巴尼·哈吉尔部落的分支 42

Bani Hajir-Manasir (tribal grouping): members of, 巴尼·哈吉尔-马纳西尔（部落集团）成员 41

Bani Hushaysh (tribe): 巴尼（部落）140

Bani Khalid (tribe): 巴尼·哈利德

（部落）157-8; al-Ainain(clan), 艾乃（氏族）38; territory inhabited by, 艾乃部落的领地 38

Bani Muhammad (tribe): 巴尼·穆罕默德（部落）69

Bani Sakhr(tribal confederation): 巴尼·萨克尔（部落联盟）14, 18, 21; Ikhwani raid on, 伊赫万军队袭击巴尼·萨克尔部落 22; representatives of, 巴尼·萨克尔部落的代表 11-12, 16-17, 19-20, 24, 26-9, 33; supporters of, 约旦政权的支持者 13; taxation of, 政府对巴尼·萨克尔部落征税 25

Bani Surraym (tribe): 巴尼·苏拉姆（部落）120, 134-5

Bani Tamin (tribe) 巴尼·塔米姆（部落）38

Bani Utub (tribe): 巴尼·奥图布（部落）38; Al Khalifa branch of, 巴尼·奥图布部落的分支哈利法家族 190

Bani Yas (tribal confederation): 巴尼·亚斯（部落联盟）60

Basindawah, Muhammad Salim: 穆罕默德·萨利姆·贝辛达沃 116

Battle of Al Wajbah(1893): participants in, 巴尼·哈吉尔部落参与沃杰巴之战 39

Bedouin: 贝都因人 28, 32, 58, 156, 164-6, 168-9, 189-90, 215-16, 229; Controle, 受控制的贝都因人 153-5, 158; Fadl(tribe), 法德（部落）152, 157; Hassanna(tribe), 哈桑纳（部落）152-3, 157; Hema, "赫玛"实践 162-3, 166, 170; Mutayr, 玛塔尔 194, nomadic, 游牧的 98-9, 109, 159, 221; oral history of, 贝都因人口述史 107; origins of, 贝都因部落的起源 147-8; property rights of, 巴迪亚地区的财产权 150-1, 157-60, 164-5; Ruwalla(tribe), 鲁瓦拉（部落）152-3, 155, 157; semi-nomadic, 半游牧的 98; Shammar, 沙马尔贝都因部落 154-5, 159, 172; shift in land usage, 土地使用权的转变 161-2; social organization of, 贝都因部落的社会组织 146-7; territory inhabited by, 贝都因部落的领地 8, 40, 96, 98-9, 145-6, 148-9, 153-4, 164-70, 175, 177

Bell, Gertrude: 格特鲁德·贝尔 152

Al Bin Ali (tribe): 本·阿里（部落）38

Breuilly, John: 约翰·布鲁伊利 225

British East India Company: 英国东印度公司 63

British Petroleum (BP): 英国石油公司（BP）91

Carapico, Sheila: 英拉·卡拉皮科 118

Carter, J.R.L.: J. R. L. 卡特 80

Chad: 乍得 51

Challah, Ramadan: 拉马丹·查拉克 152

Chatterjee, Partha: 帕塔·查特吉 228

Chatty, Dawn: 达恩·查蒂 215

Chieftaincy/Chiefdom: 酋长/酋长国 2-4, 13, 15, 184, 189, 210, 223;

development of theory, 发展理论 xvi, 2, 13-14; tribal, 部落 188, 190-1
Christianity: 基督教 20, 133, 154
Churchill, Winston: British Colonial Secretary, 英国殖民大臣温斯顿·丘吉尔 19
Cole, Donald: 唐纳德·科尔 145; study of Saudi Bedouin population, 沙特贝都因人口的研究 96
Colonialism: 3 殖民主义 7
Communism: 共产主义 180
Compagnies Legère du Désert: establishment of (1921), 法国勒格雷斯沙漠公司的建立（1921年）154

Dadolzai(Lineage segment): 达尔扎伊（宗亲）209
Dari, Shaykh: 谢赫达里 181
al-Dawish, Shaykh Bandar: 谢赫班达尔·达维什 99
al-Dawasir (tribe): 达瓦希尔（部落）38, 97, 94, 200, 204; territory inhabited by, 达瓦希尔部落的领地 194
Day, Stephen W.: 斯蒂芬·W. 达伊 138
Dhawahir (tribe): 达瓦西尔（部落）70; territory associated with, 与达瓦西尔部落共有的领地 75
Dhu Husayn (tribe): 德赫·侯赛因部落（部落）120
Dhu Muhammad (tribe): 德赫·穆罕默德（部落）121; Abu Ra's (clan), 阿布·拉斯（氏族）119, 130
al-Din, Yahya Hamid: 叶海亚·哈米德·丁 123
Draz, Omar: 奥马尔·德雷兹 162
Dresch, Paul: 保罗·德雷施 118, 135
Dulaim (tribe): 杜莱姆（部落）172; Abu Risha (sub-tribe), 阿布·里沙（分支部落）183; opposition to Hussein regime, 侯赛因政权的反对派 181
Durkheim, Emile: 艾米尔·涂尔干 222
Duwayd, Muhammad: 穆罕默德·达维德 126

Egypt: 埃及 xix, 11, 53-4, 89, 94, 125, 216; Cairo, 开罗 19, 92; Revolution (2011), 埃及革命（2011年）33, 112, 114; Suez Canal, 苏伊士运河 174
Emirate of Transjordan: 外约旦埃米尔 16-21, 33, 153; 'Ajlun provence, 阿杰隆省 24; Bedouin population of, 伊拉克贝都因人口 177; establishment of (1921), 外约旦埃米尔国建立 12; Ikhwani Invasions of (1922/1924), 伊赫万武装两次入侵外约旦（1922/1924年）20; incorporation of Ma'an and Aqaba (1925), 吞并马安和亚喀巴（1925年）21; Legislative Council, 立法会议 22-3, 25-6; West Bank, 约旦河西岸 12
Euphrates, River: 幼发拉底河 147-50

al-Fadli, Tariq: 塔里克·法理德 139
bin Fahd, Muhammad: Governor of

Eastern Province, 沙特东方省省长穆罕默德·本·法赫德 104

Farhan-il-Meshour: 法尔汉·米舍尔部落 155

Fatah: 法塔赫 51; members of 法塔赫卫队成员 30

al-Fayiz, 'Akif: 阿基夫·法耶兹 28, 34; background of, 阿基夫·法耶兹的背景 26-7; death of (1998), 阿基夫·法耶兹去世（1998 年）31; family of, 阿基夫·法耶兹家族 11-12, 26-7, 31; Head of Protocol for Tribes, 部落礼仪主管 26-7; opposition to, 瓦斯夫·塔勒政府的反对派 29-30; portfolios held by, 阿基夫担任农业、建筑与发展大臣 28-9; support for Palestine, 支持巴勒斯坦人 30

al-Fayiz, Fandi: family of, 范迪·法耶兹家族 17

al-Fayiz, Fawwaz: death of (1917), 法瓦兹·法耶兹去世（1917 年）17

al-Fayiz, Faysal: 费萨尔·法耶兹 32, 34; family of, 费萨尔·法耶兹家族 11-12, 31; Chief of the Royal Protocol of the Royal Hashemite Court, 哈希姆王宫首席礼宾大臣 32; Speaker of Jordanian Parliament, 约旦议会议长 11, 33

al-Fayiz, Mashhur: family of, 马什胡尔·法耶兹家族 17

al-Fayiz, Shaykh Mithqal: 谢赫米斯考·法耶兹 13, 18, 20, 23-4; background of, 米斯考·法耶兹的背景 17; death of (1967), 米斯考·

法耶兹去世（1967 年）26; elected to Legislative Council (1929), 入选新成立的立法委员会（1929 年）22; family of, 法耶兹家族 11-12, 17, 26-7; political alliances of, 法耶兹家族与约旦王室的政治联盟 16-17

Faysal of Iraq, Emir: 伊拉克埃米尔费萨尔 152-3

Fed'aan (tribe): 费德安（部落）148, 151,154-7, 159, 161, 170; military activity of, 抵抗法国人的军事行动 152

Ferdinand, Klaus: 克劳斯·费迪南德 45

First World (1914-18): 第一次世界大战 17-18, 152, 174, 195, 200, 223

France: Paris, 法国巴黎 92

Front for the Liberation of Occupied Southern Yemen: 解放被占领南也门阵线 123

Gause III, F. Gregory: F. 格里高利·高斯三世 90

Gecrcz, Clifford: 克利福德·格尔茨 216

Gcllner, Ernest: 欧内斯特·盖勒纳 xv-xvi, 147, 212

General People's Congress: 人民代表大会 114, 130-1, 133, 139, 143; members of, 全国人民大会成员 127

Genglcr, Justin: 贾斯汀·基恩格尔 53, 203

al-Ghashmi, Ahmad: administration of (1978), 艾哈迈德·加什米执政时

期 127, 129; family of, 萨利赫家族 126

Greater Syria: 大叙利亚 147-8

Glubb, Captain John: anti-raider activity of, 约翰·格拉布抗击部落袭击行动 23-4; sacking of (1956), 格拉布职务的解除（1956 年）26, 28

Great Peral Rush: 大珍珠浪潮 189-90

Gulf Cooperation Council (GCC): 海湾合作委员会 55, 89, 116; bias against Iraq, 打击伊拉克的基地 88-9; citizenship, 公民 200; establishment of (1981), 海湾合作委员会建立（1981 年）198; Gulf Marshall Plan (2012), 海湾马歇尔计划（2012 年）91; member states of, 海湾合作委员会成员国 52, 116-17, 201-2

hadar: 定居人口 40-1, 146, 215; *hawala*: 哈瓦拉人 41; migration of 卡塔尔部落的移居 44; rivalry with *badu*, 贝都因人与定居人口的竞争 81

Hadda Agreement:《哈达协议》21

Hadi, 'Abd Rabuh Mansur: 阿布德·拉布赫·曼苏尔·哈迪 140; electoral victory of (2012) 阿布德·拉布赫·曼苏尔·哈迪在选举中获胜（2012 年），116; resignation of (2015), 萨利赫辞职 116

Hadid (tribe): representatives of, 哈迪德（部落）代表 27

Hadidiyin (tribe): 哈迪迪（部落）157-60, 163-4, 170; activity during Druze Revolt (1925-7), 德鲁兹起义期间的活动（1925~1927 年）155; Bu Hasan, 布·哈桑 156; conflict with Mawali, 麦瓦利部落和哈迪迪部落的冲突 154, 165; conflict with Sba'a, 萨巴部落和哈迪迪部落的冲突 166; sheep herding activity of 定居部落的牧羊活动 151, 157; sub-tribal sections of, 哈迪迪部落的分支部落 156

hadith: 圣训 xiii

Haifa University: Department of Political Science, 海法大学政治科学系 xiv

bin Hamad, Khalifah: family of, 哈马德·本·哈利法家族 47

Hamas: 哈马斯 51

Hamdan (clan): 哈姆丹（氏族）137

al-Hamdi, Ibrahim: 易卜拉欣·哈姆迪 128-9; assassination of, 刺杀哈姆迪总统 126

al-Haribi, Khalid: 哈立德·哈拉比 94; co-founder and chairman of Tawassul-Oman, 塔瓦苏-阿曼的联合创始人及主席哈立德·哈拉比 92

Harik, Ilya: 伊利亚·哈力克 173-4; military-bureaucratic model of pre-modem Arab states, 前现代阿拉伯国家的"军事官僚"模式 184

Hashid Confederation: 哈希德部落联盟 122-3, 128-9, 131-3, 136; members of, 119-20, 谢赫家族成员 126, 134; role in North Yemen Civil War (1962-70), 共和派和保皇派在北也门内战中的作用 122

Hassan, Dakhil: 达克希尔·哈桑 181

301

Hayl Sa'id Enterprises: 赫尔·赛义德公司 126

Hebrew (language): translation, 用希伯来（语言）翻译 xiv

Howell, Sally: 萨莉·豪厄尔 15

Hussein, Saddam: regime of, 萨达姆·侯赛因政权 7-8, 127, 180-2; removed from power (2003), 萨达姆·侯赛因政权被推翻（2003年）8-9, 180

Hussein of Jordan, King: 约旦哈希姆国王 12-13, 28, 30-1, 161, 163; democratic policies of, 约旦侯赛因国王的国内政策 28, 31; military policies of, 约旦侯赛因国王的军事政策 26, 28

al-Huthi, Husayn Badr al-Din: 侯赛因·巴德尔·丁·胡塞 113

Huthis: 胡塞 117, 125, 134-5, 143; as Shabab al-Mu'minin/Ansar Allah, 沙巴布·马米宁/安萨尔·安拉 113; ideology of, 胡塞武装的思想 113; supporters of, 胡塞武装的支持者 113-14; targeted by AQAP, 阿拉伯半岛基地组织攻击的目标 116; territory controlled by, 胡塞武装控制的区域 116, 132

Huwaytat (tribe): 胡维塔特（部落）21; key representatives of, 部落的主要代表 24, 27

Ibadhism: 伊巴德教派 6, 82-3, 86-7, 93, 221; ideology of, 伊巴德教派的思想 81; political influence of, 伊巴德教派的政治影响 88

Ibrahim, Saad Eddin: study of Saudi Bedouin population, 萨阿德·埃丁·易卜拉欣关于沙特贝都因人口的研究 96

Ikhwan Revolt (1927-30): Battle of Sabilla (1929), 伊赫万叛乱（1927~1930年）：萨比拉战斗（1929年）99

imperialism: 帝国主义 193

India: 印度 216, 228

International Court of Justice: granting of Qatari sovereignty over Zubarah (2001) 国际法庭裁决卡塔尔拥有祖巴拉的主权（2001年）44

Iran: 伊朗 14, 51, 88-9, 113-14, 210; borders of, 伊朗和阿曼边界协议 88; British Mandate of (1920-32), 英国的委任统治（1920~1932年）153; claim over Abu Musa, 伊朗宣称对阿布·穆萨岛的主权 54; expulsion of UAE from Greater and Lesser limb Islands (1971), 伊朗从大小通布岛驱逐阿联酋人（1971年）88; Islamic Revolution (1979), 伊斯兰革命（1979年）88, 198; Tehran, 德黑兰 89

Iran-Iraq War (1980-8): 两伊战争 88-9, 180

Iraq: 伊拉克 xix, 2-4, 7, 48, 66, 76, 88-9, 110, 127, 178; 14 July Revolution (1958), 伊拉克"7·14"革命（1958年）177, 182; agrarian reform in (1958), 伊拉克的土地改革（1958年）179; Anbar Province, 安巴尔省 183; Baghdad, 巴格达 8, 149, 154, 171-4, 176, 179, 184; Basra, 巴

士拉 173-4; Bedouin population of, 伊拉克贝都因人口 175; borders of, 叙利亚的边界 165, 177; British Mandate of (1920-32), 英国的委任统治（1920~1932年）8, 176-8; Diyala Province, 迪亚拉省 183; general election (2005), 伊拉克全国大选（2005年）179; Karbala, 卡尔巴拉 176; Kurdish population of, 伊拉克库尔德人口 172, 174-5, 185; Mamluk Dynasty of (1747-1831), 巴格达马木路克王朝 173; military of, 伊拉克的军队 172; Mosul, 摩苏尔 154, 173, 183; Najaf; 176; 纳杰夫 Najd. 纳季德 22; Operation Iraqi Freedom (2003-11), 伊拉克自由行动组织（2003~2011年）8, 171, 173, 180, 182-3, 217; Ramadi, 拉马迪 181; Republican Guard, 共和国卫队 180-1; Revolt (1920), 英国镇压伊拉克革命（1920年）178, 181; Tikrit, 提克里克 173,180; Tribal Criminal and Civil Disputes Regulation (TCCDR) (1916), 部落刑事和民事纠纷条例（TCCDR）(1916年) 177; tribal system in, 伊拉克的部落体系 172, 178-9; tribalism in, 伊拉克的部落主义 172, 174-6,180-1

Iraq Petroleum Company: subsidiaries of, 伊拉克石油公司分公司 39

al-Iryani, Rahman: 拉赫曼·埃里亚尼 143; President of Yemen Arab Republic, 也门阿拉伯共和国总统 121

al-Islah (Yemen Reform Grouping): 以斯拉（也门改革集团）114, 128, 130, 134; factions of, 也门部落的功能 132

Islam: 伊斯兰 49, 81-2, 84-6, 93, 113, 148, 216; hajj, 朝觐 15; political, 政治 171; Quran,《古兰经》71; radical, 激进的 51,183; Ramadan, 斋月 42, 72; *shari'a*, 沙里亚 105, 118, 150, 229; Shi'i, 什叶派 9, 41, 86, 113-14,172, 175, 177, 182, 185, 190, 192, 197-202; Sunni, 逊尼派 xix, 41, 86, 117, 134, 165, 171-2, 176, 178, 181-4, 190, 194, 196-7, 199, 203; *zakat*, 天课 41, 47

Islamic Front: formation of (1979), 伊斯兰阵线成立（1979年）134

Islamic State "伊斯兰国" (IS): capture of Mosul (2014), "伊斯兰国"占领摩苏尔 (2014年) 183-4; efforts to combat, 伊拉克军队努力战斗 184-5; territory occupied by, "伊斯兰国"占领的土地 171-2, 183

Islamic State in Iraq and Syria (ISIS): financial support networks of, 伊拉克和叙利亚"伊斯兰国"的金融支持网络 54

Islamism: 伊斯兰主义 31, 53-4, 87, 114, 124, 134-5, 138-9; fundamentalist 宗教保守主义者 115; militant, 军事 8

Israel: 以色列 89, 163, 217

al-Jabbar, Ahmad Abd: 艾哈迈德·阿布德·贾巴尔 97

Jabbur (tribe): 贾布尔（部落）172;

opposition to Hussein regime, 侯赛因政权的反对派 181
Jabhat al-Nusra: affiliates of 叙利亚胜利阵线分支 54
Jahm (tribe): 贾赫姆（部落）136-7
al-Jazeera: 半岛电视台 50, 53; personnel of, 市政委员会成员 53
Jazi (tribe): 加齐（部落）34
bin Jazi, Hamad: 哈马德·本·加齐 21
jihadism: 吉哈德思想 87
Ibn Jilawi: death of (1936), 伊本·吉拉维去世（1936 年）100; Governor of Eastern Province, 东方省省长 100
Ibn Jilawi, Abdallah: Governor of Al-Qasim Province, 卡西姆省省长阿卜杜拉·本·吉拉维 100
Joint Meeting Parties: 联合会议党 143; members of 联合会议党成员 114, 116, 130
Jordan, Hashemite Kingdom of: 约旦哈希姆王国 3-5, 10, 14, 16, 33-5, 161, 168, 213;
Amman, 安曼 12, 16, 18, 20, 25, 27-8, 32, 150; annexation of West Bank (1950), 吞并约旦河西岸（1950 年）28; Black September (1970-1) 黑九月事件（1970-1971 年）13, 30; government of, 约旦政府 28; Independence of (1946), 约旦独立（1946 年）26; Karak, 卡拉克 29; legal infrastructure of, 约旦的司法结构 30; Ma'an, 马安 18; renouncement of sovereignty of West Bank (1988), 约旦宣布放弃西岸主权（1988 年）31
Jordan, River: 约旦河 16, 18
Judaism: 犹太教 113

Kamal Hanzai (lineage segment): 卡迈勒·罕宰（宗族）209
al-Karim 'Abd: family of, 阿布德·卡里姆家族 121
Karman, Tawakkul: 塔库曼·卡曼 114
Katakura, Motoko: anthropological study of Wadi Fatimah, 默托科·卡特库拉关于瓦迪·法蒂玛的调查 98
Ka'war (tribe): 卡瓦尔（部落）34
Kazakhstan: 哈萨克斯坦 216
Kedourie, Elie: 埃利·克杜里 xiv-xv, 2, 225
Ibn Khaldun: 伊本·赫勒敦 212, 222; *Muqaddima*, 伊本·赫勒敦的《穆加迪玛》xv
al-Khalaifi, Sultan: detained by Qatari government (2011), 苏丹·哈利法被卡塔尔政府拘留（2011 年）52
al-Khalfayn (tribe): 哈尔法因（部落）91
Al Khalifa (clan): 哈利法（氏族）9, 43-4, 187-93, 195-205; arrival in Zubarah, 哈利法家族抵达祖巴拉 38; chiefdom, 酋长国 190; diplomatic efforts of, 巴林哈利发家族的外交努力 197-8; Hamad faction, 哈马德的作用 194; supporters of, 萨尼家族对巴尼·哈吉尔部落的支持 42; tribal customs and practices, 部落风俗与行为 190

索 引

Al Khalifa, 'Isa bin Salman: 伊萨·本·萨勒曼·哈利法 199

Al Khalifa Committee: establishment of, 哈利法委员会建立 196

al-Khalili, Shaykh Ahmad ibn Hamad: Grand Multi of Oman, 阿曼大穆夫提谢赫艾哈迈德·伊本·哈马德·哈里里 86, 92

Khanfar, Wadah: director of al-Jazeera, 半岛电视台台长瓦达赫·汗法尔 53; resignation of (2012), 瓦达赫·汗法尔辞职（2012 年）53

Kharif (tribe): 卡里夫（部落）120, 129, 131, 134-5

Khayr, Sa'id: 赛义德·哈耶尔 19; family of, 赛义德·哈耶尔家族 18,26-7; Mayor of Amman, 安曼市长 27

Khaza'a (tribe): 哈扎（部落）172

Khaza'il (tribal confederation): 哈扎伊尔人（部落联盟）175

Khoja (ethnic group): 霍加人（族群）82

Khoury, Philip: 菲利普·库利 xvii, 2-4,7,184; concept of chieftancy, 酋长国概念 13-14; *Tribes and State Formation in the Middle East* (1990), 《中东部落与国家的形成》(1990 年）13

Khuraysha (tribe): 库雷沙（家族）34

al-Khuraysha, Haditha: 哈迪赛·库雷沙 24

Khuri, Fuad: 福阿德·库利 194, 204, 224-5; concept of 'pyramidal societies', "金字塔形的社会" 的概念 58

Khuwiya: decline of, 兄弟会的削弱 99-100; definitions of, 对兄弟会的定义 99

King Abd al Aziz Center for National Dialogue (*Khiwar al-Watani*/ KACND): inauguration of (2003), 阿卜杜拉·阿齐兹国王倡议建立国民对话中心（2003 年）108; Saudi Cultural Discourse, 沙特文化对话论坛 108-9

kinship: 血缘关系 58-9, 76; relationship with governance, 与政府的关系 65-6; relations with non-kin, 非血缘关系 71-2, 76-7

Koplevitz, Yaaqov: 雅科夫·科普勒维茨 xiv

Kostiner, Prof Joseph (Yossi): 约瑟夫·科斯蒂纳教授（约西）xiv-xv, xvii-xix, 1-5, 7, 184, 195, 213-15; background of, 约西的专业背景 xiv; concept of chieftancy, 酋长国概念 xvi, 2, 13-14; death of (2010), 约西去世（2010 年）xiii; influence of, 约西的影响 1-2; *From Chieftancy to Monarchical State: The Making of Saudi Arabia, 1916-1936*: (1993)《从酋长国到君主国：沙特阿拉伯的形成（1916~1936）》(1993 年出版），2-4; *The Nation in Tribal Society: Reflections on K.H. al-Naqibs Studies on the Gulf*,《部落社会中的国家：对 K.H. 纳吉布海湾研究的反思》9; *The Struggle for South Yemen* (1984),《为南也门战斗》（1984 年出版）xiv; *Tribes and*

State Formation in the Middle East (1990),《中东部落与国家的形成》（1990 年出版）13

Kurds: Peshmerga, 库尔德自由战士 172; territory of, 部落控制的领地 174-5, 177, 185, 213; view of tribalism, 部落主义 9

Kuwait: 科威特 xix, 3, 10, 38, 48-9, 67, 194-5, 219, 221-3, 228; Iraqi Invasion of (1990), 伊拉克入侵科威特（1990 年）89, 135, 141, 227; National Assembly, 国民会议 222; national dress of, 科威特民族服饰 75; public sector employment in, 科威特公共部门雇员 220

al-Kuwari (tribe): 库瓦利（部落）38

Kyrgyzstan: 吉尔吉斯斯坦 216

Lancaster, William: 威廉·兰开斯特 15

Lawrence, T. E.: T.E 劳伦斯 xiv

Lean, David: *Lawrence of Arabia*, 大卫·利恩《阿拉伯的劳伦斯》xiv

Lebanon: 黎巴嫩 51, 168; 'Aley, 艾利 27; borders of, 霍姆斯、哈马和帕尔米拉交界处 146; Civil (1975-90), 内战 217; Maronite population of, 黎巴嫩马龙派人口 177; Mount Lebanon, l 黎巴嫩山 150, 153

Lefebvre, Jeffrey A.: 杰弗里·A. 勒菲弗 88

Libya: 利比亚 xix, 11, 47, 89, 214, 216; Benghazi, 班加西 54; Civil War (2011), 内战（2011 年）54; dismantling of nuclear program (2003), 利比亚核计划的撤销 51; National Transitional Council, 利比亚国家过渡委员会 54; oil wealth of, 利比亚的石油财富 10

Lijphart, Arend: concept of consocialism, 阿伦德·利法特的"联合社会主义" 227

London School of Economics (LSE): 伦敦政治经济学院 xiv; faculty of 科斯蒂纳的广博学识 2

Luciano, Pellegrino: 佩莱格里诺·卢西亚诺 xix

Luhum, Sinan b. 'Abdullah Abu: 希南·本·阿卜杜拉·阿布·鲁姆 123, 129, 132

Luizard, Pierre Jean: 皮埃尔·让·卢泽德 175-6

Maadhid (tribe): 马迪德（部落）190; territory inhabited by, 卡塔尔部落的领地 38

Al-Ma'amri, Sayf 'Ali Nasir: 赛亚夫·阿里·纳赛尔·玛姆里 85

Madhhaj confederation: 马达杰部落联盟 119, 137-8

al-Mahandah (tribe): 马汗达（部落）38

Majali (tribe): 马贾利（部落）34; territory inhabited by, 马贾利部落的领地 29

al-Majali, Ma'arik: family of, 马利克·马贾利家族 26

al-Majali, Rufayfan: 鲁菲法恩·马贾利 24; death of (1945), 鲁菲法恩·马贾利去世（1945 年）26

al-Maktum, Shaykh Muhammad bin Rashid: 谢赫穆罕默德·本·拉希德·马克图姆 66-7

Mamluk Sultanace: 马木路克苏丹 175, 179; territory of, 现代伊拉克的领土 173

Manasir (tribe): 达瓦西尔（部落）70

Mawali (tribe): 麦瓦利（部落）149, 152, 155, 157-9, 170; conflict with Haididiyin, 法军与哈迪迪部落的冲突 154, 165; sheep-herding activity of 哈迪迪部落的放牧活动 151, 157; territory occupied by, 哈迪迪部落占领的土地 148, 150

al Melhim, Shaykh Trad: 谢赫特拉德·梅西姆 156-7

Migdal, Joel: 乔尔·马加丹 223

Morocco: 摩洛哥 216

Moshe Dayan Center: 摩西·达扬中心 1

Mottahedeh, Roy: 罗伊·莫特胡德 3

Mu'ashir (tribe): 马希尔（部落）34

Mubarak, Hosmi: regime of 埃及穆巴拉克政权 54; removed from power (2011), 穆巴拉克的权力被解除（2011年）114

Muhammad, Prophet: descendants of; 先知穆罕默德的后裔 18, 121

Mujahidin: "圣战者" 113

Muntafik (tribal confederation): 蒙塔菲克（部落联盟）175-6

Murad (tribe): 穆拉德（部落）136

al-Murrah (tribe): 摩拉（部落）41, 48, 50, 97; Ghafran (clan), 卡菲兰（氏族）48; territory inhabited by, 摩拉部落的领地 42, 45, 97-8

Muscat and Oman Field Force: 马斯喀特和阿曼的陆军 83

Ibn Musa'id, Abd al-Aziz: Governor of Ha'il, 海里省省长阿布德·阿齐兹·伊本·穆萨德 100

al-Musallam (tribe): 穆萨拉姆（部落）38, 190

Muslim Brotherhood: 穆斯林兄弟会 51; Syrian branch of 穆斯林兄弟会叙利亚分会 164

Muza, Shaykha: 谢赫姆扎 49

al-Nabulsi, Sulayman: 苏莱曼·纳布希 28

Nahyan (tribe): 纳哈扬（部落）61-2, 69

Naim (tribe): 纳伊姆（部落）41, 190, 200, 204; affiliations of, 从属于萨尼·哈利法家族的纳伊姆部落 43; economic relationship with Al Khalifa clan, 与哈利法家族的经济关系 191-2; migration of, 纳伊姆部落的移居 44; territory inhabited by, 哈利法家族的领地 44

al-Naqib, Khaldoun Hasan: 赫勒敦·哈桑·纳吉布 xvii, 219, 221-2; *Kuwait, the Struggle of (between) Tribalism and Democracy,*《科威特部落主义与民主的斗争》10, 222-3; *Society and State in the Gulf and the Arabian Peninsula, A Different View,*《海湾与阿拉伯半岛的社会与国家：一个不同的视角》9-10, 219-21; view of nationalism, 民主主义的观点 221

Nasir, Shaykh: Governor of Basra, 巴士拉省长谢赫纳西尔 175

Nasser, Gamal Abdel: 贾迈勒·阿卜杜勒·纳赛尔 12-13, 28; repealing of Law of the Tribes (1956), 部落法的废除 159

National Democratic Front: 民族民主战线 134

National Liberation Front: 民族解放战线 123; members of, 民族解放战线成员 124

National Solidarity Council: creation of (2007), 民族团结委员会成立（2007年）131, 135

nationalism: 民族主义 2, 194, 221, 225-6;

Arab, 阿拉伯 10, 13, 28, 193, 196-7; Iraqi, 伊拉克 180, 185; relationship with tribalism, 与部落主义的关系 225-7

bin Nayif Muhammad: attempted assassination of (2009), 试图刺杀穆罕默德·本·纳伊夫（2009年）xviii; Saudi Deputy of Interior for Security Affairs, 沙特内政部安全事务副大臣 xviii

Nettl, J.P.: J.P. 内特尔 xv, 223; theory of 'stateness', 国家理论 2

Nihm (tribe): 尼姆（部落）129; family of, 尼姆家族 120

nomadism: 游牧主义 27

North Atlantic Treaty Organization (NATO): 北大西洋公约组织 (NATO) 54

Nuer (tribe): 努尔（部落）209, 211

oil: 石油 42-3, 64, 66, 76, 96, 195, 197-8, 220, 223; revenues, 收入 49; use in rentierism, "食利国"的运用 224; wealth, 财富 10, 71

Oman: 阿曼 3-4, 6, 10, 41, 79-80, 84, 87, 90, 94, 141, 221; Arab migration to, 阿拉伯人向阿曼移居 80; Basic Statute of the Omani State (1996), 《阿曼国家基本法》（1996年）83, 90; borders of, 阿曼的边界 141; Dhufar Province, 佐法尔省 141; Dhufar Rebellion (1962-76), 佐法尔叛乱 88; division of tribes in, 阿曼部落的区分 80-1; education system of, 阿曼的教育体制 85-7; foreign policy of, 阿曼的外交政策 87-9, 93; government of, 阿曼政府 9, 91; Jurisprudence Sciences Development in Oman (2010), "阿曼司法学发展"研讨会（2010年）86; *Majlis al-Shura* (Consultative Council), 马基里斯-舒拉（协商会议）83, 92-3; Ministry of Education, 教育部 85-6; Ministry of Interior, 内政部 91; Muscat, 马斯喀特 79, 82, 87; national dress of, 阿曼的民族服饰 75; oil reserves of, 阿曼的石油收入 83; political influence of tribalism in, 部落主义在阿曼的政治影响 92-3; Protests (2011), 抗议活动（2011年）52, 90; racial discrimination in, 阿曼激进的种族歧视 92; Shura Council, 舒拉会议 90, 92; state-building efforts in, 阿曼国家构建的努力 83-4; State Council, 国家委员会 91; tribal populations of 阿曼部落人口 91-2

Ottoman Empire: 奥斯曼帝国 15, 17-18, 50, 125, 129, 149-53, 156, 175, 178-9, 223; Arab Revolt (1916-18), 阿拉伯起义（1916~1918年）17, 152; Constantinople (Istanbul), 康斯坦丁堡（伊斯坦布尔）152, 173, 184; Land Code (1858), 土地法典（1858年）150-1, 175; military of, 奥斯曼帝国的军事 152; *Tanzimat*, 坦齐马特 149; territory of, 奥斯曼帝国的领土 39, 148, 153-4, 173-4; vilayets of 奥斯曼帝国的巴格达省 173

Palestine: 巴勒斯坦 16; Arab Revolt (1936-9), 阿拉伯起义（1936-1939年）24; British Mandate of (1920-48), 英国的委任统治（1920~1948年）18-19, 33, 153; Haifa, 海法 154; Jerusalem, 耶路撒冷 20; Wailing Wall 哭墙 23; War (Nakba/War of Independence)(1948), 独立战争 27, 30; West Bank, 约旦河西岸 13, 28, 31

Palestinian Liberation Organisation (PLO): 巴勒斯坦解放运动（PLO）30

Pan-Arabism: 泛阿拉伯主义 10, 135, 159

Pasha, Ahmad Jamal: 艾哈迈德·贾麦尔帕夏 152

Pasha, Daud: 达乌德帕沙 173
Pasha, Midhat: 米德哈特帕夏 176; Vali of Baghdad, 巴格达瓦利 174
Pasha, Suleyman: 苏莱曼帕沙 173
Peake, Frederick: capture of 英国宪兵队长弗雷德里克·皮克 19
Peoples Democratic Republic of Yemen：也门人民民主共和国 121, 123, 141
Peoples Party (Syria): 人民党（叙利亚）159
Persia: Sunni Arab population of, 波斯逊尼派阿拉伯人口 42
Persian Empire: 波斯帝国 174
Persian Gulf War (1990-1): 波斯湾战争（1990~1991年）180; Iraqi Invasion of Kuwait (1990), 伊拉克入侵科威特（1990年）89, 135, 141, 227
Petroleum Development Oman: 阿曼的石油发展 83
Philips, Sarah: 萨拉·菲利浦 111-12, 128, 139
piracy: attempts to suppress, 试图遏制海盗行为 63

Qabus bin Sa'id Al Sa'id, Sultan: 卡布斯·本·赛义德·赛义德苏丹 80, 87, 90; family of, 卡布斯家族 83; foreign policy of, 阿曼的外交政策 88-9; political influence of, 阿曼的政治影响 84; responses to Omani Protests (2011), 对阿曼抗议活动的反应 90-1; rise to power (1970), 卡布斯掌权 79, 83, 88
Qaddafi, Muammar: regime of, 利比

亚卡扎菲政权 214; removed from power (2011), 卡扎菲政权被推翻（2011年）54
al-Qadi, 'Abd al-Khaliq: family of 阿布德·哈利克·卡迪家族 126
al-Qadi, Abdullah: family of 阿卜杜拉·卡迪家族 126
al-Qaida: "基地"组织 8-9, 87, 125, 171, 182; affiliates of "基地"组织的分支 54; members of, "基地"组织成员 xviii; operatives of 137; 部落的绑架行为 presence in Iraq, 伊拉克的存在 181-3
al-Qa'ida in the Arabian Peninsula (AQAP): affiliates of, "阿拉伯半岛基地组织"（AQAP）的分支 115, 139; targeting of Huthis, 胡塞武装的预算 116
Qashqai (tribe): 恺加（部落）210; territory inhabited by, 恺加部落的领地 213
Qassimi (tribe): 卡西姆（部落）59, 62; piracy, 海盗行为 63; territory inhabited by, 卡西姆部落的领地 63-4
Qatar: 卡塔尔 3, 5, 10, 37-8, 43, 45-6, 50-1, 53-4, 113, 188, 213-14; badu population of, 40; 贝都因人口 Bidda, 比达 44; borders of 卡塔尔的边界 51; Doha, 多哈 38-40, 44; Central Municipal Council, 中央市政委员会 49; foreign relations of 卡塔尔的对外关系 50-1, 54; Fuwayrat, 弗瓦拉特 38; al-Ghuwayriyah, 古维里亚 44; government of 卡塔尔政府 5, 37, 39, 47-50, 54-5; hadar population of 40-1 卡塔尔定居人口; Huwaylah, 胡维拉 38; Municipal Council, 市政委员会 53; military of, 卡塔尔的军队 202; national dress of, 卡塔尔民族服饰 75; Nationality law (1961), 卡塔尔《国籍法》(1961年) 45; oil infrastructure of, 卡塔尔石油结构 43-5; Ottoman presence in, 奥斯曼帝国势力的存在 39; population of, 卡塔尔人口 38; Rayyan, 雷耶尔 44; Shi'i population of, 卡塔尔什叶派人口 4l; al-Udaid Air Base, 乌代德空军基地 38, 50-1; al-Wakrah, 沃克拉 40, 44; ubarah, 祖巴拉 38, 43-4, 190, 192, 200

Qatar Petroleum Company: concession granted to (1935), 卡塔尔石油公司获得石油特许权 39, 43
Qatar University: 卡塔尔大学 52
al-Qawasim (tribe): 卡瓦西姆（部落）61; territory associated with, 部落共享的土地 75
Qubaisaat (tribe): 奎巴萨特（部落）70

Rahmatzai (lineage segment): 拉玛宰（宗族）209
Al-Rasheed, Madawi: definition of *khuwiya*, 马达维·拉希德对兄弟会的定义 99
al-Ra'y (newspaper): 安曼的《意见报》13
Renan, Ernest: 欧内斯特·雷纳 225

rentierism:"食利国" xviii, 220, 224; concept of "食利国" 概念 90; use of oil economies, 石油经济的运用 224

Reynolds, Susan: 苏珊·雷诺兹 228

Rifa'i (tribe): 里法伊（部落）34

Riyadh University: 利雅得大学 99

Rosen, Lawrence: theory of 'tribism': 劳伦斯·罗森的:"部落主义"理论 xvi

Rugh, Andrea: 安德烈·鲁 214-15

Russian Empire: 沙俄 150

Al Sabah, Ahmad bin Jabir: 艾哈迈德·本·贾比尔·萨巴赫 194

Salafism: 萨拉菲主义 113, 134; Sunni, 逊尼派 86

Salame, G.: G·萨拉姆 225

Salih, 'Ali 'Abdullah: 阿里·阿卜杜拉·萨利赫 131, 133, 142; alleged role in assassinations of al-Hamdi brothers, 在刺杀哈姆迪兄弟中扮演的角色 127; family of, 萨利赫家族 115, 125-6; regime of, 萨利赫政权 7, 111-12, 114, 125, 129-30, 138; removed from power (2012), 萨利赫辞职（2012年）114-15

Salih, Muhammad 'Abdullah: family of, 穆罕默德·阿卜杜拉·萨利赫家族 126; head of Central Security Organization, 中央安全机构负责人 126

Salih, Yahya Muhammad 'Abdullah: family of, 叶海亚·穆罕默德·阿卜杜拉·萨利赫家族 126; Central Security Organization, 中央安全机构 126

al-Sallal, 'Abdullah: 阿卜杜拉·萨拉勒 129

al-Salutu (tribe): 萨鲁图（部落）38

Sanhan (tribe): 桑汉（部落）126-7, 135, 137

Ibn Saud ('Abd al-'Aziz Al Sa'ud): 伊本·沙特（阿卜杜拉-阿齐兹·沙特）27, 155, 194, 200; family of, 沙特家族 100-1, 103; territory conquered by, 沙特家族征服的领土 21, 95, 99-100, 154, 194

Al Saud, Abd al-Mohsin bin Abdulaziz: family of, 阿布德·穆赫辛·本·阿卜杜拉阿齐兹·沙特家族 100; Governor of Medina, 麦地那省省长 100

Al Saud, Abdullah bin Abdulaziz (Abdullah of Saudi Arabia): Commander of SANG, 国民警卫队司令阿卜杜拉·本·阿卜杜拉阿齐兹·沙特（沙特阿拉伯的阿卜杜拉）98, 103; decree limiting *diya* demands (2009), 限制抚恤金要求的皇家谕令（2009年）105; family of, 朱海曼·乌塔比家族 106; focus on tribalism, 部落主义论坛 108

Al Saud, Fahd bin Abdulaziz (Faud of Saudi Arabia): 法赫德·本·阿卜杜拉阿齐兹·沙特（沙特阿拉伯的法赫德）101

Al Saud, Fawwaz bin Abdulaziz: family of, 法瓦兹·本·阿卜杜拉阿齐兹·沙特家族 100; Governor of Mecca, 麦加省省长 100

Al Saud, Faysal bin Abdulaziz (Faysal of Saudi Arabia): 费萨尔·本·阿卜杜拉阿齐兹·沙特（沙特阿拉伯的费萨尔）96-7, 101; death of, 费萨尔去世 102; family of, 王室家族 100

Al Saud, Khalid bin Abdulaziz (Khalid of Saudi Arabia): 哈利德·本·阿卜杜拉阿齐兹·沙特（沙特阿拉伯的哈利德）101; family of, 沙特家族 106

Al Saud, Khalid al-Faysal bin Abdulaziz: family of, 哈利德·费萨尔·本·阿卜杜拉阿齐兹·沙特家族 100; Governor of Asir Province, 阿西尔省省长 100

Al Saud, Nasser bin Abdulaziz: family of, 纳赛尔·本·阿卜杜拉阿齐兹·沙特家族 100; Governor of Riyadh Province, 利雅得省省长 100

Al Saud, Naif bin Abdulaziz: family of, 纳伊夫·本·阿卜杜拉阿齐兹·沙特家族 100; Governor of Riyadh Province, 利雅得省省长 100

Al Saud, Salman bin Abdulaziz: family of, 萨勒曼·本·阿卜杜拉阿齐兹·沙特家族 100; Governor of Riyadh Province, 利雅得省省长 100; Saudi Minister of Defence, 沙特国防大臣 100

Al Saud, Sultan bin Abdulaziz: family of, 苏丹·本·阿卜杜拉阿齐兹·沙特家族 100; Governor of Riyadh Province, 利雅得省省长 100

Al Saud, Sultan bin Abdulaziz: family of, 苏丹·本·阿卜杜拉阿齐兹·沙特家族 100; Governor of Riyadh Province, 利雅得省省长 100

Saudi Arabia: 沙特阿拉伯 xvi-xvii, 1, 3-4, 7, 16, 42-3, 45, 47-8, 51, 54-5, 66, 76, 79, 95, 99, 102, 119, 128, 138, 159, 161, 168, 184, 188-9, 195, 213-14, 223-4; Asir Province, 阿西尔省 100, 141; al-Baha Province, 巴哈省 101; Bedouin population of, 贝都因人口 96-9; Border Guard, 边防军 101; Dammam, 达曼 200; Eastern Province, 东方省 100, 104, 198; establishment of (1932), 沙特阿拉伯的建立（1932年）104, 110; Faysal Model Settlement Project (1965), 费萨尔模范定居区项目（1965年）97; government of, 沙特政府 6, 48; Grand Mosque Seizure (1979), 攻占大清真寺事件 xviii, 6, 100-2, 106; *Haradh* project, 哈拉布项目 97; Hasa, 哈萨 41, 44; Jazan Province, 吉赞省 141; Jiddah, 吉达 123; labour migration to, 劳工向沙特移居 121; *Majlis al-Shura* (Consultative Assembly), 马基里斯－舒拉（协商会议）103-4, 107-8; Mecca, 麦加 xviii, 15, 98, 100, 102, 149; Medina, 麦地那 100; military of 沙特阿拉伯的军事 113; Ministry of Planning, 计划部 96; Najd (region), 纳季德（地区）98,

100; Najran Province, 纳季兰省 141; national dress of 沙特阿拉伯民族服饰 75; oil reserves of 沙特阿拉伯的石油储量 6, 96, 198; political influence of tribalism in, 部落主义在沙特阿拉伯的政治影响 103-4; al-Qa'ida presence in, 基地组织在沙特阿拉伯的存在 108; Al-Qasim Province, 卡西姆省 100-1; Riyadh, 利雅得 xix, 99-100, 128; Royal Guard, 皇家卫队 202; Shia population of, 沙特阿拉伯什叶派人口 198; Sunni population of 沙特阿拉伯逊尼派人口 xix; Tabuk Province, 泰布克省 101; tribalism in, 沙特阿拉伯的部落主义 102-3,105-10; Unayzah, 乌奈札 98; Wadh Sahba, 瓦迪·萨巴 97; Wadi Fatimah, 瓦迪·法蒂玛 98

Saudi Arabian National Guard (SANG): 沙特阿拉伯国民警卫队（SANG）xvii, 97-8, 101, 103, 213; re-establishment of, 沙特阿拉伯国民警卫队的重建 98, 107; personnel of 国民警卫队的人员 98, 103; role in *Janadriyya* festivals, 在贾纳德里亚节日中的作用 106

Sba'a (tribe): 萨巴（部落）148, 155-7, 159-60, 170; Butaynat, 布塔纳特 156; conflict with Hadidiyin, 萨巴部落和哈迪迪部落之间的争端 166

Scoct, James: 詹姆斯·斯科特 147

Second World War (1939-45): 第二次世界大战（1939~1945 年）43-4

sectarianism: 宗派主义 9

al-Sfuk, Shaykh Faysal: 谢赫费萨尔·斯福克 163

al-Shabaab al-Mu'min (the Believing Youth): 沙巴布·马米宁（信仰青年党）113; as Ansar Allah/Huthis, 安萨尔·安拉/胡塞运动 113; ideology of, 阿曼人的意识 86; operations targeting, 作战预算 140

al-Shaddi, 'Asim: 阿西姆·沙迪 92

Shah, Mohammed Reza: 穆罕默德·礼萨·汗 213

Shah, Reza: 'pacification' of regional tribes, 礼萨汗对地区部落的"安抚" 213

Sha'laan, Nuri: 努里·沙兰 152-3

Shamlan, Faysal b.: 费萨尔·本·谢姆兰 130

Shawarib, Mujahid Abu: 穆贾希德·阿布·沙瓦利卜 128, 131-2

Al Shawi, Ali A. Hadi: 阿里·A.哈迪·沙维 40, 49-50; study of municipal elections (1999), 市政选举的研究（1999 年）50; study of tribal identity and voting patterns (2002), 部落认同和投票模式研究（2002 年）46

al-Shayif, Najib b. 'Abd al-'Aziz: 纳吉布·本·阿布拉·阿齐兹·沙伊夫 120

Shurayda (tribe): 舒雷达（部落）34

Shyrock, Andrew: 安德鲁·施洛克 15

Six-Day War (1967): 六天战争 30; political impact of, 部落组织的政治影响 221-2; territory occupied

during, 六·五战争期间约旦失去约旦河西岸 13
socialism: 社会主义 164
sociology: 社会学 xv; political 政治社会学 xvi
Soherabzai (lineage segment): 索赫拉卜宰（宗族）209
Somali (tribe): 索马里人（部落）209
South Arabian Federation: 南阿拉伯半岛联邦 123
South Arabian League: 南阿拉伯联盟 123
Southern Movement (al-Hirak): "南部运动"（al-Hirk）114
Soviet Union (USSR): 苏联 139
al-Sowayan, Saad: 萨德·索瓦扬 107
state formation: 国家形成 1, 4, 9-10, 25, 171, 173-7, 184-5, 207; process of, 国家形成过程 4, 13, 21, 184, 222; tribal society, 部落社会 4
Subayhi (tribe): 苏拜希（部落）122; Mansuri section, 苏拜希部落的分支曼苏里部落 122
al-Sudan (tribe): 苏丹（部落）38-9, 70; territory inhabited by, 苏丹部落的领地 38
Sudan: 苏丹 xix, 51, 216
Syria: 叙利亚 xix, 2, 4, 7-8, 11, 22, 89, 216; 8 March Revolution (1963), 三月革命（1963年）159-60; Alawite population of, 叙利亚阿拉维派人口 163, 165, 177; Aleppo, 阿勒颇 148-9, 151, 154, 159, 164-5, 169; Alexandretta, 阿列克谢列塔 153; *Badia*, 巴迪亚 145-51, 153-4, 156-9, 161-2, 165-7, 169-70; Bedouin population of, 叙利亚贝都因人口 8, 145-6, 148-9, 151, 153-4, 157, 159, 164-70; borders of, 叙利亚边界 146; Civil War (2011-), 叙利亚内战（2011-）54, 170, 217; Constitution of (1950), 叙利亚宪法（1950年）158-9; Damascus, 大马士革 148-9, 153-5, 159; Dayr al-Zawr, 代尔祖尔 154; Druzc Revolt (1925-7), 德鲁兹起义（1925~1927年）155, 163; forced migration from, 对基督徒居住区的强制移民 154; French Mandate of, (1923-46), 法国委任统治（1923~1946年）150, 152-8, 161, 163, 167, 177; Golan Heights, 戈兰高地 150; government of, 叙利亚政府 145-6, 158, 169; Hama, 哈马 146, 154-6, 164-5, 169; Hama Massacre (1982), 哈马屠杀事件（1982年）164, 169; Homs, 霍姆斯 146, 148-9, 154-6; Jazira, 贾兹拉 159; Jcvel Druzc, 杰维尔·德鲁兹 153; Lataqiyya, 拉塔基亚 153; Law of the Tribes (1940),《部落法》（1940年）157-9; Law of the Tribes (1956),《部落法》（1956年）159; Ministry of Agriculture, 农业部 161-2, 167; Ministry of the Interior, 内政部 161, 167, 169; Palmyra, 帕尔米拉 146; Peasants Union, 农民联盟 162; Ras al 'Ain, 拉斯·艾因 150
abu Taya (tribe): 阿布·塔雅（部落）34
Tall (tribe): 塔勒（部落）34

al-Tall, Wasfi: 瓦斯夫·塔勒 29

Tantawi, Field Marshal Mohamed Hussein: 菲尔德·马歇尔·默哈迈德·坦塔维 54

Tarawna (tribe): 塔拉维纳（部落）34

al-Tarawna, Hussein: 侯赛因·塔拉维纳 24

Tawassul-Oman: members of 塔瓦苏-阿曼的成员 92

abu Taya, Muhammad: 穆罕默德·阿布·塔雅 24

bin Taymur, Sa'id: 赛义德·本·泰穆尔 82-3; overthrow of (1970), 赛义德·本·泰穆尔政权被推翻 79; political legacy of, 赛义德·本·泰穆尔的政治遗产 82-3

Teitelbaum, Joshua: 约书亚·泰特尔鲍姆 3-4

Tel Aviv University: Department of Middle Eastern, 特拉维夫大学中东系 1; faculty of 特拉维夫大学员工 xiii

Al Thani (tribe): 萨尼（部落）38; badu origins of, 卡塔尔贝都因人的起源 42; territory inhabited by, 卡塔尔部落的领地 45

Al Thani, Khalifah bin Hamad: coup led by (1972), 哈利法·本·哈马德·萨尼领导的政变 47; family of, 萨尼家族 47; removed from power (1995), 哈马德·本·哈利法夺取政权（1995年）47

Al Thani, Muhammad bin Jassim: 穆罕默德·本·贾西姆·萨尼 39; family of, 萨尼家族 47

Al Thani, Shaykh Ahmad Jassim: director of al-Jazeera, 半岛电视台台长谢赫·艾哈迈德·本·贾西姆·萨尼 53; family of, 萨尼家族 47

Al Thani, Shaykh Ali bin Abdallah: abdication of (I960), 谢赫阿里·本·阿卜杜拉·萨尼退位（1960年）47; family of, 萨尼家族 47

Al Thani, Shaykh Abdallah bin Jassim: 谢赫阿卜杜拉·本·贾西姆·萨尼 39, 44; family of, 萨尼家族 47; rise to power (1913), 阿卜杜拉·本·贾西姆·萨尼执掌卡塔尔政权 46-7

Al Thani, Shaykh Hamad bin Khalifah: rise to power (1995), 谢赫哈马德·本·哈利法萨尼执掌政权（1995年）47

Tilly, Charles: 查尔斯·蒂利 xv-xvi

tribalism: 部落主义 xiv, 3, 6, 31, 57-8, 66-7, 71, 76-7, 106, 109-10, 112, 203-4; development of, 部落主义的发展 63, 106-7; discussions of, 部落主义的讨论 108-9; Emirati, 阿拉伯联合酋长国 57-8, 66; 76-7; fluidity of, 部落的流动性 117-18; focus on reputation, 聚焦名声 72-3; frameworks of, 部落结构 58-9; influence of urbanization on, 城市化对部落的影响 64,71; invasion, 入侵 9; influence on voting patterns, 投票方式的影响 92-3, 103-4; Iraqi, 伊拉克 172; Jordanian, 约旦人 31; kin solidarity, 亲缘团结 215-16;

Kurdish view of, 伊拉克库尔德人的观点 9; Omani, 阿曼人 79-80, 92-3; political, 政治 xvii, 10, 143, 214, 221-2, 227-9; relationship with nationalism, 部落与民族主义的关系 225-7; Saudi, 沙特 102-3, 105-10; shifts in personal identities, 个人认同的变化 74-5; Shi'i view of, 伊拉克什叶派的观点 9; Yemeni, 也门人 111-12, 117-23, 128, 133, 136-8, 141-3

tribes: 部落 203-4, 219; assimilation, 同化 214; collective responsibility, 集体责任 215-16; collective self-help, 集体自助行为 208; desert tribes, 沙漠部落 212; hierarchical power, 等级制权力 208; individual self-help, 个人自助行为 207; leadership variants, 209-12; 领导的差异 tribal values, 部落价值 215, 217

Tribes and State Formation in the Middle East: co-editors of, 约西与菲利普·库利合编的《中东部落与国家的形成》xvii, 2-3

Trucial States: 特鲁西尔酋长国 58-9, 63

Tunisia: 突尼斯 11, 89, 94; Revolution (2010-11), 突尼斯革命（2010~2911年）33, 112, 187

Turcoman (ethnic group): territory inhabited by, 土库曼（族群）的领地 177

Turkey, Republic of: borders of, 土耳其共和国的边界 177

Turkmen: 土库曼 209; territory inhabited by, 土库曼人居住的土地 213

Turkmenistan: 土库曼斯坦 216

al-Tuwaya'a (tribe): 图瓦亚（部落）91

al-Tuwaya'a, Salem: family of, 萨勒姆·图瓦亚家族 92

'Ubcid (tribe): 乌倍德（部落）172; opposition to Hussein regime, 萨达姆·侯赛因政权的反对派 181

Ulama: 乌莱玛 xviii, 82, 223

Umayyad Caliphate (661-750): 倭马亚王朝 152

Union of Popular Forces: 人民力量联盟 137

United Arab Emirates (UAE): 阿拉伯联合酋长国 xix, 4-5, 10, 42, 48, 50, 57, 65-6, 70, 74, 76-7, 214; Abu Dhabi, 阿布扎比 5-6, 41, 60-1, 63-8, 70, 74-5, 190; Abu Dhabi Executive Council, 阿布扎比行政会议 70; Al-Ain, 阿尔-艾因 64, 74; Ajman, 阿治曼 63, 190; claim over Abu Musa, 伊朗对阿布·穆萨岛的领土要求 54; dress culture of, 阿联酋服饰文化 73-5; Dubai, 迪拜 49, 61, 66, 68, 73, 221; establishment of 阿拉伯联合酋长国的建立 (1971), 66; expelled from Greater and Lesser Tunb Islands by Iran (1971), 伊朗从大小通布岛驱逐阿联酋人（1971年）88; Federal National Advisory council, 联邦国家咨询委员会

67; Liwa, 利瓦 64; military of, 阿拉伯联合酋长国的军队 202; National Marriage Fund, 国家婚姻基金 73; Protests (2011), 抗议活动（2011年）52, 66-7; Ras al-Khamiah, 哈伊马角 59, 63-4, 68, 75, 190; Sharja, 沙迦 59, 63-4, 68, 75, 190; Supreme Council of Rulers, 最高统治者委员会 67-8; tribal populations of, 阿联酋部落人口 73, 75; tribalism in, 阿联酋的部落主义 57-8, 66, 76-7; Umm al-Qaiwain, 乌姆盖万酋长国 63

United Arab Republic (UAR): 阿拉伯联合酋长国（UAR）159

United Bakil Council: creation of, 联合巴基尔委员会的创建 129

United Kingdom (UK): 英国（UK）24, 39, 47, 125; government of, 英国政府 12, 19-20; London, 伦敦 20; military of, 英国的军队 26; Royal Air Force (RAF), 英国皇家空军（RAF）122, 178-9; Royal Navy, 英国皇家海军 192, 197-8

United Nations (UN): 联合国 135; Food and Agriculture Organization (FAO), 联合国粮农组织（FAO）162

United States of America (USA): 美国（USA）97, 133, 140, 142; 9/11 Attacks, "9·11"恐怖袭击事件 xviii, 108; Central Command, 美国中央司令部 38; Navy, 海军 197

University of Kuwait: faculty of, 科威特大学社会学系 219

al-'Usaymat (tribe): 尤撒马特（部落）128; as member of Hashid confederation, 哈希德部落联盟成员 120; Humlan section of, 尤撒马特部落的哈姆伦分支 120

al-Utaiba (tribe): 乌泰巴（部落）107

al-'Utabyi, Juhayman: background of, 朱海曼·乌塔比的部落背景 106; role in Grand Mosque Seizure (1979), 部落在攻占麦加大清真寺事件中的作用（1979年）xviii, 100-2, 106

Wahhabism: 瓦哈比主义 20, 134, 140, 148; opposition to, 对伊巴德教派的抵制 86; political use of 对瓦哈比派教义的政治利用 95-6; spread of, 瓦哈比派的传播 xviii, 6, 12, 23, 86, 175

al-Waian: 科威特《瓦坦报》xix

Weber, Max: 马克斯·韦伯 222

Wedeen, Lisa: 丽莎·韦登 133

Wilkinson, John: 约翰·威尔金森 44

World Health Organization (WHO): 世界卫生组织（WHO）167

Yafi' (tribe): 亚菲（部落）124

Yahya, Imam: assassination of (1948), 伊玛目叶海亚被刺杀（1948年）122; family of, 伊玛目叶海亚家族 122

Yarahmadzai (tribe): 亚拉马德宰（部落）208; Sardars of 对萨达尔部落的补助 213

Yazidi (ethnic group): territory inhabited

by, 雅兹迪部落（族群）居住的土地 177

Yemen: 也门 1-3, 7-8, 11, 80, 86, 89, 91, 110, 113, 137, 142, 171; Aden, 亚丁 115, 123; Aden Protectorate (1869-1963), 亚丁保护国（1869~1963年）122; borders of, 也门边境 87, 141; Central Security Organization, 也门中央安全机构 126; Civil War (1994), 也门内战（1994年）114, 131, 138; Command Council, 指挥委员会 129; government of, 87, 也门政府 112-13, 124, 131, 133, 138, 141; al-Hudaydah, 荷台达 116; Huthi Insurgency (2004-15), 胡塞武装叛乱（2004~2015年）86-7, 113, 116-17, 125, 132, 134, 143; al-Jawf; 焦夫省 136-7, 141; *Majlis al-Shura,* 马基里斯-舒拉 133; Ma'rib, 马里卜省 141; military of 也门军队 115; Rada', 拉达 115; North Yemen, 北也门 122; North Yemen Civil (1962-70), 北也门内战（1962~1970年）120, 122-5, 128, 131, 135; *qadi* families in, 卡迪家族 121; Radfan, 拉德凡部落 124; Republican Guard, 共和国卫队 126; Revolution (2011-12), 也门革命 2011=2012年）54, 111-12, 114-16, 125; Revolutionary Command Council, 革命指挥委员会 127; Sa'dah Province, 萨达省 113, 140; Sanaa, 萨那 112, 115-16, 122, 126, 128-31, 135, 138, 140; *sayyid* families in, 也门赛义德家族 121; Shabwah, 舍卜沃省 141; Sunni population of 也门什叶派人口 117; Ta'iz, 塔伊兹 114-15, 117, 122; tribal confederations in, 也门的部落联盟 119-20; tribalism in, 也门的部落主义 111-12, 117-23, 128, 133, 136-8, 141-3; Unification (1990), 北南也门的统一 133

Yemen Arab Republic: 也门阿拉伯共和国 121, 128-9, 131, 137

Yemeni Socialist Party: 也门社会党 114, 124, 137-8

Yom, Sean L.: 肖恩·L. 约姆 90

Zaid, Khalifa: 哈利法·扎伊德 67-8, 70; death of 哈利法·扎伊德的兄长哈扎去世 69; family of, 哈利法家族 67, 69

Zaid, Shaykh: 谢赫扎伊德 66, 69-70; death of (2004), 谢赫扎伊德去世（2004年）67, 74; family of, 谢赫扎伊德家族 65, 67-8; role in formation of UAE (1971), 谢赫扎伊德家族在阿联酋国家建立中的作用 66-7; tribal relationship policies of, 阿联酋有关部落关系的政策 69-70, 74

Zaraniq confederation: disintegration of, 扎拉尼克部落联盟的瓦解 119

bin Zayd, Emir Shakir: head of Department of Tribal Administration, 也门部落管理部首脑埃米尔沙基尔·本·扎伊德 19-20

Zaydism: 栽德派 113, 117, 121, 126; conversion from, 从什叶派栽德派

转奉贾法里教派 114
al-Zindani, 'Abd al-Majid: 阿布德·马吉德·津达尼 132, 134-5, 139-40, 143

Zionism: 犹太复国主义 25
Zubaida, Sarni: 萨尼·祖拜达 227

译后记

本译著是以西北大学中东研究所韩志斌教授为首席专家主持的国家社科基金重大项目"中东部落社会通史研究"（项目号：15ZDB062）所规划的中期成果——"中东经典名著译丛"之一，由王方（暨南大学外国语学院讲师）和王铁铮（西北大学中东研究所教授）共同完成。

译者具体分工：王方翻译第二、三、四、五、六、七、八、九、十章；王铁铮翻译其余部分，并审校全书。

图书在版编目(CIP)数据

变化的中东部落与国家/(以)乌兹·拉比主编；王方,王铁铮译. -- 北京:社会科学文献出版社,2020.7(2021.7重印)
(中东经典名著译丛)
书名原文:Tribes and States in a Changing Middle East
ISBN 978-7-5201-6924-0

Ⅰ.①变… Ⅱ.①乌… ②王… ③王… Ⅲ.①中东问题-研究 Ⅳ.①D815.4

中国版本图书馆 CIP 数据核字(2020)第 125791 号

·中东经典名著译丛·
变化的中东部落与国家

主　　编 / 〔以〕乌兹·拉比(Uzi Rabi)
译　　者 / 王　方　王铁铮

出 版 人 / 王利民
组稿编辑 / 张晓莉
责任编辑 / 郭白歌

出　　版 / 社会科学文献出版社·国别区域分社(010)59367078
　　　　　　地址:北京市北三环中路甲29号院华龙大厦　邮编:100029
　　　　　　网址:www.ssap.com.cn
发　　行 / 市场营销中心(010)59367081　59367083
印　　装 / 三河市东方印刷有限公司

规　　格 / 开　本:787mm×1092mm　1/16
　　　　　　印　张:21.75　字　数:289千字
版　　次 / 2020年7月第1版　2021年7月第2次印刷
书　　号 / ISBN 978-7-5201-6924-0
著作权合同
登 记 号　/ 图字01-2020-1731号
定　　价 / 128.00元

本书如有印装质量问题,请与读者服务中心(010-59367028)联系

▲ 版权所有 翻印必究